袁世海自述

叁

袁菁 执笔

目录

黎明

玖拾陆	万民欢	古城激情	/ 734
玖拾柒	解放军	誉响京城	/ 745
玖拾捌	做主人	新中国好	/ 762
玖拾玖	《将相和》	春风荡漾	/ 778
壹零零	众心齐	直挂云帆	/ 795
壹零壹	莫张扬	萧老警示	/ 805
壹零贰	捐飞机	抗美援朝	/ 810
壹零叁	盛麟兄	重获新生	/ 818

磨合

壹零肆	前进路	初受考验	/ 828
壹零伍	徘徊路	再赴东北	/ 846
壹零陆	新希望	坚定步伐	/ 853

新程

壹零柒	《黑旋风》 初探高楼	/858
壹零捌	严审查 拨正航船	/882
壹零玖	友谊情 和平使者	/889
壹壹零	初觉醒 申请入党	/898
壹壹壹	迎贵客 友谊颂歌	/911
壹壹贰	《独立歌》 印尼情深	/913
壹壹叁	梅兰芳 再醉东瀛	/922
壹壹肆	再出访 地球末端	/935
壹壹伍	悲烈士 为国捐躯	/955

展翅

壹壹陆	群英会 郝师亮节	/962
壹壹柒	感肺腑 《探母》悲声	/974
壹壹捌	最留连 历史珍影	/988
壹壹玖	党整风 深刻认识	/992
壹贰零	《白毛女》 现代戏潮	/1001
壹贰壹	大围剿 雀儿遇难	/1014
壹贰贰	"大跃进" 红心献党	/1020
壹贰叁	桃花艳 又开一"村"	/1031
壹贰肆	鼓干劲 《林海雪原》	/1037
壹贰伍	再改造 做促进派	/1042
壹贰陆	抒激情 "卫星"献礼	/1049

壹贰柒 《九江口》 再度登攀	/1055
壹贰捌 庆十年 繁花似锦	/1065
壹贰玖 闯拉美 难中获胜	/1069
壹叁零 困难期 相互谅解	/1090
壹叁壹 《满江红》 盖老北上	/1098
壹叁贰 冲难点 敢举新秀	/1103
壹叁叁 哭郝师 痛彻心扉	/1112
壹叁肆 《野猪林》 荧屏流芳	/1122
壹叁伍 女诸葛 藏龙卧虎	/1128

阴云

壹叁陆 风向变 谁与评说	/1138
壹叁柒 《西门豹》 无端停演	/1146
壹叁捌 苦反思 争做先锋	/1160
壹叁玖 红灯亮 扮演鸠山	/1165
壹肆零 革命戏 做革命人	/1187
壹肆壹 老勤爷 塑造成功	/1202

黎明

LIMING

玖拾陆 万民欢 古城激情

湛蓝色的天空,万里无云。太阳西斜,深情地照耀着万物。路边的积雪在融化,滋润着北平棵棵根深的古树。一切景象都预示着这里严冬已去,一个充满生机的春天就要来临。

在观音寺通往前门大街鲜鱼口的路上,随着阵阵清风吹送来一曲轻声吟唱京剧曲调的声音,尽管音量很小,却音调振奋,韵味十足。随声音看去,从东走过来一位身量不算高,体魄挺健壮的三十多岁的青年人。

青年人身穿过膝黑呢子大衣,露出里面长至脚腕的深蓝白细方格呢子棉袍,头戴黑色巴拿马式绒帽,外面还用一条厚厚的半边红紫半边淡灰色羊绒围巾从耳朵到脖子,严严实实地绕了好几圈,露出时扬时纵的浓浓剑眉,时眯时瞪的眼睛里闪烁着难以遮掩的欣喜目光。青年人足蹬藏蓝色呢子面的上海骆驼鞍、梯子扣棉鞋,随着哼唱的节奏时快时慢向东走着。

这是当时北平时尚青年人的打扮,是谁?是我!是在去华乐园戏院路上背戏的我。至于严严实实围着厚围脖是出于需要,怕这傍晚的料峭寒风吹哑我的嗓子!

今晚,该演久违的《野猪林》了。

自打去秋为抗缴兵役税打了保甲长一个耳光被关进局子,当晚《野猪林》的演出硬是回了戏。整整一个寒冬,熬到北平解放,才又演出这戏,哪能让嗓子出"故障"呢!

当初,多亏听了那位守北平城的余迷司令的话:"靠唱戏吃饭,谁来也没事!一百多年的京戏谁当政不都是照唱!真就是共产党来了,你们也还是照样唱你们的戏,不会吃亏的。据我所知,他们也爱艺术。京剧,国粹!谁不爱?依我看你们还是暂忍一时吧!……"我和少春没有在动乱的时局,抛下母亲妻儿老小远奔他乡。守在北平一天一天地熬过四十多天围城的日子,熬到北平和平解放。刚刚正月初六就能在三庆园演出《普球山》和《五百年后孙悟空》,接连不断地直演到《野猪林》。

心情?盼来能演出的好时机,还用说,兴奋!我和大家都一样!

早晨,我吃过早点,高兴地夹着头天晚上福媛早就准备好的洗澡用品——淡蓝色毛巾包,去清华园浴池泡了半天澡,把尚可勒头的头发再剃光,又提前吃了晚饭。这回能平平安安地过日子,接连不断地演出,该有多好哇!

"呦,袁老板过年好!给您拜年啦!"

"互拜,互拜!"

"这么早就去华乐园?"

"早扮三光……"

这才回过神来的我注目一看,呵!都走到前门大街了。瞧,有那么多街摊上摆着各色点心匣子、水果蒲包,大圆柳条簸箩里装满刚摇出的白花花的元宵,还挂出各种样式不同的红灯笼,再配上电线杆上贴着红红绿绿,写着"欢迎中国人民解放军""解放军三大纪律八项注意""中国共产党万岁"的各式标语,远远望去,大街上一片红红火火的景象!

一九四九年的春节,千家万户过大年的气氛很浓,给我留下了不一样的深刻印象。记得最清楚的是年三十、大年初一、初五的鞭炮声寥寥到几乎没有。年后,哥哥早上去遛弯儿听说,这个年卖什么都兴隆,只有一个地儿的生意萧条。

"还用想,做炮仗最有名的九龙斋!"我一下就猜中了。

"这年头,全听厌了炮声!本来,我也想再买几挂小鞭驱驱邪气,想了又想,到底没买那玩意儿。"母亲抢先一步说。

"就是,这年头谁家都一样,全听厌了炮声。"随后,几乎是大家一起说了。

瞧瞧,元宵节了,前门大街上也仍是看不见卖鞭炮的!

我抓早勾好鲁智深的脸谱,看看怀表,时间大有富余。我走出化妆室去前台,习惯地掀开大幕往观众席中看。好家伙!台下一片热气腾腾大满堂的景象。提着的心,霎时放回肚里了。殊不知这么长时间没唱了,全班社的人家家都在等米下锅呀!然而,我的眼睛很快又被太多的"黄绿色"给"定"住了。不好!观众里穿军装的人多,岂不是意味着赠票也多?假满堂?!我的眉头立时皱起……

看票图去!

我放下大幕条,急急往前台才走了几步就停住了,脸上勾着鲁智深的脸谱怎去前台呢?返身去少春的化妆室,推门见里面没人。低头看表该穿服装了,只好先回自己的化妆室。

"去哪了?绪春、少春刚来找过你。"老舅对我说。

"他们上哪儿啦?"

老舅摇摇头:"幼春也来找他们!"

听了这话,我更忐忑不安了!台下军人多,少说占四成!会不会像当年,在前台吵闹或打斗……把阎绪春、少春都找去解决麻烦啦?这些军人怎么成帮结伙的都来看这出戏?嘿,今儿虽是满堂还加座,恐怕大伙儿的戏份钱都难开足……罢了！千万别再节外生枝就好！

"三哥，这找你！天津来人约咱们去……瞧，他们都来啦。"我刚走出化妆室，一眼看见勾好解差脸的幼春走过来了。他说着回头一指。

我向天津邀角人点头致意，急问阎绪春："今天的票图你看了吗？客票多不多？"

"客票才十几张，不多。加座之外又有三十个加座，是上次《野猪林》回戏没退票的观众来看戏……怎么啦？您这么急慌慌的？"

"我看观众里那么多兵，怕……"

天津的邀角人抢过话茬儿："我明白袁老板的意思啦！当年，抗战胜利后，当兵的都喊着'老子抗战八年'，理直气壮地白听戏！您还得笑脸相迎把他们'请'进去。眼看着一千二百人的满堂，才收回八百多张的票钱。我太清楚了。如今可不能比，天上地下，大不一样啦！为嘛呢，我们天津比北平解放早，解放军讲究三大纪律八项注意，甭管是当兵的还是当官的，都规规矩矩买票入场。您老放心吧！"

"得！是我冒场了。"我爽快地笑了。

"我们天津剧场秩序好极啦！您想，天津比北平早解放半个月哪，上座率高是实的，不是虚的啦！二位尽管放心！我们随时欢迎你们！"

散戏后，天津的邀角人连夸好戏，一同商定：在华乐园戏院这期演完，即去天津演出，而且，我和少春还商定请编剧翁偶虹兄也一起去天津，好及时商量着写个新剧本，在天津就排一出新戏带回北平。

这期间，全体起社的演员都在渴望着开锣唱戏挣钱，好容易才熬到能唱了，还不格外加劲儿地唱。能接到天津的邀请，大家都觉得又舒了一口气。

演出归来，我喜冲冲、轻轻松松地走进北屋。

北屋内依旧是灯火通明，依旧是炉火正旺，依旧是枣香迎面、茶香扑鼻。全家人都在等我演出回家。可就是母亲、二姐连日来的笑容竟然不见了，坐在床边谈论着什么。

我趁福媛接过我的衣帽时，赶紧低声问她："又怎么啦？"

福媛拿起暖瓶往沏好的茶中兑开水："先喝点水喘口气，听娘跟你说吧。"

我一口气连喝两杯："说吧，妈，我看出来了。您不是常说，没什么过不去的火焰山嘛！"

"下午街道上派人来通知：咱们家是住房宽敞户，要腾出两间房给进城的解放军住。我说你们兄弟俩经常要去外地演出，一走就是几个月，甚至一年半载。在家的，都是女眷和小孩，恐怕不方便。他们一听倒乐了，说咱们是老街坊了，您家的情况我们还不清楚？可您家是我们的基……基什么来着？"母亲问福媛。

"基本群众。"

"对，基本群众！人家说：'不可靠的户，我们还不派呢！解放军是咱自己的军队，不拿群众一针一线，还会帮你们做很多事儿，再说他们也住不了多长时间就开走，到时候，恐怕您想留都留不住喽。您放心吧！'话是这么说，这家里住军队……实在不敢答应。我还要再推，一想到你打油盐店掌柜招出来的冤枉官司……只得勉强点头说回头想想办法，明儿早上给他们准信儿。"

"军队什么时候来住？"

"先腾房，好备着，三月里来住。"

我一拍腿大声地说："真邪行！怎么咱家什么事都爱往一块儿凑！想过几天安生日子就那么难！今天晚上天津大戏院邀角人追到华乐园，刚约定三月份去天津演一期。我们哥儿俩一走，就剩您和福媛，加上二姐，家里一个男人没有，住军队算怎么回事呀！不成，不成！说什么也不成！只能想辙辞谢！"

母亲脸色阴得更沉了，为难地说："瞧，又来劲儿了不是！这节骨眼……

你敢？共产党究竟怎么回事，谁也闹不清楚，你敢说不腾房？对了，他们还说：'比您家房宽绰的多啦，我们也不安排，让解放军住他们家，还一百个不放心呢！'住咱家是落个'信'字，去说不腾房，弄出个敬酒不吃吃罚酒……"

"唉，想安安生生地过几天日子，怎么就那么难哪！刚踏实了才几天哪！"我看到母亲紧皱的双眉，说不下去了，不能让母亲这么着急，冷静的瞬间新想法有了。

"腾房！您说得对，这年头，求平安是上策。福媛、二姐都跟我去天津！"我的口气缓和了下来。

"不是没想过，小妹正断奶肯定夜里磨人，怕你不得休息。和你二姐也商量了，小毛子得上学，她也没法儿去天津。"

我叹口气，只能继续想办法："干脆这期演出，我甭去天津！"

母亲没等我说完，立即拍板说："这老老小小十张嘴等着你喂呢！"

"我可以在北平多找几个班，赶包唱，钱少不了……"

"可不成！不光是钱！《野猪林》贴了就满！到天津更错不了。家里再有事，不能拖拉你！横竖我都想过了，这年头，谁也得罪不得！天津的戏要去唱，西屋的房也得腾！是福不是祸，是祸躲不过！好在军队真住进来，还有一大会儿。一小会儿，咱们再想办法……你戏累，吃点儿东西，先睡觉吧。"

我穿上睡衣半靠枕头躺在床上，的确感到累了，两眼望着天花板却毫无睡意，心里七上八下地乱翻腾。

福媛从卫生间出来，拍了拍自己的枕头："累了一晚上啦，快睡觉吧。"

"你倒挺沉得住气？佩服。"

"昨天是你说的要对共产党刮目相看的，还那么紧张？你明天的戏更累。睡觉吧。"

对呀，"对共产党得刮目相看"，这是自己昨天刚说过的话，想到此，我的情绪慢慢静下来，再次回忆着，捋捋这些日子的事。

自那天凌晨收音机里传出:"……一月二十二日起双方休战……人民各安生产,勿相惊扰……"

北平和平解放的天大喜讯传来,立时震撼了古城北平!震撼了北平百万市民!

天亮时分,各城门楼、大街小巷,欢迎中国人民解放军进入北平的红红绿绿各色布告就像变魔术似的贴满街头巷尾。"革命军人个个要牢记,三大纪律八项注意"的雄壮歌声开始在空中回荡。

随之而来,出乎意外的事桩桩件件一股脑儿地涌现出来:

先是街坊四邻喜出望外地互相传告:"米、面、油大降价,快买东西过大年吧!"多少年没听过的好消息啦,我和哥哥、母亲、二姐分头提着菜篮、面口袋走出家门。可不,价儿降得真够便宜,"抢"回来很多的生活必需品。

对了,就是从这天晚上电灯开始耀眼通明驱散了古城寒夜的沉寂的。自来水也有了!围城这些日子老停水,就是给水了,也是滴滴答答,闹得水比油珍贵。"快看哪,水有多足哇!"母亲看着从自来水管中冲出来的水流,高兴得大声喊起来。

频传的好消息使得北平焕发了生机!唤起了大家对和平生活的憧憬。结束了的不仅仅是围城四十多天以来昏暗的煤油灯、蜡烛光,是永远过去了的所有昏暗时光。

家家户户忙起来了!我们和别家一样,忙着拆除"战争防御工程"。我和哥哥拿着铁锹填平院中的土坑——所谓的防空洞,心里那股劲,几乎是跟随着从门外飞进的歌声"解放区的天是明朗的天……"雄壮有力的快节奏飞锹走土,三下五除二,坑很快就铲平了。

福嫒在北屋一边看着站在椅前吃饼干的小妹、和平,扶着站在小板凳上用指甲往下抠字纸条的小蓉,一边又忙着搬凳子站上去摘下蒙在灯上的黑布罩。

"卖年货喽!"一声叫卖声传来,母亲将擦防震字条的脏水换上净水,把盆放在台阶上就出了大门,我也追了出去。

西直门、永定门、"四城"已经解除戒严,东来西往的一辆辆拉着猪、牛、羊、米、面、年货等应有尽有的大车,穿梭在大街小巷,就连我们这条不太宽的胡同里,也不时有人叫卖。

母亲叫停一辆装满松枝、麦秸的大车,问了价,挺便宜,回身对我说:"买点松枝、麦秸,过年铺在地上,可得隔隔晦气啦!"

北平过大年初一,讲究早上用松枝、麦秸铺在四合院地上,以示隔掉过去一年的晦气。院中四角的松枝下要压四枚铜钱,预示新的一年财源广进。实际上,此举最受益的是未成年的孩子们,他们穿着过年的新鞋在树枝上蹦呀、跳呀,听着嘎吱嘎吱踩树枝的声音,别提有多高兴了!给年也添了极浓郁的气氛。

这时,叶盛章三哥骑着摩托车来到我家说:"梨园公会通知,初三早上八点到梨园公会集合,欢迎中国人民解放军进城!老三,别忘了,别晚了!"说完一溜烟地又去通知别家。

那天晚饭后,全家人依旧都聚在北屋哄孩子、聊天。

母亲在耀眼通明的电灯光下,剪红纸网,等年三十要给摆在条案上的蜜供罩上喜气洋洋的红网。蜜供是蜜做的条形面点,可以粘成塔形供在祖宗牌位前,通常以塔的高矮寓意一年的富足,也是经济实力的展示。

"蜜供的价格跟粮食、肉等的价格一样比去年便宜多了,我还是没买大的,能省就省点儿吧。这么些日子不能唱了,再加上打那场官司的花销……咳,不买吧,不像过年!好在过几天蜜供撤下来,给孩子们当点心,也算钱没白花。"母亲边剪边说。

这个年,钱是没花多少,物价很便宜;这个年,也是多少年中过得最踏实的年。要说,共产党的本事不小。

正月初三,天色未亮。呛呛喊呛喊……的秧歌锣鼓声响彻天空。"革命军人个个要牢记""解放区的天是明朗的天,解放区的人民好喜欢……"雄壮的歌声此起彼伏,连绵不断。

我走出家门赶到梨园公会时,嚯!大街小巷都走动着欢迎解放军入城的人群。只见身穿红裤绿袄头系白羊肚毛巾的秧歌队,跟着锣鼓的节拍走三步退两步,满面春风,精神抖擞,起劲地舞起腰间系的长红绸,一队接着一队。后面还有青年学生挥舞着红旗,不停地高呼:"人民解放军万岁!""共产党万岁!"这阵阵响亮的口号声盖过了一切。

梨园界所到人员之齐也是空前的。队伍按时从李铁拐斜街的梨园公会出发,大家不分行当,不分主次,自动排成队伍,举着刚领到的人手一份的五颜六色的小三角旗,向前门五牌楼进发。没想到在这欢歌笑语的马路上,我们这个特殊的队伍特别惹人注目,简直可算备受欢迎了。站在自家门前看队伍的妇女、老人不时地指点着这些熟悉的面容:"这是尚小云、荀慧生,还有谭富英、李少春……那是'鲁智深'……"

梨园界的队伍随着几十万人的欢迎大军有组织地从市内四面八方热潮般地涌向西直门、广安门、永定门、前门……

前门五牌楼彩旗飞舞,人山人海,人声鼎沸。远处房上、树上、墙头上都站满了翘首相望的人们,这壮观的场景真是开眼。人如此之多却一点儿也不乱,人们不管如何拥挤,都很守纪律,有秩序地站在人行道上,等待马路上大部队通过。

下午一时,解放军的队伍开过来啦!解放军都穿着黄绿色布军装,胸前挂一块写着"中国人民解放军"字样的白布牌,他们肩扛的武器上大都贴着写有"三大纪律八项注意"字样的字条,迈着整齐的步伐,雄赳赳,气昂昂。走在前面的是步兵,步兵后面是骑兵、炮兵……

中间夹行着广播车,广播的声音可以盖过一切声音——"亲爱的同胞们,北平解放啦,北平得到了真正的和平,华北也都解放了……"欢呼声、震天的锣鼓声响彻云霄。

这一切给身临其境的我们留下了极深的印象。

回到家中,一推开街门就听到母亲房里的收音机里大声播放着解放军进城的实况广播。拉开北屋门,枣香扑鼻,热气扑脸!嚆!二姐居然站在床前,滔滔不绝地像跟播音员竞赛般地大声向坐在床边补袜子的母亲绘声绘色地述说着解放军进城的情况!真是破天荒!自从去年年底,二姐夫郑岐山患肺病故去后,她总是愁眉不展,话也说得很少。今儿可好,欢呼雀跃,兴高采烈,难得她如此高兴!母亲也听得极专注,以至于停下了手中的针线活,专注地倾听,同样也是太少见了!

二姐看见我进门,回头朝我一笑:"解放军进城真热闹!我正跟妈说哪!"

"好日子又快回来啦!"本就有点儿兴奋的我,一下子就被家中的温馨景象和二姐的情绪感染了。说着从床上抱起刚一岁的小妹,将她高高举过头顶,大声喊着:"和平喽,可和平喽!"

站在床前逗着小妹玩儿的和平听见喊"和平",就使劲地拉着爸爸——我的长袍衣襟说:"我是和平,举我!"

母亲乐了,她高举起手轻轻拍一下和平的头:"说得没错,你才叫和平!这个名是奶奶给起的!"母亲紧接着长叹一声:"他妈一走,谁也顾不上这孩子。你整天不回家,孩子挺大也没个名字。可巧小日本投降了,又正在修和平门,顺口叫了他和平。"

我放下小妹,又将和平高高举起,说:"和平,和平,但愿咱们熬来真正的和平噢!"

跪在椅子上伏在八仙桌上写寒假作业的小蓉也放下书本跑到我身边嚷着:"爸爸也得举我!"我又连连将小蓉举过头顶。小蓉向上直伸两臂大声地笑着喊:"噢!和平,和平喽!"

母亲放下手中的活计,笑着说:"和平,谁不盼着和平,可着北平城全盼和平,究竟能不能和平,眼下谁也说不好。叫我看什么时候仗再也不打了，能开锣唱戏了，才叫和平！走，跟奶奶吃饭去！"

想到这儿，我不由得笑了。这些天日子过得多有味儿呀！共产党没让我们失望，甚至还有点儿意外地在三天后，从初六就开始了平平稳稳地演出……是得对共产党刮目相看呀！

……

福媛问："瑞麟，都说北平解放了，解放了，你说，究竟什么叫解放呢？"

"我也一直在想什么叫解放，这词儿太新，似乎懂，又说不清……都说解放了就和平了！你说，那天去欢迎解放军进城，人那么多，场面那么热烈，还那么有秩序，怎么会有那么些人都去欢迎，奇怪……回来的这一路上我就想，直到刚才一直想，没明白。可这回物价降得倒是挺稳，跟以往不一样，老太太说，什么时候能不再打仗，恢复正常演出，什么时候才叫和平！现在能正常唱戏啦，有点儿和平的意思！这就叫解放吧！"

"有点儿和平的意思就叫解放？那光叫和平不就结了，大伙儿最爱听和平了！"

对呀，甭说福媛对此迷茫，我也是糊里糊涂说不清，就说："先甭管那么远，眼下家里住大兵能平安度过就成啦！共产党要真有本事！但愿这次还不让人失望！盼着吧。"我说完放平枕头躺好："可惜，刚过点儿踏实日子，又难踏实……"

是呀，此关难熬，让人揪心。一会儿觉得解放军有三大纪律，看戏都肯买票，和别的军队不会一样；一会儿又觉得家中一个男人都不在……一会儿又想着那么多家都住兵，或许不会有大事！就这样，心情是一紧一张、一急一缓，思前想后，矛盾重重，难以入睡。

然而，我真累了，抱着自己总结出"对共产党得刮目相看"的念头，不知不觉中酣然入睡。

玖拾柒 解放军 誉响京城

为了全家的生计,为了演《野猪林》这出成功的戏,我和哥哥咬牙跺脚地去了天津。舞台上我是精神百倍,天津观众对《野猪林》《连环套》是爱得发烫。而且,我和少春先排了一出新戏《血泪城》,又和翁先生商量好准备排新戏《将相和》,已由翁先生去执笔,这都是让我如愿的高兴事。

但心悬两地,坐立难安地惦念着家中是否住进军队,是否平安。盼家信,又怕来家信,更怕接电报的忐忑心情始终在折磨着我。

临来天津,母亲将表妹找来,安排她和奶妈带小妹同到南屋跟福媛一起住,这样既安全些,小妹断奶也方便。母亲、二姐、小毛子和小蓉、和平都在北屋住。母亲表态也很坚决,说:"反正这条街上好多家都住了军队,求老天爷保佑全家平安吧!大不了……我豁出去了!"

好不容易,半个月后,我盼来了福媛的家书,却只寥寥数笔:"解放军住到家里,一切平安,勿念。"我翻来覆去看了好几遍,真不解渴!但也总算让我这一颗悬着的心平静了下来,长出了一口气。

起社演出大受欢迎，连续加演到五月中旬才结束。

回到家中，听母亲对解放军赞不绝口，我好奇心更强了。等到母亲、福媛、二姐、表妹、小蓉、和平、小毛子团团围在一起吃晚饭的时候，我再也忍不住地问母亲："解放军到底怎么个好法呀，让您这么夸！"

母亲哈哈大笑："提起来真有意思，你去天津唱戏，我们在家也唱了一大出好戏。你走了没几天，解放军就来家住了。就说来的头天吧，我那个紧张！夜里，把南屋门锁好，门前堵上八仙桌，八仙桌上摞椅子……"

"椅子上还倒放了好几个空酒瓶子、空油瓶哪！跟演杂耍似的……"小蓉抢着搭茬儿。

"杂耍？我说呢，什么戏也没这阵势！"

"还不是为动静大点儿，我在北屋能听清楚点。现在都知道乐啦，当时还不都和衣而卧，彻夜亮大灯……我呢，光抻着脖子听院里或是南屋里有没有动静了，再时不时下床掀开窗帘角瞧南屋，溜溜一宿没睡！刚眯瞪一会儿，唰唰，大扫把扫街的声音连续不停，立马就把我给扫醒了。看了看，天还没亮呢。再一听，院里有声音。"

"扫院子声？"

"哪儿知道哇。我心里这紧张，麻利儿抄起备在床边急用的火筷子，下地撩开窗帘角向院里看，敢情是一个大兵在院里扫地，一个兵正用钳子拧紧晾衣服的铁丝。我这才回身捅了几下炉子，往簸箕里撮满炉灰，端着簸箕迈出屋门。扫地的兵一眼看见，跑过来跟我抢：'大娘我来！'我和他推让了半天才到街门外。嗬，敢情正在扫街的一水儿都是穿着土黄军装的解放军。再一瞧，好多家街门都没关严，露门缝。"

"露门缝？"

"好从门缝里往街上偷看呗！甭说，全一个样儿，不光是我们家。"

"哈哈，您讲得比演戏还细致，我听得真入神，有意思！"

"是真事嘛！我活了这么大岁数，什么军队没见过？可从来没见过管扫街的军队。不光这，这兵来了四五天了，你说，十个大小伙子在院里住着，愣听不到动静。晚上几点回来睡的觉，谁都不知道，真格的，太可人疼！军阀混战那会子……"

"妈！这是人民解放军！人家有三大纪律八项注意，怎能跟军阀混战的军队比，您真是的！咱们前孙公园住着好几百人，整条街的人，谁都夸他们好呢！"二姐抢着说。

"夸他们好就不能比？比比又不犯法！共产党怎么样，我说不上，这军队可是顶呱呱的好！没见过，更没听说过。得了！心放下了。晚上都关了灯，踏踏实实地睡吧，别再自个儿折腾自个儿了。这我才赶快让福媛给你写封信，告诉家里一切都好。住的军队也好，叫你放心！"

"别提啦，福媛的那封报平安的信，大伙儿看了都说太简单。陆续的，也还有别人的几封信寄到天津，人家写的信细多了，没一天的工夫，班社几乎全传遍了，全都几遍几遍地看，都夸解放军真是老百姓的子弟兵！"

福媛一笑："我也想写细，可事太多，越想写越写不出来，还不如回来再说给你听。瞧，你听娘说得多有意思。"

小蓉说："爸爸，爸爸！解放军叔叔真好哇，奶奶就让我哥哥、和平找他们玩……"

"我们男的找男的玩儿，谁让你是女的！"小毛子抢过话茬儿不让。

"就是！谁让你是女的呢！"和平骄傲地跟在小毛子后边说。

小蓉不理他们，接着告状："奶奶还不让我出屋子，出了屋子不许我下北屋台阶，更不许跟他们玩！说这是给我念的紧箍咒，我又不是孙悟空！还说不听话就使劲儿使劲儿打我。"

"一直不许？"

"后来我姑妈准啦，奶奶才准！"她的声越说越小。

"对啦，后来奶奶还给他们被子哪！"声调又突然增大。全家人听完了这话忍不住全大笑起来。

母亲笑着没吭声，默认啦。她转了话题："先吃吧！给你炖了只鸡，好好补补！"

福媛已将一碗鸡汤端给我："先喝点儿汤吧！解渴。"

小蓉放下饭碗就往外跑。

"不吃饭，干嘛去？越大越不听话！"母亲喊她，她头也不回地出去了。

"解放军走了多长时间啦？"我又问。

"一个多月了。怪想他们的！没见过这么好的军队！他们来的时候，三月底，正春寒，全睡地上，也不笼火。趁他们出去，我上那屋摸了摸他们的褥子，精薄！多冷呀！都是二十岁上下的孩子，看了叫人心疼，人心都是肉长的！我想着，得让福媛拿两床被子给他们，压压脚也好哇。"

"我说，人家有三大纪律八项注意，不拿老百姓一针一线，能拿那么个大被子？还不如等他们一出去就旺旺地给他们生一炉子火，等他们回来不管他们答应不答应，反正屋子已经烘暖和了。"二姐插话介绍着。

"送被子是咱们的情分，我是说火也要生，被子也要送！"

"到底人家没要被子，偷偷给放回厨房了。"二姐一句不让。

"你还不明白，用不用是他们，送不送是我们……"母亲也不示弱。

小蓉回来了，拿衣服两个角兜着一大堆纸叠的小玩意儿，倒在餐桌上。

"这孩子！快弄走，人家叔叔好不容易给你叠的，别弄脏了！"母亲伸手就把叠纸拿起好几个。

"谁也不许给我弄脏了，解放军叔叔说了，这是给咱家留的纪念品！等我爸爸回家要我拿给爸爸看！我们老师也说了，这是我最好的最有……最有……意义的玩具。是吧，娘！"

"是，是，是！奶奶说得对，桌上有油，怕弄脏！"

"我兜走！您看，爸爸，这是鸟，这是鹤，它有长尖嘴。这是花篮，这是冲锋枪，嗒嗒嗒……"

母亲说："你看，哪有点儿女孩子的样！快收起来吧。他们一共住了十四天，净办好事了。那天早上起来一看，人和行李都不见了。空屋子里收拾得干干净净连一根草都没有。八成是夜里开走的，轻得一点儿没听见。他们一走，我还真觉得空落落的。多好的军队呀！"

这一番话真让我感动，从此，我对解放军百分之百地刮目相看了！也是后来鼓励孩子们参军的根由。

福媛问："还出去吗？"

"南京解放啦，上海也解放啦！都有信儿来约我们去，他们过些日子来北平面谈。我看，说不定……今年的年，得在上海过了。两年没去了，去了准不会少待……"

此后，北平、天津……连续不断地演出。

一九四九年七月三日，起社不顾炎热在民主戏院为中华全国文学艺术工作者代表大会演出《野猪林》。

进入深秋，赴上海。在天蟾舞台十天演了十场戏，场场爆满，演出效果极佳。期间，新邀的初出茅庐的十七岁青年旦角杜近芳，确为起社增色不少。十天后，接着推出十天十场《野猪林》，仅三天的工夫，十场戏票全售空，大家的心里像喝了蜜一样甜。

紧接着又加演了二十场《野猪林》，仍是连续满堂，令全班社的人欣喜万分。

上海演出后期，无锡派人来接，原定去南京，临时转往无锡。在无锡金城大戏院又连卖了十五个满堂。而后，在南京直演到转年三月。回京，又赴天津。真真是和和平平、圆圆满满，如了我们多演出的心愿，圆了我们多年的梦想。

北京的四月，春云舒展，风和日丽。马路上新增添的紫红色四路环行大公共汽车，耀眼地行驶在马路上。自行车、军用大卡车，还有人拉的、马拉的排子车穿梭期间，真可谓车水马龙，一派繁荣景象！

西单长安大戏院西侧大地餐厅门外的马路边上，摆着几张就餐桌椅。我和中央人民政府文化部戏曲改进局马彦祥同志坐在一张餐桌旁，叫了两份西式咖喱鸡盖浇饭和两瓶啤酒、两份小凉菜。

我举起啤酒："彦祥同志，来，我们先干一杯！我和您虽不太熟识，可您的大名我早就如雷贯耳了。"

马彦祥同志北平新中国成立后先任文化接管委员会文艺部副部长，兼旧剧处处长。去年十月份，新中国成立，中央人民政府文化部戏曲改进局成立，田汉任局长，他和杨绍萱任副局长。

马彦祥同志举起杯，微微一笑："好！干了这杯，我们就是好朋友了！"

我拿起酒瓶边给马彦祥倒酒边说："解放前，您曾经在《新民报》的《天桥》版面上发表过许多有关戏曲的文章。我看过几篇，您很了解梨园行，说的都是内行话。后来听说被当局指控……有'反动'言论，就再不见您的文章了。"

"被勒令解聘了。"

"直到解放了，我才知道您原来是地下党，地下的共产党。敬佩！再敬您一杯！"我们又举杯干了。

"其实，我跟梨园界梁小鸾、李宗义等人都有往来，都是好朋友，我想，咱们也会成为好朋友的！今天我们推心置腹地好好聊聊。怎么样，这次去天津的演出还理想吗？"

呦，我去天津演出没几个人知道，他居然……我没想好如何回答，有点儿发愣……

那天，我的铁哥们儿之一耿世忠带来信儿，说谭（小培）五爷请我在两宜轩吃饭。

面容消瘦的谭五爷，眉舒目展地笑着说："世海，你这些年的长进不小呀！咱们爷儿们近来见面机会不多，但是你和少春这两年排的这些戏，我都有耳闻，不含糊！"

他说的见面机会，是他时常去门框胡同吃四川风味的大火锅，许多认识或不认识的人都可以坐在那里共用一口大锅，卫生不卫生以水煮沸为净。一度，我们常在那里碰上，边吃边聊，很熟悉，说话也就比较自由。

"听说你最近歇了。"谭五爷问。

"是呀，我在家修房子。"

"正好！今儿请你来是想让你和富英合作，咱们先去天津演一期十二场，没问题吧？"

没等我回答，富英师兄接过话茬儿："三弟呀，如今解放了，我也想振作一下，光唱《失街亭》《定军山》不成啦。咱们得排些新戏，像《三顾茅庐》《博望坡》。我和马师兄不同，他演诸葛亮，我演刘备。"富英师兄大而深的眼睛闪烁着少有的热情之光。其实我见到富英师兄的第一眼就感觉到他今天特别有精神，不由得我也为之一振。

"对！萧先生在科班教这出戏是刘备的戏重。后来盛藻师兄前演刘备，后演诸葛亮。"

"岂止这两出戏，还有很多三国戏我们都可以排。这回文的、武的我都得唱。"

"当年您和尚先生合作，架子花脸是侯（喜瑞）大师兄的，我是追到华乐园去看的，真好。"我没有正面回答可否，我有顾虑，犹豫。

"咱们还可以排全本《捉放曹》，从曹操刺董卓献刀开始，没得说，挂牌登谭富英、袁世海。怎么样？"显然富英师兄是在等我的答复，又对我做了进一步的询问。

从曹操献刀开始演《捉放曹》无疑对我有着一定的诱惑力，我沉吟了一下，只得把顾虑说出来："听说刘（砚亭）八爷还在您的太平剧社，怕……不合适吧？"

说到此，谭五爷向富英对了一下目光，说："这，我来说句公道话吧，世海，你不必顾虑，刘八爷本功是武二花。当初叔岩的班社同时有侯（喜瑞）、郝（寿臣），还有钱金福，各有各的功，各有各的戏。你就是当年的郝爷，这一点，你大可不必有顾虑。富英得了你这个帮手，拓宽戏路子。我相信富英会有大的发展。"

"好，既是……就这么办吧，我听您的。不过，我想三国戏，我们在科时学的一样，对一对就成了。我觉得还有一个好本子很适合咱们，如果能排出来，会很有新意。"

"什么戏？"他二位异口同声地问我。

"《将相和》是翁偶虹先生写的，就是全本的《负荆请罪》。"

"蔺相如、廉颇的戏，听名字就很响亮，一半天把本子给我，咱们排！"谭五爷肯定地答应了。

过后，我转告了翁先生。他征得少春的同意，才将本子给谭五爷送了过去。谭氏父子又根据富英的要求让翁先生做了进一步的改动，增加了演唱。我和谭富英在北京刚演了一场戏，就被天津约走了。

马彦祥其实没想等我回答，就开门见山了："恕我直言，谭（富英）先生是唱功老生，他若配铜锤正对功，和你嘛，只适合短期合作。"

我点点头："您说得有道理，但是我们在科时，学的一样，很多戏稍微一对就演。谭先生也说解放了极想振作。我们还要排一出新戏《将相和》，可惜本子还要改。他才刚过新婚，新嫂夫人随行天津。档期太紧，顾不过来，没排成。"

"下一步，你有什么打算？"马彦祥看了看我。

"还……没想好，反正闲不住。解放了，各班社都要排新戏，觉得我……能造魔，都在约我。梅先生派徐叔文先生来家和我谈了，程（砚秋）先生派李丹林先生也找我谈了，还有上海周信芳先生也派人来北京……"

马彦祥打断我的话："我知道，你年轻有为，闲不住！不过，我们既是朋友了，想听听我对你今后的看法吗？"他微笑着问我。

这话使正处于两难的我感到了他的诚恳，更希望听听他有什么高见。

"洗耳恭听。"我由衷地说。

"每个演员都有他的发展阶段。你和少春的合作，是文武老生配架子花脸，既重唱，又重在表演。不但相互展示了你们各自的才华，还互相托足了对方的戏。这两年，你们合作的戏已经证明了，可谓珠联璧合！你想是不是？"

我同意地点了点头："你是劝我和少春……"

"不，还有更重要的事！"

"这，我和少春早就都非常清楚！所以才排了《野猪林》。果然，连演连满，红遍北平。棍节儿上，我银铛入狱，演不成了。放我出来，北平被围城啦，还演不成！马先生从香港来电报约我过去，我和少春深谈一宿，彻夜未眠，就悟出了这个道理。"

"噢，说来听听。"

"只有合着干，才能两全！要么双走，要么双留！这样才能称心如意、相得益彰。少春特意提出马先生如果演《四进士》，他演毛朋。如果演我和马先生的戏，少春没事儿，他就在前面演压轴戏，马先生休息，我俩就演《野猪林》之类的对儿戏。去年底今年初的演出也证实了这一点！我们在上海天蟾舞台连演了四十场大满堂！而且，连天蟾舞台内宽池座过道上都挤满加座。三楼平时很少开，这次也卖了一千张票。一个戏班有什么能比连续卖几十个满堂更令人高兴的啦？"

"既是如此，为什么还要做傻事？"马彦祥同志端起碗喝了一口汤，将碗重重地放在桌子上。显然话已说到题上了，有些激动。

"傻事？别提了！唉，可能是好事多磨吧！为什么我们这行叫梨园行呢？它是非要离了圆，圆了离！为什么戏班里就是能共苦而不能同甘呢？"我不无感慨地说。

马彦祥笑了："之所以圆了离，是事出有因！你们俩究竟为什么？能不能说给我听听！"

我知道，和少春不愉快的事想包也包不住了："话既然说到这儿啦，我就不瞒您了，也不怕您笑话。在上海期间，我突然发现挂在天蟾舞台正门上面的一块写着'杨小楼先生得意杰作，郝寿臣先生亲授'的大宣传牌不见了。您说，提起《野猪林》，无论戏班里还是戏班外谁都知道这出名剧，是杨老先生、郝老师创成名的。我这个鲁智深从脸谱、服装、表演都是向郝老师学的。少春也随我到郝老师家，听老师向他介绍了许多杨小楼先生的表演，都不能否认我们沾了前辈的光。好，我一问宣传牌怎么撤了，他们说是二少让撤……"

马彦祥不解："二少？"

"少春在家中行二，大伙儿尊称他二少。得，宣传牌已经撤了，多争也无益。从这……我俩卖羊头肉的回家——不过细盐（言）了。"

"班里有公事呢？"

"哥们儿还是哥们儿呀！粗盐（言）当然有。有公事时说几句，还有管事阎绪春中间传话。"

"比如说……"

"比如，邀头华子献将我们接至南京。好嘛！又听到了烦人的隆隆炮声，心情紧张，纷纷找华子献问个明白。敢情是咱们解放军乘胜前进，去解放舟山群岛的炮声！大家这才再问票卖得如何，一听卖了三千多张，大家不光把一颗悬着的心放下来了，还甭提多高兴。好，等开戏前撩幕一看，顿时心又凉了！"

"为什么？"

"国民大会堂是万人大会堂，三千多张票连半堂人都不到！三天后，阎绪春就传来少春口信，移到中央大戏院。"

"一盘散沙，演出能好？"

"崴到家了。我们天天在台上跟炮声打擂台不说,南京市民家家都在忙着支前工作,在一切都随着战事的变化而变化的气氛下,换到中央大戏院的演出更不灵,嗨!不过……这位华子献却总是很热情地接待我们,不像别的邀头,只要卖座不好,对演员就会冷若冰霜。真难得。"

"哦!?"

"他诚意地请起社全体去中山陵参观孙中山先生的陵墓,大家在陵墓前恭恭敬敬地鞠了三个躬,还在总统府门前照了全体相,又到中华门外雨花台附近捡了许多彩色斑斓、光滑如玉的雨花石。开心!事后大家一想,这茬儿不对呀,请几十人游览是需要不少经费的,售票情况又不甚好,问他,他总是笑着说没问题,您放心。很快我们发现华子献衣服单薄,只穿着一身西服,原来的大衣也不穿了。我们可都是内穿棉袍外套皮大衣的!

"南京的冬季虽不很冷,但遇到阴雨天十分阴冷,就算南方人再不怕冷,也不至如此吧!

"大家越想越觉得不对劲儿,觉得这其中必有缘由。在轮番逼问下,华子献才'招供':演出亏损,把大衣当了。太为难他了!太令人感动了!于是,少春和我与大家商量妥,专门为他在中央大戏院白唱戏三天,以补他的亏损。全体成员一致同意。"

"应该。好在你们有四十场满堂的钱。"

"咳!快别提啦!观众不吃回头草,返回上海再演,上座率直往下跌。张伯铭见势不好,挟带起社返回演出的全体包银不知去向了!众人后续演出包银皆无。我赶紧又去中央大戏院找孙兰亭要那笔去无锡前暂存他那里的在上海天蟾舞台四十场戏的包银。谁承想,中央大戏院由政府接管。紧追紧问,孙兰亭是找到了,但他已被查,两手空空。他借来三百元老币,答应以后慢慢再还。呵呵,这四十场包银全打了水漂!我拿着这三百元钱几乎是哭笑不得!唉,多年的老朋友,已经这样了,也只好如此了!"

"家和万事兴。一个家如此,一个集体、一个班社,道理相同,不团结是大忌。"

"所以,我们要排《将相和》!"

马彦祥说完没有继续吃饭,似在沉思。

我慢慢喝了口汤,看他还在沉思,没好打扰。

马彦祥摇摇头:"太小事一桩了。你和少春悟出的'和则两全,分则两伤'这是关键。想想吧,像你说的围城四十多天,你们天天盼着演出,哥儿俩憋足劲儿想排新戏!时局动荡不允许!现在解放了,和平啦,你们可以自由自在地演戏排戏了。可倒好!反而为一丁点儿小事,就这么闷着,戏不排了,也不唱了!听我劝,赶快抓紧时机行动,你们起社的人都得了内急症了,知道不!"

"知道点儿。盛武、世霖、洪年,还有好多人都到家找过我,问下一步怎么安排。我说,忙着修房,有事问李正。他们说,问过啦,李正让问你!我说,还是问李正……"说到这儿,我哈哈大笑。

"还笑!什么李正?"马彦祥睁大眼睛问。

"少春姓李,正社长,我们就叫他李正。"

"那天,他们大伙儿到华乐园看戏,看见我就把我围上聊起你们俩的事。翁偶虹说得好,说你们原本要排《将相和》,结果排了一出'将相失和'!希望我能帮你们和好,我向领导汇了报。田汉同志特意到你家了解情况。你可好,来个徐庶进曹营——一言不发!"马彦祥指着我的鼻子似戏谑似认真地说。

"徐庶进曹营——一言不发?这可误会了,误会啦!我恭恭敬敬将田汉同志迎进送出,好茶款待!哪好意思问他有何贵干。田汉同志也没问我,只问我上海演出怎么样,我说了呀。眼瞧着,我们俩咕咚咕咚灌了两大暖壶的水。"我边说边好一阵大笑。马彦祥也笑了。

田汉同志到家中的情景,我记得真真的!

我从天津演出回来,田汉同志就来看我,他是谁?是戏曲改进局的局长，是文艺界顶头的大干部，他来家看我！照说我应该受宠若惊吧！可是不对，我只觉惊，未觉宠，更多的是莫名。我很恭敬地将田汉同志请至客厅，敬上好茶。初次见面，虽说看上去田汉同志非常憨厚朴实，但他比较寡言。我又不知其来意，更显少有的拘谨。

田汉同志问我从上海回来多长时间了，我说："一个多月了。您请喝茶，这茶……还喝得过吗？"

田汉同志喝了一口茶又说："回北京这么长时间了，怎么还没见你们演出啊？还很想看你们的戏呢！"

"是，是，是，一出去，小三个月，我们累了点儿，想多休息休息。您看，又修房子，家里也需要照顾。您喝茶！"

田汉同志喝过茶，又问在上海、南京、无锡的演出情况。

我长叹一声，向田汉同志讲起社演出先热后冷、包银尽失的情况。

田汉同志不时地点点头、摇摇头，默默地听着。他没再问什么，只是说，这是解放过程中，社会变革中暂时的必然过程，以后就会好的。

我更没词儿了，又将田汉同志的茶杯内加满水，茉莉花茶扑鼻香："怎么样？您喝着还成吧，这也算是不错的茉莉花……"

"挺香，挺香……"

"您喝茶，请。"

田汉同志又和我对喝了几杯茶，最后说："希望你们早日演出，我等着看你们的演出。"他放下茶杯走了。

我送走田汉同志回到客厅，看到喝空的暖壶和喝白的茶，不由得摸头皮想了半晌，莫非是干部来关心下属？我党优良作风的体现吧！

噢，才明白。原来是为这……想到此，我很抱歉地说："您见着田汉同志一定替我解释解释，我先谢谢您。再说，我和少春哥儿俩十几年的交情，一锅里吃饭，有这点儿小事，不奇怪。闷些日子，手里一紧，就和好了。梨园，梨园，离了再圆嘛！我主动向田汉同志告状？我成什么人啦！"

马彦祥严肃地说："这可不对！要懂得依靠政府，依靠组织。你们向组织反映问题，绝不能等同告状！你想想，解放前，戏班的事儿谁管哪？现在解放啦，你们演员和我们的工人、农民，咱们都是国家的主人翁啦！中央政府非常关心戏曲艺术的发展，非常关心你们。你们正年轻，接受新思想、新事物快，艺术上又有建树，领导十分期待你和少春为咱们戏曲事业率先做出贡献，这才到你家中去做工作。明白吗？"

我使劲儿地理解这些新名词。"依靠政府，依靠组织"尚可理解，"向组织反映问题，绝不能等同告状"的观点……一时不敢苟同。我几度迟疑之后，只能瞪大眼睛看着他。

马彦祥看着我很严肃。

他沉吟了片刻："我知道，你一下明白不了，听我进一步给你分析。照我看你和少春的矛盾就是典型旧班社留下的弊病，咱们还得往回说……你说的撤牌，我看只是外表。其中隐情，你不说……其实，我大致知道些。你们俩原定是三七分账，因为常演《连环套》，窦尔敦比黄天霸累点儿，演《野猪林》林冲比演鲁智深累，互相就均衡了。这次去上海，可巧《连环套》没演，一口气直演了三十场《野猪林》，少春就累得多了。分账失衡，心里更失衡，矛盾出来了。"

"唉，想让我减点儿，哥儿俩坐下明谈……"

"他闷着，你不也闷着吗？这类事不可能明谈，所以才拖到如今。"

我尴尬地低下了头。

马彦祥话锋一转，说："如果说，我们按照中央政府所指示的，以民主方式组织阵容坚强的新型剧团，就不会有这样的问题了。刚才说了，找你有重要的事，这才是今天我找你要谈的最重要的事。"

对此，我非常感兴趣，精神大振："什么，什么按照民主……组织什么……新剧团？仔细给我讲讲！咱们边喝边接着说。"我看饭已吃完，招手又要了两杯加奶的咖啡。

"你看，你和少春发生了点儿不愉快。其实，梨园界中类似的事太多了！戏份钱问题处理不当是造成这种你说的离、圆局面的主要原因。如果咱们现在将每人的所得摊牌，由大家心平气和、公道地评议，确定标准，清清楚楚地明确每人该拿多少，还会再为这类事儿闹矛盾吗？不会了吧。这就叫民主！及至团长、副团长，也都可以由全团人员来提名、投票，票多者当选，这就叫民主。解放前的旧班社，旧就旧在班主、管事说了算；新型剧团新就新在大家的事，大家做主，大家说了算！这就叫用民主的方式组织新型剧团。"

我专心致志地听。

"这只是组织的问题，还不够。还有阵容的问题，要想演好戏，就得生、旦、净、丑搭配齐全，你们叫'一棵菜'。起社人才很全，可是主演就是你和少春。我们现在已经将华乐园接管了，如果我和你们签三个月的约，一个月演二十场以上，你们敢接吗？"

"敢！"

马彦祥摇了摇头，喝了口咖啡："未必！"

"未必？"也太小看我们啦，我心想。

"未必！绝非小看你们！噢，光搜罗着演些旧戏？上座率能有保证？我说的这三个月呀，不但连续演出，还得时不时有高水平的新戏来吊吊观众的胃口。恐怕你们累得吃不消。甭说嗓子哑得一字不出，稍微有点儿顶不住就全傻了！怎么办？只能除了你们俩还得有一个既能单挑又能合演的主演，这样力量就强大了。"

我一拍桌子："对，有理！我和少春去年三月在天津演了半个月的满堂，剧场没找到下家班社接，就要求我们再演十五场。我们左思右想决定把叶盛章三哥请来加入，上演全本《连环套》。少春的黄天霸，我的窦尔敦，原来是孙盛武的朱光祖，他终归是文丑，能演这个活就不含糊。现在换上叶三哥的朱光祖，成色大不一样。观众那个欢迎呀，又是十五天的大满堂。真是人少唱不了八仙上寿!"

"所以说,再组织新剧团时你们主演的阵容一定还要加强。"

"对。再加上叶三哥,我们三人搭配得还是很好的。"

《连环套》剧照,我饰窦尔敦(此照片由弟子李吉庆提供)

"当然可以啦。这需要你和少春和大家共同去研究决定。"

"对,对,对!民主,民主嘛!"我和马彦祥全笑了。

马彦祥很兴奋地说:"我们已经接管了华乐园,已经改为大众剧场。这是人民大众娱乐的场所嘛!不光改名,还要改制。经理科纯属剥削,对此也要进行改造。这些,今天咱们暂不多说。你慢慢看吧,大众剧场会有很多新气象。你们组好团来大众演出,会体会到的。总之,解放啦,要让大众剧场成为新中国人民大众的新剧场!"

对于这些话,我听来又新鲜,又吃力难解,对"改造""剥削"等词一时不甚理解,但对"新剧场""新型剧团"感到很有吸引力。

马彦祥喝了几口咖啡接着又说:"你们要多排新戏,剧团只有不断地出新戏,才能有生命力。"

"没错!只有多排新戏,才能提高上座率。通过编排《野猪林》,我和少春都有这样的想法。北平刚解放,三月份,我们去天津演出时,就请了写剧本的翁偶虹先生同去。每天散戏吃夜宵的时候,坐在一起就是商量排新戏。

商定下来了,翁偶虹先生就去执笔。三十天三十场演出不说,上演了新编戏《血泪城》,还准备好新戏《将相和》的剧本。遗憾的是《血泪城》没立住,《将相和》也没排。"

"《血泪城》什么内容?"

"李自成解救家奴的故事。少春饰演被欺辱的家奴,我演李自成。过去在科班里,我演《请清兵》中的李自成。那会子,李自成勾歪脸,草寇嘛!解放了,李自成被赞为农民英雄,我就给改成揉红脸、戴黑眉子,挺好看的。可观众对此类戏不太接受。接着去上海,我们议好了让翁先生接着写《野猪林》的二本,取名《逼上梁山》,剧本全齐,差点儿'各奔梁山',唉!……"

"看来,你们对艺术上的认识和我们的很多想法是吻合的。你们才三十岁出头,年富力强,艺术上有追求,观众又非常喜欢你们,正是好时候。希望你和少春团结起来早日组建新剧团,来我们大众剧场演出,我会给你们很优厚的条件。现在是新中国、新时代了,相信你们能迈出新步伐。我会支持你们,田汉同志也支持你们,他说了,要早日看到你们的演出。中央人民政府也支持你们!我们希望你们也支持政府,支持我们的工作。"

我心服口服,诚恳地连连点头:"放心!我会的。"

我抬头遥望长安街,初上华灯照亮了这条大马路,这条路是北京最宽、最长的……

去吧,退一步海阔天空,不能因小失大,和少春十几年的好哥们儿,究竟有多少不愉快,还真说不上来,应该赶快拉起手走上这条正路!应该珍惜和平,应该珍惜艺术,应该珍惜青春!我暗暗给自己下了决心。

一个月来的憋闷和苦恼全烟消云散了。

玖拾捌 做主人 新中国好

几天后,少春和翁偶虹走进了我的家。

我家的房子在改建中,院落四周摆着砖瓦,彻底翻盖的北房前搭着木架。

我暂住南屋,起了床,在洗脸。

二位被让到饭厅。这时的饭厅是南屋和西屋的余塞连成的房屋。原来作为饭厅的西屋,改成母亲带小蓉、小妹睡觉的卧房。

饭厅中间只放了一张八仙桌,上面又架了一个大的圆桌台面当成餐桌,免得人多坐不开。

他们二位坐在桌前,喝了一口保姆送进来的茶,二人不约而同对墙上挂着的字画——袁了凡的《醒世词》感起了兴趣,都站起身来走过去看。当初我也是喜欢,让耿世忠请人抄写下来。

我急匆匆地走过来,他们二位回头见我已经站到面前。"三哥!您……我……"满面微笑的少春,诚恳的目光中显露出一丝歉意。

"贤弟!咱们互相……体谅!"我的目光也流露出歉意。

我们的双手紧紧地握着。

"嘟……仓！"翁偶虹先生站在我俩身旁笑着，口里念着"长撕边"的鼓点儿。

一个"长撕边"的工夫足够了，我们兄弟间小小的不愉快消融了。

"乌云已散，成啦！咱们快谈正事吧，大伙儿快急死了！都等着听号外哪！"翁先生拍手大声说。

我提着孝敬叶师娘的点心盒来到海北寺街叶盛章师兄家。他的家也是一座很规整的四合院。

我和少春已商定，新剧团的建立就在起社和盛章的金声社合并的基础上。我特来找盛章师兄商谈。

盛章师兄先将我带到北屋客厅，我恭恭敬敬地给师娘鞠躬行礼问候师娘安康。

叶师娘坐在堂屋的椅子上，花白的头发梳着整齐的发髻，看上去身子骨很硬朗，微笑着对我说："好哇，你还惦记着你师兄，我听你师兄说了，打算让他和你们合作，好事儿！兄弟之间多帮助吧。我挺好的，没事。别在这耽误工夫了，你们去谈正事吧！下次来，别买这么多东西啦！"

辞别师娘，来到盛章师兄的东屋。

盛章师兄闻风有了准备，单刀直入："老三，这事儿好办，在天津尝试过了，咱们三人的《连环套》挺有分量，包括《野猪林》，都能想办法加上点儿我的戏。咱们撩紧了大干一场！现在关键就等你一句话了，你把哥哥搁在哪？"

我知道他是指演员所排的名次，拍打着胸脯："搁心中间！"然后噗地一笑："现在是起社和你的金声社合并，不用说，少春头牌，您二牌。"

"你呢？"

"我，谁都叫我老三，我就老老实实当我的老三！"

盛章师兄高兴地用双手重重地拍了我的肩膀一下,像舞台上他饰演的朱光祖一样干净利落脆:"好兄弟!老三,你告诉少春,什么条件我都没有,一切没的说!"

我家虽在修房,可南屋前面母亲精心栽种的能绽放出粉红色花朵的朱槿牡丹,嫩叶含露轻拂,亭亭玉立,而密叶宽大厚实的橡皮树则炫耀着阳刚之美。正所谓:草木之春已早归,百般红紫愈芳菲。

我手拿着喷水壶耐心地喷淋冲洗修房时落在花木上的灰尘。抬头看见福媛和抱着刚出生不久的小弟的奶妈从门房出来,要去南屋。我问:"怎么样?住到门房,修房的声儿不那么吵了吧?"

"这孩子,一觉睡了三个多钟头,可好了!醒了谁逗跟谁乐!住东屋哪成,震得眨眼就醒,醒了就哭!"

"那就成啦,别真像老太太说的,因为修房,再把孩子给震傻喽!"我和谭(富英)先生去天津演出时,福媛顺利生产一子,乳名小弟。为了避免修房惊扰,就让奶妈带着小弟住在门房。

"袁老板在家吗?"

我一看站在门道台阶上的来人就愣住了。是他!怎么会?!

来人看见我,立即停住脚步,胆怯怯地:"袁……袁老板……"

我使劲儿眨眨眼,仔细辨认。就是他,穿得再破我也认得准!他就是那个让自己受了人格侮辱又蹲了大狱,在北平城闹得沸沸扬扬的街坊油盐店掌柜,那个芝麻粒大的狗仗人势的小官——保甲长!如今都解放啦,他居然还敢来?来干什么?

我心头怒火忽地重燃起,满含敌意紧紧地盯着他,强压住没有说话。

看到我紧蹙双眉,二目圆睁,他理亏地往后退了两步,低下了头。

我们僵持了一阵。

"袁……袁老板……"保甲长战战兢兢小声又试探地叫了一声。

"都解放了，干嘛来我家？你！"我强忍怒火，且看他什么来意。

"我是来看……不，给您道歉的。不！不……认……罪、认罪的……"

"道歉？认罪……"看到他满面尴尬的神情，我也就沉下气，脸色缓和了一些，顺手拿了一个立在窗台前的马扎递给他。

他没坐，站在那里喃喃地说："想起那件事……我心里……不踏实，怎么想也不应该。唉，我也是没办法……"说到这，他抬起头，露出满脸的委屈："上面让我收兵役税，谁缴呀！我转了好些天也没多少，收上来的还不够零头儿。上边一压再压，再收不上来，让我自个儿垫。心想您这几年的演出挺受欢迎的准没少挣钱，给您多派点儿，我也就凑合着交差了，没想到就……"

"有难处，明说！多年的街坊，何况常用你的电话，没少麻烦你，你有难处我不会不搭手，好办。你不该推我妈！不该骂我……戳我心窝子！"

"是是，是。您是演员，是……文……艺……工作……者，是艺术……家，我不该……唉！我是想压压……没想到您不吃硬！您该打我，您该打我。我到段上告您本想罚您点儿钱，真没想到给您惹出一场官司，让您破财受罪。您大人不计小人过……"

这个坏油盐店掌柜的，这个臭保甲长，事做得可恶至极，暴打他一顿都不够出气的！可这回，他既然诚恳地来赔礼，说的事也贴点儿边，有了他这几句话，我还能得理不饶人吗？想到这，心里多年的疙瘩也就解开了。我还能说什么呢？觉得只有原谅、化解。解放了，过上太平日子啦，过去了的就翻过去吧！

"去吧，解放前的事啦，现在都解放了，你既知道错了，就化干戈为玉帛吧。你走吧！"

"谢谢您！您能饶我，我心里这个心结……也好受多了。您忙吧，我走了，谢谢，谢谢！"他转身走了几步，又停下……

我见他没有要走的意思："要不喝点儿茶再走？"

"不、不、不喝……"他又转过身来欲言又止，还没走的意思。

"还有事？"我只能追问。

"还有……还有……求您……"

"求我？说吧，我能办的就成！"

"这事谁都知道，街道上……他们说我诬陷名角、艺术家，是……国民党留下的……残渣余孽……是反动保甲长，政府要调查……镇压，镇压！进局子……"

无处去喊冤的我，听了这话立时激动极了！终于盼到能听见政府替自己说句公道话啦！事情虽已过去了，但每每想到此事如鲠在喉。直到此时，才觉得刺在消融，胸口的一团怨气也在融化。到底是新中国啦！我激动得两眼发直，恨不得放开声大喊几嗓子，恨不得放开手脚打上几套拳，恨不得……反正，顾不上回答他的问话。

伸长脖子渴望我答应的保甲长见我不答话，心里发慌，忙又追问："求您了，看在咱们街里街坊的分上……"

我当然明白，他是要我在有人来调查他时求自己说句原谅的话。想到平日刘掌柜还是多年的和睦邻居，我也没少麻烦他来家传电话。他这个保甲长刚当上就围城了，要说他是地道的反动派，还不太够格。想到这，我平和地说了声："你回去吧，有人调查你，我会照实说清的。"

千恩万谢的油盐店掌柜走出了大门。我下意识地拿起喷壶，却没继续浇花，站在那儿发愣，不断回想刚才的一幕，品味着刘掌柜的每一句话，心里又像吃了蜜糖，甜甜地在心中流淌……可又忽地涌起一股莫名的酸楚……总之，心里百般滋味，酸苦难辨……

"哈！这世道可真是变了！"躲在西屋纱门里的母亲和福媛都出来了，母亲高兴地拍着手说，"那天，瞧他那凶！福媛，你们抱和平看病没看见，他这比芝麻粒还小的官儿，仗着收兵役税，蛮不讲理。如今这世道变了，真变了！不光是作揖变握手，不叫先生叫同志，不光是脱去大褂换上开领的列……宁服。全变啦！瞧！大烟给禁了，妓女一夜就没了！"

福媛瞥了我一眼，强调说："还不许打麻将赌博了哪！"

母亲说："就是，哪朝哪代也办不到！世道变好喽！如今，再借他俩胆儿，他也不敢乱收税！谁让都解放了呢！我这块心病啊！得喽！总算吐出这口恶气啦！"母亲又转向我："得饶人处且饶人吧！多年街坊，他也没少给咱们传电话。包括那天来赔罪的李品一，那会子，他非要两千块不可，不然就不把你从监狱放出来，逼得福媛把结婚的首饰全卖了，给了他，他谎称去找法院托人情。可倒好，什么事没办，自己个儿把钱全花光了。街道上凭这件事，断定他和法院、反动派一伙，说他是……"

福媛补充："特务、反革命分子！不抓他，他还不会良心发现呢！"

"看来，真是解放啦！"母亲、福媛和我着着实实全都说在一起了，由衷地放开喉咙，开怀大笑了一阵。

"邪门！他把钱全贪了，也没托人情，我怎么就出来了呢？事到如今，我也没想明白。"我问母亲。

母亲撇撇嘴："哼，怎么还不明白？我心里明镜儿似的！还不是你回答背景时说得驴唇不对马嘴。再就是，要围城了，国民党急着逃命，没工夫管你这闲事呗！"

福媛接过我手中的喷水壶，放在墙边说："真是'都解放了！'"

"这句口头禅你也会说了……"

"这是当今最流行的话，你听见了吧，连娘都张口就说。那天娘和几个老太太在门口聊天，娘说：'都解放了，过上了这么太平的日子，你跟儿媳妇还吵闹个什么劲。'听，多有意思！"

母亲笑了："这又不是什么新鲜话，满大街的人都会说。"

福媛点点头："你说，这些事，可能都是解放的意思吧！"

"对！我也要说呢，差不离儿，妈说世道变了，确实变了。过去那些耀武扬威的人现在都低头哈腰了，过去穷苦吃不上饭的人现在挺直了腰板，身穿新衣。马彦祥说得好、说得对！我们是演员，是文艺……工作者了！我看，这才叫解放！"

我真觉得自己的腰杆儿挺直了！当然，我也立即联想到，"都解放了"，可以随心所欲地排戏演出，和少春舞台上这么配合默契的好搭档，舞台下又是那么无话不谈的好兄弟，应该赶快联手合作，在这好不容易才盼来和平的日子多排戏、多演戏，创一番事业。但愿这和平的世道越长远越好哇！

"哎哟！你，改进局开会！"福媛忽然想起。

我一拍脑袋，急忙往南屋跑去换衣服……

改进局办公室已坐了很多人，马彦祥、少春、叶盛章、孙盛武、李世霖……该到的都到了。

盛武自言自语："世海，一般不会晚，除非他进局子……"一句话把大家都逗乐了。

"说曹操，曹操就到了！"

我推开改进局办公室的门走进来。

召集人盛武打趣："老三，你没又进局子吧？哟喂，瞧我这记性，正规场合应该叫大名，世海同志！下次开会不许让大家都等你！"他拍着脑袋煞有其事地说。

"跟局子还真有关系！大号外！我打的那个保甲长，来家给我认罪来啦！"

"这可是头号号外！"

"冤枉气可出啦！"

"真替你高兴！"

"安静！请坐。现在开会！"马彦祥站起来非常严肃地说。

"会前，我已经分别和在座的诸位谈了话。这次，我们是根据党的文艺政策和戏曲改进局党委的指示，协助大家组建新中国的新型京剧团，也就是组建一个集体所有制的民营剧团！这个剧团是在民主集中制的原则下，在团结互助的精神下来建立的。剧团内部实施集体领导，组织机构是层层负责的。这是新中国成立以来我们中国共产党对旧京剧班社进行的民主改革！大家一定要进一步深刻领会和理解建这个剧团的意义。

"今天的会是建团筹备会。主要是确定全团名单，酝酿剧团成立团委会的候选人名单。下一步的一切工作就由团委预备会研究决定，由候选人组织全团召开剧团全体成员大会，再选出正副团长和正式团委会，建立剧团的领导机构。以后，一切事情由剧团的领导向我汇报，我向上级汇报，待上级批准后再去执行。"

会场发言热烈。大家你站起来我坐下去地轮流发言……

几天后，在少春家院中召开了全团大会。

院中密密地坐着八十个人，绝大多数都是二三十岁的青年人。马彦祥同志也来了，他坐在其中不停地和大家聊天。

孙盛武手拿稿纸："现在开会！团委会筹备组让我代表说几句，那我就说几句。"大家笑了。

盛武嗽了嗽嗓音，半念戏词半背本子："新中国成立了，我们当家做了主人！我们要成立新剧团了。田汉同志为我们剧团题名，叫新中国实验剧团！这个剧团不再是过去的旧戏班、旧班社，一切事情都由我们大家说了算！我们投票选出得票最多的团长、副团长、团委会委员。就是每个人的工薪分数也要自报公议，最后还由大家表决通过决定！"

大家热烈鼓掌，长时间地鼓掌。

"现公布新剧团人员名单：李少春（文武生）、叶盛章（文武丑）、袁世海（花脸）、黄玉华（青衣花旦）、孙盛武（文丑）、李世霖（老生）、李金泉（老旦）、娄振奎（花脸）、骆洪年（丑）、阎世善（武旦）、李元瑞（文武小生)、张盛利(老生)、李幼春(文武花脸)、叶德霖(丑)、李文英(旦)、张雯英(旦)、吴博英(旦)、钮凤华(武生)、李益春(武花)、刘斌升(武丑)、高盛虹(武花)、韩洪奎(武生)、李继增(老生)、孙玉奎(花脸)、刘元汉(花脸)、周元伯(丑)、茹木春(丑)、贾韵兴(丑)、余之龙(武花)、韩春树(武生)、王江华(武生)、霍益仲(武花)、董德义(武生)、张元尚(武生)、刘韵成(武花)、霍长鸣(花脸)、耿世忠(老旦)、张之志(老生)、江金爵(武花)、王仲元(武生)、段富环(武花)、余世澄(武花)等,舞台监督:苏富宪、张胜禄,音乐工作者:王德元(鼓)、李铁三(胡琴)、杨世海(大锣)、钱继增(弦子)、田阴培(月琴)、陈文兴(小锣)、张春发(铙钹)、杨文斌(二胡),编导工作者:翁偶虹,事务工作者:阎绪春、苏宝荣,化妆服装工作者:郁秀林、张寿臣、沙振东、吴金宝、德祥、周国翰、李宝山、王永海、同树泉、宗兴成,布景灯光工作者:赵寿洪、胡同志(执笔者按:这里顺便提一下,由于新中国实验剧团时间较短,加入中国京剧院后人员分散,人名记不清了。写稿时发现有一报刊上详细登载,记录在此,以留纪念)。

"下面我们先投票选出团长、副团长、团委会成员……"

经过大家认真投票后,盛武站起来大声说:"现在宣布选举结果:正团长李少春,副团长叶盛章、袁世海,团委会委员:李少春、叶盛章、袁世海、翁偶虹、孙盛武、骆洪年、李世霖,共同领导全团工作!"

大家热烈鼓掌。

"最后,我代表团委会公布一条规定:在座的诸位都是我们团的正式团员。为了保证我们团的演戏质量,所有团员必须积极参加团委会安排的排戏和学习,不允许再搭别的班社,或两处赶包演出。希望大家遵守!"

大家鼓起了热烈的掌声……

几天后,团委会在叶盛章家召开。

排演剧目等具体问题好办，每场戏每人挣多少钱才是工作的最难点。在马彦祥等同志的引导下，经团委会初步研究决定计算方法：评出每人挣多少分，除以所盈总额，得出每份多少钱，乘上个人分数即个人听得。个人之分为自报公议，拍板敲定。

这种评定方式透明、公开、公道！

会上我谈了看法："自报能应的角色和艺术水平、该挣的分数，然后背对背集体评论，举手通过他该挣的分数。我都同意，但千万别凑分……"大家七嘴八舌问怎么叫凑分？

"事前定好全团总分，这样一来，大家的分势必要往里凑，就会有人吃亏，吃亏的劲儿就不足。索性评出多少分就是多少分！同样能求出一分的分值。"

少春点头同意："有道理！干就干个气儿顺！"

其他人异口同声："同意！"

我接着说："务必要紧抓剧本。这一点太重要了！如果一旦确定排新剧目是《将相和》，翁先生就马上动手整理。演员开排了，翁先生就该马上转入定好的第二个剧目。剧本永远先行一步等咱们，不能让演员等剧本。否则，完成大众剧场的要求，很难！"

盛武一拍大腿："对着呢！这也是我要说的。抓剧本，翁先生，看您的啦！趁咱们这儿评分定薪，您把本子准备好。问题是咱们没地方排戏呀！"

"拉到天津演半个月，就在剧场排，和去年排《血泪城》一样。临别演一场《将相和》，听听反映，心里有个底，大众剧场首演非上新戏不可！"少春说。

我激动地挥着拳头："这是新中国实验剧团排出的第一个新剧目，打响第一炮。否则咱就称不起是新中国的新剧团！"

众人也都兴奋地说："太好了！同意！"

"大家提得对！本子问题，绝对先行一步，诸位放心！我的难点，《将相和》打炮,你们三位是大合作,可三人同台很难办……"从表情上看去,翁先生可真为难了。

盛章一下就明白翁先生的意思了:"您是说有的戏里加不上适合我演的活儿吧?"一语中的。

"好办!您把心放到肚子里,咱们团讲究的是'一棵菜',得互相配!只要同台,不在乎角色的主次!"

少春特别兴奋地站了起来,说:"马彦祥同志说过,从咱们新剧团开始打破旧戏班的旧行规,头牌不能给二牌配戏就在其列……"

"咱们早在天津中国大戏院就这么办了。其实,观众就喜欢看三人同台,叶三哥演《酒丐》,少春演了王成正,戏不多,可观众多欢迎!连续一个月的满堂,甜头早尝过啦!"我嘴快,站起来抢过话茬儿。

"佩服!各位,好办了。戏里廉颇手下的大将李牧,戏不多。武生、武二花演都成,扎靠,渑池会上和秦王大将白起有一段名为对剑、实为斗剑的戏……"

"这活儿可是我的老本行,就他!"盛章原是武生改武丑,演这角小菜一碟。

"顺便也说一下,我和少春、老三碰过,想在《野猪林》里加个店小二。林冲发配后,陆谦派人下书至沧州再次加害林冲,被店小二发现将书信盗走等。您琢磨琢磨抓早加上,盗信时我可以上轴棍(两条铁链从天幕上垂下,中间由一根铁棍相连,悬在舞台半空中),表演余地大,可不要长,长了拖戏。"盛章接着说。

"好想法!咱们团胜利在握啦!"翁偶虹一听拍着大腿兴奋地说。

孙盛武、李世霖等直冲盛章伸出大拇指示意:"太棒了,佩服!"

"您找谁?"盛章扭脸见有人,问。

大家齐回首,才发现门口站着一个人。

来人三十多岁,个子不高,穿着一身整齐的灰色中山装,浓眉大眼,透着一股子灵气。

"刚才，领我进来的那位同志告诉我，这里是叶盛章同志的家。"他说。

"对，是我家。"

"请问李少春、袁世海二位同志在吗？"

"这位是李少春，我是袁世海。找我们有什么事？"

"我叫钟灵，是政务院（现为国务院）的工作人员。我的来意是请你们到中南海演一场《野猪林》。"

大家互递眼神："演出没什么问题。什么时间？"

"近期。准确时间……等我回去向首长汇报后再定。不知演这场《野猪林》有什么开销和要求？请尽管提。"

"按我们的惯例，演一场《野猪林》是一千二百元。不用管演员的夜宵，只要能有车接送就成了。"盛武已当选演出委员会负责人，他介绍说。

"好！等首长批示以后我再和你们联系。你们开会吧，不打搅，我先走了。"他转身离去。

马彦祥听了少春、盛章和我关于这场演出事情的汇报，吓了一跳，笑着说："好家伙！那是党中央要听戏，诸位知不知道？你们居然要收一千多块！"

"这场演出，按我们的话说是演堂会。团里八十人的开支，再加夜宵费，真的不算多！"我解释说。

"唉，您知道，解放前的欠账还没还清哪！"少春挑起一字眉头说。

"好，你们有你们的难处。你们可以放心，这是给党中央看戏，他们定的演出时间万一和大众剧场的演出撞上，咱们要无条件让路！但有件事得提醒你们，在延安演过一出京剧《逼上梁山》，这戏和《野猪林》是同一题材、同一剧情。当年毛主席看后可是给予好评。希望你们演的这出戏更精彩！"

闻听此言，大家平添了几分顾虑。没见过在延安演出的《逼上梁山》呀！那么《野猪林》能否也会得到好评呢？全团人员暗下决心，一定要加工精排，取得好成绩！

精排《野猪林》的同时，全体人员集中到高碑胡同的少春家进行演员工薪分数的评定，这是组团以来最大的工作量。过去剧场邀演员，包银由剧场经理科定。演员搭班的包银则由班社的经理科和社长定。现在根据本人的艺术水平及在演出剧目中所扮演的角色，量其轻重自己报分。标准是李少春评定为六十一分，我三十九分。其他人的分数依此自报，再由全团人背靠背公议，通过评议求得共识，最终确定分数，告之本人。如本人不同意，仍可争论、评议、改分，直到本人同意，再进行下一位。

这样的评定通体透明。大家心明眼亮，积极性一下子就调动了起来，纷纷摩拳擦掌地排新戏，等待演出。

有一点要说明的，别看我这次被评为三十九分，少春六十一分，这和过去的三七分成完全是两个概念，千万不要以为我们是四六分成了。

田汉同志挥笔为团题字："新中国实验剧团。"

大家将题字印到戏箱上，大家要让"新中国实验剧团"这名、这字、这团，随着到各地演出而名扬新中国！

马彦祥的大众剧场以每月付给剧团八千元，保证演出二十场的约定，与新中国实验剧团签订了三个月的合同。

这期间在中南海怀仁堂演出了《野猪林》。当时的怀仁堂尚未修缮，化妆室是在后院的平房内。我们也只知道是毛主席和中央领导来看戏，究竟还有哪位领导并不清楚。但演出中剧场气氛十分热烈，跟演营业戏一样，掌声此起彼伏，该有的反响也都有。这与以往少有掌声的堂会截然不同。大家开始悬着的心，渐渐转为兴奋，而后是激情满怀，忘却了在炎热气温下演出的辛苦。

戏在热烈的掌声中闭幕。当时还没时兴谢幕，我们很高兴地去盔箱卸盔头，还没来得及脱去被汗水浸透的服装，就听见有人大声喊："同志们，政务院周总理来看望大家了。"我连忙转身，顺着声音向上场门望去。

走在前面的是一位身着灰布制服的年轻人，他重复着刚才的话，向大家介绍。在他后面的是一位五十多岁的中年人，也穿着一身灰布中山装，从上场门台口走过来与拉大幕的师傅握手，和管盔箱的师傅握手，边握手边说："辛苦了！辛苦了！谢谢大家！"

我想，这位中等身材、面容英俊又透出刚毅气概的首长可能就是周总理。我和少春一起迎上去，周总理依次握着我们的手说："我代表党中央、毛主席向全团致谢！"

全体演职员从两侧边幕纷纷涌向周总理。

"祝贺你们，演得很成功。以前在解放区有一出很好的戏叫《逼上梁山》，你们演的《野猪林》也很成功！"

周总理两道浓浓的剑眉下分外有神的目光里闪烁着热忱、亲切、和蔼，让我感觉到自己的内心萌发了从未有过的激动，激动得甚至只会重复说："您夸奖了！您夸奖了！"嗨，少春、盛章也一样，只会反复说着这一句太一般的话。真是的，那时，我们真还说不出什么"鼓励"呀、"您多批评"呀等的新语言。

周总理又依次和众演员、管箱的、乐队的所有在场人员一一握手，才走出后台。

后台的全体人员各个兴奋至极，边卸装边议论："瞧人家这么大的官，政务院总理呀！上台来和咱们握手！"

"多和气，一点儿架子也没有。"

众说纷纭，齐声赞叹。的的确确，我们学戏以来，演过数不清的重要堂会。当年富连成科班每逢演堂会后，叶春善师傅或是萧长华先生都会身着崭新的长袍马褂，身后带着两人扮成善财童子，托着喜盘，亲自到舞台下向主家敬礼致谢，来接主家给的装在红信封里的赏钱。岂止是科班呢，无论哪位前辈名家还不都是那样类似地讨赏。

今非昔比，天壤之别。国家的总理居然到后台来慰问演员！向演员道辛苦，真是没想到啊！

这是我第一次见到周总理。尽管与后来同周总理的多次接触相比，也算最平常了，今天回忆起来，却是最不平常更不简单的一次美好记忆！

二十世纪九十年代初，在参加日本朋友邦彦先生的生日宴会时，有一位七十岁左右的画家走过来问我："您还认识我吗？"

我仔细辨认了一番，无法想起面前这位身量不高却很壮实的人是谁。

这位朋友略带神秘地提示我："袁先生，想想五十年代初，咱们打过交道……"

"五十年代……"我挖空心思地想，还是没想起来，"您再提示提示，咱们什么事……打过交道……"

"解放初，联系你们去怀仁堂演《野猪林》的那个年轻人……政务院工作人员……"

"原来是你！我在盛章家见过你……"我一下子想起来了，感到格外亲切，重重地拍着他的肩膀，两人紧紧握住手。

"我叫钟灵。你们进怀仁堂演出是我组办的，那时我是中南海俱乐部主任。"

钟灵同志介绍那次演出时说，那场《野猪林》是解放初一次最受欢迎的京剧晚会。当时毛主席、周总理、朱老总都来了，会场充满热烈的气氛。演到精彩之处，掌声雷动，艺术家们字正腔圆的唱段博得了满堂彩。事后钟灵收集反映时，毛主席和周总理都说李、袁二位艺术家很有功夫，特别是袁世海饰演的鲁智深，演出了人物的个性，把花和尚演活了，真是十分难得。

尽管当时的情况和这些评论，在四十年后我才听到，仍是甚感欣慰。

钟灵呢，这位一九三八年入党的延安老干部，已经离休。他是一位诙谐而又热情的人。如他自己所说，当年在延安时，他是"四大忙人"之一：他画过漫画，在冼星海指挥的《黄河大合唱》中担任过独唱演员；他在延安城墙上写过标语，其中的"工人"两字写成"玊"，为此上了《毛泽东选集》，被写入《反对党八股》一文的第三条罪状里；他设计过陕甘宁边区邮票；他打过仗，在战斗中背包被敌人用刺刀扎了六个洞，自己却没受一点儿伤。新中国成立后，他更忙了。

他是在中南海里第一个举行婚礼的人，他参与设计了政协会徽和中华人民共和国国徽，他参与设计并布置了开国大典会场。他在"文化大革命"中因编了一则对江青大不敬的谜语而被关进监狱，他被关的同一天晚上，江青被抓了起来，八天后钟灵就被放了出来……

有一点需要说明的是，我和钟灵同志所回忆的时间虽都是解放初，但具体的都说不甚清楚。我就只按我的记忆写了。不管是一九五〇年或是哪年，这场中南海的演出，毛主席和中央领导观看演出时热烈的剧场气氛，再加上周总理的亲切会见，对新中国实验剧团的每个人都是极大的鼓舞！

玖拾玖 《将相和》春风荡漾

新中国实验剧团团委会经共同认真商议，确定《将相和》为首排改编剧目。

《将相和》的剧本，早在一年前就动笔了。在天津，《野猪林》演出成功，大家心情舒展。聚在一起吃夜宵的时候，聊得最多的自然就是下一个剧目的设想。

"我觉得还有一出戏挺适合二位，《将相和》……"翁先生推荐了这出戏。

"没听说过。"我和少春互对眼神，同感。

"取材于《史记》。战国时，秦国假称以十五座城换取赵国国宝和氏璧。舍人蔺相如捧璧入秦，义责秦王，完璧归赵。秦王、赵王渑池会宴，秦王辱赵王。蔺相如挺身而出，折服秦王。相如被封为丞相。屡建战功的老将廉颇居功自傲，甚为不服，几次挑衅。相如以国事为重，再三忍让。最后在虞卿的说服下，廉颇悔悟，负荆请罪，将相和好。"翁先生一口气地介绍完。

"嘿，您转了个大圈。您要说廉颇、蔺相如，《完璧归赵》《渑池会》当然知道。《将相和》这段没人演。"我们异口同声。

"对！光演《完璧归赵》《渑池会》故事没完不说，人物都太单薄。加上《将相和》，三折戏合成了一整出，就厚实多了。"

"廉颇、蔺相如，一将、一相，倒适合我们。"我听了挺高兴。

"《将相和》，名字好，内容也不错。"少春赞同。

"关键还有现实意义！"翁先生放下筷子，收小了声音，说得很郑重，"解放军进城了。都夸解放军好，但是各地的兵会集北平，也有不少事由，老区干部和白区干部也有些不太团结……"

"听说了……"

"这不正好应该将相和好……"

"对着呢！招呼吧！"

"这本子可是有原创。是一位从老区来的编剧叫王颉竹，他还给我讲了有关这出戏的一段故事。二位想听吗？"

"当然。"

"抗战胜利后，晋冀鲁地区革命形势发展得挺好，当时部队一些同志滋长了居功自傲的情绪，影响了军政、军民团结。这事儿传到刘伯承将军耳朵里，他召集训话，就讲了完璧归赵的故事，直讲到廉颇负荆请罪，将相和好为止。"

"听听，咱们还等什么呀?！赶快吧！"

当时剧本翁先生写出来了，我和少春都觉得不错，可惜未排，才有我推荐给谭富英师兄那一幕。

新中国实验剧团一成立，我们团委会当即拍板，排！演员、编者再次反复切磋重要情节中演员的艺术处理，进一步完善剧本。拍板之后演员按照剧本分头进行背词创作。

天将蒙蒙亮，福媛尚在熟睡，我已经醒了，满脑子都是应该怎样表演才能使廉颇的形象较好地展现在舞台上。睁大了眼睛望着天花板，翻来覆去叠折、叠、叠……我无法再入睡。

天大亮了。我蹑手蹑脚走出南屋，轻轻关上门。

看着院中北房已立起，虽脚手架尚未撤去却已初见端倪，一种欣慰的感觉涌上心头。

回想那天，我、福媛、文林从上海演出回京，走进母亲刚搬进去的西草厂二十四号的新家。呀！这是什么新家？是一所又旧又大的四合院！

母亲、二姐兴冲冲地站在门厅过道迎我们。

文林刚进院子，回首就对母亲和我说："解放了，人家把大房子换成小房子，可好，咱家把小房子换成了大房子！"

不冷不热略带讥讽的话，如同一盆迎头泼来的凉水，甭说母亲和二姐站在那里直愣眼，就是我和福媛也愣了。

"还不是为你！"母亲缓过神来用手指着文林，边说边引我们进了北房客厅。

大家坐下喝着茶，我眼睛不断看屋中各处。

"房子旧是旧了点，咱们可以刷新呀。难得的是，这北屋进深多宽，地基也结实。"母亲说着又站起身迫不及待地领着我和福媛、文林四处看。

"看，南屋的进深也不小，两间通连，文林办婚事住在这屋正好。左边的隔壁就做门房吧，门道多宽呀！夏天我带着孩子们在这里凉快，又得玩又能看大街，省得他们往马路上跑，让车碰着着急。东屋你二姐带着小毛子住。你们俩住后院，前边门一关，孩子们再闹你们也听不见，踏踏实实睡早觉。西屋饭厅就按你郝老师家那样，跟北屋的过道儿连上，你不是说要向郝老师家学嘛。这回刮风、下雨、下雪去饭厅吃饭不挨淋又不挨冻。"我听着母亲兴高采烈地介绍，说得不是没有道理。这几年家中人口不断增多，二姐夫去世后，二姐回家居住，小毛子一天天大了，哥哥又面临娶妻。这房子框架够高够宽,地基够大……我笑着频频点头。

说心里话,这座房子和我临去上海前已经看好的樱桃胡同的那座差得太远了。那座房五间北房起二层楼,三东三西,南面的墙上全是爬山虎,绿油油的一片。站在二楼可远眺高高的白塔和北海清波。房子很新,掸掸土就能搬进去,所以就将买房钱交给二姐让她去办理手续。不料在上海演出中间,接到二姐来的电话,说此房不能买。母亲觉得一是离旧居太远,舍不得离开几十年的老街坊,二是房子太大、太空,我们在外地演出时他们感到害怕。我再三考虑,既然母亲不愿,也就回信同意不买了,却没想到买了这么破旧的房子。从一进门,我心里头就很大的不高兴,但一看到母亲对此房情有独钟,实在不愿说反面意见扫了母亲的兴。

转看一圈回到北屋正说话间,忽然小蓉一声尖叫,手指桌下大喊:"哎哟!大耗子!"迅速跑到母亲身后藏躲。

大家的说笑骤然停止。

我、福媛大惊!

耗子被吓得贴墙根迅速逃走了。

我脑子马上反应的是:要住,只能尽快彻底翻修!好在北房、后院修盖好了,全家住得也宽绰些。

春天,天亮得早。施工队尚未上班,母亲和孩子、保姆也都未起床,院中异常安静。

我站在院中深深地吸了几口清爽舒适的新鲜空气,目光马上被院中两棵长满花蕾的石榴树吸引了。我走过去仔细端详着石榴树,一朵朵石榴花蕾,已经孕育出火红的花瓣,似乎在祝愿新中国实验剧团像这石榴花蕾一样红红火火,祝愿着新中国实验剧团像石榴花一样越开越艳。但愿新中国实验剧团就像这多籽的石榴结出结结实实的果实一样排出一部部令观众喜爱的剧目!

站在石榴花前凝思的我,看着满树的石榴花蕾,越看这石榴花蕾越像盔头上的红缨。猛地，我有了一个新想法，哈，没想到几天来都不知如何是好的问题竟这么轻而易举地迎刃而解了。

开街门的声音打断了我的思路，知道是保姆起床后开街门，准备施工的工人来上班了。

太阳升起来了。我走过去将西屋外的苇薄帘子放下来，用棍支好。

过去的四合院，北房前面有一米多宽的廊子，夏季的阳光不会照进房内，冬季关闭廊子上的隔扇门严防寒风吹入，所以，北房冬暖夏凉。东房、西房就在房檐下安装苇薄帘子早放晚收，又遮阳光又可通风，是很好的防暑措施。

"袁老板，今儿您怎么这么早哇！"

我回身见是施工队老杨头，施工的工人陆续来上班了。

"你早！这两天不演出，就起得早！"

"正好。昨儿听老太太说，窗台立面您想返工？"

"窗台下面用水泥垛花，看上去不难看，可又粗糙又扎手。我的孩子们都还小，玩的时候很容易被水泥划破，是不是？"

"袁老板！您真让我信服！想不到您在台上是位大花脸，一来就'喳喳喳、哇呀呀'的，私底下却是这么心细的人！改！得改，没得说！就是……还得多添几袋水泥、白灰钱……和工钱……"

"盖房子是一劳永逸的事，相比之下，钱的事是小事。"

"得嘞！有您这句话，我就有底儿啦，您赚好儿吧！"

吃早点了。我嘴里嚼着馒头片，眼睛望西墙直发愣。福媛先以为我又在背诵挂在西墙上袁了凡的《醒世词》：什么"春冰薄，人情更薄……"后来，看我的眼珠始终不动，知我又在想事。

福媛将碗中的粥喝净："瑞麟，瑞麟！"

"嗯？"

"快吃吧，又想《将相和》哪？"

"廉颇的髯口过去戴黪满。记得我七八岁去城南游艺园玩，看过昆班恩晓峰母女演的负荆请罪一段。金翠英饰演廉颇就是勾紫三块瓦脸，挂黪满。我越想越觉得这个扮相不合适。舞台上的人物应该非常形象化，奸臣才常戴黪满，秦桧、赵高、严嵩……都是，只要你戴着黪满站在舞台上，就有三分奸的感觉，而表现老英雄、老元帅时的邓九公、鲍自安都戴白满。"

"白髯口好看，看上去干净、帅气。我娘就老说，花白头发的人还没老，很显苍老；满头白发的，老了不是吗，看上去是又精神又干净！"

"看，连老太太都有这种感觉！从年龄上分析廉颇已六十左右或更高龄，否则怎会有'廉颇老矣，尚能饭否'之说。我反复读剧本，总感觉廉颇勇猛善战，虽是有些居功自傲，但绝不是嫉贤妒能。他能以国为重、知错善改，是一位直爽、可爱的令人尊重的老忠臣。所以，我想让廉颇戴白满，增强廉颇老态龙钟的可爱、善良的感觉，去掉戴黪满的奸诈气……"

福媛喝了口牛奶，又问："脸谱想好了吗？"

"那当然，脸谱是粉红三块瓦老脸的变形，配白胡子，多漂亮！双眉再绕一个弯，好显出廉颇性格比较轴的特点。"

福媛带有诡秘地笑问："都想好了，所以，昨晚上两眼瞪房梁不睡觉，今早上天一亮就起床！你朝着石榴花又发了半天呆，想什么呢？"

"什么时候你也学会跟踪啦？"

"哪儿呀，你一起来我就醒了，关心你，才从窗户往外看你！"

"我越看石榴花越像盔头上的红缨，石榴树上开满石榴花，确实好看。如果盔头上巧妙地多加倒挂的红缨和红绒球相配，也会很别致！唉，廉颇的盔头也是个重要问题。如果只戴一般帅盔，似乎太平淡，想了几天还没想好。这出戏是新中国成立以后，新中国实验剧团的第一出新戏！你听，一句话里三个'新'，可见'新'的分量之重！《将相和》必须把这个'新'字体现出来！不动点儿脑……"

正说话间，从西房传来话匣子中播放京剧的声音。想是小蓉已上学，母亲又开始她的工作了。孩子们穿破的线袜子每天都要补，还要将孩子们穿破、穿小的衣服撕扯留下有用的部分，用白面打成糨糊将布一层一层粘成袼褙，再给孩子们做鞋。小蓉、和平穿鞋特别费，有时不到一个月，鞋就穿得头穿底漏的。于是母亲就给小蓉做正底鞋穿，隔三岔五的，让小蓉将左脚的鞋穿到右脚上，将右脚鞋倒在左脚上。小蓉穿着不舒服不愿意，祖孙俩就会有小争执，母亲就会埋怨说："谁让你们穿鞋这么费，这要赶上是个蹬三轮车的爸爸就连这鞋也供不起。"其实，家里哪里还用母亲给孩子们做鞋穿呢，知道母亲是为了打发时间。

解放前，母亲常和姐姐及街坊四邻在一起玩麻将牌。现在解放了，街道上严禁打麻将赌博，对打麻将查得很严，一旦发现将钱和牌都没收，重者送派出所扣留，所以母亲也就不再玩麻将牌了。做针线活儿时就将收音机的声音放大，伴她解闷儿。

"湛湛青天不可欺……是非善恶人尽知……"母亲房里收音机播放周信芳先生的《徐策跑城》，声音很响。

我伸耳听着周信芳先生苍劲有力的唱段，身子随着唱腔节奏摇动。

猛然间，我想起……我速将没喝完的奶放在桌子上，立身出门奔回南屋，拿起福媛已备好要换的衣服、鞋。这时，福媛也跟着进了南屋。

"听着周先生的唱腔，想到周信芳先生演《华容道》时，同台的周仓所戴的八面威（盔头名）很有气魄。如果在八面威的基础上加红绒球和红缨，一定会很漂亮。我得马上去珠市口三义勇戏装店，把廉颇的盔头样定下来，说话就要去天津，免得心里不踏实。"

三义勇戏装店的师傅听说要按我说的样子出个图，遗憾地表示只能照实样画图。我只得再寻别家。刚出店门就发现街对面新开了一家行头铺，进店一问，不料这家店非常愿意出新样，而且答应画好图纸送到家再做修改。我高兴极了，细问方知，这家行头铺是马连良先生投资开的，因为马先生经常创演新戏需要新款服装，一般的戏装店很难满足他的要求，才开了这家能完完全全为他服务的戏装店。在他们的帮助下，我终于戴上了一顶非常适合廉颇人物的盔头。这盔头以八面威做基础保留了八个角，每个角上都垂挂着一个酷似石榴花的红缨，中间一个大红绒球，两旁各衬七个小些的红绒球，下面还有一排白珠子。廉颇的这套行头既威武又漂亮还有新意，我满意极了。

当时排戏条件还是很艰苦的，剧团没有排戏地点。新中国实验剧团去天津演出，人员集中住在后台，戏不累，演出后可以排新戏。

《将相和》一剧串排了，我对剧本提出了一个问题：廉颇头场抗秦凯旋受到赵国君臣的热烈欢迎，被缪贤请到府上吃庆功宴。此时，蔺相如是缪府的舍人为宴会唱礼，足以说明廉、蔺二人地位的悬殊，但并未向观众交代廉颇的勇猛善战，是国家栋梁的情节。建议在二场庆功宴上，该让廉颇展示一下战功，为蔺相如后来为国而再三谦让打下基础，并提议编剧可借用昆曲《功宴》的形式。于是翁先生就在这里加了一段曲子《油葫芦》，填写了描写战功的词，我只用动作来表示抗秦得胜的经过。

《将相和》排演顺利。在天津首场试演，就收到很好的反响。最喜欢新中国实验剧团李、叶、袁三人演珠联璧合全本《连环套》的天津老观众，看完《将相和》连连称赞，说开始还有唯恐不过瘾的顾虑，哪想到不仅过瘾而且新鲜，有意义！观众的好评，给全团同志极大的鼓舞，希望带一出好的剧目献给北京观众。

我坐在写字台前打开北京《新民报》，寻找有关《将相和》的戏报。

上演新戏《将相和》的消息登得非常显眼。这篇广告是团委会进行了精心策划的。新中国实验剧团是新中国成立以来，在中国共产党的领导下，打破旧京剧班社的束缚而建立的第一个以民主集中制为基础、实行集体领导的新型剧团。为了体现新中国实验剧团的集体性，区别于旧班社的明星制，以崭新的姿态出现在北京《新民报》上，出现在北京的舞台上。首先改变了头、二、三牌明星制的排列，所有演员不分主次统一字号，以所饰演角色出场先后为序一字横排。明显登出编剧王颉竹、翁偶虹，导演袁世海、孙盛武，并标注是团结抗敌的历史名剧。

我看完很兴奋，觉得这篇广告充分体现了新中国实验剧团在改人、改制、改戏之后的新面貌。想在天津每晚演出后，少春、盛章和我等人吃夜宵时，煞费苦心还真是没有白费。

一九五〇年五月二十七日，新中国实验剧团以崭新的面貌首演《将相和》于北京大众剧场。

大众剧场坐落在北京前门大街鲜鱼口内，是北京一座较大的老资格剧场。近百年来有众多前辈名家都在这里演出，直到他们年老在这里告别观众；又有多少青年演员在这个舞台上崭露头角，从而走上成功之路。就是我们这一拨人也已经在这里演过二十年的戏了。

大众剧场外，高声扩音器内播放着："农人起得庄稼早，收成丰富吃得饱。一家大小乐逍遥、兴致高……"欢快的秧歌舞乐曲。观众们穿着白汗衫、背带裤、深色中山装、灰色列宁服、黄色军装等各式服装，喜笑颜开地走进剧场。

剧场检票的工作人员着装整齐，都是国营剧场聘用的正式职工，他们挺直腰杆儿，认真地检票。帮助找座的服务员会马上用电筒照清观众票的排位号，引人入座。大众剧场内打扫得干干净净。剧场休息厅的一个明亮角落开设了一个小卖部，糖豆、瓜子应有尽有，许多观众一窝蜂地围在那里买自己喜欢吃的小食品。小卖部旁边放着一个白色的保温桶，一排排白色的茶杯浸泡在玫红色的消毒液里，剧场免费向观众提供白开水。

这种种新气象，是新中国成立后文化部戏曲改进局接管以来，在马彦祥同志的领导下，从此摆脱了旧社会把头、帮会头的控制。从改革旧剧场的经营管理入手，取消了旧剧场中所谓的"三行"：即小卖行（在剧场内到处卖糖果食物）、茶水行（在剧场内卖茶水）和手巾把儿行，使新剧场秩序井然。走上二楼,呵,包厢已拆除,改成普通座位。

大众剧场到处充满新气象。

不仅如此,剧场要求剧团缩短演出时间(由四小时减到三小时),规定在演出中间休息十分钟,方便观众、方便演员,并且提出谢绝观众带婴幼儿入场,保证剧场的安静。

这一系列的改革为剧团的演出提供了良好的演出环境,为观众提供了优良的服务。可谓旧貌换新颜,怎能不令人振奋!

我记得马彦祥跟大家说的改进局要对大众剧场进行民主改革的话,实现了。共产党说话算数!对此,我颇有感触。

最关键、最兴奋的是《将相和》演出非常成功!无论是蔺相如为保护和氏璧在秦王面前威武不屈、不惜性命只身被叉油鼎,还是渑池会上机智地巧言以对,令秦王不得已而击缶;无论是大将李牧(叶盛章饰)英勇抗御秦军,还是廉颇对蔺相如出身低微、只凭"口舌之功"就被封相的不满而对蔺相如三次横行挡道;无论是蔺相如唯恐将相相争于国不利而三次退让,还是廉颇在虞大夫劝说下明白了蔺丞相的忍让不是怕自己,而是怕将相不和于国不利,幡然悔悟去负荆请罪。最终廉颇与蔺相如二人言归于好,文武同心,每个情节都表演得淋漓尽

《将相和》剧照,我饰廉颇

致，恰到好处。

蔺相如很适合少春来演，虽说剧本中没有开打的情节不能体现少春的武打技巧，蔺相如这一角色的分量却可使少春充分展示他唱、念、做的高超水平。我饰演廉颇，想力求表演得唱、念有法，激情有度，尽力以盎然新意来打动观众。

许多观众反映：这新编戏真不赖，又过瘾，又新鲜，还有教育意义！搞革命工作不团结真不成啊！甚至呼吁存在团结问题的同志应该都来看看这出戏，好受受教育！

一位叫徐汲平的在一九五〇年十月十七日的《戏曲新报》上，写文章赞这出新京剧演得好：演员是在用思想做戏，而不是仅只以唱、念、做、打来做戏（唱，不是拖长腔；打，也不是打旋子）。

蔺相如从舍人到宰相，身份各有不同；对秦王和廉颇，态度各有分别，李少春先生都演得恰如其分，使其唱、做结合了思想，有变化、有起伏。

廉颇从夸功到负荆，由骄傲到谦虚，在思想上经过了很大的斗争，袁世海先生都演得有曲折、有过程，使其演技结合了性格，有动转、有波折。

就如《酒楼》一场，配角的戏，也演得很精细、很动人，是应用一定的旧形式，却未被形式所拘束，是因为演员将纯熟的形式灵活地结合了剧情。

这出新京剧，干部喜欢，群众也喜欢，是由于这出戏把思想性和艺术性高度结合，收到了良好的教育效果。

希望新中国实验剧团多编演这样的新京剧，给京剧改进工作做出榜样。

新中国实验剧团成功地打响了第一炮。

今日再回首，可以说，新中国实验剧团全面打响了第一炮。它重要而深远的意义在于，它是第一个集体所有制新型京剧团演出的第一个新编历史传统剧，它是一个崭新的开始！

东方风顺满目春！

一大批旧京剧班社纷纷开始整顿改组，改成的新型京剧团像雨后春笋，太平剧社、首都实验京剧团、明来京剧团、进步京剧团……

就在新中国实验剧团公演《将相和》的一个月后，七月三日，谭富英、裘盛戎二人结成的太平剧社也上演了《将相和》。还是当年翁先生写的本子，谭、裘二位根据自己的应工特长，将本子加以增删，加强了唱功，别具风采。

其他一些著名演员也都纷纷上演此剧，如饰演蔺相如的奚啸伯、徐东明、李鸣盛和饰演廉颇的苏维明、郭元汾、王泉奎。另外在青岛的杨宝森、李万春、言少朋和在南京的纪玉良及在天津的白玉昆、李铁瑛也都演出此戏，甚至武汉、福建、石家庄等地都有剧团演出《将相和》。及至一年后，一九五三年，马连良先生从香港回北京后，马上也将我借至他的剧团排演此戏。

不仅如此，其他一些剧团也效仿新中国实验剧团的登报格式，节目单上演员的排名一律以出场先后为序，这一创举一直延续到今天。

《将相和》一剧的公演，引起了广泛共鸣。报纸上刊登了许多评论文章，表扬新中国实验剧团演出的《将相和》是京剧改进工作中的新成就；这一典型实验，给京剧改进工作树立了新的榜样。他们讲得比我透彻。在这里摘引一段，以供读者可以客观地了解当时的情况。

从《将相和》演出谈几个问题

近两个月来，北京市各戏院卖座情形都不太好，为了争取营业好转，许多演员并班合作，想把阵容加强；另一方面再从组织制度上加以改善，便于推动业务。最近，由京剧界同志们的努力及国家的帮助，先后成立了新中国实验剧团和太平剧社。这两个剧团的阵容都很整齐，新中国实验剧团主要演员有李少春、叶盛章、袁世海等;太平剧社主要演员有谭富英、裘盛戎、梁小鸾、黄元庆等。成立以来,都排演了历史剧《将相和》,这出戏的演出一般的反映和它所收到的效果都很好,我觉得有以下几点,提出来谈谈:

一、打破了新戏不卖座的看法

半年来,京剧界在北京也曾演了些新剧本,有的也叫座一时,有的就演一两次搁置了。在旧剧朋友的思想上,总认为新戏不如旧戏叫座儿。根据他们的经验,在以前只要是谭富英的《定军山》、杨宝森的《失空斩》、叶盛兰的《吕奉先》、叶盛章的《盗银壶》等戏贴出去就很有把握的客满,可是谭富英改编的《渔夫恨》、叶盛章演过的《反苏州》、杨宝森改编的《秦琼》,演出的效果并没有能奠定他们的信心,因而对排新戏的勇气不足。最近的情形逐渐地起着变化,从上座儿的情形来看:六月十五日,裘盛戎、谭富英在民主剧场演出的《定军山》《阳平关》每角都是双出,仅卖了二百八十六张票,上座不满三百人;六月四日,叶盛兰在吉祥演出《吕奉先》卖了三百四十八张票,这是以前最有把握叫座的戏。其他的院子、其他的戏,一般的上座都不好。这是否说明观众不爱看京戏呢?不!《将相和》无论是新中国实验剧团还是太平剧社,在大众剧场或是长安剧院、吉祥戏院演出,从七月四日至七月九日连演了好几场,上座最少的是八百五十四个座,这几场平均起来每场九百多人看戏。由这上座的情形来说,证明观众是喜欢看新京戏,演员们在实际情况中看到新戏演好了比旧戏叫座,因此,他们真正理解到看戏的人确实一天一天地起着变化;感觉到单纯技术好、角整齐而内容不好的戏是再支持不下去的。如最近有一个晚会,可说是集中好角于一台各显其能的演出,第一出是新凤霞的新《打狗劝夫》,第二出是李少春、袁世海的《战宛城》,第三出是裘盛戎、谭富英的《二进宫》。除新《打狗劝夫》是改编的外，那两出旧戏应该说是最精彩的了吧，可是观众的反映是：第一出是鼓掌而下，第二出是平平而过，第三出是陆续的退席、起堂。从这个例子来看，技术好、内容没有积极意义的戏，也很难满足观众的要求了。

二、群众和干部都爱看《将相和》

《将相和》这个戏，在京演出的情况，一般市民爱看，对干部的胃口也很适合。从开始演起，第一场市民多；第二场市民和干部相比干部占百分之三十左右；第三场干部占百分之四十左右。《将相和》本来在旧戏里就有，在群众里这个故事很熟悉，过去的名演员汪笑侬、刘鸿声，对这个戏演得很出色的，但是只唱一段，有的唱《完璧归赵》，有的唱《渑池会》，有的唱《负荆请罪》。后来很少有人唱，这出戏也就与观众失掉了联系了。现在把几段戏连在一起唱，把那种在敌人面前威武不屈，在自己人面前相忍为国的精神通过三个富有戏剧性的故事演在观众的面前，观众自然是乐于接受的。在技术方面，演员是有发挥有创造的，场子结构也很自然，不是那么庞杂生硬。剧情也称得上合乎情理（大约是根据列国演义），比过去有些剧本，由作者用地下工作的观念派进许多进步的人物在剧本里，因而做出一番不凡的事情来要自然得多。所以观众还是拿它当作一个很熟悉的旧戏来看，但这是有教育意义的旧戏。看戏人的思想却受了新的影响。

三、秘本观念打破了

在过去戏班里，所谓秘本就是这个本子在本班是独有的，别人不能唱，也不愿给别人唱，因此就形成了你的本子我不唱、我的本子你不唱，各人发展各人的。无非对亲信的徒弟始有亲授，那是师傅的恩赐，或者是为了实现那"衣钵真传"的行会主义。彼此都留着看家的拳头。演技也是一样都自认了家派，谁也不愿意说研究学习。谁要是看了谁的戏，就是偷玩意儿来了。有时为了保持可怜的自尊心，明知道别人演得很好，自己也想参考参考，再三考虑，还要下决心不看，有时去看，又装着不是为戏而去。因此一个演员，一有些名气，就把自己的进步封锁住了。只能在自己的那一部分经验里摸索，养成一个保守的习惯。自己的经验不能介绍给别人，别人的经验也吸收不进来，使近几十年来的京戏艺术，没有多大发展。这种情形，京戏界许多朋友，都感到可惜。经过两期学习后，这种观念打破了，特别以名演员的觉醒为可喜。《将相和》是李少春、袁世海先演的，谭富英、裘盛戎也因排演这个戏，对新中国实验剧团的《将相和》作了一番观摩。当太平剧社演出时，李少春、袁世海也去作了一次观摩。叶盛章说："就要这样才好咧，这样才能互相学习互相督促，进步得快。"他们这互相学习的作风，也影响到曲艺界。曲艺界的名角侯宝林就说："两边演得《将相和》我都看了，各有各的长处，我认为演唱一段鼓词、相声也是一样，非得有几个人的，才瞧得出谁好谁坏，必须以人之长处补自己之短处，这样才能提高自己。"

四、作家与演员结合

《将相和》的剧本，原来延安有一个，晋绥一带经常演出这个戏作为对干部的团结教育。这次经王颉竹、翁偶虹又作了二次修改，首先在新中国实验剧团演出。这出戏从编写到排演都是在演员与编剧互相商量，互相研究，互相学习的态度之下合作完成的。例如：裘盛戎希望增加些唱，并且要求唱词是"言前辙"更能发挥他音色的长处，编剧便在不妨碍剧情而又能发挥演员的技术条件下，帮他写了"言前辙"的唱词。谭富英也加了很多唱。总之，两家的《将相和》都根据演员条件，发展自己的特长，而且都博得很好的效果。无疑，这个成就一是编剧与演员的合作，一是演员与演员之间观摩的结果。这次排演时间虽很仓促，可是在合作中就发挥了导演的作用。克服了演员台上见的习惯，也纠正了演员自由发挥没有准词儿、顺嘴抓哏的庸俗趣味。这次，另一个经验是：编剧与演员合作之下，写出来的剧本，很适合舞台的表演规律，减少了很多剧作与表演不合拍的困惑。这对于编剧实在是一个很大的学习，而且演员在共同创作中有了自己的意见，便产生了"必定演好此戏"的决心。

五、演新戏加强了信心

一向演新戏的剧团，除公家的京剧研究院、实验剧校及少数固定班社如"新兴社""起社"之外，一般的主要演员不大愿意排演新戏的，原因是班社里的底包不是固定的，召集他们排戏有困难，时间、经济、邀人困难等等都是问题。又怕刚排了一半的时候难免有演员中途要求出外，这样就要使排演计划流产。又顾虑到纵排好了戏，将来一旦出外，别人都不会，所谓"不通大路"，到了外码头这戏演不出，岂不是白费劲？此外，演员们最怕剧情平铺直叙，干燥无味，没戏做，有玩意儿使不上劲儿。再则是，观众看角儿的习惯并未完全改变（实际上就是爱看好的技术），如果角儿的玩意儿少，活儿不重就叫不进座来，组织演出的人赔不起。现在许多角儿明白了这个道理，认为要解决以上的困难，只有组织固定的班社，多演新编的戏，要名演员能合作，次要的演员要邀定，不使他们演了你的新戏就丢掉了"通大路"的饭碗；还有，就是希望新编的戏，旁的演员，班社都能上演，使艺术上能互相学习，友谊竞赛。这次谭富英就说:"以前我的思想没搞通,老认为新戏没有老戏叫座,新戏没有老戏过瘾,如今我明白了,新戏只要下功夫研究,一样能演好,这比那个学老戏'口传心授'好多了。这样可以从剧情人物分析上学到东西。我现在已经开始有了兴趣,再则我决不甘落后,这次我演一回研究一回,我是愿意改造的。"

(《乂乂新报》一九五〇年十月十日,作者方华)

壹零零　众心齐　直挂云帆

新中国实验剧团中绝大多数成员都是二三十岁的青年人，当时少春的年龄仅三十一岁，我三十四岁，盛章三十八岁，均算得是正当年的热血男儿。我们都有共同的艺术追求和激情，极其渴望按照我们的设想和意愿建立理想化的剧团，得以全面施展自己的艺术才华。新中国实验剧团在共产党领导下，满足了我们的愿望。全体团员满怀激情，洋溢着饱满的青春活力，齐心努力，团结合作，保持了"一棵菜"的精神！齐心多排高质量的新戏、好戏，保持剧团活力！勇于在艺术的海洋中拼搏，直挂云帆！谱写了我们在艺海生涯中永铭二十世纪五十年代新中国建立初期，为京剧艺术奋斗的一段闪光的青春乐章。

此时的我们并未完全意识到，自己正肩负着新中国对旧京剧班社改造的使命，肩负着对旧京剧的挑战，肩负着把京剧艺术推向一个崭新历史阶段的里程碑式的使命。

新中国实验剧团一炮打响，大家都很高兴，但大家都知道只演好一两出戏是不行的。全团要充分发挥团结协作的精神，冲破头牌不能给二牌配戏的旧戏班行规，必须互相配演，完成一个晚上的节目。

在盛章主演的《酒丐》中，少春配饰王成正，我配饰知县李丹，里面的戏不多但大家演得很认真。在盛章主演的《五人义》中，我配演严佩威。

全本《连环套》本是三人拿手杰作，又合排了《卧虎沟》《黑狼山》《冲霄楼》《大破铜网阵》，少春在剧中饰演白玉堂，我饰卢方，盛章饰蒋平。

少春、盛章合演新编《大三岔口》《打渔杀家》，我就在前边演《黄一刀》《李七长亭》《赛太岁》《牛皋招亲》《群·借·华》等单头戏。

虽说盛章是武丑应工，武戏见长，但盛章的文丑表演也是难能可贵的。他的艺术水平本就是头牌的艺术能力和叫座能力，但他可以演《法门寺》中的贾桂，大段状纸的念白朗朗上口，【单板】垛字清晰脆亮。他饰演《审头刺汤》中的汤勤、《群英会》中的蒋干，也很见功力。

在《野猪林》中盛章饰演新增加的店主李小二，窃取情报救林冲。在这场戏中盛章使用舞台上久未动用的轴棍，盛章饰演的李小二在轴棍上面，为了盗取书信，一会儿双手支撑，一会儿双腿笔直向上拿空顶，一会儿走旱水，一会儿又双脚如钩，来个金钩钓鱼等诸多惊险高难动作，使短短的一场戏紧扣观众心弦，成为《野猪林》中观众非常喜爱的一个闪光点。

叶盛章是叶春善师傅的三子，从小在富连成长大，他长我四岁。他的艺术成长过程我是亲眼所见。他从小练功刻苦，不光是一般的翻、扑，刀枪、把子功都练得超轻、超漂、超帅。小花脸的独门矮子功，他可以说是练到家了。科班里饭后，盛章就会在科班院中的角落里耗矮子，到广和楼后，扮戏前在舞台上又一圈一圈地跑矮子，所以，他的矮子功格外轻松自然。

因盛章自幼就受到萧长华先生的严格施教，后又拜前辈名家王长林先生为师，王长林先生文丑、武丑兼长。更为难得的是盛章兄初学武生有武生基础，是武生改武丑。有了这样雄厚的基础，又有勇于创新的精神，所以，他排出了以武丑挑梁的《酒丐》《雁翎甲》《金石盟》《龙潭鲍骆》等大戏，成为京剧史上武丑挑班第一名。在《将相和》中盛章饰廉颇手下大将李牧这个武生角色，在渑池会上和秦王大将白起名为对剑、实为斗剑。这样一来，各自为主演的剧目可以轮流上演，不仅拓宽剧目，最重要的是可以较长时间连续演出，既不感到太累，还挤出了排新戏的时间。观众们踊跃前来看戏，对这样的组合演出特别满意。观众们说，能有这样的名角搭配（同时看三位），真饱了眼福。

新中国实验剧团在大众剧场演满一个月时的营业收入，不仅完成了预定数额，而且出乎意外地超额了八成，这个好消息马上传遍了全团。更出乎意料的是大众剧场为了鼓励大家排演新戏，除了照付合同金额外，还将所超八成全部给了新中国实验剧团，留作剧团的公积金。

马彦祥同志郑重而严肃地说："共产党领导下的国营剧场不单是为了赢利，而是真正地为发展祖国的戏曲事业！"

这话和那天在大地餐厅吃饭时说过的一样，这次听来，其分量可大不一样！可谓掷地有声，响当当！这是我演戏以来从未遇到过的事，岂止是我，大家的感受都一样！少春代表我们大家激动表态：定要进一步努力，多排新戏、好戏。

在不间断演出的两个月后，七月二十四日，新中国实验剧团又开始排另一出表现明代农民反霸斗争的新戏《云罗山》。

《云罗山》主要情节是明朝宰相之子任彦虎无子，妻蒙氏与其弟知县蒙三靠定计假怀孕，命在押的飞贼刘小义盗取白士永刚刚落生的男婴，又欲杀刘小义灭口。任彦虎以得子满月之期，令各佃户献礼。佃户白士永见其子是自己亲儿，扑上前哭认。蒙三靠毒打白士永，又找来白的父母。因不愿献上女儿白素莲为婢，父母双双死在刀下。白士永雪夜携妻妹逃走，风雪之夜，千难万险越过云罗山，冻饿而僵。幸得猎户万雄飞相救。恰刘小义悔过自新也来至此，大家揭竿而起。除夕夜，刘小义以献虎皮为名入任府，里应外合，抢回白士永之子，杀死任彦虎和蒙三靠，报仇雪恨。

《云罗山》原是一出优秀的河北梆子，是李桂春老先生拿手的传统剧目之一。二十世纪五十年代初，这出戏配合土改工作颇有教育意义。白士永雪夜过云罗山一折唱、做、甩发、翻、扑技巧难度很大。对于当年老观众来讲，仍余音绕梁。少春有李桂春老先生的真传，希望少春能再现当年此剧的风采。这一点，少春没有让观众失望。

剧中盛章饰飞贼刘小义，我饰任彦虎，幼春饰任妻蒙氏，孙盛武饰蒙三靠，娄振奎饰猎户万雄飞，谢虹雯饰方玉姣，李文英饰白素莲，李世霖饰白父，李金泉饰白母。

排这出戏时，我们剧团的条件也有所改善。梨园公会已被接管改组，欢迎剧团去排戏，解决了各剧团排戏无场地的困难。

酝酿此剧，还是年初起社在无锡演出时。有一天，我和翁偶虹在大街上散步谈到此戏，他问我，准备如何来演任彦虎。

我说："任彦虎是典型的豪门恶少，像高登一样手上拿一把洒金大扇子，可以做很多身段，还有虎狼之势。"

"你这个设想不错。"

翁偶虹思索着沉了沉气，又说："不妥，戏的情节展开是冬季，白士永雪夜过云罗山嘛。"

我也意识到不妥，边走边问自己如何才能塑造一个有些特殊形象的恶少呢？好一阵没说话。

"我有个想法，建议你考虑给任彦虎戴上眼镜。"我听了不禁大笑。

"那年月戴眼镜岂不是要闹笑话吗？"

"嗐，不是现在的眼镜，是明朝刚有的那种像放大镜似的挂在手腕上，用时拿在眼前……"

"单照！"我停下步，瞪大眼睛，手指着翁先生大声抢着他的话说。

翁偶虹笑着点点头："不错，就是单照。"

"高！有像！"我连声夸赞。马上用手比画着用单照做了几个睁一只眼闭一只眼来看人的戏曲夸张动作。

"有像，还真有像！"翁先生也不断地夸好。

"你用单照，这睁一只眼闭一只眼的姿势要是勾歪脸更有像儿！"

"没错，就这么办！"我十分肯定地说。

"瞧你高兴的，眼睛都冒光啦！"

"您的高见，一下子就使任彦虎有了十分的特色，会受观众欢迎，能不高兴！"

翁先生是编剧的高手，当年也是花脸行的高级票友！这出戏，翁先生帮我出了这样极好的主意，足见阁下之功力。

转眼间，与大众剧场签约三个月演出的合同已满，新中国实验剧团应天津和东北之约，外出巡演。

天津自不必说，解放初期，新中国实验剧团受到天津京剧爱好者的热烈欢迎，几乎是常来常往，总能收到非常好的社会效果和经济收益。

到东北演出，算来已是十多年未去了。因为只要提起当年去东北任日本铁蹄践踏是仇恨在心，人人愤怒，都有一肚子苦水。这次东北之行，却是让大家喜出望外。

新中国实验剧团受到了东北文化部、东北文联、东北戏改会的热情欢迎。

九月二十九日，东北文化部隆重宴请全体团员，应邀作陪的有两千多人。首先由东北文化部文艺处李伦副处长致欢迎词，赞扬新中国实验剧团所演的《将相和》《野猪林》《云罗山》等新戏对东北的戏改有帮助，请全体演员来就是要很好地交流经验。

实际上，东北比北平早解放好几年，戏改工作已经搞得轰轰烈烈，应该说是新中国实验剧团向人家学了不少经验。

我们曾看了东北的京剧团一出由张铁麟、徐菊华等改编的以武打为主的哑剧《雁荡山》就非常有特色。剧中情节和人物性格完全通过舞蹈、武打的气势和动作来体现。后来这出戏成为五六十年代各团出国演出的重点剧目之一。

欢迎会上，少春代表新中国实验剧团讲了话。他很动情地说，早就想到东北来，到沈阳后我们受到东北党政文化部门的热烈欢迎，我们非常高兴。现在我们能坐着人民自己的火车来到沈阳，看到东北的工业建设，住到人民自己的旅馆，在人民自己的剧院里演戏。这一切，我们应该感谢我们的领袖毛主席。这次我们抱着来学习的宗旨，还望各位首长和同志多多批评帮助。

少春的这些话，说出了我的心里话，也说出了大家的心里话。

我们不约而同地回忆起当年火车通过山海关时，那一幕幕受日本人假借盘查、搜索之名的欺辱，饱尝亡国奴滋味的痛苦记忆！今天截然不同了，国是自己的，家也是自己的，每一个人都受到党政文化部门亲切热烈的欢迎，真正体会到了国家主人的自豪感。

十月二日，在沈阳人民剧场（光复大舞台）首次公演《野猪林》等剧目。售票时间自早六点开始，到十点就已售完，天天如此，一连半个月。

演出当中，当地京剧团的团长肖慎同志非常热心地对我说："我们团里有个青年花脸演员，人品很好，对艺术的追求很迫切，求上进。我看让他拜您为师再合适不过。"

我听了此话立即婉言推辞说："我才三十岁出头，还在经常向我的郝寿臣老师学戏，哪有条件收徒弟呢，您还是收回成命吧。"

"您不可以推辞，您向郝寿臣先生学习那是学无止境，这和收徒是两个概念，这个介绍人我当定了。"

别看肖慎是位三十岁上下的女同志，她白白的面庞，高高的个子，梳着两条长长的辫子，看上去秀秀气气，做事说话很果断、有魄力，不容分说就把这件事给定了。她是东北文化部文艺处副处长李伦同志的夫人。后来夫妻俩同调北京，肖慎同志任北京舞蹈学校副校长和北京芭蕾舞团副团长。

有一天，我正在东北旅馆中休息，住在隔壁的少春推开房门："三哥，有贵客来找您，他们有好心当献！"说着，肖慎从少春身后闪出来，同来的还有团里的人事科科长曹同志和一个年轻人。

肖慎不等坐下就笑着说："看，我把您的徒弟范成玉带来了，特请少春同志做证明人，今天咱们就抓时间行拜师礼吧。"她摆出一种万事俱备只欠东风的阵势。

我这才注意看这青年人，他偏高一点的身量，白白瘦瘦挺清秀的面庞，这不正是每天在后台热心地给我帮忙、我对他很有好感的那个青年人吗？

范成玉自己介绍，他九岁入田鸿儒科班学戏，和唱武生的崔文玉、唱老生的田中玉、唱旦角的田美玉是同学。

"这是我们并称'东北四块玉'中的一块玉！"

我知道这徒弟是必收不可了，就说："好！我们互学吧！"一时间，在在场几个人的怂恿和坚持下，范成玉

二十世纪八十年代，我与第一个弟子范成玉（右一）合影

跪在地上实实在在地磕了三个头。我连忙把他扶起。

就这样，我高高兴兴地收了第一个比自己只小十几岁的徒弟。

此间，演出和社会活动都很忙，我没有专门时间给他说戏。范成玉倒很有心，在我演出《群英会》《华容道》《将相和》等戏时，他都站在幕边一边看，一边记，学得很专注。后来，我和当地剧团的管韵华师弟演《四进

士》，在后台时，我趁机将顾读的上场动作和表演都详细地给他讲清，并纠正他的动作、念白。嘱咐他，这个角色虽是配角，但绝不可轻看，他是架子花脸中表演低等小贪官的代表人物，一定要有风格、有特色。

此外，新中国实验剧团还分别在东北工业部招待会、东北政府主办的晚会及由东北军区、东北总工会、沈阳工会主办的欢迎东北出席全国战斗英雄、劳模代表的晚会上演出。

十月中旬，东北已进入寒冷季节，可大家的心哪，总是在沸腾着，犹如身处暑热之中。省领导特选四块好皮子送给主演们御寒，我分得一块，做了一件皮大衣。直穿到二十一世纪，每每穿上这件大衣，那温暖的感觉就会使我回忆起当年难忘的情景。

十八日，新中国实验剧团在一片欢呼声中离开了沈阳。

当时北京《新民报》发表了署名菊晨同志的一篇文章，客观地反映了当时的情况，特转摘如下：

新中国实验剧团应邀去东北

李少春、叶盛章、袁世海共同领导的新中国实验剧团，从筹备到现在已经四个多月了。这四个月中，他们不管是在排演方面、组织方面都尽了最大的努力。他们的特点是：一、制度比较合理；二、业务方面建立了比较正规的导演制度，在排演新戏上改进的地方最多；三、演员方面，逐步走向紧密的团结，所以在一般职业剧团中，他们可以说是最有前途的一个。

东北文化部为了交流戏剧改革经验（组织方面的、业务改革方面的），特派人来京邀请该剧团到东北演出，此事要在旧戏班则大感困难，比如，包银问题、路费问题等等，条件非常苛刻，一般很难成行。但新中国实验剧团这次东北之行，是当作一个工作任务接受的，和旧戏班之跑马头者根本不同。第一，他们是不讲价钱的，按旧戏班的常例，过去京班一旦要出外，则回来非置买一所房不可。今次新中国实验剧团，则丝毫不计较这些，固然东北方面在路费或者食住方面，亦尽量地照顾，但基本精神，和旧日的接班者有所不同，而且剧团方面，对于到后的一切招待、观摩、座谈等等都作了思想准备。他们之所以能做到这一步的原因，那就要说是他们这次出外的第二个特点——组织健全。他们这次去东北，还是去天津的原班人马，约六十余人。他们共有八十余人，去天津时，有些底包龙套未能同行，他们为了巩固这一组织，在京留下十七人，照样开支薪金，选出组长来参加大众剧场的学习，不像其它戏班对底跑龙套的临时雇佣性质。做到这一点的条件，那就是头、二路角色肯于少挣，这在一般戏班做不到的。

最后，值得在这里指出的，那就是东北文化部为什么单邀新中国实验剧团到东北去演出，而新中国实验剧团又为什么不讲价钱，当作一个工作任务接受了这次演出呢？那就是为了交流戏剧改革的经验，包括组织方面的和业务方面的。新中国实验剧团在戏剧改革方面是有它一定的成绩，从《野猪林》《云罗山》到《将相和》，不论在内容上或是形式上都有了很大的改进，给京剧改革工作打下了初步的基础。他们认真严肃的演出态度，苦心钻研的创作精神，获得了各地观众的一致好评。这是京剧演员在政府的领导下，向着被毛主席的语言照亮的道路——"推陈出新"前进的第一步。所以，东北文化部才不远千里特邀这一支在戏改方面有光辉成就的新军，到东北去作示范性的演出。同时，东北的京剧界在戏剧改革方面，其成就也是很大的，有许多宝贵的经验值得学习。这次新中国实验剧团去东北演出，无疑是一次很难得的学习机会，他们也自信可以从东北学到许多东西，带回北京来。因此，他们也就愉快地接受了去东北的邀请，这确实是东北的和北京的京剧改革部队的一次胜利会师。通过这次会师，彼此取长补短，相互交流经验，就可以使戏改工作在现有的基础上更提高一步。

这次新中国实验剧团应邀去东北演出，使我们更清楚地认识了：只有认真改革，京戏的前途才是无限光明远大的。虽然目前的新戏剧在量的方面，还不能压倒旧有的。但是，它是正在发展壮大着，而旧有的几出老戏已逐渐走向没落。戏剧工作者认真执行毛主席指给我们的文艺政策，才能真正被广大的人民所喜爱。否则，只有被陈腐的思想包袱所压倒，不肯放弃旧观点，使自己成为旧观念死亡的殉葬品。相信聪明的戏剧工作者会选择前者而扬弃后者。

(《新民报》一九五〇年十月二日)

壹零壹 莫张扬　萧老警示

我随新中国实验剧团自九月初去天津，后赴沈阳演出，一个半月才回家。西草场旧房修缮的最后一道油漆工序也已完成，可说是全部竣工。

母亲知道我马上要回家了，早早打开崭新的大红街门，坐在宽敞的门道里。三个大点儿的孩子逗弄着坐在小车里的小弟。

母亲招手："小蓉，瞧着点儿门口，你爸快回来啦！"

"哎！"小蓉站在门口往外看，不一会儿喊着，"奶奶！我爸回来啦！娘！二姑妈！我爸回来啦！"蹦进院里，又跳出门外喊爸爸。

三轮车刚停在门口，坐在车上的我一眼就看见红红的大街门，门上挂着刻有"袁寓"的金字汉白玉牌。门前一层绿色铁栅栏门分立两侧。气派！

我称呼："妈、二姐……"又连声答应孩子们的呼叫。在全家人的簇拥下，走进了宽敞的门道。

东墙侧面打造成影背墙，还栽种了一排新竹。十一月的初冬时候，竹子仍苍翠葱碧。真别致！我十分赞赏自己的这一点睛之笔，有韵味、有新意！

走出门道，北房四根大红柱子矗立在四层台阶的前廊上，配上四扇绿色玻璃窗，十分显眼夺目。宽敞的院落足足是原住房的三倍有余，真豁亮。

走进北屋客厅，五间正房，分成三个部分，中间三间通连作为客厅。正如母亲所说，因为房基进深大，客厅十分抢眼。最里边一间是母亲和小蓉、小妹的卧室，原北房与东房的余塞已改成和卧室相连的卫生间，母亲洗澡或夜间去厕所非常方便。

望着这完美的家，深感欣慰的是我觉得钱没白花！终于了却了几十年的心愿！到底让母亲住上了向往多年的像模像样的房子。不用担心，即便尚欠不少施工费，早就讲好推后分期付，一点儿都没问题。多亏解放了，总算有了安稳的家，又有称心如意的剧团，可以尽情地演戏，真可谓一顺百顺。

全家人围坐在客厅的沙发上。我面对眼前的一切，很知足，知足得很！

我不由得像孩子似的对母亲说："妈！这……家，真晃了我一下！痛快！"我一眼看到了二姐，马上又对二姐说："二姐，小毛子的事，我和叶三哥（盛章）说好了，后天早上七点可以到他家一起去练功了。"

"太好了，毛子天天盼着你回来，太好啦……"二姐拍着手说。

我端起茶水连喝了几口："痛快！"回头又对母亲强调了一句："看着修好的房，心里痛快极了！"

母亲点了点头，却又摇摇头："好是好，就是花钱太……心疼！买这座房，是为了宽绰也为实用，更为省钱。本想修补粉刷见新就可以，原来的木地板冬天暖和，其实不要再换瓷砖……"

"这房子盖的年头久了，老鼠太猖狂！都在地板下'安营扎寨'，大白天的就两三只排成队在客厅乱窜，晚上睡觉时，'梁上君子'们偷吃东西还没完没了吱吱乱叫，真是忍无可忍！这回可好了，彻底没了！"

"老鼠是真没了！我总觉得花了上千块钱安个铁栅栏门，是白花钱，咱家又没有金银财宝……"

"刚才，我一眼就看见铁栅栏门，多气派！物有所值，万一再有个兵荒马乱……"

"还兵荒马乱？可它挡不住兵，更挡不住子弹……咱们已经欠了老杨头上万元！"

我清楚母亲对我下决心翻盖房子是不满意的。她之所以买西草厂的房，是为够用又省钱。她认为靠唱戏挣来的钱不易，要少花多存，以防后手。更怨我没听她的话，北房盖了半截又拆了重盖花钱太多。所以，没等母亲说完我就凑到她身旁亲切地连声叫妈："如今解放了，总算过上和平的日子，'新中国'这个团，理想！演出受欢迎，北京、天津、沈阳……都挺红火。我正年轻，只要多卖力气，挣钱不是问题。咱能早点儿有个舒服的家，是想让您多享点儿福，也了却了我的心愿。您就由我这一回吧，下次全听您的！"

"谁都听我的话，就是你不听话！"母亲说着给我肩上一巴掌！还用说，我自然是像儿时那样一躲，全家人都笑了！

母亲这关总算过了。

第二天，我正吃早点，做饭的大师傅从厨房和餐厅墙中间的小窗户递来牛奶，说："咱们大门外的铁栅栏上，总有三四个淘气的孩子爬在上面玩，轰走了还来，您看该怎么办？"

"只能轰轰，玩还好说，摔着就麻烦了，街里街坊的！"

做饭的大师傅摇了摇手："轰也轰不走，好容易轰走了，我一进门，他们还回来。现在就全在上面玩呢，您可以看看去。"

我打开大街门，嗬，果然，一位"小英雄"早已骑坐在栅栏顶端，像是在做裁判，铁栅栏上有两个男孩儿正在急着往上攀登。

孩子们发现了我，敏捷地三下两下跳下地，跑了。

我刚要关门，一眼从铁栅栏间隙中望见萧长华先生从东边健步走来，马上打开铁栅栏迎过去："先生，您早！"

我恭恭敬敬地鞠躬问安。

萧先生已七十岁有余，身体依然硬朗，脸刮得干干净净，健康的肤色泛着红光："我想着要找你呢，正好碰上。"

"您有什么事？"

萧先生两眼使劲地看着我说："我要问问你，家里趁了多少钱，需要安铁栅栏呀？"

我愕然了。

"我，我没……多少。"

"你和少春合作，旗鼓相当，几出戏排得都不错。钱，是挣了点儿，可你有多少钱，我还不知道？算也能给你算出来。"说到这儿，萧先生的口气缓和多了。

"三十而立，你当立则立，是个好孩子。看你能买房、修房子，我真替你高兴！可你有钱也得花得是地方，这房修完了，钱还未必够，就算够了，也剩不了多少，安这铁玩意儿干吗？这不是此地无银三百两吗！孩子，成了多好的角儿，做人不能张扬，办事更不该张扬。"

萧先生言之有理，犹如醍醐灌顶，轰地一下，我明白了一个很重要的道理，做人不能张扬！尤其是顺风顺水的时候。

"张扬？张扬！……对，您说得对！做人不能张扬！我记住了！我马上找人，把这铁玩意儿拆了。"

我深吸了一口气，想：知我者，萧先生也。这个醒儿提得太及时了。也只有萧先生才能这么单刀直入……莫怪，不听母亲的话，母亲那么不高兴……

我没有回家吃早点，直奔南柳巷找盖房的老杨头，风风火火不容分说地让他立即拆掉铁栅栏！

老杨头不解地看着我，用手挠着头皮说："多气派，刚安上不到一个月就……可惜……"

"甭可惜，拆！越快越好！"

母亲听了这前前后后,高兴地拍手说:"好!拆了好!我说什么来着,还跟我犟!"

福媛也小声说:"看来,只有萧先生还管得住你!"

壹零贰 捐飞机 抗美援朝

"雄赳赳，气昂昂，跨过鸭绿江，保和平，为祖国，就是保家乡……"的歌声唱遍北京，响遍全国，反对美帝国主义侵略朝鲜的怒火瞬间燃遍神州大地。

就在我们从东北满怀兴奋回京、心情尚未平静的时候，美帝国主义侵略朝鲜、挑衅中华民族的消息传来，全国人民愤怒了！我们刚刚赢得的和平日子绝不容美帝反动派来破坏！报纸、广播号召中国人民抗美援朝的呼声铺天盖地而来，刚刚尝到新中国幸福生活的中国人民要坚决保家卫国。成千上万的英雄儿女冲上赴朝战场，每天在报纸上都能看到英勇的志愿军的抗美捷报。

家中母亲、福媛、二姐和邻居们一起，都忙着做棉手套，装在慰问袋中交给街道，统一转运朝鲜战场，送给我们最可爱的人——中国人民志愿军。

一九五〇年十一月二十七日，全国戏曲工作会议召开。我作为代表出席了会议。周恩来总理、文化部的领导同志在举行的宴会上讲了话，并依次向来自全国的二百多名代表敬酒，这更是从未有过的事，大家为之深受感动。

会议中互相观摩了《节烈千秋》《金钵记》《三打祝家庄》《将相和》《四进士》《武大郎之死》《小二黑结婚》《九尾狐》等剧。在此期间，我不仅演了《将相和》，还被特邀在周信芳先生演出的《四进士》中饰演顾读。

特别是郝寿臣老师。众所周知，他十几年前就已蓄须，久未登台，但解放以来，他精神振奋，成为京剧界的活跃前辈，在戏曲工作会议期间和全国戏曲展览观摩晚会上，与萧（长华）先生合演了《普球山》。

他们演出时，有一段非常有趣的小插曲儿，我还清楚地记得。剧中萧先生饰蔡庆，在夫妻吵架时，善在场上抓活哏的萧老所饰演的其妻窦氏拉着蔡庆的胡子说："老头子，这些年来你为了这把胡子，也不唱戏了，现在解放了，人民当了家，你不唱不成！"前台、后台无不捧腹大笑。

其中还有几出都是大家熟悉的评剧，他们也在改进局的领导下重新改建评剧团，取得可喜的成就。

戏曲工作会议的各地代表们自动举行联合义演四天，将全部票款捐给抗美援朝总部。

十二月八日，也就是在会议期间，传来了朝鲜战场的捷报——平壤解放了！

戏曲工作代表们闻讯立时欢呼雀跃，决定参加于十二月十日举行的全北京市庆祝平壤解放的游行。

这天下午一时，大家来到天安门广场集合整队，按国庆节文艺大军走过天安门广场的队形排列。军乐队着整齐威武的军装，吹奏着铿锵有力、节奏鲜明的"雄赳赳，气昂昂，跨过鸭绿江……"等乐曲，大家高举着"保卫世界持久和平""打倒美帝侵略者"等大标语，显示着五亿中国人民抗美援朝的决心。

红旗仪仗队高举红旗迈着英姿勃发的步伐紧随在后，后面是毛主席、斯大林、金日成的巨幅画像。

在文艺方阵中，前面是周扬、丁玲、周建人、田汉、阿英、欧阳予倩、马彦祥等文化部门各级领导及直属机关人员。京剧界队伍紧随其后，其中盖叫天、马德成、尚和玉、萧长华等诸位老前辈均在前列，少春、盛章、我紧跟前进，队伍中还有评剧、河北梆子以及来京参加全国戏曲工作会议的外地剧团。再后面是化装游行广播车，广播车循环演唱着"鸭绿江边的怒潮""控诉美帝侵略罪行"等戏曲节目。

广大市民争相围观，热烈鼓掌。许多蹬平板车的工人将车停在路旁，人站在车上一边观看，一边随着广播车的曲调放声高唱。许许多多的市民自发地跟在队伍后面一起喊口号，一起游行。队伍途经前门大街、珠市口、崇文门、东单、东四、灯市口、王府井，再到东单广场。人越走越多，队伍越走越长……

暮色西垂，游行才告结束。

一个多月来，评剧、曲艺、河北梆子也很快排出众多反对美帝侵略活动的活报剧、短剧走上街头宣传，有的剧目甚至是一些学生所编所演。

街面上到处都会看到戴一个纸做的大鼻子，头顶一尖尖高高的帽子的被打倒在地苦苦求饶或夹着尾巴逃跑了的"杜鲁门"和"艾森豪威尔"。众多的老人、妇女、小孩纷纷前来观看。这看似简单的戏剧情节，看似简单的表演形式，起到的宣传作用却是巨大的、积极的，使得抗美援朝运动深入人心。

相比之下，京剧的动作就慢了很多。为了配合抗美援朝运动，新中国实验剧团几次开会研究，决定请翁偶虹先生赶编《虎符援赵》，在这之前先排翁先生早已写好的《逼上梁山》。

然而，原定十二月二十三日由新中国实验剧团上演的《逼上梁山》，因我偶感风寒，嗓音失润，剧中饰演的刘唐一角又唱、念繁重而不能演唱。不得已当晚改演《酒丐》，二十五日上演《巧连环》《十八罗汉斗悟空》。

十二月二十八日，新中国实验剧团按期赴山西太原演出，也积极参加了太原市戏曲界抗美援朝的化装游行。返京已是一九五一年春节前夕。

我一迈进家门，首先映入眼帘的是北房房檐下挂着的母亲特意买来恭贺新春的两个大红灯笼。大红灯笼随风摆动，增添了几分新春的喜气。这和我此时的心情极为吻合。

回顾新中国实验剧团自五月底成立以来，半年就排了三出大戏，一口气演了一百多场，每个人都收入可观，满心喜悦。然而，这不是唯一的，更重要的是全团人员得到了无数热情观众的热烈掌声，还屡屡受到政府的鼓励，这是在以前从未体会到的来自心底的甜美滋味。因此，团里每个人那种拼搏向上的精神，那种八十余人团结在一起拧成一股绳共同大展宏图的心气儿一涨再涨！

大年三十上午九时许，李世霖、张盛利几位师兄弟都来了，既贺新居又拜年。我高兴地拿出照相机，留下了珍贵的合影。

晚上，我和哥哥文林拿出从山西带回来的许多爆竹来放。其中的"老头花"高有二尺余，放起来真好看，五彩缤纷的烟花足有十米之高，像孔雀开屏似的舒展升起，又像天女散花一样散落院中。母亲、福媛和孩子们站在西屋门前看得兴高采烈。

哥哥更是喜上加喜，情绪高涨。他自从在政府的帮助下，戒了毒瘾，身体恢复得很好。福媛又托大姐温媛为他定下了一门亲事，就是大姐婆家的侄女李容芬，准备年后迎娶。

哥哥从花炮中挑了一个最大的二踢脚，大声说："这个二踢脚响两声，特别响，害怕的把耳朵捂起来！"二踢脚随着咚的一声飞上天，紧接着又是一声清脆的巨响划破天空。大家还没来得及拍手叫好，又听哗啦一声，都吓了一跳。大家还没明白过来怎么回事，就听小蓉哇地大哭起来。众人急忙寻看，原来是小蓉害怕炮声，双手捂耳，身往后躲，抬起的胳膊肘将身后屋门上的大扇玻璃顶碎，满地碎玻璃碴！幸好有棉衣相护，小蓉没有受伤。

"岁岁（碎碎）平安，岁岁（碎碎）平安！"母亲急忙搂住受惊的小蓉说，大家也都一齐说"岁岁平安"！

这个年过得特别高兴！这个年的饺子吃得格外香！

一九五一年二月六日是正月初一，新中国京剧实验团晚场公演新戏《夜奔梁山》。

该剧编剧翁偶虹，执行导演叶盛章，导演团为李少春、李世霖、我、翁偶虹、孙盛武、高盛虹、骆洪年、苏富宪。

剧情大致场次为：《夜走黄河渡》《三立投名状》《巧会青面兽》《误捉赤发鬼》《智取生辰纲》《大闹黄泥岗》《刘唐闹酒楼》《王伦反奸计》《林冲会刘唐》《火并断金亭》《改装救白胜》《重整梁山泊》。

剧中李少春饰林冲，我饰刘唐，孙盛武饰王伦，高盛虹饰杨志，李金泉饰宋江，李世霖饰吴用，娄振奎饰晁盖，叶盛章饰阮小七，李元瑞饰阮小五。

年初起，新中国实验剧团又开始了繁忙的演出。就在长安、吉祥、大众三个戏院轮换上演，直演到四月初。转战河南开封，又演到四月底，演出间隙还将《虎符援赵》一剧排出。

五月五日，新中国实验剧团在大众剧场演出了配合抗美援朝、反抗暴力的名剧《虎符援赵》。

该剧编剧：翁偶虹、李少春，导演：翁偶虹、李少春、我、叶盛章。剧中李少春饰信陵君，我饰魏王，黄玉华

一九五一年五月三日，为配合抗美援朝赶排《虎符援赵》的演出戏报

饰如姬，叶盛章饰朱亥，李金泉饰太妃，娄振奎饰秦王，李世霖饰侯生，李幼春饰晋鄙。

五月中旬，新中国实验剧团去天津演出至六月十日回京。

此时正是抗美援朝指挥部号召全国人民捐献飞机、大炮的时刻。著名豫剧表演艺术家常香玉带头捐献了常香玉号飞机，她为文艺界开了一个好头，做出了榜样！

新中国实验剧团决定，将六月十三日在长安大戏院演出的《虎符援赵》作为义演，全部收入用于捐献飞机、大炮。

在随之召开的戏曲界座谈会上，新中国实验剧团宣布将每月演一场义务戏捐献飞机、大炮。

北京市各剧种的妇女演员联合义演捐赠妇女号飞机。京剧界票友们、名票们都不甘示弱，组织联合进行捐献义演。

京剧界老前辈满怀爱国主义和国际主义热情也行动起来，为抗美援朝捐献鲁迅号飞机。

郝老师自从解放以来爱国热情十分高涨。去年年底，就开始为抗美援朝义演，和周（信芳）先生演出《四进士》。

听了戏曲实验学校同学们组成的赴朝演出队从朝鲜前线归来给全校师生的报告，郝老师非常受感动，当场就向王瑶卿校长提出："孩子们都到朝鲜慰问志愿军啦，咱们老头儿也得贡献力量！得演一场！以艺献国。"王老先生也特别感动，但站在校长的角度考虑这些老先生都七老八十了，真蹚上厚底靴子上场恐怕有难度，于是说："那咱们找谭五爷来合计合计。"

郝老师劲头十足，又说："爱国不是放在嘴上说说，要拿出力量来，就得捐鲁迅号飞机，捐一架是一架，捐两架是两架，捐三架是三架，不能落后。这次演《法门寺》，刘瑾是太监不能留胡子，胡子就得剃。我的胡子是从五十六岁留的已十年了，为了抗美援朝，这点儿牺牲都不能的话，那成什么人民艺人。何况，胡子剃了还可以再留起来。"他还强调："唱一回不算数，以后还唱，一直唱到抗美援朝取得胜利。梅兰芳就要回来了，我也要跟他唱，为抗美援朝出点儿力。徒弟世海也从外地回来了，我陪他唱《穆柯寨》，把收入全部捐出！"

七十岁的谭小培老先生一听谈义演，就说："这是好事，要有我一份。腿不方便也要唱。"

黄（月山）派名武生马德成老先生，年纪已七十二岁了，白胡子几乎长到了胸口，也决定义演《火烧百凉楼》，并说："剃胡子比志愿军流血流汗好多了！我们演戏，换飞机，把老美打垮才能过安稳的日子。"

被尊称为"尚老将"的年纪最长的老前辈尚（和玉）老先生说："我唱《晋阳宫》，这是我四十年没演的拿手戏。"

刘喜奎先生隐居三十多年一直未曾演出，这次要求学校领导一定要安排她演一个角色。

张德俊先生（张云溪之父）发言说："在教授中我最年轻，我应当多演，我愿给老先生们当配角，派我演什么都行。"

著名京韵大鼓演唱家白云鹏老先生则要求在安排剧目时，给他留下三十分钟的时间，他要演唱京韵大鼓《木兰从军》。

此时，萧（长华）老先生正在汉口演出，闻讯赶回北京参加义演。

王瑶卿校长主持的会议最终决定，每月演出一场，每场演出四个小时，地点在大众剧场，票价旧币四万元（合今四元人民币），并拟定了三场演出的时间和剧目。

这三场演出，受到北京文艺界和观众的热烈欢迎和高度赞扬。没有看到演出的观众纷纷来信要求增加演出场次。正在老家霸县休养的李桂春和随梅兰芳京剧团演出的姜妙香先生都回京要求参加义演，于是又增加了两场演出。

一代老艺术家、老英雄们群英荟萃，在舞台上展现的联璧绝唱，把抗美援朝捐飞机的义演推向了高潮。

他们精湛的表演和高超的技艺至今让人回味无穷。几十年后，我自己也至耄耋之年，才更能品出个中滋味。

老一辈艺术家们一生尝尽了舞台上下的辛酸苦辣，好不容易熬到新中国成立，熬到腰杆儿能挺直时，却已皓首白发，力不从心，那种不服老的一腔热血，彰显了他们壮志凌云的英雄本色！他们愿在祖国需要的时候，为了和平，为了刚刚站起来当家做主的中国人过上幸福生活，为了打败美帝，毅然扔掉拐杖，剃掉心爱的胡须，携手并肩再次走上舞台，献出自己的一份力量，迸发出灿烂的生命火花！

老一辈艺术家们的这种爱国主义、国际主义精神将永昭后世子孙，永昭梨园子弟！

在连连义演中，郝老师先后在《法门寺》中饰刘瑾、《乐毅伐齐》中饰伊立、《打龙棚》中饰郑子明、《逍遥津》中饰曹操、《巴骆和》中饰鲍自安。后来，郝老师还义演了他最拿手的剧目《李七长亭》。

美帝给我们施加军事压力，实行经济封锁，嘲笑我们贫穷、落后没有飞机。可是，透过戏曲界的窗口，我们看到全国人民捐献飞机的热潮像巨浪一般风起云涌，声震神州！中国人民志愿军捷报频传，一个胜利接着一个胜利！

壹零叁 盛麟兄 重获新生

门铃响了。一男一女两位客人被请进饭厅。

我闻声来到饭厅。立即愣住了，面前的人是谁？！难道是四哥？我盯着他仔细辨认，是他！两道浓眉，两只大眼睛，高高的鼻梁，厚厚的嘴唇，可又不太像他，那神采奕奕的眼神，那焕发青春活力的气息，那爽朗的笑声，那英武的气质，多少年前早就消失了呀？难道又相见在当年的科班里？

我在记忆中搜索。只有在科班里，盛麟才有这样的朝气，那时我俩都只有十五六岁……

有一天，在佛殿上喊嗓子，盛麟喊"嘚，马来——"出了一股难得的高音亮音，我听见了非常高兴，马上走过去对他说："您一定要把这个音看住了，您这个大武生就算是立住了。"

盛麟也非常高兴。正是有了这副好嗓子，再配上他的好武功，才终于成为一名与众不同的大武生。当时王连平师兄给我们排了架子花脸与武生并重的戏《高唐州》《北侠传》《独木关》《薛礼征东》《凤凰山》等。这一年，我和四哥在一起的时间很多。放年假，我到他家去玩，听了许多珍贵的京剧老唱片，跟着学唱，真是难得的学习机会。在科班练毯子功排队遛虎跳、走小翻时二人常聊天，最热门的话题是出科后如何组班的雄心壮志。只有这时，盛麟才有这样的精气神儿……

"老三！傻愣着干什么？这么快就把我忘啦！老三！"

这声音明确地告诉我，就是他，就是四哥高盛麟！我立刻嘴里大声喊着："哎哟，四哥四嫂哒，哪儿还敢认您！"就像当年一样，高兴地双脚跳起向他扑去紧紧拥抱在一起！

"三十多岁的人啦，还跟当年孩子似的！"

"刚才，看报纸才知道您和高百岁到北京演出来了，我准备晚上到后台去看您，也看看您的戏。没想到您先我一步，到家来看我啦！"

"这次我能到北京来真想看看咱们这些师兄弟们，我还得到叶三哥家看看师娘，到萧（长华）先生家、裘仔（盛戎）家去。就在北京待几天，时间安排挺满。我离开北京七八年了，真没想到我还能杀回来。"

母亲进来了，看着盛麟，没认出来："你是？"

盛麟亲切地叫："娘，我是专爱吃您送雪里蕻炒豆腐的那个呀！"

母亲说："哎哟！是他高四哥！有年头没见着，出息的多英俊呀！你不是一直在上海吗？什么时候到北平……京来啦？"

高盛麟说："昨晚上刚到。"

"您等着我给您拿烟去！"我说着往外跑，被福媛拦住："已经买去了。"

四嫂也站起身来拦住："三兄弟，甭张罗！你们家没烟！我还不知道？我这儿有。"又对我说："你不抽烟，我也不让你了。今天你看你四哥也像个人儿了吧。"

"都解放了，四哥还……四哥还不就变成了我原来的四哥啦！"

"没错！要不是解放，我还能有人样儿？再晚解放几个月，我就是和你在梦里相见的鬼魂啦！哈哈哈！"

盛麟声声爽朗的笑声震撼着我的心！我不由得想起了当年在上海遇到盛麟师兄的情景……

自一九四四年我从上海回北平与盛麟分手，一直到一九四八年初随程砚秋先生到上海演出，才与盛麟见上一面。

那天的演出，前面是盛麟的《铁笼山》，后面是我的《清风寨》，大轴子是程先生的《金锁记》。

在后台，盛麟师兄凡人不理，直走到衣箱，闭眼盘腿坐在上面。我见到久违的盛麟，马上热情地上前去跟他打招呼，没想到他却眼皮没睁，头也没抬地只是哼了一声。

这一下，我倒被木在那儿了，不知所措。

管事李小龙来了："高老板！"

盛麟哼也没哼一声。

"高老板，您扮戏吧，该着啦！"李管事又催道。

盛麟还是没哼。李管事见他不理，向我摊了摊双手，转身走了。

我非常不解地上前问他："您是不是病啦？哪儿不好受，我给您买点儿药。"他只摇了摇头还是没理我。

正在这时，鼓老（打鼓的）来了，冲着盛麟："咱们对对戏吧！"

他摆了摆手说："台上见吧。"

另一位管事韩金奎来了，拍了拍盛麟的肩膀说："高老板，时候不早了，真该扮了。"

盛麟终于抬起头看了我一眼，这一眼看得，让我浑身打了个冷战，这哪里是师兄高盛麟哪！整个人似被抽掉了筋骨，满面枯瘦焦黄，双目冷漠无神。

盛麟转脸对韩管事说："什么都没有，我扮什么！"

韩管事似乎全明白了，忙说："噢，噢，我给您……我给您拿去。"

不一会儿，韩管事拿来一条彩裤、两双靴子。

盛麟把彩裤套在棉裤外边，拿起一只靴子，脚一蹬，噗地就进去了，太大。又试另一双，根本穿不进去。

"穿我的靴子吧，咱俩的脚差不多大。"我赶忙去取来一双靴子，送到他的面前。

"袁老板，您也赶快扮戏吧，这儿有我呢。"韩管事看了看表对我说。

"还缺什么从我这儿拿。"知道韩管事是催我扮戏，说完，只得去勾脸。

我勾好脸谱，《铁笼山》已经演了一半。站在侧幕一看，只见盛麟勾的姜维脸谱没用红色，用了紫红色。我立刻意识到他肯定没有自己的彩匣子，用的是官中彩匣子，官中彩匣子一般都没有红色。头上戴的是旧扎巾，身穿短了半截的黑蟒，打八将时用的是开门刀（应用八卦刀），这全是官中的。脚上穿着我的靴子，鞋和脚拧着，显然仍是大，不跟脚。看到这，我心里不知道是什么滋味。

舞台上，盛麟师兄正一招一式演出，虽然穿着棉裤，蹬着不合脚的靴子，手中使着通常龙套举着的又沉又笨的开门刀，竟然把这出最吃功的武生重头戏稳稳当当地唱下来了。你看他叫锣鼓点儿有多清楚，脚底下拖着大鞋转身、翻身有多溜，对打时脚底下就没有废步，你看他那开门刀舞得有多好！真是衣服虽破戏不破！我站在幕边上被他的精湛表演所吸引，又对他那扎实的基本功佩服得五体投地。

想当年，盛麟师兄出科时（比我早一年），凭着得天独厚的条件跟随其父高庆奎的班社，到各地演出。常常在高老先生戏的前面给他加演一出武生戏，得到了很多锻炼的机会。他第一次到上海虽未被观众注意，但开阔了他的眼界，学了很多周信芳、盖叫天先生的表演。

盛麟在科时喜欢杨派，回京后如愿地拜了丁永利先生为师，学了多出杨派戏。李万春、李少春、刘宗杨、孙毓堃、王金璐均是丁永利先生教出的学生。

随后他又有幸娶了京剧武生泰斗杨小楼先生唯一的外孙女刘蕙芬，成了杨老先生十分钟爱的外孙女婿，深受杨老先生的教益，深得其精髓。

后来，同裘盛戎、毛世来组班到上海，一炮而红。头一出《武松杀嫂》，在武松打虎时，他运用了很多盖（叫天）五爷的身段，打虎后探兄，唱了一段高昂响亮的【二黄摇板】，冲冲的武生嗓，一下就把观众给吸引住了。后一出《连环套》演黄天霸，又亮嗓子又亮气势，让上海观众为之一振。仅几天就唱红了大上海，承认了这位京派大武生。再后来，盛麟师兄染上了鸦片瘾，沦落到这般地步。

第二天，我将绿靠、黪满和唱武戏用的薄厚底靴，都拿给了盛麟用，还时不时地"借"给他二三百元钱。

此后，我也曾到盛麟师兄上海的住家看望过他，其家更是惨不忍睹。一间阴暗潮湿的房子，屋里什么都没有，只有一张床，床上就一张床单。他围着烟灯躺着，后续夫人邹畹华陪伴着他。此情此景，令我不寒而栗！令我为之痛心！盛麟师兄才三十将过，在这苦海里何时才能熬出头……

"老三，你怎么净傻瞧着我不说话呀？"盛麟师兄不解地望着我，拍着我的肩膀说。

"让您给蒙住了！为您高兴！您居然把烟戒了，整个换了一个人，杀回北京了，春风得意地杀回来了！"

"离开北京八九年了，真是没想到我还能脱胎换骨地杀回来，想当年我们老爷子去世我都没办法回来。我有时也怀疑这一切是不是真的。"

"我想不出您是怎么从那个……无底洞里逃出来的？"

四嫂接过话茬儿："三兄弟问得好！还记得在上海你去看你四哥，劝他戒烟……"

"他给我轰出来了！太记得！"

"不能不轰你！"

"为什么轰我？"

盛麟收住笑容，吸了一口烟吐出来："你劝我戒烟，你不懂！那玩意儿让我走投无路，我恨透它了！可离了它受不了！戒又谈何容易？我们俩戒烟费用大得吓人！我还欠着一屁股的债，靠你？兄弟，你无能为力！当时有一个大富豪爱看我的戏，他想出钱给我戒烟，就不肯出双份让你四嫂也戒！非让我跟你四嫂分手！我能把她扔下？你李家四嫂（盛麟前妻）过世，多亏你这个四嫂照顾我。你去看我的时候，我心全死了！抱定了活一天算一天。哪能让你陪着我们着急！不淡着你，成？不轰你，成？"

"三兄弟，我和你四哥都谢谢你不断地接济……"

"我和四哥是发小，不谈这个，快说说，究竟是什么高招脱离虎口？"

"高招就是解放！遇到的真人就是共产党！一九四八年咱们分手后，我更是苦不堪言，好容易熬到上海解放。上海戏院全停演，经理们都望风而逃，眼瞧着我无路可走。武汉中南京剧工作团到上海演出《三打祝家庄》，团长亲自上门来看我，约我参加这个团，我就应了三牌武生。过了几天，武汉市派了几个干部来跟我谈，说是经过党组织研究决定替我还清以前的烂账，赎回行头，出钱给我戒烟！我就到了武汉。没想到武汉特吃我的红生戏，我就这样在武汉待住了。"

"太好啦！解放前旧社会把我这么好的师兄变成烟鬼！解放了，共产党、新中国把大烟鬼变回我的好师兄！"我说。

四嫂接过话茬儿："还得说靠大伙儿！三兄弟，你想象不出来我们戒烟受了多大罪呢！我没本事，再难熬也得熬。你四哥可好，他挺不住了，就在屋子里咣咣一个接一个摔跤子！大伙儿一见他这样，心痛得跟什么似的，昼夜排班帮着给他捶腰捶腿。等我们好受点儿，送鸡送肉，总算都挺过来了。瞧，这百家饭把他养得多壮实！我也是！辅导员说这是团结友爱，是……阶级友爱！"

"现在我们团改为武汉市京剧团，我和百岁是来北京蹚蹚路的。"

盛麟师兄的这番话使我激动不已。新中国、新社会就是好，它使多少烟鬼脱离了苦海！

晚饭后,我陪盛麟师兄到剧场,看他们演出的《英雄义》。盛麟的功架、唱、念等表演,集高、周、盖、杨艺术特色于一身。他的地蹦、踝子高,漂,帅,看着真解气,观众的叫好声此起彼伏,一下就轰动了北京城。

由此引出来一九六二年,盛麟兄与张君秋走马换将,演出后受到周总理亲自接见的一场轰轰烈烈的梨园佳话。

八月间,新中国实验剧团去大连、哈尔滨、沈阳等地演出。

我们在哈尔滨的演出,格外受观众欢迎。哈尔滨的剧场很破旧,没有座位,就是两头摞砖中间用木板搭上,观众也不对号入座。为了占个好座,很多人家派代表带着两顿饭,早上八点就到剧场占座位,吃两顿冷饭,直到晚上七点才开始看戏。

观众付出多大的辛苦,又陪上多少时间哪!等到开戏时满剧场人挨人,密密麻麻,热气腾腾。东北观众对《野猪林》《将相和》等戏的欢迎度,更让全团人员深受感动,甚至会有自我膨胀感。

八月十七日,我们新中国实验剧团与淞江省实验京剧团,在哈尔滨市淞江剧场联合举行捐机义演《刘关张生死桃园》,参演者有当地的演员曹艺斌、高亚樵等。除必要开支外,所有收入都当即送交淞江省抗美援朝分会。

这已是新中国成立后第二次到沈阳演出,无论是各级首长,还是观众,都犹如久别的老朋友,相见格外亲切。演出期间,东北文化部秘书长罗烽同志不仅热情款待,而且正式提出要组织东北京剧院,欢迎新中国实验剧团全团参加,允许编制不变,经济分配也像现在一样可以单独核算,排戏、管理仍可自定,演出还可半年在关外,半年在关里。

对于这个方案,我认为条件如此宽松,可以考虑,但少春始终没表示同意与否。我感到少春年龄比我小,处世却比我沉得住气,大家多考虑考虑也好。好在新中国实验剧团组建十七个月来,大家团结互助,排了五出新的大戏,而且演出效益好,没发生任何不愉快的事,没必要把团改来改去的。只是面对东北各位领导的盛情有点儿不好意思而已。

在沈阳,大家看了东北戏曲学校的演出,看了刘琪演的《扈家庄》。刘琪当时也就十几岁,长得圆乎乎的像个小肉滚,但她小小年纪,手、眼、身、法、步就如此和谐,舞蹈动作如此敏捷,足可以看出这员小将会大有前途。

还看了《将相和》,饰演廉颇的学生叫王平,演得不错。我对饰演秦王的一个小个子花脸也情有独钟,他虽是演次要角色,但他在台上很认真,很有灵气,我看准了他是块架子花脸的材料,他就是李嘉林。

我和他们俩还有徒弟范成玉合照了一张相,一直保留至今,十分难得。

不久,新中国实验剧团接到了北京来的电报:要新中国实验剧团九月底返京,落款是中国戏曲研究院实验京剧团马少波。

磨合

MOHE

壹零肆 前进路 初受考验

新中国实验剧团按期回到北京。

一九五一年九月,马少波同志分别到家中找主要演员谈话,介绍中国戏曲研究院(后为欧美同学会)是国家的剧团,是在毛主席、中央人民政府政务院直接关怀下,四月三日正式成立的。

之前,三月二十七日毛主席题词"百花齐放,推陈出新",题词前面题写了"中国戏曲研究院"的匾牌字,署名毛泽东。字幅足有三尺宽、两尺高,放大后制成了座屏。

周恩来总理亲自签发了任命通知书,任命梅兰芳为中国戏曲研究院院长,程砚秋为副院长,马少波任副院长兼党总支书记,罗合如任副院长兼党总支副书记。

周恩来总理也题了词,是"重视与改造,团结与教育,二者均不可缺一",镶入镜框。

少波同志指出将来国家剧院的演员们要担负出国演出的任务,演员们都将像苏联的演员那样成为人民的艺术家，成为功勋演员。动员我和新中国实验剧团一起加入到中国戏曲研究院。说明在此之前，少春和中国戏曲研究院有了多次沟通，才有电报催归之举。

我听后，不由得对中国戏曲研究院肃然起敬。莫怪少春力主加入，我想得也很简单：新中国实验剧团成立十七个月，不管是所排的四出新戏，还是传统的老戏，演到哪里都受到观众的欢迎。尤其面临当时上座率普遍下降的趋势，新中国实验剧团的演出却大部分客满。之所以新中国实验剧团具有如此强的战斗力，是因为分配透明、公道，大家心明、眼明，具备了团结合作的前提，才有八十余人空前的凝聚力。每月演出到三十多场（节假日加演日场），累虽累些，但气顺，又收益颇丰。这样理想的剧团只要不被打散，加入到哪个院都错不了。再说和少春、盛章是多难得难求的搭档啊！所以，我不可能有往外跳的想法。况且隐约中，我感到参加国家剧院是大势所趋。

我提出要求让管服装、摞头、彩匣子的舅舅王永山和王老九，拉京胡的哥哥袁文林都参加。理由是"他们都是跟着我靠演戏生活，我进了国家剧院不能把他们甩下"，少波同志满口答应，还讲明薪水与新中国实验剧团时的收入差不多。于是我又试探性地从个人角度提出希望能让闲置在家的三舅兄迟世德也一起参加，没料到也得到同意。我心里特高兴，觉得这样就全然放心，没什么后顾之忧了。

一九五一年十月一日，新中国实验剧团正式加入中国戏曲研究院。大家休息了几天，感到离上班的日子还有段时间，新中国实验剧团团委会商量从十月八日起再陆续演几场《将相和》《大三岔口》《李七长亭》等戏，直至十月十四日。

十月十三日，阳光灿烂，秋高气爽，这是北京最美的季节。

我满怀信心，高高兴兴地来到南湾子中国戏曲研究院。在这里遇到了杜近芳、叶盛兰、李和曾、云燕铭、张云溪、张春华、李宗义等许多师兄弟。

老相识、老搭档，凡是先行一步参加戏曲研究院的同行都前来迎接，对我们表示欢迎。我们这些舞台上同龄的合作伙伴们相互寒暄，祝贺着九九归一，又走到一起了。

为了欢迎新中国实验剧团全体人员的加入，院领导专门召开了欢迎会。欢迎会上正式宣读中央领导的题词，中国戏曲研究院的全体同志备受鼓舞。几位领导都讲了话，大概的意思都是欢迎各位参加到革命队伍中来。

我纳闷极了，今天参加的才是革命队伍？包括以后填表，在何时参加革命队伍一栏必定是填一九五一年十月一日。新中国实验剧团是什么队伍？那也是改进局田汉、马彦祥同志几位代表共产党的领导手把手建起来的，就不算革命队伍？

随之，会上有领导提到参加进来的是"一群野马"，需要"套上笼头"……这话……什么意思？我听着更有十二分不入耳！马上联想到自己出科搭班时也听到过类似刺耳的话，就添几分反感。想不明白，这会儿是欢迎我们来加入，还是明白地告诉要整治我们哪？满怀欣喜的心头刹那间蒙上了一层阴云。实际上想不明白的岂止是我一人呢！

新中国实验剧团全体演职员和杜近芳、叶盛兰、李和曾组成了中国戏曲研究院京剧实验工作团第一团。院里决定新中国实验剧团十月十五日之前可以休息，十月十五日正式到团里上班，并规定每天上午九点到十二点、下午两点至六点上班，如果晚上有演出，下午休息。

至此，新中国实验剧团即成为北京市第一个由民营集体转为国营的戏曲剧团。

我为了保证上班，仔细做了时间安排哦，家住宣武门外西草厂，如果九点钟赶到北池子上班，八点前就得出家门。起床的时间必须在七点前。坐四路公共汽车可以到，车少，车次间隔长，上车下车两头要走很多路。如果头天晚上演出……宝贵的早觉就缩得更短。这对于晚睡晚起的我来说实在是太困难了。转念一想，既是院里的制度，得服从，别让人说咱。

头天上班是咬牙起床，急急忙忙，一路小跑走到宣武门大街就八点已过，忽见路边三辆三轮车并排候在路边，其中一辆擦得锃亮，上面套着平平整整、干干净净淡蓝色沿白边的座套，看上去非常美观。等汽车真不如找辆快点儿的三轮车！想法一有就直向这辆车走过去。

一个小伙子马上从聚在一起聊天的车夫中站起来，走到车边笑着问我："您雇车吗？"说着拿下搭在肩头的白羊肚毛巾迅速地掸了掸车座。

我见他个子不高，敦敦实实，看上去干净麻利，招人喜欢，我没有说去哪，也没有跟他讲价钱，一步就迈上车坐下："北池子。越快越好！"

"您坐好。"说完，他转身轻快地跨腿坐上车座。三轮车走得挺快，也挺平稳。

"明天早上八点能准时到西草厂二十四号接我吗？"

"能！"他答应得很痛快，还回头冲我笑了一下。

"晚上十一点半能到戏院接我回家吗？如果我出来得晚一点，你能多等我一会儿吗？"很多时候，因演的剧目不同，散戏的时间也不一样，早点晚点在所难免。

"您放心，有什么事您只管说，我都成。"

"那好，明天早上到家接我！"我心想能准时坐一辆车去上班，省时、省事，心里踏实多了。

还好，一番努力总算没有迟到。当日无演出，全天上班。午休时间太短，根本无法回家吃饭，真难哪！

几个班下来，都是自己随意练功、吊嗓。如果你什么不干，坐一天也没人管。我这副团长也没有工作安排，也没人来找研究排新戏。这就叫上班吗？再一想，刚聚到一起，匆忙中未得安排不奇怪。

我略感欣慰的是三轮车车夫，他叫庆丰，每天早上准提前来接，母亲对此很高兴。常在他等我时，跟他在门口聊会儿天，逐渐知道他只有十九岁，是个无父无母从小随兄嫂长大惹人怜爱的孩子。他再来叫门时，母亲就会将馒头切成不断开的两半，往里面加些菜或肉，让庆丰吃，后来干脆叫他进到厨房吃饱再走。有一次我起晚了，庆丰蹬着车跑得飞快，到了北池子，浑身大汗。我感动极了，以至于从此对上班不迟到有了安全感。

十一月二日，中国戏曲研究院京剧实验工作团第一团在大众剧场为抗美援朝举行第五次义演。剧目是黄玉华、高玉倩、江世玉主演的《女起解》《玉堂春》，叶盛章、高盛虹主演的《打瓜园》，李和曾、李少春、叶盛兰和我演《群英会》。此后，先后又在吉祥、长安等几个戏院轮换着连续演出。《激权激瑜》《秦灿打堂·宝莲灯》《闹天宫》《凤还巢》《水帘洞》等剧都是熟人熟戏，轻而易举。

初冬的大雪不紧不慢下了一整天，地上融化的雪，到夜晚全结成了冰。雪花仍然在不停地飘着，铺盖在冻冰的路面上，路面滑得让人寸步难行。

剧场戏散了很久，门前的霓虹灯早已关闭，一晚上喧闹的场景变得和静悄悄的雪夜一样清静了。

卸了装的我浑身是汗走出剧场，初冬的西北寒风迎面吹来，不由得打了个哆嗦。小心翼翼地迈了几步，真滑！我停住脚步张望。寒雪纷乱，令烦心的人心更烦。"三大爷！车在这儿！"庆丰穿着黄油布雨衣，蹬着他那辆在雪地里更加锃亮、在灯下更加光闪闪的三轮车奔过来停在我面前。他横身跃下，撩开挡雨布，迅速从车座上拿起墨绿色毛毯，扶我坐上三轮车，麻利地把毯子盖在我身上。

"三大妈（福媛）说，一定要把毯子给您盖到胸口，您身上汗多，千万别让您受凉。奶奶追出门告诉我要把您腿底下掖严实了。"说着他把我腿下的毛毯使劲儿掖了掖，抬头稚气地一笑，"还……不让我快蹬。"

朔朔寒风冬夜中，听到这些温馨的话语，使我烦躁的心情顿时轻松了许多。然而，还是不由得想到连日来后台的一幕幕：

走进大众剧场后台，我按往常一样直奔平日所在的小化妆室，里面无人，也没有摆出平日所用的彩匣子一应服装。这着实让我吃了一惊。

"都到大化妆室化装了。"老舅手拿一口不是我的髯口在梳通，他在留意我的到来，一见我推开小化妆室门赶快过来说。

我往大化妆室一看，少春、盛章，连黄玉华等女演员们都集中到了共同区域一起化装，各种化妆品全都改成公用。

"谁给我摆头？"老舅摇摇头。

明白了，不再有专人负责了。

这哪成啊！化装对演员来说，是十分重要的环节，特别是花脸演员的要求就更高。比如说勾曹操脸谱所用的大白，是经过精加工制成的，必须取适量的大白、适量的白糖和蜂蜜拌匀，放在锅里蒸，使用时先往里面调点儿水才能往脸上抹白底，再往大白中滴几滴甘油，才能用来搋笔勾细边。如果糖和蜂蜜放得不合适，偏少了亲和性不好，会有白片脱落，放多了抹在脸上黏糊糊的很难受。这怎能使一般的呢？

摆头，更是花脸演员在台上表演的关键。需要技巧，摆盔头的松紧劲头需要和演员配合默契，恰到好处。您想，前脑门儿都被用来勾脸了，盔头戴在后脑勺上，摆松了，稍一动盔头就会掉，倒好声顿起，这是花脸演员最怕的事；摆紧了，盔头倒不会掉了，可是演员的头是肉长的，疼得受不了，甚至眩晕、恶心、呕吐，无法继续演。

再说这行头，我的都是郝老师私房制的。俗话说，唱不完的戏，制不完的行头。行头是演员的重大负担，添置不容易，保管起来更难。汗透服装是常事，散戏后湿着捂进戏箱，很快就会褪色，甚至发霉。若无专人负责及时晾晒、喷酒保护就毁了。这绝对不行！

想到此，我站在那里只觉血往上涌，浑身发热！忽地就想到了"套笼头"这个词，难道这就是……不成！

老舅见我运气，忙小声告诉我："初来乍到的沉住点儿气，刚才好些人都说了……先忍忍吧。"这句话倒还起点儿作用。

我站在那儿没动,是在往下运气了。

"老三,傻站着干嘛,你在这儿就坐。"

"我还没转过弯来,合着折腾了这么多年,又回来重坐一科(重入科班做科)!"

许多人都会心地笑了……

西北风冷飕飕的,我连忙用手紧紧地掐住立起的大衣领。三轮车行驶在这无人的马路上,空空的马路空空的心,我烦乱的心绪又添了几分凄凉!

叮当,叮叮当。庆丰的车蹬得不快,可马路上仅有的一辆三轮车还是被他超过去了。这个小伙子真不错,母亲挺喜欢他,福媛也夸他懂事、仁义,干脆把他留住。我想定了。

车到家门口,我下车没让庆丰走:"今天冷,到家里坐坐,吃点儿东西暖和暖和再走。"我热情地将他拉进西厢房内。

福媛给庆丰沏了一杯茶:"先喝几口,暖和暖和,外边多冷啊!"

我喝了几口茶:"这些日子多亏你,我上班、演出挺方便,你又特准时,让我放心。这新三轮是你自己的吗?"

"是。"

"嚯,小小年纪不简单哪!"

"哪儿呀,三大爷!买这车,可费大劲啦!您想我从小父母没了,哥嫂疼我,是挺疼我的,可穷啊!十六岁,哥哥给我租了辆三轮车,让我蹬车攒钱。三年,我舍不得吃、舍不得花才攒够这辆车钱。刚买三个月。"

我听了,略一想,决心更定:"既是这样,我想……想留你在我家做包用车……就是在我家中包吃、包住,每月给你工薪,怎么样?"

庆丰不假思索地满口应承说:"好哇,您和三大妈,还有奶奶、姑姑都对人那么好,我愿意。您不知道,唉,我家房小人多难处挺大。我都二十了,和哥嫂一起住太不方便。我也老想到外边租房子住。您能留我,这样太好了！我也就跟您享福啦！"

庆丰从此就在我家住下来。

一九五二年的春节，每天的戏照常演出。正月初九这天是我的生日，由于春节是演出的最佳时机，我能在家过节、过生日的机会太少，尽管母亲和福媛给我过生日的心气儿很高，但也只能组织孩子们和至近的亲戚、朋友欢聚欢聚而已。即便有时我没出北京，日夜两场戏，跟大家聊天的时间也很短，不过是匆匆见个面，急急忙忙就去了戏园。

这一年可就大不一样了，正月初九恰巧院里安排演新戏《江汉渔歌》，这出戏是田汉同志编写的剧本，李和曾、云燕铭、张云溪等人演出。原新中国实验剧团的大部分人都没事，难得能在这新春佳节好好过一次生日。

十点钟将至，除了亲朋好友携家眷来的，少春和我的师兄弟们盛章、盛利、盛武、世忠、世霖等都蜂拥而至。

母亲高兴地拍着手说："这回是团体的，团体的！"然后到厨房告诉做饭师傅老孟多打卤、多做酒菜。

福媛赶快让庆丰到前门大街天福号买些熏鸡、酱肘子之类的吃食。

吃饭时，我这个长尾巴的寿星老（旧时北京人称过生日的人为长尾巴的寿星老）受到特殊优待。福媛端上一大碗面浇上卤，母亲用筷子将面高高挑起，一边还念叨着"长命百岁……"

师兄弟们七嘴八舌地说："娘，老三都多大了，像说小孩似的，还长命百岁？"

母亲笑了，可不示弱："他再大，在我眼里也是孩子不是？"

母亲虽如是争辩，也改了口："多福多寿，多寿多福。"

"面挑得这么长，三哥将来准长寿！"

这顿饭吃了五拨，直到三点多钟才结束。全都留了下来聚到我的房间。

一年多来，演出少有间歇，又修缮房屋，少春、盛章、盛武都很少与我互相串门聚会，趁这次有时间多玩会儿。

"嚯！这花真香！"大家还没进我的房间就说。

"福媛为我过生日特意上崇文门花店买的，平常日子没这待遇。"我嘴上淡淡地说，心里却充满了甜蜜。

"这两年咱们净忙活着演出了，您的新家我还是第一次来，能不能先领着我们参观参观？也顺便遛遛食，我吃得太饱了！"少春说。

"行呀。"我带着他们去各处转了一圈。少春看得细，连锅炉房都探着头看了。

后院这三间南房的东北墙，与北房的后墙共一墙，放一张双人床。东南角斜放着带镜子的矮式梳妆台与南窗下放写字台的夹角处，分别摆着一对单人沙发。沙发扶手用木头煨成半圆形，样式简单明快又偏新潮。这一对沙发是一九五〇年上海之行买的，非常结实（"文化大革命"中，所有家具都被毁了，可能因为它是原木色，没列在"四旧"之列而侥幸留存，一直陪伴我走此一生。直到搬住木樨地，卧室的床边仍放着这对沙发）。进门西墙立着那贴有古代车、马、人图案的三开门立柜和留声机、唱片柜，最靠里是隔出的洗手间的门。

房子中间放着一张八仙桌、四把椅子，桌子正中玻璃花瓶里面插满深红色的玫瑰花，中间伸出两枝盛开的粉色百合，香气就是从这儿散发出来的。

大家坐下来喝茶时，少春放下茶杯挑着那独特的、透着英气的一字眉，含而不笑地赞叹："我算是服了，三哥学郝派可算学到家啦！"接着，回头又对站在身旁的盛章几个人说："这我可是亲眼得见，那年排《野猪林》时，到郝老师家请教，他的房子也是这么北房、西房全连上，不怕刮风下雨！合着您台上学郝派学得精彩，台下学郝派学得讲究。"

这话太形象了！大家全笑了，我也忍不住哈哈大笑。

"听我说句心里话，千万别羡慕这房子。此举差矣，悔之晚矣！可谓是舒服在眼里，苦在心里……"

"是舒服在心里,苦在嘴皮子上吧!"

"实不相瞒,为了修这房子我把在咱'新中国'挣的钱全填进去了,还该人家好几千。这阵子,我着多大急呀!瞧我嘴里的泡,就是见证。"

"我看,着点急也值,住着多舒坦哪!"盛章说。

"您这个家,您这个日子,过得这么有滋有味,真让我羡慕。"少春说。

"唉!三哥,您看,我说话搁在这儿,别看我小您好几岁,唉!我准走在您前头。"稍停,少春皱起他的双眉长叹一声。

"别胡说!"我制止他。

"哎,哎,哎!咱们说好了,老三过生日,今天就说高兴的,打住!"盛章也纠正他。

少春微微一笑,两道平眉一挑,没再说话。

我们坐在八仙桌前开始玩扑克牌,与其说是玩牌,不如说是一分钟也没停地在一起回忆十七个月新中国实验剧团排戏、演戏值得留恋的生活、东北政府的热情接待、旅顺口的海滩、成立东北京剧院的方案……

一晃间,天快黑了,小蓉悄悄进来站在我的身边,时不时地拽我的长棉袍。

"别闹别闹,看着我玩牌。"说着我把小蓉揽在怀里。

小蓉终于说了:"爸爸,咱们看变戏法吧!"

"变戏法?"

"叶三大爷会变。"小蓉指着盛章说。

"你怎么知道三大爷会?"

"孙三(盛武)大爷偷偷告诉我的。"小蓉说。

"哈,哈,真有你的。"盛章指着盛武说。

"三哥,今儿大家高兴,您给大伙儿露一手高的。"盛武笑嘻嘻地说。

"好,为让老三高兴,那咱们就蝎喇虎子掀门帘——露一小手!不过,姑娘,你得略等片刻,非得天擦黑了,三大爷才能给你变。"盛章很爽快地答应了。

这一番话让小蓉乐了:"爸爸,三大爷说话怎么和在台上的教师爷蒋平一样啊!"

"那是你三大爷嘴皮子有劲儿,说话利落!"我纠正着。

"老三,你请三弟妹准备一个花盆,里面装满松软土,再预备一炷香。"盛章三哥嘱咐着。

冬天,天黑得早,我们又打了没两圈,就到点灯时分。盛章站起身来说:"收扑克吧,现在可以变戏法了。"

福媛马上把装满松软土的花盆和一小捆香拿来,放在桌上。

盛章煞有介事地整整西装,挽了挽袖口,可惜,挺好的料子不听他的指挥,又落下来。他又拍了拍手:"今天我给诸位变个小鬼偷香。变得好,大家赏个仨瓜俩枣,变不成……也逗大家哈哈一笑!"说着拿起香,将其撅成两截,点上其中的半炷。然后两眼时睁、时闭、时瞪,嘴里叽里咕噜地拉开架式朝香表演了一番:"好,我刚才已经命令小鬼来偷香,他一会儿就来,听我一声令下就偷。现在我把香插在花盆里立着。你们看着,只要我说灭,香就灭,那就是小鬼遵命把香偷走了。只有我让他偷,小鬼才敢偷。你们一定要盯住香。先把灯关了。"

大家各就各位坐下,房间里黑黑的,只有点燃的香头是亮的。小蓉害怕,从桌前一下躲到门口椅子前,坐在我腿上。

"小鬼已经出发了,他已到骡马市大街。"盛章说。

"小鬼已经拐进四川营……"

"小鬼已经拐进西草厂……"

"快了,小鬼已经进大门啦……"

小蓉闻听噢地站起来,扒在我的肩头,吓得不敢再看。我把她身子转过来说:"快看,快看,香头灭不灭。"

"来啦,来啦。小鬼已走进屋了,向我靠近,问我:'许不许偷。'我告诉他——偷！"说时迟，那时快，香头立即灭了。

大家鼓掌喝彩连说："真准，真准。"

我怕小蓉害怕，赶快把灯拉亮。小蓉果然站在门口喊着怕小鬼再来，不敢进屋，更不敢靠近桌子。

盛章走过来拍拍小蓉的头说："姑娘，别害怕，没有小鬼，是我瞎编的。我把戏法的谜底告诉你。看见了没有，香，还插在土里；看，香火烧到土这儿自然就灭了。我就是掌握香燃烧的时间。至于香是怎样插到花盆里去的，这可是秘密！我不告诉你。怎么样，姑娘，现在还害怕吗？"

小蓉笑着说，"敢情没有真小鬼，不怕啦。"

"咱们穿衣服，走吧，去果子巷吃谭家菜。"我起身对大家说，转身又对福媛说，"你和妈商量着让庆丰怎么送，我就不管了。我们先溜达着去啦。"

这一晚，我们在谭家菜摆上三桌，大吃一顿，尽欢而散。

《云罗山》任彦虎的戏本不吃重，破例没出什么汗，但这天演来觉得特别累。卸装后，我迈着沉沉的步子上了庆丰的车。不少日子以来，我始终觉得全身负担无比沉重，今天加个"更"字。我已经打算好，晚上不吃夜宵早点儿睡，好多天都没有睡好……

"雄赳赳，气昂昂，跨过鸭绿江……"庆丰随着蹬车的节奏哼唱起来。

他到我家好几个月了，小伙子很勤快，爱干净，为人又热情又厚道。一天到晚高高兴兴，干活时还哼唱些歌曲。每天不出车时，抓时间就擦车。闲时不是扫院子就是扫大街门口。什么搬个重东西呀、钉个钉子呀、拧个螺丝呀等活计，他都包了。手还挺巧，母亲、二姐、福媛都挺满意，这也正好填补了家里女多男少、劳力不足的缺陷。我要像他就好了，一人吃饱全家不饿……我想。

进了家门，只见过道的灯亮着，院子里南北两盏大灯也亮着，北屋的几个日光灯也亮着。北屋隔扇门开着，二姐站在高台阶上。北屋门也开着，母亲站在门里，习惯地手插在大毛坎肩的兜里撩起衣角捂着嘴防寒。我忙叫："妈、二姐。"

她们高高兴兴地把我迎到北屋。

我纳闷儿。平日演出回来，二姐和孩子们都睡了，母亲虽然已躺下但绝不会睡，只要我悄悄走进北屋，她就会说："回来了！"我也会说："妈，我回来了。""噢，好，累一晚上了，赶快去休息吧。"然后我就到后院房间休息。只有逢年过节才会灯火通明，才会大家在客厅等我。今天年也过了，节也过了，不年不节的为什么会如此这般？

我迈进屋门，福媛趁我从身上脱去呢子大衣时悄悄对我说："娘要跟你聊聊。"

原来如此。我转身坐在沙发上。

福媛递过准备好的拖鞋，弯腰帮我解开皮靴带，我换上拖鞋。她又连忙端来早已沏好又重新兑了开水的茶。嘿！这杯茶，闷得正合适，蹿鼻儿香，尝了一口，不温也不烫，正可口儿！一口气就将这杯茶喝光了。放下茶杯看了福媛一眼。

福媛微微一笑，又拿暖壶往杯里兑好水，转身坐在沙发斜对面的椅子上。

身上仍然冷得很，丝毫不见暖和，端起茶杯，又一饮而尽。

"妈，你别担心，没什么大事。有些事情我和少春、盛章商量着已经提了。现在也改了，老舅他们已经将我的盔头、彩匣子、髯口、靴包等所有的行头都随着我们安排到小化妆室了，他们虽说还得管着官中的，但主要是负责我的。云溪早去几天，他知道的情况多些，他告诉我了，这是军队文工团式的管理，不分主次演员同样……"

"这都是小事，可以慢慢来，到哪得随着哪儿的规矩走不是？我担心的是你的包银。"母亲不听我跟她的弯弯绕。

"这阵子，老杨头一遍遍来催要修房的钱，我知道你心里着急，又说不出、道不出,虽说老杨头挺客气,可这几千块钱也不能拖太长的时间。为这事,你看你着急上火的,长了满嘴火泡,过生日吃口面都龇牙咧嘴的。福媛说,到今儿你口疮也没下去。这还算小事,按你这犟脾气、轴性子憋出点儿别的病来可不值。说话又要给文林办喜事了,你想,现在咱家老老少少十几口子还都得靠你吃饭哪!"

母亲说的是我心里的痛点,包银问题是使我上火的一大原因,而且是完全没想到的大难题。入中国戏曲研究院之前,领导曾答应工资与新中国实验剧团时所挣基本相同。在新中国实验剧团时薪水不是固定的,完全根据演出的收入而定,多少每月也在两千元左右,而现在我的工资是两千斤小米,折合人民币为二百元左右,差距太大了。意见虽然也都提了,院领导无可奈何地答复上级不批,只能暂时先这样,再去力争。

老杨头催要修房钱虽是有数的钱,可按现在的薪金是难以偿还的。家中现在已经发展到十六七口人了,母亲、福媛、二姐、二姐的孩子小毛子、哥哥、三月份娶过门的嫂子、四个孩子,外加表妹、任家岳母、舅舅等人也需要我资助,再加上雇用一个看小弟的奶妈、一个做饭的大师傅,还有庆丰。这样的开销岂是挣二百元人民币能成的,何况还要保证大家吃好喝好。我将如何面对家人?又如何肯违背从小立下的要赡养全家的心愿呢!

"今天,你演出没回来时,我们跟福媛和你二姐琢磨了一晚上,有这么几个法子说给你听听。反正,是让你不要太着急。一个是从现在开始,咱们每个人都紧点儿手过日子。咱们什么穷日子没过过,靠一个铜板熬半个月,不也挺过来了吗?再说啦,实在不行,大不了换个班!戏班从来就是活分的,又没签生死合同不是?何必这么着急上火呢?"

母亲不了解现在剧团的情况,我向她解释说:"我和少春、盛章组成新中国实验剧团以来,无论是排新戏还是上座率都好,这您也知道。这个团是我们大伙儿的,现在是集体加入中国戏曲研究院,这是国家剧院,不准许轻易地挪动,我哪能自己跳出来呢。不成孤雁了吗?岂不正让人说中了我们是一群'野马'，要'套上笼头'吗？难也就难在这了。不过我总觉得这文工团管理可能得有个过渡。过渡有多长，过渡到什么样子，心里没底儿。"

"'野马''套上笼头'这叫什么话？！"

"我窝火就窝在这了。"我本不想把这些不愉快的事向母亲谈，可说着说着也就留不住了。

"话又说回来了，为这几句不中听的话上火，大可不必！妈再劝你两句，人嘴两张皮，说什么的都有。甭管谁说，也有不对的，你吃了这么多年戏班里的饭，什么窝火的话没听过呀，该忍的就得忍。做个好样给他们看！不能动，就甭动。我也没有非让你动的意思，咱家的日子紧着点儿过，也不算什么。穷日子的家，妈是当过的，何况现在还不至于。你如果忍不下去想走，也不是马上成行的事。妈劝你想得开点儿，千万别憋出毛病来。"

在这一段时间里，李世霖、张盛利、江世玉等对工作环境的不适应和对薪金的减少也有同感，因而常常来家议论。别看母亲不太问，实际上她已心知肚明。

"妈说得没错，你就把你自己的事捋好了，别起火冒油的，就行了。家里的事，你尽管放心。这是我想了几天要跟你说的。"二姐也劝慰着。

母亲和二姐的这一席话确实使我心里的负担减轻了很多。几十年来，每当我遇到难题的时候，母亲、二姐都能和福媛团结起来尽量分担我的担子，使我感到家庭的温暖。就是几十年后，母亲仙逝了，孩子们长大了，以及在那艰难的岁月里，仍是团结一致，仍是温暖依旧。这也是我一生中最大的福！

"听说，你有……想卖行头还账的想法。我看你们戏词说得好，'且慢'！卖行头还修房的账是个办法，还有比这更好的办法没有啦？你要想好喽。这些行头是你十几年来用血汗钱堆起来的，何况你郝老师的全堂服装，要我看，更难舍呀。多少年后，你会更知道它的珍贵！行头千万不能卖。如果卖了，你就成了光杆司令干瞪眼，哪儿也去不成啦！别忘了，当年为行头嚯过多大的瘪子呀！好了疮疤，别忘了疼！"母亲说到此摇了摇头。

这一点，母亲说的与我想的其实完全一致。我立即表态："听您的，不考虑卖行头，我也是……实在舍不得。"

福媛看我说话间老舔干裂的嘴唇又要往茶杯里兑开水，我连忙用手捂住杯口示意不要了。

"妈，天太晚了，您跟二姐睡觉吧。这件事本来不想让您操心，结果还是让您操心了。您放心吧，我一定把这件事儿处理好。"

我站起身来想直接回屋去睡，怕母亲又多一层惦念，咬牙和福媛去到西屋吃夜宵了。

"不吃夜宵了，你就给我熬点姜糖水吧，我老发冷，恐怕要发烧……"到西屋我才告诉福媛。

"要不你先回屋用热水泡泡脚，兴许就暖和了。躺下再喝姜糖水。"

"先别关这西屋灯……"

"知道，我去把锅炉再烧旺点儿……"

西屋到后院的过道中间有个西侧门，门里面是锅炉，专供客厅和后院的暖气。早晨由做饭的大师傅老孟挑火把锅炉烧旺，晚上怕我演出回家冷，封火的重任就落在福媛的肩上，得等到我吃完夜宵后由福媛来封火。这对福媛来讲算是个挺卖力气的活啦！

不出所料，我暖和了，也发烧了。尽管福媛用凉手巾给我敷头，我仍是头痛难忍，辗转反侧难以入睡。实际上，我多日睡不着觉了。许多事情想了再想：对新工作单位的不适应，对减少十分之九工资的困难，对某些领导讲话的不理解，尤其是对新中国实验剧团魂魄已散的遗憾……最不解的是，当初马彦祥说过新型剧团新就新在大家的事，大家做主，大家说了算。那为什么国营剧团不是这样？我陷入彷徨，在痛苦中列数了无数的如果……

如果早点儿听哥哥的想法，"都解放了，人家都把大房子换成了小房子，你倒把小房子换成了大房子"，不在这节骨眼上换大房子呢？

如果自己不钻"换房、修房用的钱是我靠劳动挣来的,怕什么"的牛角尖。听母亲的话,不花那么多钱反复修缮,也不会着这么大的急呀!

如果当时接受了东北京剧院的改革方案,说不定新中国实验剧团只是改改名而魂魄实存,这几个月早排出几出新戏,修房钱也不至于着这么大的急吧!

事已至此,该怎么办?

如果退出剧团,离开与我一起度过了十七个月的新中国实验剧团的伙伴,不成!实在舍不得。如果退出剧团,更放心不下的是被我带入团里的人,我走了,他们怎么办,他们会遇到什么情况;如果他们跟我一起出来,到哪个班社也不可能安置这么多人……

从来做事比较果断的我,现在左右为难,对加入中国戏曲研究院的后悔之情油然而生……

第二天,烧没退,我请假停了演出。

不料退烧后,这一度的着急、郁闷引发大便干燥,犯痔疮。每日便血厉害,疼痛难忍。西单痔疮专科门诊的白大夫劝我及时手术。就此,我休了病假。手术后两个多月了,仍然疼痛不止,感觉还是不行,又做了第二次手术。治病的时间拖了有半年多。

在此期间,少春排了一出《宋景诗》,荣获戏曲会演二等奖。我没有参加。

院里树上的芙蓉花开了。远看一簇簇娇艳的嫩粉色花团漂浮在嫩绿叶子上面,分外妖娆。才一年多的时间树冠长得很大,夏季院中已经绿荫如盖。

我和哥哥开始吊嗓子了。我唱的是《御果园》中尉迟恭的【二黄原板】唱段,是铜锤戏。郝老师给我连说几出铜锤戏,是专为让我吊嗓子练习的。这些年来,只要文林给拉胡琴调嗓,全是练铜锤的唱段,一方面练嗓音,一方面练气口,找自己的味,架子花脸的味!

开春以来，我好不容易熬过卧床时光，进入后期疗养。每天都利用文林周日或下班后，抓早上、下午的工夫吊嗓子，几乎天天坚持。每晚还能和孩子们坐在一起玩扑克，虽说孩子们小，只能玩抽王八、鳖七，这样一来，除淡化了那无处发放的牢骚外，倒也尽享天伦之乐。

响亮的演唱、明快的弦声充满整个小院。

小毛子练功回来了。他一九五一年进了中国戏曲学校，挺争气。想我找萧先生时，只答应在学校自费三个月跟班学习，参加大考时被通过才录取，他被分到小花脸行，这正是他父亲郑岐山之所爱。二姐夫生前爱看萧先生、盛章、盛武的戏。结果考试顺利通过，这两年小毛子一直跟着萧先生学习。

"正好，你也调调我听听，现在不是学《审头刺汤》吗？就来这段！"我见小毛子回来了，立刻把他从院中叫了进来。

脆亮的童声又响起来了。

"不错。教得就是地道！好好跟萧先生学吧！明确主攻方向——方巾丑。你爸的爱好，你给实现啦！现在嗓子完全够用，还挺亮。但愿得嗓子能倒过来，别急！唉，还是那句话，就是你们学得太少，上台更少，我像你这么大，三年，少说得唱过好几十出啦！只有会得多了、唱得多了，提高才能快！富连成出了那么多人才，绝对有它的道理。有机会，我得好好提提……"

壹零伍 徘徊路 再赴东北

一九五一年，在周总理和彭真的关怀下，马先生终于几经周折离开了香港，回到内地，先后在广州、湖北等地演出。一九五二年三月在北京与张君秋公演，周恩来总理很快就接见了他，对他能拒绝台湾的邀请，坚决从香港回到新中国表示热烈欢迎，对他的爱国热情给予了充分肯定。于是马连良京剧团很快就建立起来，在北京及各地演出。八月份，在中山公园音乐堂，马先生专为北京艺培戏曲学校捐资义演《四进士》。郝寿臣老师任艺培学校校长，亲自登台演剧中的顾读，姜妙香演田伦，马富禄演万氏。这场演出一时被传为佳话。

此间，马先生派人给我带信，去东北演出时，希望我能与之同行。此时的我怎能不满心愿意呢，真想立即答应。我非常清楚，如果此行能随马先生走，包银即回到从前，我就能短期内还清修房账，自己难舍的戏衣就不用卖了。然而，"好""走"这样的话在我的舌尖上转了几个圈仍没说出来，只告诉来人："我跟了马先生这么多年，围城时接到马先生'速来香港'的电报，连少春都决定跟我一起去，可惜当时机票难买没去成！现在有这么好的事儿，哪有不愿意的呢？可我加入的是中国戏曲研究院，国家剧院，是有组织的了，不比从前，必须得先通过组织，没有组织的同意我哪儿也去不了。"

请注意！这可是我加入国家剧院一年来的最大进步！知道有组织了，做什么事只有组织批准了才行。想在新中国实验剧团，东北来人约我们去沈阳时，最后来人表示回去向组织汇报，待组织批准后即刻和我们再联络。当我们听到"组织"之说，对这个词既陌生又新鲜，根本不理解这两个字的分量。

此时，正遇中国戏曲研究院院长马少波同志生病。不久，我就接到代院长的通知说："马连良从香港回来，我们很想把他吸收进来。可是马先生说，由于在香港很少演出，家中经济境况已很吃紧，得先自行去演出挣点儿钱，然后再考虑此事。马先生还向我们提出要借你同行，组织上考虑，同意批准你一年的假，跟马先生去演出，希望你借此机会做做马先生的工作，争取他加入咱们戏曲研究院，同时你家中经济也确有困难，挣点儿钱，把账还了吧。"

听到组织批准，如同是得到能缓和家庭经济危机的"飞来俸"，犹如在半年多来郁闷惆怅之中划过的一道希望之光！高兴之余我积极准备行装，从戏曲研究院实验团里提调出自己的戏装。说句实在话，当时的心情就像出笼的小鸟一样，跟着马先生高高兴兴地飞去东北。

临行时，郝老师送马先生和我到前门车站。见马先生带着马三奶奶（马连良夫人）等家眷，郝老师感慨地说："出门唱戏不该带家眷，多分散精力，我从不带你师娘。"

我一笑说："我也带，为了自己起火，花钱不多，还吃得滋润。"

"倒也有这一说。"

同往送站的马少波院长接过话茬儿："不带家眷，岂不是诈！"少波同志是剧作家，文学底蕴极厚，常借用戏词来开句玩笑，或说明点儿问题。这句话引得我和郝老师都笑了。

马先生自一九四八年先到上海,又去了香港,直至回京已四载有余。观众们长时间未听过他的声音。这次在沈阳、哈尔滨、齐齐哈尔、牡丹江的演出受到观众极其热烈的欢迎。

马先生高兴极了。他还是按老习惯,每天散戏后请我跟他一起吃夜宵,我们谈天、说地、聊戏。

在哈尔滨的一天,马先生问我一九四八年从上海分手后的情况,还问为什么没能去香港找他。

我向他谈了和万春的演出,病回北平又和少春排了《野猪林》,及抗缴兵役税被抓到局子里蹲监狱的情况。

"哎哟哟,世海呀,那你在上海挣的那些钱一下子都抖搂完了吧。"在一起吃饭的马三奶奶十分同情。这是他们曾经经历过的,料准了我的损失。

"岂止呢,福媛把首饰也全当了,还不够。多亏您那年还了我借去打官司的钱,我没敢花,存在孙兰亭那里。福媛飞到上海取回,也全填进去了!要不然,急大了!"

马先生摇摇头说:"遇到这种事,是最倒霉、最破财的,我跟你三婶饱尝其苦。"

"好容易查无实据结案了,本想赶紧演出挣点儿钱,可世面全乱了,人心惶惶根本演不了戏。整天和少春、荀(慧生)先生、盛章玩牌。就在这时候接到您的电报,我真高兴,立即找少春通宵未眠商量此事,决定同去香港。少春说他向来钦佩您,情愿做二排武生给您挎刀。可是当时北平已被包围,机场都改在东单了。想走也走不了,只好给您回电报。"

"这几年也苦了我啦。我去香港,人带得少,戏码太受限制。咱们这行饭难吃,人多了养不起,人少了派不出戏。在香港演戏不经常,闲得我没了筋骨,简直是度日如年。你看像今儿个,虽说这场戏出的汗多,可坐在这儿吃饭,我心里痛快,吃什么,什么香!我也是受累的命!"马先生皱着眉头感叹地说。

"好啦，好啦！挺高兴的，老提这陈芝麻烂谷子干嘛，说咱们高兴的。"马三奶奶从来就是性格爽朗，快言快语。

"对，对，咱们就说《将相和》吧。"我说。

马先生随之喜笑颜开："我是要说呢！《将相和》的本子我仔细琢磨过了，真不错！你再详细地跟我说说少春的表演和处理。"

我一一地向马先生做了介绍。当介绍完蔺相如扑油鼎时，马先生用手势打断我的话："这么处理，虽有气势，但太不合理。你想，四秦兵上前扒去蔺的官衣纱帽，将其仰天平举过头顶，往油锅里扔，剧本写这里是扑油鼎，这哪里是扑呀？分明是叉（举起扔），叉油鼎是《九更天》的变种。"

"对，我们排《野猪林》中《白虎节堂》一场，林冲也是这样叉起来的。"我插话说。

"那是把林冲当奸细、犯人。我说它不合理，是在于当着各国使节的面，蔺相如就能让秦兵将官衣扒掉?！这对赵国是多大的耻辱呀！还有，秦王大怒先要将蔺相如叉入油鼎，后又让放下来，这个变化过程也不明确。这儿，我演的时候得琢磨琢磨，一定得改。再有，就是《闯关》一场处理得过于简单，我还得琢磨着加一段唱。"

听到此，我感到马先生的艺术见解真是高屋建瓴，对他敬佩得五体投地。

最后马先生说："我看了你的《将相和》的照片，在相府，你头戴员外巾小气，不好，是《牧虎关》高旺的样儿。你最好是把员外巾放大成翅子似的，你试试。还有，你的红靠改成绿靠会更好。"

马三奶奶说："温如（马连良）呀，你们一聊起戏来就没完没了，都什么时候了，累了一天了，该歇着了。散啦，散啦。"其实夜宵早结束了，只是聊戏聊得刹不住车了。

《将相和》在齐齐哈尔上演了。马先生将他所提的地方都做了合理的增删，突出了马派的风格。

比如《闯关》一场，他在城门下增加了两名守关大将，见赵王与蔺相如来到城下大喝一声"哒"，拔出宝剑横在路中，厉声说："奉大王之命，前来迎接于你！"态度蛮横无礼。蔺相如知道这是秦王给自己的下马威，马先生把此时的蔺相如处理得不卑不亢、不急不慌，嘿嘿两声冷笑，先唱一大段马先生特为蔺相如增加的【流水板】。谁都知道马先生以【流水板】见长，唱得舒展、自如、流畅，表现了蔺相如临事不慌的平静心态。唱到最后一句"似这样迎宾客我实不敢当"后，大大方方请赵王抢在秦兵之前先入城，这样一来既表现了蔺相如的机智果断，又加大了戏的分量，显现出蔺相如在渑池会上取得的第一回合胜利。

又油鼎一段，马先生改成扑油鼎。即由蔺相如自己扔纱帽、甩甩发、甩髯口，快步、主动地向油鼎扑去。蔺相如深知通过这样将生死置之度外、不可阻挡的气势，又在六国使臣俱在的场合下向油鼎扑去，必使秦王陷入被动处境。处于毫无准备、惊恐状态之下的秦王，只得急喊"慢来，慢来！"接唱："快快拦住了蔺先生。"秦王欲以威严压倒蔺相如的气势，又一次被蔺相如的机智勇敢、舍生忘死的精神所击败。

扑油鼎强于又油鼎。回京后，我详细地将马先生的改动讲给少春听，少春也认为改得好。不过，他不是原样端过来，在唱腔上又根据自己的嗓音条件做了改动。

无论是少春的余派、谭先生的谭派，还是马先生的马派，在同演一个剧本的基础上，均按各自的特长做了相应的改动，使其各具特色、各有千秋，演出效果都非常好。

《将相和》一剧就这样历经几位艺术家的前后改动和精心雕刻，才成为解放以来新编历史传统剧的典范。时至二十一世纪的今天仍是久唱不衰，是观众喜欢的剧目之一。

关于廉颇，经过马先生指点改良后的员外巾很有气魄，堪称将军巾，跟红开氅相配十分相称。后被一些地方剧种借鉴使用。最初我按马先生建议改穿绿靠后，觉得还是穿红靠色彩鲜明、气势磅礴，所以后来又改回了穿红靠。

马先生到沈阳演出时，已是九月中旬。演出期间，我和马先生发现东北京剧院有位女学员的条件很不错。这位小姑娘扮相俊美，嗓音宽亮。进一步了解才知她也是内行子弟，认为很值得送到学校接受正规训练培养。于是我和马先生联名给艺培戏校写了一封推荐信，交给这位小姑娘带到北京艺培戏校投考。后又经梅兰芳先生的鼓励、支持，她去了北京，果然一考即中。在学校的精心培养下，成绩突出，成为北京戏曲学校首批毕业生中的佼佼者。之后，有幸拜梅兰芳先生为师，她就是众所周知的著名梅派传人之一李玉芙。

东北观众素来爱听花脸戏，但这年的这件事，还是使我感到意外。

那时，谢幕开始流行了，每每第一次谢幕，众演员都上；然后众人就都撤下，由马先生一人谢幕。有一次，《将相和》演完，谢一次幕后，我依旧随大家撤下。马先生连谢了两次幕，观众不走。后台的人都觉得莫名其妙，不知怎么回事，还是马先生先明白过来，向我招手。我哪里好意思再上，可是越发热烈的掌声也表达出要求我上，我只得勉强又上台共同谢幕，观众才肯散去。当然啦，《将相和》中廉颇在戏中的分量不轻也是可以理解的。

九月下旬，我们已经贴出《四进士》的演出广告，而且票已全部售出，马先生应邀回北京参加第一届全国戏曲会演，必须立即回京，这场戏只得回了。

我没有跟着马先生回京。我考虑，少春正排《宋景诗》参加会演，而自己因病假没有参加排演，回去也只是观摩。另一方面，沈阳的同行们又热情挽留，想趁此和他们能多演几出戏。于是，我就留了下来，没想到热情的观众听说我不走，一再要求说，只要这场《四进士》我能演顾读，就不退票。

剧团一看这阵势，就由马盛龙代替乃师饰演宋士杰。随之，观众又要求看《华容道》。马先生在通常情况下，只演到借东风止戏。正好当地团里有位高韵亭能演关公，我就满足了观众的要求。

之后，我演的戏完全是以郝派的剧目做大轴，如《李七长亭》《打龙棚》《黄一刀》等，期间我还斗胆唱了一出铜锤戏《姚期》——我是唱架子花脸的，这出戏是郝老师教我用来吊嗓子的。在这儿过过戏瘾罢了。

这次东北演出在我的艺海生涯中，只当一段经组织批准、顺便挣点儿钱还修房欠账的经历而已。谁知后来却难以负重……

壹零陆 新希望 坚定步伐

此时，轰轰烈烈的戏改工作开始了。自从严令禁演《杀子报》《大劈棺》《纺棉花》等四十四出坏戏以来，一九五一年五月五日中央人民政府政务院颁布《中央人民政府政务院关于戏曲改革工作的指示》（戏曲界称之为《五五指示》），要求文艺工作者和广大戏曲艺人团结合作，共同进行三改，即改戏、改人、改制。

一九五一年十一月，全国戏曲工作会议提出澄清舞台。但当时除了要禁的戏之外，澄清舞台形象的工作也是件极细致又极难实施的工作，也一直都在进展中。一九五三年，马少波同志又发表了一篇澄清舞台的有关文章，中国戏曲研究院京剧实验工作团第一团带头深入进行。

中国戏曲研究院京剧实验工作团第一团之所以称为实验剧团，其内涵就是以京剧实施戏曲改革创新为目标，走在戏改工作的前列。所排的剧目没有经过戏改，基本不能上。

中国戏曲研究院京剧实验剧团第一团带头停止了舞台上旦角的踩跷。踩跷也就是花旦、武旦为体现小脚女人的姿态，特意在足部绑上木制小脚在舞台上表演。各团仔细查找清理了剧目中存在的淫秽语，粗陋、恐怖的表演。有些剧中人戴奶头、戴红兜、赤膊上台、比干挖心、鬼府十八层地狱诸多酷刑、大卸八块等刑杀、走尸（跳僵尸和在舞台上被杀死的尸体又站起身走下舞台的形象）及黄色的表演动作，均予以清除，也包括台上飞手巾把儿擦汗和飞垫子。飞垫子如演《玉堂春》苏三要跪唱近一个小时，就在要下跪前，有一块四方厚垫从侧幕飞上舞台，落至苏三要跪的地方，苏三跪在厚垫上可减轻演员膝盖的皮肉之苦。飞垫子也是技术活儿，要稳，还要准时、准地方。

演员们认识到过去自己并不以为然的舞台上擤鼻涕、吐痰等非剧情要求的会破坏舞台人物完整性和严肃性的坏习惯，均毫无保留地予以改正。

主演们果断地取消了过去以此为荣的出台把场、台上饮场的举动。

出台把场并不常见，必须师徒都够分，尤其师得够名分！想当年少春拜了余叔岩先生，在演《战太平》的时候，余先生穿着簇新的袍子马褂站在上场门为少春把场，也曾露出半个身子给观众，久违的观众们为其倾倒而欢呼雀跃，振奋人心！当然，从剧目演出的整体性来看，有分散观众注意力之嫌。但我认为，此乃情不自禁之举。名家师者久别舞台思念观众，得意门徒继承艺术，心中喜悦，情不自禁地探身来与观众打招呼。观众们犹如现在的粉丝，基于渴望与思念，一朝相见而激情呼喊、热情鼓掌，也是情不自禁。

饮场就不同了。有资格在台上饮场的都是主角。他可以在大段演唱前、演唱后，甚至演唱中间的大过门中，享受此待遇。比如我演《坐寨》中的窦尔敦，在唱【导板·碰板·原板】前，跟包的老九身穿现代灰色长大褂，翻出白袖口，手托热毛巾、小茶壶，堂而皇之地从下场门大摇大摆走上台来，走到窦尔敦面前来送水。窦尔敦一手用水袖遮挡，一手拿起毛巾沾沾脸上的汗，清清嗓音，咳痰又吐出，喝几口不凉不烫的茶水润嗓子，准备开唱。而后，送水的老九再款款走下。这派头，就是角儿的派头。此举被列入"舞台病态、丑恶形象"进行改造，我和大家非常赞同，积极响应。

那时，我大段演唱并不多，主要需求也不是喝水，是痰多要吐，汗多流下沙眼要擦。于是，我就在上或下场门备好毛巾、补装用具，解决此矛盾。

饮场是多年养成的习惯，尤其在嗓子不太痛快时，立时改就有点儿困难，于是，采取分步走的方法：一是减少饮场次数，尽量不饮，必要饮时由龙套来代替检场人送水。也有的将茶壶备在幕边，趁合适之机到幕边饮几口水再回台上。很快，这种习惯就扳过来了。一律在候场时才喝水、擦汗、补妆。

最复杂细致的工作要属取消上场搬桌椅、放道具的专职检场人员。大家动脑筋将此项工作一律改由龙套演员来担任。初时，难度相当大。您想，每出戏、每一场各有不同，何时搬上搬下，摆成什么样的格局，何时要送上道具……太复杂了，必须明确到具体人员，还必须严丝合缝。

仅以《群英会》一场而言吧，周瑜上场是大帐，天幕前摆好三军司令的帐子，前有桌，桌后放椅子。一会儿就改小座，即将椅子摆放桌前，为此特又加了位中军来完成。待请诸葛亮出场归座又变成八字椅，将干上场后设宴还要加两桌子，上酒壶、酒杯、琴、剑……这些琐碎繁杂的事情不容疏漏，否则会把演员晾在台上。可以想象，周瑜举杯无杯、弹琴无琴，出现怎样尴尬的局面，会成为笑柄。这一切，每天忙坏了各团的剧务，钮凤华、张盛利、苏富宪、曹韵清、苏维明、何金海等，他们必须加班安排好第二天哪位演员在哪场搬什么、拿什么，且只能第二天台上见。演出中，剧务还得亲自上阵再督促检查一切。

最难的要数前场与后场的场景不同而又有过场戏时，总不能让演员在前边演，后边一群龙套搬桌椅上台吧。这个问题大家想出了好主意，增加了二道幕。这一系列活动在二道幕后边进行。从此，京剧由以往只有大幕，过渡到有了二道幕。

净化舞台的任务逐步完成了！京剧舞台面貌焕然一新，干净整洁，保持了舞台艺术的完整性。

同时，全国戏曲界都依照政务院的指示，广泛开展旧剧目修改运动。许多剧团或班社都自觉成立了改编小组或修改小组。主动对旧剧目的演出进行检查、"消毒"，及时发现和删除残留的一些迷信、色情、不合理的戏词和情节，许多剧团或班社自动停演了列为禁戏的拿手剧目。

《黄一刀》《飞虎梦》都列为禁戏了。我删掉《黄一刀》中姚刚砍掉黄婆一条大腿，及捡起大腿（道具）一闻小脚很臭又扔掉的噱头表演。

《飞虎梦》是《岳飞全传》中的一段故事。金兵攻打藕塘关，牛皋奉命援救，佯装酒醉大破金兵。驻守藕塘关的金节之妻梦见黑虎飞入厅堂，随姐而住的妹妹戚赛玉也梦见黑虎飞入帐中扑身，即将此梦应在牛皋身上，金节为牛皋招娶妻妹。这是郝寿臣老师常演不衰的以架子花脸为主演的一出风趣、诙谐的喜剧，但剧中飞虎入梦的情节具有封建迷信色彩。我们删去了做梦情节，改为牛皋醉破金兵被众人称羡，金节直接提亲。这样一来该剧又不失为一出优秀的传统剧目了。直至二〇〇二年的国庆节，我还与青年演员刁丽演了此剧。因只演《洞房》一场，为加强戚赛玉的表演，新加了一段【西皮原板】的唱段，让戚赛玉在洞房中演唱。

新程

XINCHENG

壹零柒 《黑旋风》初探高楼

在此期间，我酝酿的一部初试架子花脸第一出长达两个多小时的大型剧目，也已见端倪。

那还是去年从东北回来的十月间。

就在和马先生准备去上海演出之际，得到了一个最有吸引力的好消息，院里把上海王征夫同志根据元曲改写的《黑旋风李逵》的剧本给了我，说上海京剧团欲借我去上海排这出戏，院里不同意。如果我回到研究院就可以给我排。我看过本子之后，不由得连声说好，爱不释手。

这个剧本好就好在从正面歌颂李逵，从不同角度描写了李逵憨厚粗鲁和爱憎分明的多重性格，集中描写了这位农民英雄对梁山的忠和爱，而且大胆剔除了旧戏中李逵野蛮、流气的一面。

在《丁甲山》《清风寨》《闹江州》三出李逵的主要剧目中，更多地突出了李逵的弱点。表现他的粗鲁莽撞呀，或是像个半吊子似的。在剧中，李逵唱小曲和大鼓、插科打诨，在《清风寨》里大声吆喝"油炸鬼儿"，完全一副吊儿郎当的样子。就是《丁甲山》中李逵请罪的时候，也是唱小曲："哎呀，我的哥呀，打壶烧酒，咱们哥儿俩喝呀，喝着，喝着高了兴呀，你一盅呀，我一碗，你一碗，我一盅呀，乐呵，乐呵，呵，你看乐呵不乐呵，呀哈嘿！"

李逵砍倒杏黄旗，大闹忠义堂，可以说是犯了严重的杀头之罪。事情败露后，向宋江请罪，李逵在这儿开玩笑！这是极不合理的，有损李逵的形象。新本子较饱满地描述李逵是一位刚正不阿、粗鲁莽撞，但又不失憨得可爱的农民英雄。

我将剧本给郝老师送去，并将组织的决定也告诉了郝老师："如果排的话，可聘请郝老师做此戏的艺术顾问。"郝老师见我热切盼望听他谈看法的样子，让我第二天午后就来。

第二天我吃过饭急忙忙坐上庆丰的三轮车去郝老师家。

北京的十月天高云淡，心里一高兴，我看什么都喜兴。街市两旁水果摊上摆放的苹果、葡萄、鸭梨、香蕉等，品种丰富。还有许多各种憨态可掬的兔爷、兔奶奶等中秋用品，一应俱全。噢，马上中秋节就到啦！等回家时，给母亲买点儿水果，再买几对兔爷和兔奶奶给孩子们玩，他们准喜欢！给郝老师买礼物，当然买名牌。

"庆丰，一会儿到前门月盛斋停一下！"

"好！"庆丰朗声回答。

我在月盛斋买了酱羊肉，在聚庆斋买了一盒大八件点心、一盒月饼，又买了两蒲包水果。这是逢三节两寿该给郝老师送去的礼物。

我轻轻地推开郝老师家的街门。常是这样，老师知道我要来，就提前将街门虚掩了。走进院子，再拉开西屋门，郝老师和往常一样腰板儿笔挺地坐在沙发上，双手仍然习惯性地挑起拇指，攒空拳放在两边的扶手上。师娘在八仙桌前沏茶，显然，二位老人在等我。

郝老师见我手里拿着许多东西进来，忙说："破费，破费。世海，太多啦！"

"八月十五中秋节，祝您全家高高兴兴地过个团圆节。"

"彼此，彼此。好本子！不易，是出好戏！"郝老师红光满面，非常高兴，没等我询问，就迫不及待地夸起来。

"您感觉好吗？"等不及坐下，我立即问郝老师。

"好戏！昨天我一口气就把它读完了。比咱们老本子《丁甲山》可强多啦，尤其是李逵这个人物提高了。先坐下，坐下喘口气儿再慢慢地说。"

我这才转身坐在八仙桌旁的椅子上。

郝老师也一边走到沙发前坐下，一边感叹地说："世海呀，你算是赶上解放的好时代啦！"

"您说……"我这几天净激动了，很多事还未及多想。听郝老师如此说，思想还真没跟上趟。

"我算了算，这本子得演两点一刻，称得上是一出整晚大戏了，绝对够一卖！最多前边加一出小折子戏，《黑旋风李逵》就可以唱大轴子。这是咱们架子花脸挑梁唱的整场大戏呀！成啦！你开了咱们架子花脸的先河，可以唱独挑的大戏啦！老师真替你高兴呵！"

的确，我看得出郝老师的高兴发自内心深处。这一点也正是我兴奋不已的主要原因。

"老师铆足了劲儿，拼了一辈子，一辈子呀，才唱了一个多钟头的中轴子。谁让咱们在生、旦、净、丑中排行老三，净行中架子花脸又是副净，又排在铜锤花脸正净后边，挑不了班呢！我常说，在戏里咱们这行只能称之为高级味精，是托戏的，没咱，戏就没味；咱演不好，托不住戏，看着就不够味。所以搭生班，得听生的；搭旦班，得听旦的……喝茶，瞧你出了这身汗！"我掏出手绢擦了擦额头上的汗，端起师娘刚给端来的茶水。

郝老师长叹了一口气："当年，为了排《荆轲传》《李七长亭》《打龙棚》，我先得请挑班的班主吃饭、说好话，求得人家的同意，而后才能请人到家来排戏。排完戏还得在家中摆桌，让大家吃得高兴。这种迎来送往的事是我最头痛的！可不头痛成吗？干不成事呀！我真想排几出架子花脸为主的大型剧目，可惜为师老矣，这是老师想了一辈子也没想来的事，遗憾哪！"郝老师感慨万分地边说边摇头，用手使劲儿地捶了一下沙发扶手。

"如今，大不同了，新中国了，你在国家的剧团啦，看看，有专人给咱们写剧本，排呀，演呀，都不用你操心，所以说，世海呀，你真有福气。"郝老师的茶已焖好，他端起茶连喝了好几口。

这些话的分量，在我心中的天平上加了大大的砝码！

这话是郝老师一生坎坷的艺术奋斗历程切肤之痛的感受，同样步其后尘的我，所遇到的艺海波澜也是如出一辙。我想到了演《横槊赋诗》这出戏的自身遭遇。当年，萧先生费了很大的劲给我说这出戏，可是当时的嗓音阴晴不定，几次临时撤演。萧先生感叹："在科里演不了，出科就难喽！"我听了不解其意，也不以为然。出科以后，才逐渐认识到，这出戏是体现曹操文韬武略、才华出众的一段戏，也是体现架子花脸表演特色的一出载歌载舞的好戏。多么想演这出戏呀，可是不管搭谁的班演《群英会》《借东风》或《群·借·烧·华》，都不可能让中间加演一场《横槊赋诗》。所以拼搏了二十年，《横槊赋诗》这出好戏始终没能与观众见面。

想到此，我由衷地说："您说得太对了！"

"《黑旋风李逵》这出戏能很好地发挥咱们架子花脸的做、念、舞，过去咱们架子花脸唯独在唱上吃着亏（唱腔少），可以说，吃着大亏！这出戏唱不是很多，我想了，一定要把铜锤的唱腔用上，弥补过去《丁甲山》等老戏的不足。如果成功的话，让架子花脸的唱功进一步升格是大有可能！"

郝老师感慨之后，马上转到剧本上："头场，李逵如何上场是个重点。二场，李逵下山唱腔的板式，我试唱了一下，不能用【导板·碰板·原板】，听起来很呆板，建议你考虑【导板】转【散板】，可以配合李逵边走边欣赏梁山美景的表演，随心所欲地唱。这段戏正是架子花脸的长项，大有戏可演。总之，剧本中已经删去了《丁甲山》中李逵唱各种小曲的那种江湖混混的习气，咱们要让李逵的舞台形象更加丰富、提高、完美！"

最后，郝老师说："这是初感。你回去后，再好好看看《水浒传》，把李逵这个人物咂摸咂摸，认真分析李逵这个人物。钻研剧本，把如何表演李逵的戏揣摩好。到时候，咱爷儿俩再对火字（各自把各自的想法说出来）。"

郝老师的这番话大大开阔了我的视野，开阔了我的胸怀，使我眼前豁然呈现一片新天地。尽管新天地的轮廓勾勒得还不十分清晰！

这几天虽然我也深为架子花脸能排这样一出大型剧目而激动不已，但认识还很肤浅，我的资历和艺术追求与郝老师远不能相提并论。我很满足于和少春、盛章的合作，还未想过我自己架子花脸这一行该如何去发展，更未想过如何才能进一步让架子花脸地位升格。有时也冲动，像在东北马先生回京开会，自己留在东北造魔，也只停留在模糊的渴望与向往之中！之所以唱《姚期》还不是架子花脸缺少大轴戏，只好借用铜锤戏过过瘾罢了！

可以说，郝老师艺术发展的观点将我引向更高境界。现在能让我排《黑旋风李逵》这样一出以架子花脸为主的大型剧目，这不仅仅是我的机遇，也是架子花脸唱、念、做、舞全方位展示其艺术魅力的机会。

机会难得，机不可失！事业的发展是根！工资、戏装都不能与之同日而语！举棋不定的我此时决心已下。不用再考虑，不用再犹豫，应该马上向院里表态，三个月即结束一年假期，马上回院工作。望早日安排《黑旋风李逵》上马，情愿将戏装卖给院里以还修房欠账。尽管马连良先生很快就去上海演出，仍希望我同去，我也只能如实告之，以求马先生谅解不能随行上海。

睡觉前，我和福媛谈了自己的决定。

福媛看着我一笑："早让娘猜中了！"

"噢?"我有点儿愣了。

"瞧你这些天看了那本子的高兴劲儿，还使劲儿翻《水浒传》。你刚走，娘就跟我说啦：'他愿卖行头就让他卖吧！反正解放了，《江汉渔歌》《宋景诗》不都是院里做行头吗？看来，有了他的戏唱，就能有他的行头穿！'你知道娘还说了很长时间什么？"

"准是当年做这些行头，满处借钱，数目大，没人肯借，后来又还不上……"我和福媛抢着说。

"可不是！还说借账难，还账更难，年初二……"

"对，对！整整着了三年的急！要不然上次妈坚决不让卖行头呢。唉，动心哪！甭说妈和我，就是二姐也舍不得呀！她是亲眼所见、亲有所感，也就你……"说到此，我觉得不妥，立即住了口。

"我是没经历你这些难处，可也听我大哥说过。甭说你们家了，就我们家，比你家富裕多了吧，可我爷爷已经老了，一家子十几口全靠祖辈的积蓄，为了给大哥出科做行头，我娘也没少着急……"福媛很理解。

"卖行头，犹如挖了心头肉，你看，能住上这样的房子，没它成吗？妈还说什么？"

"最后，娘长叹了一声，还拍了大腿，说：'舍得，舍得，不先舍，哪儿有得！当舍则舍，能得自得吧！该舍不舍，能得也不会得！后悔没用！咱们只能紧点儿手过日子，别让他着过日子钱的急。'"

"我妈说的这些话，非常有道理，说到我心缝里去了。"

"知子莫若母嘛。我也觉得，娘的这些话太明事理了。"

"从出科，这些年我能熬到这份儿上，妈的看法……"

"很有分量，很占分量！"

"不假。全家统一了，明天我就去找院里说明，你跟妈也说一下。"

母亲下了决心，我也下了决心：卖了行头，克服困难，坚决走国家剧院这条光明之路！

几天以后的一个下午，我又来到郝老师家。沙发上坐着一位客人，一眼就认出这是郝老师常常提起的上海老朋友王筱籁先生，也就是在招待他的酒席上演唱《连环套》时，被老师当着他的面批评自己"在铜锤唱法上缺着功呢"的那位老伯。

我与王老伯互相寒暄后，郝老师继续接着刚才的话茬儿说："原来我特别纳闷儿，是谁？怎么想起点儿这出太吃功又太不讨好的《醉打山门》呢？我琢磨着……莫非是，都传说他爱看戏还懂戏。"

"谁？"

"问谁，谁都说不知道。"

"侬猜他是谁？"

"多少年不演这戏啦？有道是知音难觅，我就耗子舔猫的鼻梁骨——豁他一回吧！好在我功常练，心里还有点儿底！"

"侬猜他是谁？急死人！"

"别急，好戏在后头。"

王老伯手指郝老师笑了，我也笑了，一下子想到了今年六月：

那时，我经二次手术治疗，病情基本痊愈。一天下午，家中来了一位客人，自我介绍是郝老师派来的。母亲将他让进客厅待茶，急忙叫醒睡得正香的我来到前院客厅。

客人说："郝爷派我来给您送个信儿，他再过几天又要登台演出……"

郝老师这一度正忙着组建艺培戏曲学校，从早忙到晚，每次去老师家，老师都念叨经费紧、师资短缺，松柏庵里的校舍长满杂草等诸多事项。现在又要忙演出，身体能吃得消吗？

"演什么？"我忙问。

"《醉打山门》。"

"什么？《醉打山门》？是《醉打山门》？"我几乎不相信自己的耳朵，又问一遍。

"是。郝爷说让您将鲁智深的行头给备出来。"

"没问题。谁的酒保？只能是萧先生？"

"是萧先生。我是先到萧先生府上的，萧先生二话没说就答应了，明天老二位就对戏。"

"在哪儿演？给谁演？"

"在哪儿演、哪天演，都没定。好像是堂会。"

来人走了，我仍在纳闷儿。《醉打山门》是一出以舞蹈功架表演为主的昆曲戏，是又吃功又累又不讨巧的功夫戏，郝老师怎么也不会单挑这样的戏演！肯定是有人点名要看，他怎么这样内行？！不挑热闹的，偏偏挑这出功夫戏看。太厉害了！这看戏的人一定非常重要……老师也十几年没登舞台啦，即使老师每天都坚持在院子里，一遍遍拉这出戏练功，可毕竟是六十多岁的老人啦！何况，六月天气已热，就是扮上戏不动也会满身大汗，更甭说唱完一出戏，他的身体能吃得消吗？难求答案的我，真有点儿为老师的这场演出捏把汗。

不过，我很快就接到通知要和少春、盛章在北京市委小礼堂演全本《连环套》，是安排在《醉打山门》后。《连环套》这戏在新中国实验剧团时，团委会已决定停演。前几年，少春、盛章和我都参加了文化部改进局在天桥举办的艺人学习班，学习班上讲到此剧尽管是出受观众欢迎的戏，票房也好，但歌颂的是官府派遣的特务黄天霸，也不让再演。我们把这信息反馈上去，又经过北京市文化局的同志来做工作，少春才接受。直到演出时我们才清楚，原来是如此一场重要的演出。难怪！

这天演出，我早早地勾好脸，去给郝老师帮忙，并学习老师勾鲁智深的脸谱。鲁智深上场我始终在幕边观看。

郝老师上场唱【仙吕点绛唇】套曲【混江龙】的曲牌："只见那朱椽碧瓦梵王宫殿绝喧哗，玉苍苍虬松鼍画。哎听，听吱喳喳，古树栖鸦。凭看那伏的伏、起的起，斗新青群峰相迓，那高的高、洼的洼，丛暗绿万木交加。遥望着石娄山、雁门山横冲霄汉。那清尘宫避暑宫隐约云霞，这地是莲花拥定法王家。说什么袈裟披处千年话，唉！好叫俺悲今吊古止不住愤恨嗟呀。"

这段昆曲是边舞边唱，以郝老师的年龄完成这样唱、舞结合的戏，难度是相当大的，可是郝老师气沉丹田，不呼不喘，何等了得！

我趁缓锣鼓之际，伸头扒开幕条从缝隙中仔细往台下看，毛主席、周总理和彭真同志看得非常高兴。

郝老师演至鲁智深酒醉后，学十八罗汉的姿势动作表演功架，一招一式，十分到家，尤其是老师的精气神儿真是让我佩服！

站在幕边的我此刻岂止是把担心之心放平，实在为六十多岁的老师的功力震惊。离开舞台十几年，说演出，三四天的工夫就演出了这样一出吃功的戏。这只能说明一个问题，十几年来，郝老师在不停地练，他的年龄和他对艺术的理解仍在同时长进，是葆艺在身，不能让其艺自然地随年龄的增长而消退。他永远是我的榜样。

郝老师反复所讲的"这点东西（指艺术）来得不易，真舍不得扔下，一旦扔下就没了"这句话，不仅回荡在我的耳旁，而且铭刻在心！

我就此深切地认识到了一个道理：艺术一旦失去，就不再拥有，艺人就将变成世界上最贫穷的人。但是，艺术是可以永葆青春的，老英雄也可以艺术常青。关键是看自己对艺术是否有追求，这种追求必须是竭尽全力，千方百计，永不放弃！

我正回想着当年，就听郝老师说："还好，戏，没大洒汤漏水，只是漏点儿油……"

"怎么啦?"

"喝酒时，酒保躺在地上抬起腿，我抬脚蹬着他的脚喝酒，可惜我俩的脚没对蹬上，闪了一下。还是老喽，不服不行！后来彭市长告诉我，毛主席特别关照：'二位老先生年事已高，要多加保护。'听听！"

"是毛主席!"王老伯激动地喊了出来！

"对啦！彭市长还告诉我，毛主席早年在北平时，就看过我和长华的这出戏，特别喜欢，念念不忘。现在，又回到北京啦，还想再看这出戏，让彭市长知道了，才委托北京市文化局组织了这场晚会。"

郝老师又兴奋又激动地继续比画着说："不光这，我和长华完了戏，正想要好好看看世海的《连环套》，就接到通知，毛主席请我们到前台看戏。我和长华急忙洗脸换衣服，十几分钟就到了池座。你猜，让我们坐哪儿啦？坐在毛主席、周总理和彭真同志中间儿，哎哟！一同看世海他们演的《连环套》。"

"殊荣！殊荣！太不简单啦！"

"能和国家主席、总理坐在一起，我这心哪，怦怦的！心里的滋味呀！一时，是喜是甜……嘿嘿，难辨了。筱赖兄，我们干的这行算贱业呀，我都不知道该怎么说啦！"

停了停，郝老师又十分神秘地压低声音："你知道吗，筱赖兄，还有想都不敢想的事儿哪！毛主席从兜里掏出糖来递到我和长华手里。我多想留下来做个纪念，可是毛主席看我拿着不吃，一再扭脸对我说：'吃吧，吃吧！'得，我只好把糖吃了。糖，没了。过后，我这后悔呀！"

忽然郝老师一拍大腿，说："还有呢，德元回国有望啦！瞧我，这么大的喜事，说了半天才说到！就那天剧中休息时，周总理对我说：'听说你的儿子在美国，是博士。你告诉他，我们政府欢迎他回归祖国。'这是天大的喜事呀！德元能回家啦！自从他一九四四年为了抗日受国民党政府追捕，辗转逃至四川，最后去美国深造，至今快十年啦！可盼着……"郝老师说到这里，满面春风的目光中，一霎时，闪烁出晶莹的亮光。

郝老师年事已高，只此一子，老来思子之情可想而知。身在异国已经学成心理学博士的郝德元师兄，十年未见父母妻儿，思乡牵挂必然至甚！怎奈这美帝国主义与我们新中国针锋相对，两国交兵互不往来，思子、思乡之情再切也无可奈何。如今，能得到政府的关心和支持，父子团聚有望，真是高兴得无法言喻！后来，在政府的帮助下几经周折，郝德元师兄终于在一九五六年回国，全家团聚。

筱赖先生没搭茬儿，没赞颂，我回头一看，他张着嘴都听傻了！

我一样，这段故事虽说是听了再听，今日听来仍是津津有味。

"阿拉都听呆了！贤侄能回来，真为侬高兴！侬翻身啦，不似当年啦！"

郝老师摇摇头："……你猜怎么着，世海这出《连环套》呀，我是听见音，没听见声，不是，是只听见声……甭管怎么说吧，没觉着，戏就打住了……不过，当《连环套》演到拜山，周总理起身出了剧场再没有回来了……"

听到这里，我心中不免为《连环套》的禁演心有不安。

"不似当年！"一句话引得旧曲重弹。二老不由得回忆起三十年代跟四大昆旦之一的雪艳琴赴上海演《审七长亭》，因增加了表演，就将这出戏分成《审李七》《李七长亭》二折，分两天上演。激怒了前台老板，故意刁难，老师受了不少委屈。后得到王筱赖先生鼎力相助，才总算过了关。

"我佩服侬老师，他们让侬师傅演开锣戏《风波亭》中底包才演的岳飞的马童张保，向侬老师施加压力。"

"我不在乎，唱就唱！张保戏不多，我加戏！"

"不服不行！侬师傅将张保劝岳飞反出监狱的情节加了一大段披肝沥胆的道白，念得慷慨激昂，义正词严，感动得'岳飞'和观众流下了眼泪。'好儿'叫得那热！"

"这段事儿，我听少春父亲李桂春先生说过。他还学您念的最后一句'拜别了'，我听了都特感动！"

"拜——别——了——"郝老师扯起嗓子学念了这句戏词。悲壮、激愤之音直穿屋顶，直透我的肺腑！

"好，好！"筱赖先生扯起花脸嗓音大声叫好！

这段往事，郝老师跟王先生和我谈论过多次，我却第一次听老师重念这戏词，足见老师这阵子心情之好。

师娘被惊动，拉门进来，用诧异的眼神瞧着我们。

老师朝她摇摇手："没事，忙你的去吧！"

回头接着对我们说："慷慨激昂地念白是咱们这功的拿手戏，哈，哈哈！"郝老师仰头大笑。

"话又说回来了，世海，切记，演员演的是戏，不管演什么角色，有几句戏词，只要把戏演出来，观众就喜欢。"

"老板找我麻烦，断了水和电。是筱赖兄还有几位朋友，见我没有电灯，就送来煤油灯；没有水，就去老虎灶（后台用大锅烧水供龙套演员卸装使用）打水，帮着我坚持按期演完。老板也无可奈何！"郝老师接着说。

疾风知劲草，郝老师和王先生的对话深深地感染了我，使我对郝老师不向恶势力低头的一身傲骨更加钦佩。

"唉，往事重提，听起来像段故事，但在那时咱们唱戏的就是受人家的欺负，谁管哪，全是靠朋友帮忙。现在好了，解放了，咱们都有组织了，有什么事，组织给解决。想办戏校，国家管。戏校有难处，市文化局直到彭市长，全帮着张罗！毛主席点名看我的戏，我能坐他身边，他还给我糖吃！总理亲自管德元的事！我可赶上好时代啦！我的晚年过得老而有用，又踏实又享福！"

"赶上好时代啦！"这是郝老师发自肺腑的心声，饱含着对旧社会、对恶势力的恨，对党、对新中国的爱。

"你也赶上好时代啦！世海。现在到哪儿演出，你都不会再受前台老板、地头蛇们的欺侮啦，还能给你排以架子花脸为主的戏……"

郝师娘的饺子包好了，入席之后我们边吃边谈。

郝老师对王先生说："现在组织上安排他排《黑旋风李逵》，本子很好。世海，上次说过，咱们爷儿俩要对火字的。"

"《水浒传》我看了几遍……"

"那好，今天有客人咱们不多说，你就回答我个问题，李逵和鲁智深性格很接近，可两人究竟有什么不同呢？"

"这些日子，我试着给李逵做了一个分析，也正想说给您听听：李逵出身贫寒，没有一点儿文化，没有正经的职业，为人散漫，喜欢骂人打架，经常惹是生非，做事不假思考，粗鲁暴躁，不顾后果。但李逵十分讲义气，侠肝义胆，疾恶如仇，可为朋友两肋插刀。他认死理，一旦认定，九头牛都拉不回。李逵投奔梁山以后，他以梁山为家，以劫富济贫和替天行道为职业，对梁山至忠、至爱，以至于在梁山被招安以后，宋江唯是担心李逵不肯招安，于是亲自给李逵喝下毒酒。李逵是一个具有两重特点、性格十分鲜明的人。

"至于鲁智深嘛，他和李逵有许多相同之处，正直、豪爽，专打抱不平，也具有侠肝义胆。可是他俩最大的差别在于鲁智深有一定的文化，是个官，是个提辖。对官场中的利害关系很清楚，做事胆大而心细。比如，鲁智深知道林冲被陷害，发配沧州时，悄悄暗处保护林冲，直到二解差将林冲捆在树上举刀要杀的关键时刻，鲁智深才闪电式出来用禅杖打倒二解差，解救林冲。反之，如果二解差不杀林冲，鲁智深就不会出头露面，只是暗地将林冲护送到沧州，再图后举。而且在野猪林内鲁智深只是让二解差怕他，并不杀之，让他们背着林冲至沧州。这样既解决了林冲行路难，二解差也完成了押解差事，高俅无可挑别。事情办得有头有尾。此事如换李逵，恐怕就完全两样。李逵会凭一夫之勇，或闯白虎节堂，或劫狱，也许林冲走不到野猪林就被李逵追上前来，杀死二解差；说不定会让林冲再度被官兵追杀，结果很难预测。"

"精辟！世海，你再说说，如果假宋江抢亲的事让鲁智深碰上，他会相信吗？他会怎么样呢？"王筱赖先生好奇地问。

"您真问住我了！不过，李逵这么忠于梁山、忠于宋江，为什么能中计相信宋江抢亲了呢？就是因为宋江有'前科'，收了阎婆惜做妾的事。我想鲁智深也会相信，他可能开禁喝酒，也可能会手指梁山骂宋江，也可能会向王林保证将其女满堂娇救回。但等鲁智深回到梁山，我相信他会先去忠义堂做进一步的了解，不会直接鲁莽地先去砍杏黄旗、大闹忠义堂。为什么呢？鲁提辖是有一定文化、一定心计，可谓粗中有细的人。想当初，鲁提辖三拳打死镇关西，明知其已死，口中却还说镇关西是装死，叨唠着过几天再来找他算账，才能在众多围观的人面前顺利逃脱。"我连珠炮似的一股脑儿说出了自己的看法。

"嗯，《水浒传》你是看了，也看明白了，那么，具体到舞台上这两个人物表演怎么区别？"郝老师又单刀直入地提出问题。

"相对而言，李逵比鲁智深的人物线条、语言、语气要更粗犷，更莽撞，再加上黑旋风的绰号，台步、动作、对事态的反应就应该更迅速、更强烈、更暴躁，实际上还应该更野蛮、更有杀气，但绝对要保持他的纯真、可爱。"

郝老师频频点头，赞同地说："你下功夫了，很好。要记住，在台上的表演，必须掌握二位英雄的不同个性，严格地分清两个人物的表演界定，才能清楚地把握各自表演的尺度，才不会演成'一道汤'。"

"真是名师出高徒呀！今天我可真不白来，听到这么多真经啊！"王先生赞许地说。

郝老师抬起胳膊，手过头顶紧摇了几下："您千万甭听这个！世海说的这些虽对，也不过纸上谈兵，刚刚起步，皮毛而已。离在台上把李逵这个角色表现出来，还差着孙悟空的一个筋斗远哪！"

"十万八千里？哎呀，侬这位师傅未免有苛刻之嫌啦！"

老师又扬起左手来回摆动："绝不！您想，这些所谈要用唱、念、做的架子花脸的功夫把他变成活生生的人物体现在舞台上，让观众看到的李逵如同是刚才说的李逵，谈何容易！"接着回首又对我说："这也是今天给你留的功课，下次来，你把粗架子拉出来我看。"

我点头说："好。另外，我对剧本还有点儿看法。我觉得恶霸曹应龙派人假扮梁山的宋江和鲁智深去王林酒店抢亲，让假鲁智深去保媒，我认为不妥，这是其一。其二，从舞台角色搭配上，鲁智深跟李逵太接近。您说呢？"

"有道理！"郝老师说。

"有道理！"王先生插言道。

我接着说："我觉得，从角色上说应该让花脸老生差开，要是改成小生柴进去说亲，那就更合适了。柴进是王孙之后，必认为娶个三妻四妾不算什么。"

"嗯。"郝老师连连点头。

"还有，李逵公务毕，二次回到王林酒店，得知王林之女满堂娇被宋江抢上山去，李逵要回梁山找宋江算账救出满堂娇。下场时，原剧本要求李逵醉醺醺地下场……我觉得不妥，李逵热爱梁山，敬仰宋江。下山来，路上强忍未饮酒，来到王林酒店也只无意中饮了一杯，就十分后悔再不肯饮。况且喝酒前还再次叮问王林，核对宋江的长相，这也说明李逵实在不愿意相信宋江会做出这样的事情。所以，醉醺醺地下场不合适！"

"有道理，可以改，但是你先去跟导演商量一下再改。"

晚九点钟是郝老师雷打不动的休息时间，我和王筱赖先生起身告辞。

家中，福媛仍伏在桌子上写作业。

自从去年扫盲以来，大嫂入了初级班学文化，福媛入了中级班，每两天上一次课，福媛甭提多认真了。我不演出，晚饭吃得晚，她就先上学去，回家已是晚上九点半了，才一起吃晚饭。作业写不完还不睡觉，也是呀，白天哪有她学写字的时间！

见她这么咬牙坚持就问她为什么，她说："本来就爱学，小时候老想当医生，学完四年级，家里不让女孩子再上学……"

"结果，医生成梦幻，当了我的管家婆，全家钥匙你拿着，多好！死心塌地吧！像梁怡俊似的当大夫……没戏！人家的妈妈是大夫，近水楼台……"

梁怡俊是福媛小时念书要好的同学，现在也是我家的"保健医生"。说也怪，孩子们一有病全病，母亲讲话是"团体"的。福媛、二姐带着四个孩子一块去六部口儿童医院，趴在那儿试肛门表，一趴就一排椅子。要是打针，这个哭、那个叫，十分麻烦。后来，请梁怡俊到家来开点儿中药，还外带能打针，有时也给母亲看病开药。母亲、福媛和孩子们都很受益。八十年代，她已是中日友谊医院的中医科主任了。

福媛当然不爱听这话："去！什么管家婆？难听！管家就那么容易？孩子们一天天大啦！我不学，赶明儿连检查作业的能力都没啦！"

"二姐也给检查作业呀。孩子们赶明儿上了中学、大学，你怎么学也检查不了他们的作业呀！"我对福媛的夜校学习，说不出"反对"二字，可也不太支持。

"睡吧，不早了。"

"睡吧，快天亮了！"

福媛被我三番五次催得没话说，走过来边拉好盖在我身上的被子边拍打被子说："你一点儿都不理解人……你就不想想，你现在入了国家剧院，再外出演出，我能跟着你去吗？家里又这么多孩子……老嫌我信写得短……不学，想写长，写得出来吗？"

我高兴得一下子就坐起来："这话说得解痒痒，早说呀！学，是为丈夫而学，做贤内助！学吧，我支持！可是……再写信不许半张纸，你知道，在外面，多惦记家里……必须……"

"好，写一张纸。"

"两张纸！你写作文还两张纸呢，必须！"

"两张……好，好，两张就两张！那……我学……你别拦！"

"先把保证信写三张纸，我就不拦！"

"那……你保证让我念完初中！"我有些犹豫，心里一算，好家伙，这一下得学五六年啦！是漫长了些，最后一想，多学点儿知识总是有用的，于是点头，"就初中毕业吧，毕业就打住！"

"成！那……三击掌！"

"三击掌就三击掌！"三击掌盟誓是古人们常用的手段，也是京剧《红鬃烈马》中的一折。是丞相王允之女王宝钏抛彩球打中叫花郎薛平贵，王允要赖婚，王宝钏不允。最后，父女三击掌盟誓断绝父女关系，王宝钏随薛平贵去住寒窑的一段故事。

我们俩也三声响亮地击了掌。

很晚了，我躺在床上，比比画画，不出声地念着《黑旋风李逵》的戏词……

福媛重回台灯下，伏在写字台上像学生一样认真做作业……

星期日的上午，由于不演出，我挺早就起来了。跟往常一样，到母亲房中问候。

母亲不在，三个孩子也不在，整个院落显得格外安静。

我抓紧时间洗漱，正好趁此时间，搭出《黑旋风李逵》头两场的粗架子。

这些日子以来，对如何调动发挥架子花脸做、念、唱严谨配合的表演手段，在舞台上活灵活现地表现李逵的人物性格有了一个初步的设想：

李逵的台步，动作要快，幅度要大。抖水袖时，胳膊抡得要高，甩得要张扬，几乎是横向的。

李逵的唱，没有大段的【导板·碰板·原板】，按照老师的提示，下山的出场唱段为【导板】转四句【散板】，便于表演。但是唱腔已经一改过去架子花脸音域的低平，加强了为情而唱、以情带声、以情带腔的演唱方法。

李逵念白的音调选择了高调，因为李逵正值壮年，气力足、嗓门儿大。但尾音要加重憨声憨气，特别是一些代表其性格特征的句子，就更要从

"情"字出发,加宽加厚音调、加深加重语气。

李逵与观众第一次见面的出场,如何表现李逵的旋风式性格,李逵的下场如何给观众留下深刻印象,尚是一道我未解的难题。

第一场是宋江升帐,众英雄依次站班,均是迈着四方步上场和下场,李逵绝不能和他们一样。何况三位英雄站在台口,只有四分之一的舞台留给李逵,使李逵的展示受到很大局限……这个问题难度较大。我连连推翻几个试想……却也从中肯定了李逵必须跑上才有旋风的气氛,要让李逵跑上,就得改用"急急风"的锣鼓点儿,没节骨眼呀。

"你给我!和平!讨厌!"从门道传进来小蓉的一声呼叫。

母亲和孩子们回来了。每逢周日,母亲遇到我有演出或有事时,怕孩子们吵闹,都会带孩子们去外边吃他们想吃的豆浆、油条、茶汤、糖耳朵、炸糕等早点小吃,有时还去逛逛刚修好的陶然亭公园,直到十一点甚至更晚才回家。这既是孩子们的一大乐事,家里又有了安静的环境让我休息,母亲一片苦心哪!

我抬头望窗外,只见和平一溜烟地跑进门来,小蓉在后面紧追。

"别疯啦,留神摔跟头!你爸起来啦,去看看你爸!不听话,下礼拜不带你们去吃煎饼了,也甭去公园!"母亲大声制止着他们,拉着小妹也走进了院子。

"好吧,钢笔我不要了还不成。走,小妹,咱俩看爸爸去,不理他!"小蓉挺听奶奶的话,停下步,回身拉着小妹走进西厢房,和平也只好停步跟在她们后边。

"爸爸!"姐俩来到我面前争先恐后地叫着。

"哎。"我抱起小妹按老习惯将她举过头顶,又举和平,感到孩子们的分量越来越重了。

"小蓉,你大了。这样吧,来,把手对在我手上,胳膊用力伸直,我把你撑起来!"小蓉两臂用力一撑被我托起来。

"爸爸再举高点儿，过头顶！"我两臂不可能举过头顶，但小蓉的头顶已高高超过我的头顶。

"我也要！"和平照样试了试，胳膊一软没托起来。

"小蓉，听话，带他们去东屋玩，你爸爸要排新戏，还得看本子哪！你也快把作业写完吧，下午好去大观楼看电影。"福媛提着暖壶对小蓉说。

"孙楼东又来电话请看电影？真是实在人。"我说。

"可不是，好人有好报。解放前的戏院经理大多不成了，就他，反而由沈阳升到北京了。"福媛说。

孙楼东是沈阳共益舞台的经理，我三十年代末第一次和盛藻去东北在沈阳演出时结识的，待演员厚道、公道。孙楼东的本名我们都不记得，就是在东北多年的云溪、淑媛和他母亲张老太太也是只叫他孙楼东。新中国成立后去东北，他还是楼东。不久前调北京当了大观楼电影院经理。常在不影响业务收入的情况下，请我们两家的老太太和孩子们看电影，像越剧片《梁山伯与祝英台》和后来的立体片《魔术师的奇遇》等。

"爸爸，是排《黑旋风李逵》吧？"

"是。"

"排出来，我们去看！我看了桌子上放的剧本，李逵把假宋江当成真宋江，气得喝醉酒大闹忠义堂，挺有意思的。"

"呵，长本事啦！行！你得把作业做完！我听说，前些日子老师来家访，反映你学习还可以，但是经常不完成家庭作业，经常！早自习还爱迟到。甭说，都是看戏看的，是吧？"我说。

"我都改啦，您问我娘！"

"是好点儿。"福媛点头说。

"您信不信，我敢让我娘先检查作业，后看戏！"

"那好，你们能不能看戏，让你妈定！"

屋里重又安静下来了。我的视线又转到桌子上放着的剧本……猛然间，想到何不让李逵像马武似的，先大喝一声"啊——嗨"再上场，让观众未见其人先闻其声。武场也就此变成"急急风"，气氛岂不一下就被烘托起来啦！我连试了几次，不但顺，而且旋风的味道也有点儿了。不过，这个出场也不能单跑直搁，还得加点儿佐料……好在头一开，下面的动作顺此思路往下接，也就势如破竹。

一九五三年一月，我随中国戏曲研究院京剧实验工作团第一团赴天津演出，至春节返京，在实验剧场演出《野猪林》《云罗山》《将相和》等剧目。接着，经院领导同意，二次配合从上海演出返京的马连良先生在吉祥戏院演出《四进士》《甘露寺》《借东风》《串龙珠》等戏，直至三月中旬。

中国戏曲研究院京剧实验工作团第一团又赴天津演出。回京后，正式排演《黑旋风李逵》。

李和曾饰宋江，张盛利饰吴用，茹元俊饰花荣，李元瑞饰燕青，赵文奎饰曹登龙，叶盛长饰王林。

导演团有郑亦秋、叶盛章、孙盛武、骆洪年等。

戏排头场《坐帐》时，几位导演团成员一字儿排开坐在前面认真严肃地看着。待三位梁山英雄站在台口，该李逵出场了，只听我饰演的李逵大喝一声"啊——嗨！"我口念的锣鼓点儿随之也就此变成"急急风"，我就势快步跑至九龙口挺拔亮相。接着，三涮步，先左腿、后右腿、再左腿，全身随之大幅度涮步而大幅度晃动，犹如猛虎欲擒故纵之势。紧接疾步、曲行，猛冲至台口。起"四击头"，跨右腿，踢左腿，左转身，左手提褶子，右手翻袖，亮相。锣鼓一缓，身又缓转小圈，右手回翻水袖，再转身横抖袖，粗壮响亮地接念其他三员大将的最后一句"双斧抡动"后，左手高抬，转水袖，右手摊平，高挑造势念出"鬼神惊"。双手大幅抖袖，再与其他三员大将一同归位。

"没落俗套子!"

"李逵的旋风劲儿出来啦!"

"真不赖,李逵生龙活虎的精气神儿有啦!"

导演及在场的人们异口同声夸奖,齐声叫好!

导演团众人见我已准备得很成熟,下令:"过!接着往下来!"

这一场的下场时,一对一对稳稳当当拱手下场,李逵和花荣拱手后转身时,在重锣音的配合下,李逵左手提褶子,右手抓水袖,抢起右胳膊,大步紧走四至五步,将李逵的旋风性格也就体现出来了。

二场《下山》是李逵的独场重头戏,导演团同意先按照我的思路走一遍看看,大家再集思广益。

我自念鼓点把整场戏通走了一遍。

几个月的准备,我仔细阅剧本后,把这场戏按三部分的脉络来设计:

前一部分是李逵领命下山,一路上边行边看这梁山美景,喜不自禁,兴高采烈地看桃花、看山影儿、看黄莺儿,一切表演均在行走中,随走随动不能停,而且要走满场,因为台上只有李逵一个人。表演动作要眼领手、手领身、情随意,唱、做、念结合。对这一段表演中有特殊性格的念白和动作做了特殊处理。比如念"谁若说俺梁山无有景致"中"景致"二字就采用宽厚音,在"俺要将他暴打一顿"中"暴打一顿"四字就加深加重,同时配合以话没说完就麻利脆快地转身就走的动作,以体现李逵粗鲁莽撞的性格特征。

第二部分是李逵学念吴用作诗一段。"唉,咱倒想起来了,那日弟兄们巡山之时,也是见这桃花瓣儿落于水中,顺水漂流甚是好看,我家军师哥哥作诗一首。我还记得这么几句。他说是,嗨,他说什么,我想上一想,想上一想,他说什么桃——桃——桃什么?桃、桃、桃……唉!咱想不起来了哇。"这段念白,念第一个"桃"字是充满自信的,脱口而出,语气肯定,但是"桃"什么就记不得了,努力再想,所以第二个"桃"和第三个"桃"字声音渐渐变小,间隔变大,然而还是没想起来。从第四个"桃"字以后,就变成急念，越念越重，因为李逵此时已不耐烦了。配合用拳敲头，与念白一致，越敲越紧越敲越重。仍想不起"桃"什么，只得放弃，"唉！咱想不起来了哇"。此处不仅念白要放憨音，而且要不等念完甩手转身就走。

后一部分是李逵闻听卖酒之声的一段表演。当卖酒声音传来之时，李逵精神大振，左手捋扎至头顶，右手捋扎至胸前，脚站"丁"字步，然后面向下场门（酒香飘来之处），闭着眼，缩着脖，伸出下颌闻，用旦角的小嗓发出"噫"的惊喜之声。在回头中，双手转腕，跨左腿，转身，左手缓扎，唱，"耳听得卖酒声，动我心肠（要着重唱出酒瘾被勾出的内心感觉）"。而后，不由自主地又赞扬道："好香的酒哇，好香的酒哇，待我吃他几杯再作道理。"戛然而止，李逵猛想起，下山之时宋大哥要求的两件事并用动作比画出，第一件事不许任性，第二件事不许饮酒，然后，眼光随之落在酒杯上，随着锣鼓嗒嗒嗒……眼睛由酒杯转到观众，再由观众转向酒杯，定神，说："这酒不香，不香。"一定要念出自己哄自己的情感。接着吸气，很严肃地念出："哎呀！咱刚刚下得山来，就险些犯了大哥的将令也。"念到"将"字，右手将扎用力硬撩起，念到"令"字又将扎软推出去，念"也"字左手捋胡子，右手在头旁呈虎掌，手势亮败象。紧接着，上步，缓手，按掌，圆场到中场，拉山膀亮相，接唱【垛板】。【垛板】中最关键的几句"……怎奈是又闻得一阵一阵的热酒香，酒香引得我喉中痒，咬着牙关我说不香"一定要唱、念交融，以情带声，将"喉中痒"和"咬着牙关我说不香"的情感表现出来。

大家没有打断我。就在我走完这一段，拿出手绢擦汗等待听导演意见时，听到了在座诸位的掌声。盛章很激动地从座位上站起身走来，用力拍了几下我的肩膀说："老三，行，下功夫啦。真不赖！过！"

我笑了。再看大家，大家也都在向我点头。这样的鼓励，是几个月来在郝老师不懈引路指导下，加上我自己努力之所得，也是我所渴望、所期待的。

"老三，本子上念吴用的诗是念诗四句，你就念了一个'桃'字……"

沉浸在喜悦中的我没等盛武问完话就说："我忘说了。有几句戏词动了一点儿……剧本上安排李逵学念两句诗，而后再想不起来。怕不合适……我想，李逵是目不识丁的粗人，哪有本事背两句诗？能想个'桃'字就不错了吧……"

"我要夸你用心良苦！你抢我的话！你就念了一个'桃'字才对着哪！既符合人物身份，又符合剧本规定情境，你要把这两句诗都念下来……瞧！就该我蒋干上了，咱们改演曹操吧！贤弟！"盛武边说边拍我肩膀，最后还撇着嘴，向我伸出拇指。业内的在场人们大笑不已。

这么多人围着我，给我排以我——架子花脸为主演的大戏，这也是我多少年梦寐以求渴望实现的梦想。这情景给我留下的印象太深啦！直到我八十多岁时，谈及此事，仍对此记忆犹新，控制不住地流露出当年那梦想成真的欣喜！时常有感而发："当个演员容易吗？你看，这么一场载歌载舞的重场戏，走一遍就让导演团通过，多不容易呀。其实，确属不易！我为了这个出场和这场戏，多少日子绞尽脑汁……吃不好、喝不好，反复琢磨。难点是这场戏里没有戏剧矛盾。满目的'青山绿水、桃花朵朵'，还必须让观众领悟李逵有多么热爱梁山、多么听宋大哥的话，才能为后边怒火难遏砍倒杏黄旗、力逼宋江去让王林辨认，以此来拉大反差，做好铺垫。"

有了好开头，全剧排练进展顺利。

一九五三年五月十日，在长安大戏院首演《黑旋风李逵》。

《黑旋风李逵》是第一出以架子花脸为主演的大型剧目。全场戏演完长达两个多小时，只在前面加演《三击掌》或《樊江关》《雁荡山》之类的小折子戏。几场演出，上座率高，反映极佳。证实了架子花脸在发扬其做、念表演的同时，引用铜锤花脸的唱腔板式丰富人物，表演一些有特点的人物，其前景大有可为。京剧架子花脸独具特色的表演为京剧艺术开拓了一片崭新的天地，使广大观众耳目一新。

纵观京剧创始近二百年以来，生、旦为主，净、丑为辅。净行中，又以

一九五三年五月十日，在长安大戏院首演《黑旋风李逵》，我饰李逵，李和曾饰宋江，江世玉饰柴进

正净铜锤为主，架子花脸为副净。郝老师把架子花脸通俗地比喻为剧中的高级味精。随着京剧的发展，郝老师多年的探索为架子花脸拓展摸索出新的途径，并打下坚实基础。现在，在新中国、新制度下，促使我们架子花脸走上更广阔的舞台天地也是必然！

我也深知，这出《黑旋风李逵》只是初次攀登架子花脸艺术高峰的第一层台阶，只说明艺海中架子花脸艺术的发展前景可观。而我，必须在架子花脸艺术发展进程中做出更大的努力，不断探索、不断追求、不断拼搏，前途才会是无限光明的！

壹零捌 严审查 拨正航船

我很早来到中南海怀仁堂后台。

离演出时间尚早,后台的气氛严肃得非比寻常。大家互相见面的招呼变成了点头、微笑,更不见三五人相聚闲聊。每个人都在专注地做着自己手中的事情。

管盔箱的师傅已经将一应要用的盔头整齐有序地挂起来,大衣箱、二衣箱的件件衣物平平整整地摆在衣案上,一切都秩序井然。

我走进化妆室,早早地换上彩裤、水衣子,蹬好厚底(靴子),穿上紫棉长睡衣(演员们在化装前为防冷常常套一件棉长睡衣),坐在镜前,平心静气地在脑海中默默想着今天演出应注意的问题,对着镜子琢磨几处关键动作的眼神,暗下决心一定要将这场不寻常的彩排剧目演好。然后,早扮三光地开始勾脸。按常规,《霸王别姬》开演后,我再勾《除三害》周处的脸谱也来得及,但我要以最好的状态接受出国剧目审查。

一九五三年十月间,全国文学艺术工作者大会闭幕后,拟定了中国人民第三届赴朝慰问文艺工作团。梅兰芳、周信芳、程砚秋、常香玉、袁雪芬、谭富英、马连良、裘盛戎、言慧珠、丁果仙、陈伯华、陈书舫、石筱英、新凤霞等诸位都光荣地成为赴朝慰问团的一员。

几经争取赴朝慰问的我,一直被安排与李和曾整理排演《除三害》,而少春呢,则被安排整理排练《安天会》。

直到两个月前,院领导召集我们开会才正式宣布:"有项重要的政治任务交给你们,文化部组织文化代表团赴印度、缅甸演出,有京剧和歌舞。这是一九五二年十月三日周总理率领中国代表团去参加亚非会议,为亚非国家团结反帝事业做出杰出贡献凯旋回国后,决定派出两个团,一个贸易团,一个文化代表团,开展文化外交的具体举措。上级领导对这次出国演出非常重视,京剧剧目指定是《安天会》《三岔口》《霸王别姬》《除三害》《将相和》《秋江》。两个月后要分批分期地进行彩排审查。"

这天晚上,就是周总理亲自为出访的中国文化代表团审查部分京剧节目:《霸王别姬》《除三害》《安天会》。

开戏了,从舞台上传来的音乐声告诉我,霸王帐下大铠(兵士)开始在站门。

这时,我脸谱已勾完大部分。时间还挺宽余,再细致一点儿找补找补。

前台的音乐声戛然而止了!霎时,前后台鸦雀无声。出事了!预感使我不能不放下笔,随大家跑到上场门去看。

大幕正在拉合。

霸王傻怔怔地愣在台上,靠将、大兵用诧异的目光你望望我,我望望你,谁也没敢挪动一步。

空气就像突然凝固了似的,前后台一片寂静。

全蒙了。我们紧张地倾耳听台下!可惜,听不太清。

大家知道,能代表中华人民共和国出国演出是一件多么严肃和光荣的政治任务。几个月以来,各级领导、全体演员精排细磨,力求水平再提高一点儿，希望周总理的审查能顺利通过。为什么刚开戏就立即停止？心情异常紧张。

大幕拉开了。

"为什么项羽不勾脸呀？"这回能听见台下的说话声了，是周总理正在问。

鸦雀无声片刻。

一位准备带团出国的领导走到周总理身边解释，大致是考虑传统脸谱恐怕外国人看不懂，所以改得现实一点儿。

"哈，哈……"周总理爽朗地笑了几声，说，"错了，错了！《霸王别姬》我看过杨猴子（杨小楼）的，他勾的项羽脸谱很有性格，又有美术感，与霸王的性格很接近，脸谱、服装、动作配合在一起很统一。现在项羽先把脸揉黑再粘假眉毛，这像金大力的脸谱，金大力做皇上嘛！"

"下一个节目是《除三害》，袁世海在哪里？"

"在后台化装呢。"

"请他来。"

我正在想金大力是《虮蜡庙》中的一个角色，此角色就是揉黑脸，画黑眉，梳辫子，穿清朝服装，周总理连这都知道？他对京剧真内行啊！不由得对周总理肃然起敬。这节骨眼猛然间听到周总理叫自己，真有点儿蒙。我在大家的连声催促下才反应过来，急急地从台上跑到周总理面前。

总理笑了："你演过这出戏吗？"

"演过。"我理解总理是在问我演过《霸王别姬》的项羽吗，我肯定地回答。

"你勾脸吗？"

我看着总理笑了笑，无法正面回答。

京剧《霸王别姬》是梅先生、杨先生创演的名剧，项羽有着独特无双的脸谱，哪能不勾脸呢。

"你们看他已经勾上脸谱了,尽管还不完整。他不回答,这说明他是有想法的。当然,我们不认为我们的艺术是唯一的,但怕外国人看不懂就大可不必。"总理郑重地说。

"你们记得亚非会议期间,印度的克拉克拉面具舞,还有日本人的歌舞伎来中国演出,他们也都有脸谱。他们到我们国家来演出,我们也不会全懂,为什么人家不按中国的要求改?这就是各国有各国的民族艺术风格,要尊重自己的民族艺术,不能因为他们不懂,我们就改。对于民族艺术,不要说外国人一定不懂,也不要怕人家不懂。不懂,可以学嘛!艺术是民族的,也是世界的!"

"对呀,我们也不会全懂哇!"

"不懂,咱们学。"

哈,哈……大家说着全都笑了。

周总理这番话给我的印象非常深,每每在谈到脸谱的特点时,我总会把脸谱的性格化具有强烈的"艺术感""美术感""艺术是民族的,也是世界的"之类的话往外涌,就是源于周总理的教诲。

我最感动、最佩服的是:这话本来具有很重的成分是批评,然而,批评的话语竟又说得如此诙谐、如此恰如其分,让在场的人都在深思,如何正确对待民族艺术。了不得!我对总理的渊博学问和独特的工作方法敬佩至极!

更重要的,看来这只是在周总理对出国审查剧目时发表的一些看法。然而这对当时的京剧戏改工作,具有方向性的指导作用。

解放初期,在毛主席"百花齐放,百家争鸣"的文艺方针指导下,对传统艺术要求推陈出新,继承发扬,去其糟粕,取其精华,戏改工作全面展开,舞台上得到全面净化。但京剧传统中究竟哪些是糟粕,仍有些不统一的看法。对脸谱,也曾几度存在着分歧。比如,认为脸谱夸张过大,离现实太远,甚至有人对长长的髯口也提出吃饭、喝水需要撩起胡子才成等,争论不休。这些观点实际上是把京剧这一虚拟艺术与写实艺术混淆、等同起来了。

周总理对脸谱的看法,道出真谛。在此后的多少年中,很少再出现把脸谱变为揉脸、粘眉毛的状况了。

审查后,周总理将《安天会》改名为《闹天宫》,他说:"联合国不让我们进,我们就'闹天宫'。"

周总理对我们改编的《除三害》比较满意,给予肯定,说:"这是一出好戏,一定要带出国。"五十年代,中国文化代表团几次出国演出,都带有此剧。

回想《黑旋风李逵》上演后,七月到天津演一期。回京后,进入《除三害》的剧本整理和排练,顾问是郝寿臣老师。

十月十六日在大众剧场首演全本《除三害》。

戏的主要剧情是:晋朝宜兴人周处,年少父母双亡,缺少调教,流于酗酒逞凶,横行乡里。百姓把他和猛虎、孽蛟并称为当地"三害"。乡邻将周处状告到曾与周处之父有着厚交的太守王俊处。可是,百姓中受其恩惠者又对周处褒之再褒。王俊分析,周处为人仗义,把抢来的钱接济被逼上吊、濒于死亡的贫妇之举,说明其本性善良尚有可教育的一面。遂私访劝教周处,周处悔悟,打虎、斩蛟,改邪归正。

全剧分《恶索》《砸窑》《义施》《告状》《私访》《悔过》《打虎》《斩蛟》几场。前面常有高玉倩和江世玉的《评雪辨踪》、李金鸿的《杨排风》等剧,舞台效果很是不错。

文化部领导看后提出,规劝周处弃恶从善,太守有出于对老友后辈的关切之嫌。不如改由当地一位善良而又有学识的老者亲见周处将强抢来的钱财救助老贫妇,感觉其有可规劝挽救的余地,才假装在路边长吁短叹,引周处来询问,借此对他进行劝说,使其改邪归正。这个提议,大家都认为不错。既有群众性,更有现实意义。于是由范钧宏执笔奋战了七天就改成现在的这个本子。

中国文化代表团出访印度、缅甸，文化外交使我们与这些国家加强了联络，增进了友谊，具深远的政治意义，也可以说是在我国外交史上具有划时代的意义。

中国文化代表团规模大而全，人员近百。文化部副部长郑振铎任团长，周而复任副团长，楼适夷任秘书长，黄金祺任秘书兼翻译。演出节目包括京剧、歌舞、音乐。京剧演员有李少春、李和曾、黄玉华、叶盛章和从上海调来的武旦张美娟等三十人。京剧剧目有《闹天宫》《将相和》《除三害》《盗仙草》《秋江》等。具体到我的任务，主演《将相和》《除三害》兼《闹天宫》中的托塔李天王。

音乐方面有琵琶演奏家卫仲乐、笛子演奏家陆春龄，他们演奏传统名曲《十面埋伏》《高山流水》和《百鸟朝凤》等。歌唱家有蔡绍序、周碧珍、董爱琳等。舞蹈家有戴爱莲、舒巧、张均、李仲林等。

出国前，当然最重要的是政治培训，请夏衍同志和一些专家来给我们讲解这次出国演出的重要意义和学习对外政策。

集中学习，使我们懂得了肩负光荣的外交使命之责任重大，明确了出访的方针：求同存异，细水长流，不卑不亢，彼此以平等之礼相待，发展友谊。我把这些都当成戏词倒背如流。半个世纪过去了，再一提起，我还记忆犹新，一辈子忘不了！

我们大家还接受了一系列正规的生活培训，包括如何穿西装、打领带、使用刀叉吃西餐等。记得在大栅栏附近的一个小礼堂，还请阎宝航同志详细讲解了西方礼仪方面的知识。

我感到东西方文化差异极大。谁都知道，中国人看京剧时，对演员的表演赞赏鼓掌欢迎，甚至高声叫好。演员在台上听了，会将排练过程中所受的酸苦辣全抛九霄云外，心头留下的只是持久的比喝了蜜还甜的滋味，而西方文化居然要求在音乐会进行中间不得鼓掌。如果京剧演员遇到如此境遇，岂不被"冷得冻坏"喽！对此还真有点儿担心。

临行前,总理在几个场合都强调,这是新中国成立后第一次到资本主义国家演出,交流中要友好、要友谊,不谈政治,不带有政治色彩,只要求把中国高质量的艺术介绍到国外。特别要团结当地的力量,防美国的破坏。反复叮咛秘书长一定要把演员们的生活安排好、照顾好。

出国之际,我朦胧地感到,不,是清楚地知道,将要面临的一切都是难测的,踏上征程的心情充满好奇、欣喜、紧张……

壹零玖 友谊情 和平使者

一九五四年十二月六日下午，中国文化代表团乘坐印度航空公司星座号专机，降落在新德里帕拉姆机场。在机舱门打开的刹那，炽热的欢呼声传入耳中，翻译说他们在用印度语高喊"印中友好"。

中国文化代表团以团长为首，全体人员满怀友好地依次走下舷梯。

艳丽多姿的鲜花如海洋，穿着盛装的学生手举纸和平鸽欢呼雀跃地向我们抛各色花瓣。高处的五星红旗和印度的绿白黄三色旗在阳光的照耀下飘动得如潮如浪。我一眼就盯住五星红旗，身在异国他乡才几个小时，再看祖国国旗的感觉就大不一样了！

印度尼赫鲁总理的女儿英迪拉·甘地夫人率领印度政府官员和各界人士代表着印度人民，向我们——一千二百年以来首次到访印度的中国文化代表团赠送鲜花、花环，表示热烈欢迎（上次到访印度的中国文化使团是在八世纪）。

我们庄重地走在鲜红的地毯上，感到中国人民和印度人民追求和平的步伐是一致的，都渴望团结和友谊。

我们在英迪拉·甘地夫人的陪同下参观了圣雄甘地墓，敬献了花圈。参加了印度总理在他的官邸举办的招待宴会。

十二月九日晚，中国文化代表团首场演出在容纳上千人的迪拉特电影院拉开帷幕。门前的灯火锃光瓦亮，呈现出节日般的欢快景象。这是为欢迎我们的到来重新修缮的！

放映厅内座无虚席。

首先，在乐队奏响印中两国国歌时，英迪拉·甘地夫人协同中国文化代表团团长郑振铎登上舞台分别致辞。

我于一九五四年留影

演出是以歌唱两国友谊的印中友好之歌的英文歌曲开始的。

《荷花舞》《采茶扑蝶舞》《红绸舞》《祖背孙》等民族舞和民歌独唱都得到观众炽热的掌声，传统古曲节目《高山流水》《十面埋伏》《春江花月夜》等器乐演奏都备受赞赏。

我记得在审查节目时，曾有人对中国传统艺术古筝、箫等演奏节目质疑，怀疑外国朋友能否接受。当时即被直爽坦率的陈毅外长反驳："你们不懂不要乱讲话！"实践证实，这些节目被印度朋友称赞是"动人心弦"的"天上来的音乐"！

对像京剧这样集歌曲、舞蹈、音乐、武打、杂技于一体的综合性艺术，印度人民誉为是难得一见的、十分惊叹的艺术。京剧《秋江》中用动作体现小船的上下颠簸，老艄翁与急急去追赶情人的陈妙常开玩笑，故意不解缆绳而船划不动等一系列细节表演，印度观众非但看得懂，而且赞不绝口。相比之下，只演《问路》一折的《除三害》，印度观众看不太懂，反响不如武戏强烈。

演出后，总统、副总统、总理尼赫鲁都分别接见演出人员并赠送花篮。

第二天，各大报纸都详细刊登了中国代表团的演出盛况，并配有大量照片和文章赞誉："中国京剧：壮观的演出""中国演员的古典舞蹈的优美表演""中国之文化代表团夺去了市民的心"。

一位印度全国音乐舞蹈艺术学院院长评论："我认为极重要的是你们人民政府的名言：'百花齐放，推陈出新。'"

文化交流使我们对印度的文化艺术有了更深一步的认识。他们的舞蹈婀娜多姿，犹如"流星般的眼""花瓣般的手"，充满东方神韵，雕塑美的舞台动作，配上变化多而快的节奏，出神入化地把观众的思想带入了一个非常优美的境界……

意想不到我们两国的传统文化的基本元素竟是那么相近，近得让我们惊叹！尤其印度古典舞蹈四大流派之一的南方的卡塔卡利舞，演员的服装、头饰甚至脸谱都和中国的京剧很相似，挥舞双臂的夸张身段，简直就是京剧的反、正云手；脚底下的趋步、三倒脚和我这京剧架子花脸的身段如出一辙。这时，我才真正理解出国前学习培训中再三提到，周总理也特别指出的"虚心向印度人民学习"的真正含义，艺无止境，天外有天啊！

在新德里海德拉巴招待所楼上，中国文化代表团和印度文化艺术界一百多位著名文化工作者见面交流座谈，大厅内或三五对坐，或十几围坐，我们相互也算见过面、握过手的老朋友啦，格外亲切，都有满腹要谈、要问的话语。"业余"翻译和手式，使我们突破严重的语言障碍！忘情处，一位印度艺术家站起来，开始教我们跳印度舞。她教了我们两个动作：她两手先将指头轻轻捏在一起，放在胸前，做了一个很优美的姿势，眼睛里流露出一种快乐的神情，这就是"爱"。然后，她两手一拍，右手高高抬起，左手很有分量地指出去，左脚向前抬起来，右脚向后搬，头昂扬有力地向着前方，这就是"力量"。我、少春和许多人情不自禁地都跟着比比画画学了起来。

中国文化代表团舞蹈队在戴爱莲女士的倡议下,挤出时间来向印度艺术家克萨罗蒂学习舞蹈基本动作,学习跳古吉莱特舞,同时也把中国的《荷花舞》《红绸舞》教给印度朋友。

许多朋友向我和少春询问《除三害》《闹天宫》中周处和孙悟空的脸谱,当他们听说是演员自己勾画的后感到无法理解,都表示要亲自观看我们是如何勾画的。后来,我们化装时,常有印度朋友前来参观,而后惊叹不已,夸我们画得又快又好又神奇!

印度朋友介绍卡塔卡利舞的脸谱也是用油彩勾画的,但勾画的时候是演员躺在地上,由另一个演员替他勾画,画得很精细,时间也比较长。

当我们得知印度也有叫哈努曼的猴王舞台形象时,就迫切、好奇地向他们询问:哈努曼是什么样的舞台形象啊?和中国的猴王孙悟空有哪些相同和不同之处?我们渴望看到!印度朋友满怀热忱地表示说,放心吧!会有机会的!他们还风趣地介绍,哈努曼的神通和孙悟空相似,家喻户晓,妇孺皆知。不同的地方是:孙悟空爱吃桃子,哈努曼爱吃香蕉;孙悟空没有尾巴,哈努曼有很长很可爱的尾巴……

随后,我们观赏了卡塔卡利舞、影子戏中的印度猴王——哈努曼。哈努曼的舞台形象是在脸上勾了一个猴子的嘴,还画些猴毛,上身是赤背的,在皮肤上适当地画了些汗毛。

演员喀皮纳准确地运用动作的程式、节奏,将哈努曼演得很凝重、勇敢、智慧,既很有分量,又有热情,极有风格。

印度具有非常悠久而优秀的艺术传统,印度艺术家勤修苦练出的表现力非常丰富,要达到他们高深的艺术修养和境界,需要数十年的工夫才成。从他们的演出中,即使从绚丽多彩的服装上也可以看出来,美丽多样,绝不重样。华丽得犹如各种宝石镶在一起,颜色却调配得毫不凌乱。而且,一看服装就可以体会到人物的性格,很值得我们京剧演员学习。

期间，尼赫鲁总理在他精致豪华的自家花园内宴请中国文化代表团！又是意想不到！

那满视野的如茵碧草、奇葩异卉就惹得人目不暇接，还有使我们爱不能舍的小熊猫。

宴席上，我们吃了一种黄色的水果，剥下皮，吃起来软软的、甜甜的，还有一种独有的香韵。但是才吃几口，我们发现手上、嘴边沾满黄黄的……极有失大雅！这不光是在出国前培训时就知道的失礼，就是自家吃饭时，弄得满手、满脸也显得无规矩、欠档次呀！

我们代表团成员大都陷入僵局，欢笑声戛然停止，尤其女士们更显尴尬。尼赫鲁总理就在这时也拿起一个，照样吃出同样的效果。他向大家哈哈大笑地说："吃它，就得带着脸盆！"双手伸入桌边的小水盆中洗手和脸。噢！原来每人面前都有的一个小水盆是为了这个！全场人员放声大笑……

宴会立马恢复了愉快的气氛。

五十年代，我们从未见过的这种水果，今天早已布满菜市场、水果摊，这就是七十年代非洲朋友送给毛主席，毛主席送给工人同志的大芒果！

离开德里前，印度全国音乐舞蹈艺术学院举行了印度舞蹈和民乐演奏。总理、国会议员均来送行，还赠送印度乐器等礼物。

十二月十七日，我们到了印度的最大城市孟买，在车站，我们代表团受到上万市民的热烈欢迎，接受敬献的花环。

在孟买，我们同出席全印争取和平和亚洲团结大会的杰出和平战士——世界和平理事会副主席贝尔纳教授、世界和平理事会总书记拉裴德先生、瑞典和平人士安德琳博士、澳大利亚和平人士斯崔特夫人等一道走上联欢会主席台。全场的人都站起来了，台上台下欢腾一片，掀起热烈的掌声和欢呼声。

我们共同度过了一九五四年具有非凡意义的最后一分钟，迎来了一九五五年。

在加尔各答,从九日到十二日共举行了四次演出。

最激动人心的场面是印中友好协会西孟加拉省艺术家协会按照印度民族传统习惯举行的隆重的欢迎仪式。以郑振铎为首的中国文化代表团走入左朗格玛哈尔剧场时,剧场里响起了一片法螺声和欢呼声。印度妇女全体身着庄严的沙丽,端着一盏盏灯火,给中国来宾在前额点上吉祥痣,把檀香、香水和花瓣撒在我们的身上,这是印度人民给予我们最深切、最神圣的祝福。就在朱砂点在头上的一刹那,我默默地祈祷:愿祖国永久和平,繁荣昌盛;愿两国人民友谊长存;愿我们的京剧艺术受到世界各国人民的欢迎;愿我的母亲健康长寿,安享晚年;愿福媛青春永驻,生活愉快;愿孩子们像他们唱的歌那样"好好学习,天天向上"……

整个访问演出,最令我难忘的就是中印两国人民的友谊深情。

在离开德里,深夜两点到达波保尔一个只停留一分钟的小车站,或是坐在去参观世界著名七大奇迹之一的泰姬·玛哈尔陵的汽车上,都是车刚刚到,无数印度朋友敲开车门往里献花,待车再开动时,我们的脖子上套满花环,手中拿满了鲜花,身上、车厢内、地上、座位上到处是鲜花……

在从德里去孟买途中的贾尔冈车站,参观一千三百多年前中国玄奘到印度来取经时曾踩着上岸的石头,准备到阿旃陀石窟和爱罗拉石窟。在这里又有那么多印度朋友夹道欢迎。我们紧紧握着一双又一双友谊的手,好不容易才走到车站,改乘汽车前往阿旃陀。

回程到达奥兰加巴车站已是下午六点。雨越下越大,伴有大风。一位印度老太太高举着孩子,握着中国文化代表团成员方玉从车窗探出来的手,方玉激动得从火车上跑下来在暴风雨中紧紧抱住老人和孩子,久久不放。友谊的激情冲破无情风雨,爱好和平的人民的心紧紧贴在一起!

在暴风雨中,印度歌唱家们用中文为我们唱了中国歌曲《歌唱祖国》。"五星红旗迎风飘扬,胜利歌声多么嘹亮"的歌声铺天盖地……我们全体人员万分激动地用印度语高唱印度歌曲《印中友好之歌》。

中国文化代表团于一月二十日中午到达仰光，对缅甸进行为期二十六天的友好访问。在机场受到宣传部部长、缅甸中央接待委员会主席和几千群众的热烈欢迎。

这里与在印度一样，到处是灿烂的阳光、观不尽的鲜花、结识不完的新朋友的笑脸、握不过来的饱含诚挚友谊的双手、参加不完的各具特色的宴请招待会、两国艺术家探讨不完的艺术话题……更有看不尽的满目各式的塔，金色的、白色的、大大小小的佛塔。最高处的最高塔，是最著名的大金塔，具有两千多年的文明史，有着美丽的传说。

缅甸更有一座特殊意义的塔。那是一九五二年，一向向往和平、反对战争的缅甸成为和平共处五项原则的首创国之一，吴努总理倡议在市外建了一座佛塔，祈祷世界和平，被称为和平塔，每天都有许多人到那里朝拜和瞻仰。

中国文化代表团首场演出是一月二十四日晚，在史维达根塔大金塔西侧廊对面空地上专门搭起的舞台上。由缅甸文化部部长吴温主持，出席观看的有缅甸联邦总统巴宇、总理吴努等最高政府首脑、官员，有驻缅甸的苏联、巴基斯坦、英国等国的外交使节和外交人员，还有中国驻缅甸大使姚仲明和使馆人员。

中国文化代表团演出了《荷花舞》《红绸舞》《泗州城》《采茶扑蝶舞》和《闹天宫》等十二个节目，受到了观众的热烈欢迎。

演出结束，吴温向郑振铎赠花，缅甸国立音乐戏剧学校的师生向代表团全体团员献花。巴宇接见了代表团全体团员。

在异国他乡，"老乡见老乡，两眼泪汪汪"的滋味我是深刻体会到了！

华侨老乡们热情拥抱的力度,就体会出他们心情的激动、思念的迫切,他们那在夜幕下晶莹闪烁的泪光……直透我们的心底。此时,恰好是我国春节时刻。中国文化代表团为酬谢侨胞慰问乡亲,特在仰光为他们安排演出京剧《将相和》等节目。一月二十七日晚,到场的华侨有一万多人。

中国大使馆与中国文化代表团一起开了内部联欢会,一解思乡之情。在联欢会上大家都要表演节目。我们呢,京剧演员在这种时刻往往是要很风趣地搞反串演出。当时演了《二进宫》,由李少春操琴,翻译黄金祺和我演唱,这些号外,外人肯定都没听说过,恐怕想都没想到过吧?!

联欢会后,回到驻地仰光海滨旅馆已是深夜近一点钟。此地的气温比北京的三伏天还高,浑身是汗的我回驻地的第一件事就是冲凉,但身上的汗仍在不停地出,只好打开电扇。在国内,我很少吹电扇,怕吹哑嗓音,纳凉法宝是大蒲扇。眼下,嗓子仍是关键。只得将电扇朝墙吹,吃凉西瓜解热解暑。

哈,吹电扇、吃西瓜过农历正月初一,四十岁了,堪称破天荒!是过春节的新鲜事!每每再到正月初一时,我都会提此事。

很快,我领受了一项重要的任务,勾画脸谱给缅甸吴努总理看。

中国文化代表团领导介绍,吴努观看了我们的演出后,对所勾的脸谱很感兴趣,几次询问脸谱是戴的面具呢还是画上去的。日本、印度都有脸谱,有的是戴面具,有的是请别人来勾画。当他确认是画上去的,而且是演员自己画的后,十分好奇,表示想亲自到后台看看脸谱是怎样勾画的。

团领导考虑吴努总理限于时间,不可能从始至终地看我勾脸。于是就安排我预先勾好右半边脸,等吴努到后再用右手反着勾画最难勾画的左半边脸。

天气十分炎热,我坐在化妆桌前用湿毛巾再一次地沾去额头上的汗,心情有些异样,紧张?激动?说不清。总之,开始下笔有些手软。我告诫自己只要沉住气,凭着二十多年勾脸谱的道行,也应该向吴努总理展示出乎他意料的稳、准、快的手笔。

吴努总理来了,热情地跟我握了手,道了辛苦,坐在我的桌边。在我勾脸的过程中,我从镜中看得到他满头是汗,他一边看,一边不停地讲,可惜我听不懂他的话。只听翻译介绍说:"他很赞赏你画的脸谱,你画得左右很对称、很美观,画得好!中国的艺术真伟大。"

再回味周总理审查节目时说的一番话——要尊重自己的民族文化——更具有深刻的现实意义和深远的历史意义。

在仰光举行最后一场演出时,中国文化代表团除演出了中国歌舞和戏剧外,还出人意料地演出了缅甸的歌曲和古典舞蹈。代表团演出的节目受到了观众超热烈的欢迎。

接着,中国文化代表团乘游艇游览伊洛瓦底江,在缅甸联邦俱乐部旁边的草场上与缅甸的艺术家们相聚交流。那真是一次令人向往的浪漫会面。

我们又去缅甸故都曼德莱(瓦城)访问。在这里的最大遗憾是没有赶上有名的泼水节,最大的收获是到达曼德莱后,中国舞蹈家们向缅甸舞蹈家学习《瓦城的花朵》的舞蹈,就是歌颂这个泼水节的。代表团回到北京以后在天桥剧场等地方演出《瓦城的花朵》等舞蹈,受到观众的热烈欢迎。

两国艺术人员互相学习、互相交流,这是团员们在实践中的创举。

壹壹零 初觉醒 申请入党

二月十七日，中国文化代表团离开缅甸回到云南昆明进行休整。

从仰光回到四季如春的云南昆明进行休整，顿时感到由汗流浃背的三伏盛夏转入到料峭寒意的春天。全体人员住在军阀龙云的私人官邸，昆明人叫它龙宫。

我们按歌、舞、乐、京剧分部做总结。

总结中，大家自然地联想起梅先生的出国访问。那时，梅先生完全是自筹资金克服了种种困难才得以出国。当时国剧的出国使西方世界第一次欣赏到东方艺术，引起了轰动，为我国京剧走出国门传播世界做出了巨大贡献。与之相比，也使我深深地感到新中国成立后党和政府对文艺工作的重视，我们艺人成为新中国的文艺工作者，受到国家和人民的重视，能肩负祖国的重要使命，能用我们的京剧艺术去感染爱和平的人民，团结爱好和平的人民，成为和平友谊的使者，为此深感无限荣光。

我静下心认真地总结这一切。

在印度访问演出时，印度的自然风光给我留下了深刻印象。比比皆是的印度式高楼大厦，随处可见非常漂亮的花园式豪华住宅，奇形怪状的建筑使我大开眼界。然而，每每也会看到偏僻角落里成片的十分破败不堪、又脏又乱的小屋，一群群衣不蔽体的穷人走很远的路去提水，他们就居住在连水都没有的地方。细了解才知，这就是工人及穷人居住的贫民窟。

这些景象使我震惊，不禁引起我这个出身贫寒之人的回想。过去的记忆一幕幕浮现在眼前……

家住只有几平方米靠杉篙支撑的东屋。下雨时，外面下大雨，屋内下小雨，屋外不下了，屋内还在下。母亲把所有的大盆小碗都拿出来接雨漏，为倒雨水彻夜难眠。

大年三十，逼债人到家催债，母亲为还不清债而痛哭不已。

长大了，能挣钱了，自己生活好过了。可是，难忘那乞丐、那流浪汉、那无数无家可归者挤在北平前门门洞内的凄惨景象。

难忘亲眼见在繁华的夜上海，普善庄用四块薄板钉成匣子在上海先施公司门洞收尸做善事时的惨状。

难忘梨园中一世英名、声震屋瓦的前辈名净金少山先生，晚年贫病交加，无人问津。亲眼所见他最后头枕青砖、身盖芦席而去，靠同行们捐资下葬的悲惨境遇……谁把艺人当人看呢？就算自己拼命学、拼命练，练出点儿本事，能挣钱养家了，日子宽裕了，混上了"袁老板"的称谓，就为收兵役税不合理，打了保甲长一个耳刮，蹲了监狱，足见地位是何等低下！

由此，想到自己解放以来发的诸多感慨，更难忘那令人感动的一幕……

那是演出《黑旋风李逵》后的一天，我和李少春随中国戏曲研究院的领导在怀仁堂紫光阁被周总理紧急召见。

大家到后，周扬部长和马连良先生已在等候。我们大多数人分别坐在屏风外的沙发上，有的站在门外廊子上。周总理正在屏风里，在接见外宾之前的空间，跟一位同志谈话。那位同志走后，周总理在里面高声问："周扬同志来了没有?"

周扬部长应声从廊子上走进屏风里面。

虽有屏风之隔,但里面周总理与周扬部长的谈话我们都听得很清楚。

"周扬同志,我让你将演员的薪金报上来,怎么还没报?"周总理说。

"正在研究,正在研究。"周扬部长说。

"还研究、研究,再等一个星期还说研究。不要老研究,一个星期内必须报上来。"

"好,好。一定,一定!"周扬部长连声答应。

周总理说着,走出屏风,跟我们一一握手,坐在沙发上。

周总理接着说:"为什么要给你们调整薪金,我理解你们的生活情况。当初国共合作时我在上海,曾经去过马思南路梅兰芳先生的家中。他演完戏回家来,噢,得摆几桌饭菜,招待为他做辅助工作的朋友、同事。他的生活不是一般的,所以成为梅兰芳。在生活上,我们要保证他,你们在座的都在内。你们不能和我们同论而比,毛主席挣六百元,我挣五百元。但我们什么都花不着,有车、有做饭的,出国我有衣服穿,用不着什么钱。你们不成,你们挣几百元和开支相比太悬殊。我们不仅在艺术上对你们有要求,生活上也要保障你们。"

总理这席话太出乎我的意料了。对目前的工资,我认为已经到顶了。前不久,院里已重新评定了演员级别,少春、盛兰、盛章和我定为一级,工资每月三百三十多元。云溪、近芳、和曾等定为二级,每月二百七十多元。这是到顶的工资了,余下的困难是有,只有想办法克服了,从未想到总理会如此了解和关怀演员,说出如此坦诚、推心置腹、理解人的话。

周总理说到这儿话锋一转:"梅先生、程先生可以例外。你们中国京剧院已经定了薪金,再调整工资太麻烦,涉及面太广。不要动工资,要加些工资,我给起个名,叫附加工资吧。马连良先生也在座,代表北京京剧团,他和你们在座的不能同论而比,他的艺龄比你们深。"

"马先生已经红了，我还听蹭戏呢！"我忍不住插话说。

"啊，就是嘛。所以他要例外，他的附加工资要高。你们要知道，中国戏曲研究院是国营，出国的任务都由你们来担任嘛。北京京剧团是公私合营的，所以国营的工资要低于公私合营的，这里面要有区别。回去后，大家民主商量。"

很快，北京京剧团马连良先生定为一千七百元，中国戏曲研究院李少春一千元，我和盛兰八百元。是呀！尽管与解放前相比，挣得没有增多，是减少了，但是够花了，是宽打宽算地够花了！为什么？我的负担也相对减轻了许多！最沉重的戏装费免掉了！排《黑旋风李逵》新做的绣蝴蝶的开销等都是院里支付，更甭说出国时的演出服装，出国时生活中的西装也都是公费或发服装费！自己的医药费用也免掉了！最重要的是生病了，不能登台演戏，治痔疮病休了半年多，工资一分不扣地照发，这是多么优厚的待遇呀！

而且大家无不深知，总理从政治到生活上对演员是无微不至的关怀，我们应当是满意知足了！还代表中国人民、代表中国艺术出国访问，走到哪国都是国家的首脑总统们接见、设宴……更是万千感慨，感慨万千！

朦胧中，我似乎开始萌发了演戏不光是为挣钱吃饭、过好生活，更重要的是发展我国的京剧事业，是我们应当担负起的责任，要以我们从事的京剧事业去为人民服务、为社会服务、为世界人民服务的想法。还有……还有……我还在慢慢想，好像没有完全想透彻、想明白！

昆明有大批京剧观众，他们听说中国文化代表团到来，强烈要求演出。京剧队的同志们决定除上演这些折子戏外，抓紧时间赶排了《借东风》和《牛皋招亲》，以答谢观众的厚爱。

更值得一提的是与关肃霜一见如故。

初次相识，还是在抗战胜利后，我到上海演出期间，当时关肃霜的名还是戴鹨鹨，在上海共舞台与师傅戴绮霞一起演出。她是文武昆乱不挡的新秀，是位杰出的京剧人才。一九五一年她参加了国营剧团以后改名为关肃霜。

关肃霜特意为我们代表团中的京剧队演了一场没有观众、只有我们几个人观看的《铁弓缘》（《大英杰烈》）。太好了，她嗓音宽亮味浓，身段俊美，善唱善舞善打，是花旦、花衫、青衣、小生、武生一肩担的多才多艺的稀有全才！"四人帮"倒台后，她成功地将京剧《铁弓缘》拍成了电影，大家有目共睹。

周恩来总理常在昆明驻足，看了关肃霜的戏也认为她是个奇才，据说，改名还是总理的建议。一九六二年参加世界青年联欢节演出《泗州城》，她所饰水母改穿大靠开打，"出手"惊人，博得世界一致好评，捧回金奖。当时苏联最高领导人送她"中华儿女"四个字的雅号。关肃霜为京剧界在国外演出得到了最高荣誉，为国争了光。

及至一九六四年现代戏会演，她以浓郁的少数民族特色的现代剧目《黛诺》一炮打响，创造性地将少数民族的音乐糅进京剧南梆子唱腔。"山风吹来一阵阵"迷倒了千千万万的内外行观众。在我家，福媛和女儿们全被她迷倒。当时家里有了一个大录音机，小蓉找到北京广播电台一同学，给她复制此剧唱段录音带。一时间，我的家里真是"山风吹来一阵阵"，不，是山风劲劲吹！只要有空，福媛准唱"我与高山千缕情"，还马上就成了女声大合唱！

"文化大革命"中，江青把关肃霜调到《红色娘子军》剧组，我很为她高兴，心想，这个吴青华如果让关肃霜演，可谓要"改地换天"啦！谁想，调而不用，肃霜整日愁眉不展。没多少日子，她要求回昆明。唉，肃霜回到昆明，又觉排《红色娘子军》是件大事，昆明和全国一样在乱中。烦恼中，给我写了一封信诉说。看过信，想自己，泥菩萨正过河，鸠山的修改还没通过。她这样的人才，这样闲置，真是满心滴泪，奈若何！幸而她赶上改革开放的好时代。一九八四年末，我去昆明拍电视剧《侠女除暴》，本想互相畅谈，不巧她带团外出巡演。后听她各地演出排戏，被累走了……伤心之余，何曾不认同她，一个演员把一生全部奉献在舞台上，才是正当归宿！

一九五五年三月，总结结束，回到北京。家中大开"柴门"，母亲、福媛、哥哥、大嫂、二姐热烈欢迎，但家中只有刚一岁的小女儿小玲，没有另外四个孩子围前追后的呼叫声、嬉笑声，还真觉得家中缺了一大角，有点儿冷清。

孩子们去哪儿啦，都让我给安排去住校的住校、住幼儿园的住幼儿园了。

自出国前的某天，母亲发现少一个暖壶未找见，就急匆匆带孩子们去大观楼看电影了。

我晚上回家临睡前，忽然想起下午都去看电影，就问福媛电影好不好。

"甭提了，到了大观楼电影院，门前冷冷清清，一张白纸写了几个大字：'临时停电，电影暂停放映。'都挺扫兴地打道回府了。娘没午睡，继续找暖壶，到底在南屋房门后找到，不出所料壶胆碎了。"

"肯定是哪个孩子干的。"

"娘怒不可遏，一定要教育孩子们做事坦诚，敢做敢当。娘把三个孩子聚在一起问，都说不知道、没看见。娘又分别让我单问和平，大嫂单问小妹，二姐问小蓉，而且要和颜悦色问，又用糖又用豆的。费半天劲，还是没问出来。娘又让再换换人问，让我问小蓉、二姐问和平、自己问小妹，结果白费。"

"这不把《二堂舍子》刘彦昌、王桂英分头审问沉香、秋儿是谁打死秦府官保的招数用上了吗？"

"有意思的在后面'打同堂'！娘命令下了，三个孩子趴在了沙发上，娘也把刀坯子举起来了。娘觉得孩子们大了，这种事要杜绝，不管哪成？可举起刀坯子来心又软了，半天没打下来。"

"家不是科班！真打得片片青紫，哪儿舍得呀?!"

"可不是，娘说：'他大妈，把掸子拿来，那比刀坯子打人还疼！看他们敢不说实话！'我就明白其中的苦心。我说：'孩子不挨打长不大！瑞麟、我大哥，不挨打也长不成才呀！'"

"打啦?"

"打了。三人都打了，先问一声：'是不是你干的?'不承认就打。"

"是谁?"

福媛摇摇头："回答的是从没有过的、激烈的哭喊声……为了弄清真相，娘咬咬牙又打了一轮，是更高的呼声和喊冤叫屈声，毫无结果。娘打不下去也审不下去了……本来娘的掸把子不过是高高举起、轻轻落下摆个阵势吓唬吓唬，没想到的是哭声又高又久。我和大嫂哄这个、劝那个，我想折腾一下午，该饿了，就拿了几块糖。我拍了拍小蓉后背，把糖从她的腮下塞到嘴里。哭声没停，倒没往外吐。和平、小妹有了糖，止住哭声。"

"合计打了半天，谁摔的暖壶还是谜。"

"谁摔暖壶成了谜。戏，又加演一出。"

"噢?"

"天擦黑了，我一下子想起该还小人书啦！就拉和平、小妹去东屋左翻右翻，找着四本。回到北屋，小蓉依旧呜呜哭。我说：'你最大，得听话，得给他们做榜样，奶奶打你们是怕你们撒谎。长大了，要敢做敢当。'"

"小蓉怎么说?"

"理直气壮。'我从来敢当！本来不是我，干嘛也要挨打?'哭得更凶。"

"又不是光打她，全打了。"我说。

"我说了，这也是在调查研究哇！"

"嗬，夜校书上的词用得还挺合适。"

"就是得多学习呀，劝孩子都有话说。是不是?"

"是、是。小人书止哭吧。"

"看怎么管用！一听缺书，马上不哭。'五本，我收齐啦！噢，有一本我要看，就放在沙发上。'小蓉站起来去沙发上找书。甭说沙发上没有，北屋翻个遍也没找着。大嫂叫吃饭。娘发话，找不着书甭吃饭，甭打算再租书！"

"你应该去吃饭。"

"饭吃到一半时，就听北屋传来三人又笑又叫的声音。三位胜利的'英雄'举着书冲进了饭厅。'走，都得还书去！敢做敢当！'三人冲出大门。"

"可该踏踏实实吃饭啦。"

"哪儿呀，饭还没热好，三人就全回来了，坐下要吃。我让洗手，他们一窝蜂地冲进北屋洗手，又一窝蜂地扑到饭桌狼吞虎咽地吃了几口。娘吃完饭去北屋漱口，吓了一大跳！北屋三个沙发东挪西歪，五个沙发厚坐垫横躺竖卧扔在地上、摞在沙发扶手上……娘大怒喊了一声：'摆好沙发再吃饭！'"

"好嘛，够热闹，又饶了一出'搜府'！"

听了福媛绘声绘色地一番讲述，我虽是笑了，躺在床上静下来却睡不着了。想到我这一向平静、温和的家庭，很少遇到这类事。这次母亲能被"逼上梁山"般的煞费苦心，先唱《二堂舍子》，又唱科班的《打同堂》，全攻略使尽，也没破此小小的碎壶胆案，更没能解决教育问题！而且，许多小事也连串地涌上心头：

这一度除了同马先生去东北，始终没演出。尤其养病后期，全家一同吃饭的机会多，我已发现孩子们挑食、剩饭的毛病，很看不惯！训斥他们"我小时候都吃什么呀？你们生在福中要知福"，让他们捡起桌上掉的饭粒，吃光剩饭。小蓉不爱吃胡萝卜，偏给她拨到碗里许多的胡萝卜；小弟不吃肥肉就让他喝白粥；和平太淘，在学校上学也不太平……虽说见着就制止，还给他们讲了自己小时候吃不上、喝不上的穷苦日子，养在蜜罐里的孩子们不过当当笑话听，根本不能理解。想来想去，我终于意识到孩子们大了，该操点儿心了，养不教父之过。可该怎么办呢？唉！也不是一天一时的事，只能暂时容"孤"思之！

由此，我悟出一个道理，孩子们的生活优越对他们的成长并不利，他们长大后很难像自己一样在社会上立足。如果当工人，每月几十元，就是做一般干部，也不会过百元，生活水准恐不会高过自己。到那时，他们难以适应环境，又不能依赖父母，可就要吃苦了。从此，让他们适应社会的想法便产生了。

恰好此时，和平在学校淘气被找了家长，盛怒之下，我抄起放在窗台上的竹刀坯子追打他，最后，大喝"站住！"和平真害怕了，才被提进后院锁上门，挨了一顿暴打。

不久，听说西四有个香山慈幼院小学招插班生。据说这个学校是民国初，熊希龄在北京设立慈幼局，香山静宜园建筑校舍成立了香山慈幼院。几十年间，香山慈幼院的校风始终很好，管理严格，为社会培养了许多有用的人才。此校到北平解放时改成中央领导居住，学校迁址西四西什库北大医院西南侧（现已改为高级法院）。迁址后，校名仍叫香山慈幼院，但已兼收自费生。孤儿在校的吃、穿、生活开销一切费用全由国家负责。自费生凭成绩考入，费用自理。和平去考，还真考上了，做二年级插班生入学。周末回家，说学校吃住都好，生活上还有生活老师照顾。小蓉一听，也愿去住校。不久，她四年级毕业报考该校高小，也考上了，于是他们姐弟先后入了香山慈幼院小学。我下了决心让几个孩子都住校。随之，福媛就在西四又为小妹、小弟找了整托的幼儿园。每周日下午，庆丰一人将四个孩子送走，到周六下午再一起接回。

"花钱受罪！"母亲大为反对。母亲担心孩子们吃不足、喝不上。我劝说："妈，您那么疼我，不还是送我去受苦啦？我若不去七年做科，能有今天吗？孩子们长大了决不能依赖爸爸。得适应社会，让他们过过集体生活，培养他们独立，自力更生！长大不受罪，这才是真疼他们！"

母亲是经过风雨、明白事理的人，也就既不太支持，也不再反对，但免不了还时常叨唠"花钱受罪"……

孩子们学习生活总算颇为安定，未见老师报"急"。周六回到家来狼吞虎咽地吃什么都香，再不挑肥拣瘦。学会自己梳头、穿衣、洗脸、洗脚，生活上能独立，省了福媛、大嫂好多心。

母亲也逐渐适应了家中清闲的状况。每天早上遛公园，定时午睡，抱抱哄哄一岁的小玲，再不用为孩子们操心上火。

所以出国前，我尽管知道出国后会困难重重，但对家中的安排是非常放心的。

半年的别离思念，还要等周六的下午才能见到孩子们，我有点儿沉不住气。和福媛商定去香山慈幼院和西四大酱房胡同全托幼儿园把四个孩子都看一遍。

上午，先到大酱房幼儿园。这个整托幼儿园，每周六午餐后回家，周日回园吃晚餐。这是一座二层院落的老式四合院，前院是活动室，后院是宿舍。宿舍内每人一张小床很整洁，后院全搭着遮阳篷。

小妹在大班，小弟在中班，分别在两个房间。我们到那里，老师只让我们从窗外看，孩子们正坐在桌前小椅上吃加餐，每人面前放着几块小饼干和一牙儿苹果。一会儿又学唱儿歌……姐弟俩都很适应、很安然。

下午到香山慈幼院。庆丰蹬着车，游哉悠哉地唱起："真宋江、假宋江，真假宋江难免李逵遭祸殃……"

"庆丰，怎么，你这男中音的歌唱家改唱戏啦!"

"守着三大爷，哪能不改行啊!"庆丰笑眯眯地回头望着我调侃地说。

"不错，有点儿味的!"

"嘿，得分跟谁学的不是!"庆丰已长成大小伙子的样了，发达的肌肉、红红的脸膛再加上一副笑模样，很可人疼。他对待家中老老小小都像对待自己的亲人一样，照顾得亲切、仔细，莫怪母亲常把他挂在嘴边上，夸个不停,着实令人喜欢。

香山慈幼院已经从西四搬到了甘家口,是国家拨款新盖的楼房校舍,宽阔的操场,正规、宽敞、漂亮。我们先到六年级教研室,受到老师的热情接待。老师说,小蓉的情况不错,学习中上,生活自理能力明显提高,已经批准加入少先队组织,四月份举行授红领巾仪式,还有她表演的节目呢!三年级的老师带着和平来了。冷眼一看,和平明显长高了,一点儿也不瘦!老师说和平非常聪明,学习有进步,就是上课爱看小人书,把这点改了,还会进步……我想,老师的话不排除鼓励的成分,但总没"边关告急",就是有进步,这么一想倒也有点儿欣慰之感。

小蓉下课回宿舍准备吃晚饭了,听到同学们告诉爸妈来了,她和几个同学一块跑下楼来和我们在操场上相遇。她高兴得不得了!把同学们一一介绍后,领我们去宿舍。

宿舍在二楼,宽宽的楼道。房内四张上下床,中间有书桌。被褥整齐,水泥地擦得光亮!

"被子是自己叠的?"

"当然啦!"

"地是自己擦?"

"还用说!我们是高年级学生啦,进校就学会了!您看,多干净!地,擦得多亮,我们擦完地舍不得穿鞋,把鞋放在门外,光脚丫进屋,老师不让……"

"成啊!我们女儿长本事不小哇!和平呢,也会吗?"

和平摇摇头说:"我只会叠被、扫地。"

"他们低年级,享福!打扫卫生有生活老师管。"

吃饭的铃声响了,我们赶快下楼,望着学生们一排排走进食堂。从玻璃窗往里张望,偌大的食堂容下全校学生用餐。值日生们依次去端回一盆饭、一盆菜到桌子上,再分饭、分菜、分汤……每人一碗糙米饭,一份炒胡萝卜丁、青萝卜丁加粉丝，一碗白菜汤。

安静的食堂里，先传出盆勺的碰撞声，随之是嘀里嘟噜吃饭的声音。看到他们坐在那吃得都很香，我和福媛满意地笑了。给孩子们的安排太对啦！

中国文化代表团回京后，向周总理进行了全面细致的汇报。

总理听到代表团在印、缅两国最后一场演出时，除演出了中国的歌舞和戏剧外，还演出了向印度、缅甸舞蹈家学习的歌曲和古典舞蹈节目，受到了印、缅人民热烈的欢迎，特别是得知在缅甸联邦政府举行的送别宴会上，缅甸总理夫人都妙意代表吴努总理赠送给中国文化代表团舞蹈队、乐队、歌唱队和京剧队银盾各一座；赠送给中国京剧名演员李少春、张美娟和唢呐演奏员任同祥金质奖章各一枚；宣传部部长吴顿温代表招待委员会向代表团赠送书籍、油画、雕刻和缅甸少数民族服装等礼物；同时，郑振铎团长把《荷花舞》的服装道具一套赠送给吴努总理，由都妙意代表接受；缅甸的舞蹈演员利用余下的点点时间，也向我们代表团学习了《荷花舞》和《采茶扑蝶舞》后，周总理十分高兴地立即安排代表团在国务院礼堂做汇报演出，演出深受赞许。

我回国后多日来脑海中仍是萦回着万千思绪，前思后想对比之下，我理解了没有共产党就没有社会主义新中国；没有共产党，我袁世海绝不可能作为中国文化代表团的成员出访各国，进行文化交流。终于，我想明白了，我要永远听党的话，一心一意跟党走，争取做一名共产党员，为繁荣社会主义文艺多做贡献，为祖国的京剧事业奋斗终生！我用了几个晚上，写了一份很短的并不详尽的第一封入党申请书，递交给中国京剧院党组织。

就此，我迈出了万里征途中的第一步！

五月三日，坐落在护国寺隶属于中国京剧院的人民剧场新建落成，举行了隆重的首演式。

中国京剧院院长梅兰芳先生领衔演出《穆柯寨·穆天王》，梅先生饰穆桂英，姜妙香先生饰杨宗保。前边还有张春华和徐玉川的《小放牛》，我和李和曾的《除三害》。

五月八日赴印、缅归国的中国文化代表团又在人民剧场连续演出《秋江》《除三害》《闹天宫》和众多的歌舞节目。

壹壹壹 迎贵客　友谊颂歌

中国文化代表团接到命令：全体人员集中待命，准备出访印度尼西亚。

我还接到了院领导的通知：印度文化代表团六月份来中国进行访问演出，在北京的行程中将安排来我家中做客参观。我很为此事高兴，全家人也都在兴奋之余献计献策：不求奢华，突出京剧民族特色的接待方案。

我认真地忙碌起来。先后买来了中式樟木两层立柜、中式樟木躺箱，最漂亮的是一对中式躺椅，躺上去真舒服，夏天还特凉快，后面会提到这对躺椅可是留影传世之品啦！

摆好后的客厅，尽管墙上挂了剧照，但怎么看也缺少气氛，艺术气氛！我终于淘到了两个内镶十二副京剧脸谱、外有玻璃罩的大摆件，分别斜摆在新躺箱左右两边上，中间放了个寿星老。再配上沙发两旁各放一棵种在绿木桶里一米多高的大叶橡皮树，有气魄！的确，这回客厅里可真够一卖了。

赴印度尼西亚的中国文化代表团于六月十二日动身已定。六日晚，中国、印度尼西尼友好协会举行茶会，九日晚印度尼西亚驻中国大使馆的临时代办举行为中国代表团的欢送宴会。

印度文化代表团六月十日到京，出行和接待的日期太近，我们深为无法看到他们的表演惋惜。

少春在《人民日报》上发表了访问印度的感想，我、盛章联名写了访印感想，表达为完成另一国家友好访问的任务只能短促一聚而遗憾的心情，发表在《人民日报》上。

曾在印度相会过的舞蹈家、音乐家、演奏家二十几位印度朋友来到我家。他们向母亲行尊贵的摸脚见面礼，礼貌地请母亲上坐。握起小蓉的手放在口边行亲切吻手礼，小蓉接受了"培训"，心里怕而不敢往后躲。他们又抱起小妹、小弟……

他们对北京古老的四合院尤其感兴趣，在我的陪同下参观了每间住房。他们夸奖房子说紧凑、实用、雅致，具有古典美，与京剧艺术有匹配之美。

在仔细观赏摆件中的脸谱时，听我讲解脸谱中的人物：项羽的脸谱称之为无双谱，看上去没一点儿笑容，揭示他的孤傲、不纳忠言；马谡脸谱中间一道红眉心，预示会被砍头……他们听得津津有味，还迫不及待地插话问是不是世海先生自己画的。

我一摊双手说："No！"

他们又奇怪不解地问："往自己脸上画，很难，你画得那么好，为什么不能往这小人头上画？"直问得我无法回答，只能挑眉、笑着一耸肩摇头，无声地回答了他们。

相聚时间短，自然格外珍惜，分别时在一个米色镶嵌细金花纹的大签名册上纷纷签名留念。

这友谊的象征、友谊的纪实，时时当作珍爱之物，与珍贵的相册摆放一起，自然也随着所有相册被销毁而永远消失在那个年代了。

壹壹贰 《独立歌》 印尼情深

中国文化代表团全体七十七人在文化部副部长郑振铎团长、作家周而复副团长的率领下集中在宾馆待命，直到六月二十四日动身先到达缅甸仰光。二十六日晚从仰光乘飞机到达印度尼西亚的雅加达。中国驻印度尼西亚大使黄镇和夫人也同机到达。

在机场，热烈

一九五五年六月二十六日，中国文化代表团访问印度尼西亚，右二为我

欢迎的高级官员、各界著名人士众多,留下印象最深的是侨胞们。他们争抢着背箱子、提大小行李,哪里顾及身穿高档面料的白西服是否会被搞脏。感人的是他们将演出前后的饭食一律全包。在这异国他乡,合口的饭食对我们有多重要!如同自家风味的丰富饭菜,远比"泪汪汪"之情更深!

七月一日晚,在雅加达国家官首次演出。演出在中国文化代表团高唱《中国和印度尼西亚友好歌》的欢快歌声中拉开序幕……

印度尼西亚观众在为中国京剧、舞蹈、音乐节目赞声飞扬的同时,极为中国艺术家所表达的印度尼西亚民族艺术特色的节目惊叹不已,被视为这是日益发展的印度尼西亚和中国友谊的一个证据。

演出结束,苏加诺总统和各位高层领导走上台和演员们握手,并和全体团员在台上拍照。

七月六日早晨,天气特别晴朗。中国文化代表团的全体团员到了风景秀丽的总统行署。

我们的汽车经过草坪,看到无数头顶高高茸角的梅花鹿在草坪上自在悠闲地踱着步。它们昂着头,向路边望着我们的车辆,步步向我们靠近,一点儿也没有畏惧,吃我们喂的食物。

草坪不远处,那幢高大、雪白的建筑是苏加诺总统的行署,一面黄旗在微风中飘扬。

苏加诺总统穿着军服含笑站在大厅门口,同我们所有团员一一握手,并把茂物州长、市长和军政领导人员介绍给我们。苏加诺总统对我们说:"印度尼西亚人民对中国是很友好的,不但雅加达是这样,茂物是这样,全印度尼西亚各个地方人民都是这样友好的。很多城市和乡村的人们都写信给我,要求我想办法让中国文化代表团去访问、去演出,印度尼西亚各地人民都欢迎你们去。你们高超的艺术使你们在国家官第一次演出后,就已经轰动了整个印度尼西亚。你们所获得的巨大光荣和成就,使我自己都愿意变成你们团员中的一分子。"

的确，印度尼西亚人民对中国人民是很友好的。苏加诺总统在总统行署接见和招待中国文化代表团的全体人员，在印度尼西亚的历史上是第一次！

在雅加达独立广场的公开演出，更轰动了整个雅加达，观众纷至沓来。来晚的人有骑在脚踏车上、站在汽车顶上甚至爬到树上看。人们笑说，独立广场的大树上这一晚都结满累累的"人"果！还有许多人租了板凳，一条可以站四个人的板凳的租金从二十盾逐渐涨到一百盾的高价。有一家六个人只租到一条板凳，一人看一会儿，另外一个人上去互相轮换。不到下午六点，整个广场就站满了五六万人。

面对演出环境的改变，在这样广阔的露天大舞台上演出，如何才能保证效果？京剧队员们动脑筋研究，必须加强大阵容、大场面、大气势的武戏节目，觉得节目中尚缺扎靠的大型武剧。我和少春不谋而合地想到了曾观摩沈阳京剧院徐菊华等人，虚构隋末孟海公率起义军追击雁荡山守将贺天龙，攻入雁翎关歼灭残敌情节而成功创排的武戏《雁荡山》。此时，正遇少春嗓子哑，盛章腰病，《三岔口》由谷春章替盛章，茹元俊替少春，《闹天宫》也由谷春章饰演。于是少春饰全剧无唱念的孟海公，我饰贺天龙。经过大家群策群力精心设计，很快排出充分发挥长靠、短打武生传统技艺特点的大戏，展现两军对垒时，刀、枪、藤牌、徒手格斗的激烈厮杀和翻转腾越的跟头功夫。上演后，场面热烈好看，效果极好。及至在新加拉惹的广场演出以后，一位近七十高龄的老先生兴奋地在我们的住处摇来摆去，模仿《雁荡山》翻城的动作，他认为只有中国文化代表团的演出，不论叫他看多少遍，也不会感到疲倦。最后，他展开两臂，两手靠紧，形成一个圆圈，说明亚洲人民应该团结起来，为和平和建设各自的国家而努力。

在棉兰广场公开演出也和在雅加达独立广场演出一样的盛况。演出时，站在最后面的观众看不到舞台就巧妙利用镜子的反射来看，还有更多观众聪明地选择了从广场四周的高大建筑物的窗户中观看节目。

我们离开雅加达访问文化艺术中心古城日惹，汽车驶进日惹特区边界三公里的地方已是七月十日晚上九点半，在火把的照耀下，在嘹亮的印度尼西亚《独立歌》的激昂歌声中，我们穿过拥挤的欢迎行列来到广场。看不见尽头的数千群众高举点燃的火把欢迎我们，远远望去，一片火海把七月赤道线的夜空照得雪亮。

我们随着欢迎群众一起放声高唱印度尼西亚《独立歌》。虽然我们京剧演员不会外语，也不太会学那曲调，但争取独立、热爱和平的心是相通的，都不顾是味不是味地放开喉咙，兴奋地、纵声地高声歌唱。

当我们离开日惹的时候，印度尼西亚的朋友们把我们送到百公里以外的地方，一直看着我们的背影消失在翡翠一般的林荫道中还不肯离去……

总之，中国文化代表团所到之处，沿途都会有数不清的欢迎群众，向我们亲切招手，热情地欢呼。即使在偏僻乡村，或者是汽车经过一个小镇，即便是六七岁的小孩子，看见汽车前面用印度尼西亚文写的"中华人民共和国文化代表团"的字样，也举起小手欢呼："HidupR·R·T！"（印度尼西亚文，意思是中华人民共和国万岁）

在日惹广场演出前，我们内部秘密传达"可能外边有部分人搞骚动"的通知，虽在出国前做好了充分的思想准备，提高警惕，内紧外松，表面一切如常，但大家的心还是一下子紧缩起来。结果在这样热情浓郁的气氛中，那一小撮哪还敢轻举妄动！演出顺利进行直至胜利结束。

访问期间，我们观赏了印度尼西亚的音乐、歌唱、舞蹈的多种艺术，尤其有幸去了盛名"诗之岛"的峇厘（今巴厘）。吸引我们的不仅仅是高壮婆娑的椰树、碧海金沙片片白盐（盐场）的奇特美景，更有神韵如诗如画配有其声妙不可言的"嘎木兰"（乐队）伴奏的峇厘舞蹈，独特少见！在"嘎木兰"伴奏中，着紧身艳丽服饰的舞者，表演得都像一幅幅美妙的图画，似在高山，似在幽谷，使人如醉如痴。

中国文化代表团在三宝垄曾经到三宝洞天——十五世纪初郑和到南洋登岸的地方去参观。见证了两国早在一千多年以前，就已经建立了经济和文化方面的友好联系。

八月十一日晚，我们在雅加达举行了在印度尼西亚的最后一次演出。一个半月以来，代表团访问了印度尼西亚的爪哇、苏门答腊和峇厘三个主要岛屿，并且先后在雅加达、日惹、泗水、峇塘、里陵、棉兰和武吉丁宜等七个城市举行了十八场演出，观众在三十五万人以上。正像苏加诺总统指出的，我们的演出震动了整个印度尼西亚，全印度尼西亚人民都愿意同中国友好。

各地报纸均发表评论，对于中国的京剧和京剧演员的精湛演技引起巨大兴趣，赞佩京剧能够把意图中的动作提升到精练的程度，用最少但是最精确、最明显的动作，来表现尽量多的内容，甚至把戏剧舞蹈和杂技错综交织在一起了。还有的报纸评论说，在艺术方面，中国正在积极推陈出新，在中华人民共和国政府的培养和艺术组织的帮助下，它得到了比以往更加光辉的发展，真使我感到欣慰、骄傲！

我们的艺术访问演出，没谈一点儿政治，却团结了众多爱好和平的人们。

十月五日至十六日，中国京剧院、上海京剧院赴印度尼西亚、波兰演出归国演员，为庆祝国庆节在长安大戏院演出京剧节目《嘉兴府》、《黑旋风李逵》、《锁五龙》、《盗草》（张美娟主演）、《打渔杀家》（李和曾、叶盛章、我、李玉茹、骆洪年等人主演）、《除三害》、《拾玉镯》、《挑滑车》、《葛麻》、《小放牛》、《将相和》、《泗州城》等剧目。

十月十六日开始至十月二十八日中国赴印度、缅甸、印度尼西亚文化代表团在人民剧场演出音乐、舞蹈、京剧节目，同样深受广大观众的热烈欢迎，尤其受欢迎的是我们的舞蹈家学来的具有东方风味的异国特色的民族音乐和舞蹈，这也奠定了成立东方歌舞团的基础。

期间，十月二十日东德总理格罗提渥访问我国，安排以歌舞、京剧《除三害》招待。谢幕留影时，我本站在旁边，周总理将我推到中间，说："你

周恩来观看《除三害》后,与演职人员合影留念,中为我

是主演嘛!"于是周总理和格罗提渥反而站在了旁边。周总理对我们的关怀和爱护,留在相片上成了永久的纪念。我将照片放大到一尺多,挂在房中。"文化大革命"时,虽然这张照片上有周总理,但我们演员穿的是传统戏装,是封、资、修之"四旧",要彻底消灭。福媛深知这张照片的珍贵价值,冒着极大风险将此照片对折藏在褥子底下才得幸存。

演出中,我发现北京街头出现了出租车。在前门、西单、西四一带设了出租汽车站,车头旁有块牌子写着"地方国营出租",价钱分段计算,每段二角五分钱。四段起价,每段合零点九公里。最多乘四人。首都汽车公司在未正式开业前就安排对我们京剧演员们优先照顾,以保证演出用车。出租车一问世,立即受到演员们的欢迎。它冬暖夏凉,冬季演出归来,满身大汗,坐在温暖如春的汽车里舒服多了,和坐在三轮车上再盖毛毯是两种完全不同的感觉。五六十年代不塞车,汽车行驶更快捷、省时。从我居住的宣外西草厂到长安、大众、中和等戏院、剧场都不到一元钱，按当时的工资状况可以承受，更可心的是随叫随到，太方便了。

不光出租车有了，街上的大公共汽车线路越来越多，四通八达，每辆车的间隔时间越来越短，乘坐越来越方便。三轮车与之相比，显然落后了。

这些促使庆丰下决心离开我家，这也是我最不情愿的。有了出租车仅是原因之一，更重要的是北京工业发展迅速，广招工人，年轻的庆丰愿意卖车进工厂当工人却又不舍得走，处于两难。当庆丰感到我坐出租车更舒适时，他才决定走！可是，今天他要拉着母亲和孩子们去观音寺的润身女浴池洗澡，明天要拉着福媛去王府井四联理发店再洗一次头，半个月又过去了……

家里人更舍不得这个一起朝夕相处了三年多的勤快小伙子走，他二十多啦，这几年他也攒了点儿钱，该有个家啦！母亲千叮咛、万嘱咐，一定要让他找个会过日子的、心地善良的……告别的话说不完，告别的事儿做不完……庆丰终是去当工人了。

他曾几次利用休息日，回来看我们。然而"文化大革命"后，就彼此音信全无了。

二〇〇〇年时，我再谈到此事，又勾起了对他的思念："时过半个世纪啦，算来庆丰这个小伙子应该是年近七十了，不知他是否还健在？按他的身体状况和开朗的性格，我想他一定会是健康的老人，一定是儿孙绕膝，过着幸福晚年的老庆丰了。"

除了想念他，我还得感谢他，不会忘记他曾经给过我三年多的方便和给家里带来的欢乐，更祝福他健康长寿！

从印、缅归来时，原隶属文化部戏曲改进局的京剧研究院、中国戏曲研究院所属京剧实验工作团第一、二、三团已于一九五三年合并为中国京剧团。一九五五年一月十日合并成中国京剧院，梅兰芳先生为首任院长，马少波任副院长兼党委书记，阿甲任总导演。少春、我、盛章、和曾、黄玉华等人员未变，仍为第一团。

出国前，我阅读成语故事时，曾从班门弄斧的典故中，看到一段战国公输班与墨翟的故事。公输班——民间奉为师祖的鲁班爷是战国时期木行中杰出的良工巧匠，墨翟——创立墨家学说者。他们为了实现兼爱、非攻的理想，一起在楚国宫廷中以"带"为城池，以"楔"（拴牲口的小木桩）为攻具，决赛攻守之术，从而制止了一场非正义的战争。

鲁班是木工，具有工人的粗犷、勇敢性格，又非常智慧，好学、创新精神突出，正是架子花脸擅长表演的特色人物。再由李和曾扮演墨翟，会是一出好戏。又听说前一段一直患病的编剧老搭档翁偶虹病愈上班，马上前去看望。我把这个题材向他推荐，翁先生满口应承。他将剧本初稿写好，定名为《班门斧》。

我看后觉得基础不错，需再进一步修改完善。时值中秋之季，月圆蟹肥，我请周而复到家中吃螃蟹，特将剧本念给他听，请他帮助提些修改意见。

利用这个间隙，我与和曾酝酿着改编当年高庆奎先生与郝寿臣先生的名剧《赠绨袍》。该剧是写战国时，魏国范雎随须贾使齐，范雎受到齐相礼遇重用，须贾嫉妒，即向魏相进谗言："借出使齐国修聘，背魏通齐泄露国情。"致使范雎遭魏相派遣的手下殴打，命在旦夕时被抛异荒郊野外。范苏醒后，幸由秦王派王稽接至秦国改名张禄，封为秦相。须贾负命使秦拜贺新相求好友帮，屡送厚礼月余而未得面见，焦急不堪。适逢大雪，范雎假扮穷人模样前去须贾住地，须贾先惊疑是范雎鬼魂索命，后怜念异乡遇贫寒加之是故友，赠绨袍为他遮体挡寒。范雎以国事为重，兼念绨袍之赠，罚须贾跪门吃草后放生还。

此剧还未排出我就又急急随中国艺术团赴澳门演出。团长欧阳山，我仍任京剧队队长。演出剧目也仍是和李和曾的《除三害》《将相和》等。

这次演出时间较短，但也十分受欢迎。印象最深的是，在澳门演出时的住地对面是国民党的一个什么社，艺术团不许演员外出行动，很紧张，怕他们搞暗杀活动。当然我们是平安而去，安全凯旋。

回来后，立即推出《赠绨袍》，该剧首演于一九五六年一月二十一日。

《班门斧》翁先生二次修改后，我请示少波同志，他也同意排，交由导演做案头工作。但是，又遇人事变动，李和曾调到第二团，此戏终是未排成。

与此同时，《闹天宫》出国演出深受好评，内含寓意又十分有代表性。周总理在紫光阁召见，指示要将此剧改成《大闹天宫》，翁偶虹、少春在少波同志率领下全心投入，为其增加《凌霄殿下诏》《花果山请猴》《封弼马温》《闹御马圈》《初败天兵》《二次请猴》的几场戏，使该剧更加首尾清晰，故事丰满完整。

转瞬，一九五六年春节已过，我和福媛屈指一算，竟然结婚十周年啦，再看以前哭闹不睡福媛抱着地下走遛的小蓉都上初中二年级了，福媛拿着她的数学作业给我看，如同看天书一般。多漫长？却又犹如弹指间。几番感叹后，觉得应该纪念！我们一同照了相。给十二岁的小蓉买回一支钢笔、一个笔记本和一枚天安门的徽章作为她的成长纪念。小蓉非常高兴地接受了珍而不贵的礼物，却未理解这其中的深层含义。真正懂得时，她已经十八岁啦！福媛才正式讲明不是小蓉的生母……

壹壹叁 梅兰芳 再醉东瀛

五一节前后,应日本朝日新闻社邀请国家派遣民间形式的京剧团访日。团长梅兰芳,第一副团长兼总导演欧阳予倩,副团长兼秘书长马少波,副秘书长欧阳山尊,团员姜妙香、李少春、我、李和曾、江新蓉、梅葆玖、梅葆月等,还有中央新闻纪录电影制片厂随团拍摄纪录片的两位摄影师王德成、张永生,共八十六人。将上演《霸王别姬》《醉酒》《游园惊梦》《奇双会》和《断桥》等各具特色的共二十七个剧目。我给梅先生配演项羽外,尚有《将相和》《黑旋风李逵》《除三害》等戏。

五月二十日,以梅兰芳为首的中国访日京剧代表团从北京出发,经过香港待命,二十六日我们到达东京羽田机场。

团员们刚下飞机就听说,东京已出现了一股欢迎中国京剧团的热潮。歌舞伎座每场座位二千五百个,演出七场的全部戏票早在十几天前就一抢而空了!

晚上九点,大家兴奋地住进帝国饭店。检查前厅成堆的花篮时,突然发现其中一个花篮藏有定时炸弹,爆炸时间就定在九点三十分,亏得爱国侨胞挺身而出,立即帮助拆除,我们幸免于难。

出国任务的艰巨性、危险性在于我们都是公开身份,在明处,就是在香港、澳门待出发,我们也时常会在旅馆房间里,接到从门缝里递进来的字条,都是劝说到自由世界,将得到多少钱,何时、何地谁来接应。我第一次看到这种信时,心还有点儿跳得快,后来司空见惯了,不太细看就上交组织。后来,大家又收到几十份策反梅兰芳的假《人民日报》。梅先生在中外记者会上义正词严申明立场,揭露驳斥这一伙人的阴谋说:"世界上只有一个中国,就是中华人民共和国。我梅兰芳是新中国的艺术家,此次访日演出,是为了增进中日人民友好和文化交流,只谈艺术,不谈政治,任何政治阴谋,是绝不可能得逞的!"

团长们共同内定几位体魄强健的男演员内紧外松地轮班保护梅葆玖,做到万无一失。

五月三十日晚,中国访日京剧代表团在东京第一流的歌舞伎座剧院举行了开幕演出。梅兰芳先生演出《贵妃醉酒》,前边还有《拾玉镯》《将相和》《三岔口》。每张票价为一千八百日元,转让票高达一万日元一张。

这晚开场前两小时,就有好几百人在戏院门口排着长队等候开门进场,原来满座外,还有一千多人买了站票看戏。莫怪!更有着千千万万的观众挤在设有电视机的茶馆和饭店争看转播京剧演出实况,不亚于万人空巷的局面,真使我们十分振奋!

当我们来到歌舞伎座后台,大家弯腰去解鞋带,准备按照日本习俗把鞋脱下来放在后台门口时,服务生拦着对翻译讲日语。翻译说:"尊重中国的习俗,已经在榻榻米上面绷了一层薄地毯,任大家穿鞋踩踏。"大家心里觉得,我们是独立、自主的新中国的公民了,再也不是亡国奴了!日本人民对我们是友好的!

我们走进化妆室又大吃一惊!化妆室里的化妆桌椅一水儿崭新!翻译介

绍是专为代表团新置办的。座长市川猿之助的一个大镜台也摆到了梅先生的化妆室里特供专用。真是呀，日本人民照顾得我们太周到了！莫怪周总理总说，区别对待日本人民与日本帝国主义、军国主义——他们，才是中国的敌人！

演出前的开幕式上，朝日新闻社的代表白石岩致了辞。

欧阳予倩同志代表京剧代表团向主人热情的接待表示衷心感谢，转达了中国人民的热情问候和最好的愿望。

《拾玉镯》《将相和》《三岔口》演出结束后都多次谢幕。演《贵妃醉酒》时，梅兰芳先生上场，观众盛赞整个舞台都弥漫着高雅庄严的气氛。优美的舞蹈、悦耳的演唱、细腻的表演艺术与三十年前完全一样！每一秒都吸引着全体观众的注意。

这时，三层楼上突然有人怪叫了一声，接着向舞台上扔下来许多传单，纷纷扬扬地落在观众的身上……

后台的演职员们见状急坏了，我已卸完装站在幕边看戏，脑子里急转，该怎么办？对这类事件虽有预料，但仍有意外之感。这么明目张胆破坏演出，居然是真的！

梅先生不愧为久经风雨的大师，具有六十多年的舞台经验，又经历过长时期旧社会的磨炼，什么没听说过、什么没见到过，应付这一碟出格的小菜岂在话下？！

梅先生毫不介意，从从容容往下照演不误！由于梅兰芳临危不惧，若无其事地演唱，观众们只是短暂的小骚动，很快就被精彩的表演吸引，静下来聚精会神地看戏。高！太高明啦！我、后台的全体人员无不松了一口气，无不佩服梅先生的沉着应对，以不屑一顾的淡定来化解突变的功力！

事后，一位同志将捡到的传单拿给梅先生看，见上面的第一句话就是："抗日的梅兰芳先生为何来到日本？"他立即付之一笑，没再往下看，就把它揉成团扔了。

演出结束后，整个歌舞伎座，这个四层大楼里，坐的、站的三四千名观众报以热烈的、长时间的掌声，许多人抢着上台去给梅兰芳献花。

戏剧评论家们一致称赞这次演出是"卓越绝顶"。有些过去在中国看过京剧的观众评论说，过去只是主角演得好，这一次完全不同，主角、配角演得都好。在舞台装饰、表演技艺等各方面都有了很大的改良和进步。现在的演出比以前所看到的，面目焕然一新！

观众特别对李少春和谷春章演出的《三岔口》在亮灯下的摸黑打斗的艺术表演高度赞赏，他们认为《三岔口》的演出与日本的歌舞伎很相似，并且还有日本歌舞伎中没有的现代化的新鲜感觉。日本歌舞剧团学习了京剧《三岔口》。

那时，在代表团内部流传着一个真实的笑话：日本国会正在争论不休地互相"开打"，不少议员忙中偷闲跑来观赏京剧。有位重要领导看《三岔口》正入迷，国会来电话催他赶快回去。站起来要走，可《三岔口》摸黑开打正起劲，他又坐下来看。电话几催，他几站几坐，坚持看完了《三岔口》才走。他感叹地说："我该去唱《三岔口》了！"足见《三岔口》的艺术魅力！东洋音乐学会会长田边尚雄说："《将相和》是一出结构紧凑的戏剧。一个原来是夸张和假设的舞台，转眼间使人感到进入了一个真实的世界。这种表演，只有优秀演员才能做到。"还称赞我的表演技术，他说，袁世海作为一个净角，已经达到极高的境界。

日本戏剧界、文化界对中国京剧代表团的演出给予了很高的评价。已经把五月三十一日和六月一日定为观剧日，准备集体欣赏中国京剧代表团的演出。

六月三日，当代表团在东京的演出告一段落后，应市川猿之助先生的邀请，代表团全体成员到他家里赴晚宴。

五点钟左右，密雨阵阵。市川猿之助夫妇以及家人、亲友们都打着雨伞到门口将以梅兰芳为首的一行人接进家中。

这座建筑位于风景优美的半山腰，是纯粹的日式住宅，庭园里树上挂着彩色带子，我们只以为是装饰。市川猿之助先生指着说："树上挂着的彩带，名叫七夕带，在松枝和竹子上挂了它，象征着牛郎织女一年一度的会面，祷告祈福，可以实现每个人的愿望。"

天黑了，雨停了。室内淡雅的纱灯映照着。

主人们穿着华贵鲜艳的和服，亲热地把我们让到每一个席位上，宾主交叉着围坐在矮腿圆桌边的大红地毯上小酌。丰盛的鱼翅、鲍鱼、烤鸭一样样地端了上来，市川猿之助夫妇、其弟、儿女、孙子都一对对地向我们殷勤劝酒、献茶。此时，三弦的叮咚声传来，是鹤贺治鹤大夫唱着日本民歌《新内流》。

饭后，我们被邀请到一间专门为排戏而设的房间内，市川猿之助先生首先表演了日本古典舞《浦岛》，使人一下子就联想到了日本古代人民的水上生涯，与我国赣剧老艺人表演的弋阳腔《江边会友》有异曲同工之妙。接着，市川猿之助先生的儿子市川段四郎和他的孙子市川团子合演了《擒弁庆》。这是《劝进帐》的前一折，表现的内容是义经收弁庆的故事，舞台上全是武打场面，有点类似京剧中《镇潭州》中岳飞收杨再兴的味道。

我们回到吃饭的地方——亭榭式的客厅里喝茶、闲谈。忽然，从花间飞出了许多流萤。浪漫得出奇，令我们震撼！市川猿之助夫人介绍说："这些流萤不是自己飞来的，是我们特意去长野县收集来做不夜的银花，点缀我们这个嘉会的。"主人的用心何其细致、何其诚意呵！

临别之时，客厅的长桌上，整整齐齐地摆着八十六件和服睡衣，纸包上写着每个客人的名字，是准备送给我们的礼物。市川猿之助夫人还亲手给女宾们穿上睡衣，教她们穿着的方法。

中国京剧代表团又先后在福冈、神户、京都、名古屋、大阪等地演出三十二场，观众达七万多人次，在日本各地通过电视观赏京剧演出的约有一千万人次。在各地的每场演出，无不受到日本各界人士的欢迎，无不是站票也难寻。代表团成员们走到哪里，都被热情的日本观众和华侨们围着签名留念。日本人民高喊着"日中友好万岁！"高唱着饱含深情厚谊《东京—北京》的歌曲。

　　这期间令我记忆尤深的是：前往福冈经过广岛车站的时候，发现众多原子弹的受害者冒雨前来，在站台上手捧鲜花欢迎中国京剧代表团。受害者对梅先生说："您看见我们的伤痛，五官挪位，难受！但我们还能出来见人，有些缺腿、断臂、双目失明的只能躺在床上，更惨了！"大家看着他们满身的伤疤，不知该说什么话来安慰他们。梅先生、欧阳予倩等商定等到演出结束之后，要在东京义演两场，将募得之款全部捐赠给原子弹受害者及战争中的孤儿。这倡议代表了大家的心声！

　　最令我感叹不已的是：应邀到早稻田大学的演剧博物馆参观，我看到几百位同学推来名演员中村歌右卫门坐过的手推车，请曾在这里读过书的患有关节痛风的老校友欧阳予倩乘坐，回到母校去做有关中国京剧的讲演。

　　在一间陈列着中村歌右卫门、尾上梅幸等许多日本名演员照片的展室内，梅先生流连忘返，默默地注视着一张张熟悉的面孔久久不肯离去。他们都是梅先生早年两度访日，或曾同台，或在艺术上曾给予过无私帮助的老友。梅先生对老友表示深深的哀悼。

　　走到另一间展室里，梅先生看到了自己前两次到日本演出的资料，还有一部分自己的行头，事隔多年行头已陈旧。梅先生又挑了绣工细致的戏衣、脸谱等，再次赠给演剧博物馆，作为这次中国京剧代表团访问日本的纪念。

　　看着前辈的故事，本已足够我学习感叹了，忽然在一个展室的角落里，一眼就看见一张扎靠勾脸的张飞！这是我十三岁时的剧照，我认得！但这张剧照只注着"中国京剧的花脸"，没有其他说明。我看着照片，真是有千言万语，无数回忆涌上心头！馆长河竹博士知道我没有这张照片时，就复制了一张送给我。

　　我们到俳优座观摩了话剧。亲睹一位曾在中国工作过多年的舞美工作者，他同三位美术家搞一个美术工房，画广告、填报纸空白、布置会场，还必须自己上街去兜揽生意，每天工作十几个小时，却一个月吃不上一顿肉，必须将母亲、妻子、五个月大的孩子安置在乡下，以节省开支。他每天拖着疲惫的身子，夜里下班坐上一个半小时的电车赶回乡下。

我们观摩了日本歌舞伎。歌舞伎和京剧一样流派纷呈，各有特色。他们一个普通演员一个月演二十五天戏，常是日夜两场，每场长达四个小时。在大阪，像市川猿之助、河原崎长十郎和中村歌右卫门等著名演员，都要在两个戏中扮两个角色演出四个小时，他们每天十时就要去剧场，夜里十二时才能回家。他们为取消两部制，奋斗了很久尚未成功。

这和解放前的我们没什么两样！主演为叫座，戏、唱双出是司空见惯的事！我们配角也得多处去赶包呢！唱就有钱，累也得赶，要不怎么会说为了养家糊口疲于奔命。而今的演员有多幸福，安排演出就演，没演出照拿工薪。休病假、请事假、生儿育女，工资照发，这是多么优越的待遇！

中国京剧代表团凯旋归国。归期和路线几经更改，与敌人又演了一场智斗。

最后我们全团乘去九龙的班机。验看护照时，排在前面的人出示的护照是"中华民国驻日大使馆"的，那么他应乘去台北的班机，为什么跟我们去九龙呢？上机后从安全考虑，就派了吴鸣申、李维刊两个大武生把他机敏地夹在当中。

班机经过台北，按常例低飞，以乘观城市风光。我们望着地面城市街景时，心情异常紧张，但是全团自上而下所有人员都做好了万一被劫机就"留取丹心照汗青"的准备！

平安到达九龙机场之后，奇怪，这里竟有许多英国警察在机场守候。马少波和孙平化审问了那个可疑之人，他交代了"因为上面弄不清你们去香港还是去九龙，两个班次都派了人，是为了经过台北放信号的"。可惜他早由二位大武生严严实实地看紧没能得逞。我们又躲过一劫！在二百多名英国警察的警车护送下到达了深圳。

七月十八日中国京剧代表团回到广州，七月二十七日回到北京。

回到北京后才知道，原来几易归国路线是周总理的安排，他七月十五日彻夜未眠，召见英国大使馆代办，委托他们在九龙接应护送。大家这才明白，那两百多名警察竟然是周总理刻意安排的，都异常感动。

总理听了汇报很高兴，他说："八十六位安全回国，就是胜利！此次访日演出，取得了巨大成功，艺术打开了日本人民的心扉，搭起了中日人民友好的新桥梁！"

直到此时我才完全彻底地理解临行日本时，周总理多次嘱咐的真正含义，尤其"八十六位安全回国，就是胜利"的真正含义！在严峻的国际形势下文化交流的战略性，为达这一目标，周总理绞尽了脑汁。周总理曾说，从此领先开始的会是中国京剧与日本歌舞伎的艺术交流。这个预言太正确了！中国京剧代表团与日本艺术界增强了了解，增进了友谊，互相交流艺术已成为顺理成章的事。

我们回国后的一次汇报联欢会上，茹木春同志惟妙惟肖地表演了中国京剧代表团向日本歌舞伎学习的日本民族歌舞，博得全场热烈掌声！这仅仅是开始。

一九五八年，日本松山芭蕾舞团来中国访问演出《白毛女》。

一九六〇年，日本前进座剧团一行六十八人，由团长河原崎长十郎，副团长中村完右卫门、宫川雅青率领，乘火车到达北京。他们是应中国人民对外文化协会邀请来中国访问演出的。他们受到了中国亚非团结委员会的热情欢迎。

客人们在北京车站手捧首都演员们向客人们赠送的鲜花，与欧阳予倩、吕骥、马少波、吴寻、欧阳山尊、李少春和我等老朋友们见面。那亲切之感，无法用语言形容。

河原崎长十郎团长代表前进座在车站讲话，特别表述了向共产党和毛主席领导下取得伟大成就的中国人民表示敬意。希望通过这一文化交流，成为两国友好与恢复邦交的桥梁。

日本前进座剧团演出了《劝进帐》《俊宽》《鸣神》《佐仓宗五郎》等四个优秀剧目。

一九六一年十月间，日本前进座又派遣了以剧作家平田兼三为首的代表团来到北京。为专门研究《水浒传》的资料，准备根据中国古典文学名著《水浒传》中林冲被逼上梁山的故事，通过歌舞伎形式介绍给日本人民，改编成歌舞伎《水浒传》。

我们配合演出《野猪林》，请老朋友观摩，互相格外热情亲切地进行艺术交流，很快就协助他们完成了剧本、表演和舞台美术的研究工作。日本戏剧界朋友认真、虚心的精神给我们留下了深刻的印象。

中国戏剧家协会代表中国戏剧界，把这个戏所需用的全套服装、道具、舞台美术设计资料，赠送给日本前进座，供他们演出时参考使用。

日本朋友们于当年十二月一日起，即在日本东京新桥演舞场作为纪念前进座剧团创立三十周年特别公演。河原崎长十郎扮演林冲，中村完右卫门扮演鲁智深。他们将这个剧在日本戏剧艺术传统形式的基础上，创造性地采用了中国京剧的表现手法，并大量吸收了中国京剧《野猪林》中的艺术手法。《水浒传》为期十八天的演出获得了很大成功，博得了日本观众的热烈称赞。

日本国际贸易促进会等十个日中关系团体在前进座的合作下，特地把十二月十日的晚场演出定为日中亲善晚会，来推进日中人民友好，标志着两国人民和戏剧工作者的密切合作和深厚友谊进一步发展。

最为可贵的是二十世纪九十年代末，曾向中国京剧代表团学习《三岔口》，在剧中扮演武生任堂惠的藤波隆之先生仍到中国来与八十多岁的我相会，深厚的友谊令人不胜感慨。藤波隆之先生听说我在续写传记，而以前的资料、照片已被毁尽，回国后又寄来许多当年中国京剧代表团在日本访问的资料：有当年送给日本友人藤波隆之先生的，日本天皇在看过《霸王别姬》演出后，到舞台上与众位中国演员握手的照片，上面有梅兰芳、我、马少波、苏琦，我们每人在自己的影像上的亲笔签名。还有一九五八年日本前进座到中国演出时藤波隆之与我的合影。

我家里有一个习惯,每逢我外出归来前都要将家中的卫生较彻底地清扫一遍,即使当年我在科班放年假回家时,这个贫穷而整洁的家也会提前再精心整理一遍。这次也不例外,虽然我离家只一月有余。

母亲环视家中窗明几净很满意,只是发现快到雨季了,孩子们的床太靠墙,返潮时会潮,该往外拉一拉。再一看,每个人手中都忙着事,只有小毛子在看书,小蓉在写作业。心想,就他俩吧,床虽是带四根高柱的老式床,但并不重,自己指挥着让他俩干。

"哎哟!哥……"小蓉一声大喊,就坐在离床一米远的地上……

母亲、小毛子都愣住了!

小蓉坐在地上放声大哭:"干嘛使那么大劲!麻死我了!"

麻?母亲想到电!她一抬头立即发现墙灯被床栏杆撞歪,电线外露。小蓉被电着啦!母亲吓得立时大叫:"快来呀!小蓉电着啦!"

大家吓坏了,闻声跑进来看着挤歪的电灯,听着母亲的描述,只围着小蓉看,伸手也不敢碰她,不知该怎么办!

"沙土,沙土断电!"

"赶快把床往里推吧!"

"床还带电哪!"

"用墩布把顶回去!"

"哪儿找沙土呀?"

"街口!有一小堆,补马路剩的!"

"小平子,快跑!找你舅爷来修修灯!"

不一会儿,床被推回原位。用盆端,用簸箕撮,用布口袋装的沙土都倒在小蓉的身上,把她的腿、腰、手、脚都埋在沙里……

门铃响了,大家这才想起是我回来了,不约而同地都急忙跑向大门口,小蓉也不管什么电不电了,扒开沙土往外跑……

"日本的轻工业太发达了,你们看!"随着我的感叹,带回的皮箱打开了。我最先拿出的是一只绿色的又轻又软极逼真的青蛙,后面通着一条细管,管端一个球,用手轻轻一捏球,青蛙满地蹦。小弟扑来抢在手里,捏得青蛙满屋蹦,不过瘾,又去院里蹦。

我又拿出几个红、白、粉、黑相间的东西,用气一吹,太漂亮啦!是一个色泽艳亮的卡通娃娃,递给小妹抱在怀里。三岁的小玲在奶妈的怀里争着要去拿。

我特别高兴!因为,此时我这个爸爸,在孩子们眼里,简直就像大魔术师,从箱子里掏出五颜六色的、他们从没见过的东西;也像个天外来客,给他们送来了那么多美而神奇的玩意儿!

接着,我拿出一打袜子,走到一直坐在沙发上笑眯眯看着这些新鲜玩意儿的母亲面前,故意将小小的袜子抻得长长的,让它自动缩回,再抻长,再缩回,边反复边说:"妈!您瞧,这是带松紧的尼龙袜!脚大点儿小点儿,全合适!只分男女,这女式的颜色多漂亮。大嫂、二姐,包括孩子们,都能穿!您给分吧。"

母亲笑着接过了袜子,走至箱前看了看,说:"出国钱不多,你该添的添点儿。孩子们小,没到穿的时候。他们袜子挺多呢,缝缝补补,一年都穿不完!"

"就是为了让您别再缝缝补补!日本朋友介绍,这种袜子穿两三年也穿不破,孩子们脚长得快,有松紧哪!再也甭怕袜子没穿坏就小了!它叫尼龙袜,那玩具是叫……塑料。您放心,这在日本卖得太便宜啦!没花多少钱!"

的确,尼龙袜买得很多。我见母亲每天从早到晚,手不离袜底板地给孩子们补袜子,还不时揉揉老流泪的双眼,我挺心疼。这回好不容易发现了穿不破的尼龙袜犹如发现新大陆!于是一咬牙把本来不多的零花钱,大部分买了各种号码的袜子。

母亲心里也清楚这是儿子心疼自己的一片孝心，望着面前儿孙们的欢乐景象非常开心，连小蓉被触电的事都忘在了一边。

"这阵子，天气又闷又热，该多歇些日子再唱吧！"

"戏，倒是没有安排唱。不过……听今天接站的院领导说，下月初还要出国。"

"这么快就又要走！去哪？"母亲有点儿失落。

"好像说去南美。"

"日本就不应该去，有戏给他们唱！哼！这又去美国？"

"妈，我说过，周总理就怕咱们从感情上理解不了中日长远友好的政治意义，说了，要把日本人民和日本军国主义、日本的反动政府加以区别。日本人民也是诅咒战争，盼望和平的……"

"是呀，总理说了话，我明白呀！去了也就去了。美国，这地方可不能去！到纸老虎窝里去，还好得了……"母亲不解地睁大了眼睛，态度坚决地说。

"不是美国，是南美洲的国家。咱们中国不是在亚洲吗？我去南美洲的国家，离去美国还好远哪……"

"哪国都友谊，只要不去美国就好！"

没几天，我晚上回家，发现母亲盖条新夹被躺在床上，凭感觉是挺眼熟的日本风格。转念一想，自己没从日本买过布，就没多问。

回到房间，我问福媛："妈的夹被面看上去别具一格，你给买的？"

"哪儿呀！"福媛笑不拢嘴地说，"前几天，娘把你给买的尼龙袜子'原偿退回了'（《樊江关》剧中戏词），说天热穿着闷气，先穿棉袜子吧。我在收拾你从日本拿回来的纪念品，不是有几件和服吗？娘一眼瞧见，打开包装直撇嘴。你猜，娘说什么？"

"骂小日本，呗！"

"没错！骂他们'造孽！'说瞧见小日本的东西，气就不打一处来！撕了它都不解气！"

"骂是该骂！血债是血债，可……"

"娘又对我说，东西地道是真地道，那也甭存，谁送的，也是日本的！能干什么，就得让它干什么，可得让它听咱们的啦！和服就是个床被面，正好给我做夹被面！好，今儿中午，娘都盖上了！还跟我说，挺舒服！你说血债要清算，友谊是友谊，这在娘心里行不通！唉，熬那八年，多不易！"

"那八年，刻骨铭心，熬过来是不易！只是过意不去市川先生的盛情。"

一天，我看到报纸上登出北京京剧院谭富英、裘盛戎在长安大戏院合演《将相和》。我心里还惦记着，盛戎托自己找郝老师说明他要拜师的事儿，晚上赶去了剧场。

一九五六年初，盛戎找我，挺神秘地说想翻一批老戏，《沙陀国》《赤桑镇》《擒五龙》，这都是当年郝老师演过的。他托我跟郝老师说说，干脆收了他这个学生。郝老师一听挺高兴，认为盛戎向他学是好事。但还有点儿艺不轻传的老想法，提出若要拜，就得像当初我那样摆桌，正式拜师。我也诚恳地向郝老师说明，现在新社会不兴这些旧排场，提倡革命拜师，介绍盛戎所在北京京剧院，尽管比中国京剧院的工资高，经济能力也没那么足了。何况盛戎孩子多，开支大，郝老师也再没反对。恰在这时我忙于出国，所以从日本回来想见盛戎，给郝老师也有个交代。但是，我们两人见面净说《将相和》的戏了，盛戎没提拜师的事儿。我转念一想，肯定是有变化。我提反而让盛戎不好回答。

见了郝老师，老师倒有问。我只推托准备出国，忙，没见着盛戎，搪塞过去了。这事儿的暂停，几年后我才知其因。

壹壹肆 再出访 地球末端

七月二十七日,我们访日的中国京剧代表团回到北京,在机场即接受马上转入中国艺术团赴智利、乌拉圭、阿根廷、巴西等南美四国的准备工作。特别是我和杜近芳共同接受要将两个多小时的《霸王别姬》压缩到五十分钟左右,修改成能适应国外演出的大型文戏的任务,八月中旬即亮相于南美剧坛。

赴南美访问的中国民间艺术团很快正式成立。

中国人民对外文化协会以会长楚图南为团长,副团长赵沨和王力。邀集中国京剧、民间舞蹈、歌曲、乐器演奏的各艺术团体中的著名演员和中国京剧院的李少春、杜近芳、张云溪、云燕铭、张春华、李宗义、我等八十七人组成。这样规格的文化代表团在我国与南美文化交流史上还是第一次。

由于党中央的诸多努力,文化交流的工作逐年在扩大,各艺术团到过亚洲、欧洲和非洲的不少国家。仅一九五五年,中国青年艺术团到华沙、巴黎;中国杂技团到莫斯科;中国艺术团到瑞士巴塞耳;中国越剧团到苏联;

中国艺术团到越南河内等。

然而，当时的国际环境对我们出访南美四国来说仍是很艰难的。南北美洲诸国均与我国未建外交关系，对新中国并不很了解。所以，中央对这次出访十分重视，对剧目精益求精。周总理亲自在天桥剧场审查全部节目，还在后台和大家深谈到半夜。

《霸王别姬》的修改审查顺利通过。

周总理到和平宾馆出席另一个集会时，特安排为我们出访南美艺术团饯行，预祝成功。总理再三叮嘱，要我们认真执行和平友好的对外政策，鼓励我们无论多么困难，能演出就是胜利！还要保证演好。因为要通过演出进行文化交流，通过文化交流结交朋友，就是胜利。更难忘周总理最后殷切地说，等待我们凯旋！

全体团员感到既兴奋，又增加了信心。

八月十二日，中国民间艺术团从北京出发。

这时正是北京最热的伏天，动一动就满身是汗，我穿着薄薄的真丝短袖香港衫，手拿折扇，不停地扇着。飞机途经蒙古人民共和国、辽阔的苏联国土以及波兰上空，到达捷克斯洛伐克。休息两天后，从布拉格继续飞行三天，穿过德国南部到达瑞士。瑞士不单是美丽，而且气候凉爽，与北京秋季相仿，飒飒秋风使大家不得不打开行李穿上西服上衣。

再次登机是从瑞士到圣地亚哥的航程。曾在葡萄牙首都里斯本的机场停机加油后继续飞行，又需在非洲法属西非的达喀尔做短暂逗留。飞机降落之际，我遥望窗外地面是一望无际的干褐色黄沙。机场上的人们一律短裤、短上衣。难怪，离开瑞士不过十几个小时，天气就又极闷热！这里已属非洲北部撒哈拉大沙漠的西部边缘。我们急忙又将单衣换上，找出扇子。亏得是傍晚，有海风吹来，否则更得汗如雨下！

待再登机，即横渡大西洋，穿过赤道，到了南半球美洲的土地。乘坐一整天的飞机真疲劳啊，这时大家已经全都躺在飞机椅上鼾声四起了。也有双目微闭养神的,我就是。我索性提前就拿出福媛特意备好的鼻通式薄荷清凉油,抹在脑门儿和鼻子里,顿时清凉透肺腑,闷热烦躁感立时被那薄荷的又凉又香之气化解,倍觉爽快。

到南美洲,还有着相当长的路程。要再飞过巴西、乌拉圭和阿根廷国境,先后在巴西首都里约热内卢和阿根廷首都布宜诺斯艾利斯机场停留。嗨,天气又骤然冷起来了。在布宜诺斯艾利斯,机场房屋里都开放着暖气,我们需要穿棉袄和大衣,手提的行李包一下子瘪了下来。停留后继续向南飞行。

终于,八月十六日,中国民间艺术团到达了智利首都圣地亚哥。当时天气特别好,没有一点儿云雾。从机窗望去,大块平地出现了,听说这是智利的中央谷地,圣地亚哥就在中央谷地。我们清晰地看到阳光照射着。圣地亚哥和布宜诺斯艾利斯一样,正是冬季,不过并不冷,气候像北京的秋天。南北季节正相反,北京是夏季,这里是冬天。

从北京到圣地亚哥,航线全程约二万二千公里,绕过了大半个地球。三十年前的飞机,主要还是螺旋双引擎式客机,飞机中途停留和休息时间不算在内,总共在飞机上待了六十三点五小时。

智利这个国家的名称,按照印第安部落阿马拉人的文字含义,就是在地球的末端,这

一九五六年,中国民间艺术团出访南美。图为我在与智利观众交流

才体会到连日来时冷时热的长途跋涉不仅已从东半球的北京来到了西半球，而且还从北半球来到了南半球的南端。原来，无论从东走，还是从西走，智利都是距离中国最远的国家之一。

我们所乘的飞机到达圣地亚哥机场时，智利的社会名流、文化艺术界的知名人士等几百人向中国民间艺术团摇动鲜花，响起阵阵的掌声，与团员们热情拥抱。

在智利的华侨们兴奋难抑，特地相约乘汽车或乘飞机携儿带女从华侨较多的智利北部赶来圣地亚哥欢迎我们。他们深情地说，能看到祖国来的人就是幸福。这些人大多说的是广东话，我们听得似是而非的，但仍成了我们最贴心、最感亲切的乡音！

智利的朋友们都说，中国艺术团的到来，使得智利的春天比哪年都来得早！是呀，那炽热的友谊、热烈的氛围，使刚从盛夏的北京转瞬来到正值冬季的智利的艺术团团员们，只觉周身泛着春天般的温暖！

八月二十日起，中国民间艺术团在圣地亚哥市中心的市立剧院演出。伊巴涅斯总统在包厢中观看了演出，接见了艺术团正副团长。

艺术团已事先获悉，国民党政府驻智利"使馆"包了两个包厢，组织了一批人，准备在演出过程中伺机喝倒彩，扔臭鸡蛋、西红柿。大家憋足了劲儿，演出不能出任何纰漏！张春华回忆说："我是第一个出场的演员，任务就是要在五分钟内博得观众掌声，控制住现场局面。"

演出非常顺利，大获成功的情况远远超出了我们的意料。

中国民间艺术团在圣地亚哥的演出票价达四千比索，票在演出前五天就卖完了。智利戏剧界人士说，这在智利是很少有的现象。

此前，赵沨副团长介绍说，许多到过欧洲和中国的智利朋友再三打招呼说："南美的观众不像巴黎观众，在另一种意义上也不像中国观众，因为他们不像巴黎人那样狂热，不像北京人那样深情，他们不那样热烈鼓掌，但绝不表示他们不喜爱你们的艺术。"

可以说，南美观众用一种少见的方式欢迎了远道而来的中国民间艺术团。

每天演出前的剧场后台，都会有许多智利朋友目不转睛地看着大家化装。每晚散场后，观众久久地守候在剧院门口，等着要我们签名。签字时，我每每抬头都会看到他们看方块汉字时的新奇目光；有的向我们连声喊着"布爱诺！布爱诺"（好）；还有人打手势：双手在胸前心的部位一托，捧着伸向我们，似是说："愿意把心掏给你们！"年长的老先生、老太太们冲着我们亲切地叫"乞尼达（对中国孩子的昵称）！"往往演出已经开始一个多钟头了，剧场外面还守候着数百观众。

报纸赞评中国民间艺术团的"演出征服了观众"，成为"圣地亚哥最得人心的演出！""中国艺术团的演出，是从未见过的辉煌成功的演出。""中国演员的动作迅速有如焰火的灿烂和火花般的迅速。""像京剧这样完美地把戏剧、舞蹈、杂技和音乐结合起来，这种高超的艺术将永久不能为西方人所忘记。"

中国民间艺术团的演出首战成功！

艺术，是民族的，也是世界的。不仅体现在亚洲、欧洲，也体在这地球末端……

非但如此，几天来，艺术团的演出已经成为圣地亚哥市民谈论的一个中心，在电车上、在公共场所，都不断听到赞美艺术团演出的声音："太美了！""太奇妙了！""从来没有看见过。""结构是多么完美啊！""多么丰富多彩啊！"

艺术团的人们在旅馆中遇到房客、服务员，或到商店里买些生活日用品，走在街道上，或闲步在公园里，碰到任何一位普通的智利人都会向我们微笑着打招呼，都非常乐意给艺术团帮忙。

艺术团同智利各界人士进行了接触，受到了各方面的友好接待。众议院议长杜拉姆先生亲自带领中国民间艺术团参观了众议院的议事大厅和参众两院。他有趣地讲述："左派坐左边，右派坐右边，不左不右的中间派坐中间。"杜拉姆先生还到主席台按响电铃，示范如何制止众议员的争吵。他说，众议员争吵是家常便饭。这使我们耳目一新！临别时，他送给艺术团一面小的智利国旗。

艺术团成员们会见智利大学校长和在智利很有影响的红衣大主教。

中国民间艺术团在圣地亚哥同智利艺术团体举行了多次聚会，向他们介绍了中国的古典艺术，并且交流了戏剧工作中的经验。

艺术团刚到不久，恰逢纪念奥希金斯周。奥希金斯是第一任智利总统，为了智利的独立和自由，他尽了最大的努力，被尊称为智利国父。一天中午，中国民间艺术团团员们满怀敬仰的心情来到这贯穿圣地亚哥市中心、有三百五十多尺宽、东西横贯全城的庄严大道。高大的树木密密地站在街道两旁，街中心广场喷泉各式各样，铜像栩栩如生，最著名、最高大的是智利民族英雄奥希金斯铜像纪念碑。我们向这位伟大的民族英雄铜像敬献了花圈，表达中国人民对智利民族英雄的敬意。

大学生们举行了纪念智利民族英雄奥希金斯的足球赛，邀请艺术团观看。我们一部分团员被邀请到运动场中央，接受献花，并被介绍给在场的四万多观众。

智中文化协会主席阿伦德特地举行了一个有四百多人参加的盛大宴会，招待艺术团。著名诗人聂鲁达、医生利普舒茨、画家勒德勒里都来了，许多访问过中国的智利朋友，穿着中国服装来赴宴，朋友们为我们表演了智利民间歌舞，宴会上中国话"友好""干杯"的声音此起彼落。

八月二十六日晚间，在热烈的掌声和"再来"的欢呼声中，经过多次谢幕，大幕才终于徐徐地拉上了。中国民间艺术团结束了在智利为期一个星期九场的演出。

智利和中国虽然相隔遥远，但是艺术的纽带把两国人民的情感广泛地、紧密地联系在一起。

演出结束的那天，著名诗人聂鲁达邀请我们到他的海滨别墅去午餐。他同夫人在海滩上向着太平洋西北方向高喊："中国！中国！"他说："中国就在太平洋彼岸，我能看到它，它能听到我的声音。"他的话语言犹在耳！他夫人亲自做菜招待后，和聂鲁达兴奋地唱起智利歌曲。

八月二十八日夜晚中国民间艺术团到达乌拉圭首都蒙得维的亚。

第二天早晨起来推窗一看，哇，我们就居住在市中心，宽阔的胜利广场就在眼前，初春的绿草坪上有四个奇巧的喷泉，还有独立战争中民族英雄阿尔蒂加斯乘马的铜像。远望可看到像海洋一样辽阔的普拉特河口。美不胜收，真不负"南美的瑞士"的盛名。

不巧的是八月三十一日我们首演之日，这里却刮起狂风下起暴雨！据了解，这里的人们在平时是不肯冒这样大的风雨去剧院的，我们心中顿时忐忑不安。

但风雨无情人有情！在首次演出的索德雷国家剧院早早就坐满了观众。红徽党的领导人、许多著名社会人士和文化人士及市民，观众一千九百多人。按咱们的老话说，剧场内满坑满谷。

乌拉圭国务会议主席艾伯托-苏比里亚观看了第二次演出，接见了中国民间艺术团团长。

在乌拉圭一共只演七场戏，其中还给孩子们义演了一场。学生们统一穿着白罩衫，从台上望下去一片雪白，真是纯洁、可爱！孩子们对我们的节目也反响强烈，掌声不断。

观众们对中国民间艺术团的演出给予很高评价。他们说："乌拉圭人从来没有见过的奇观。""我们觉得简直像发现了一个新的舞台世界。"

一家销路相当广的报纸——《日报》在九月一日载文说，演出反应这样的好，这不仅仅是因为我们很少见到而对它感到新鲜，更重要的是因为它的优美。

红徽党的机关报《行动报》说，中国古典戏剧任何人都能够欣赏。西方人不懂中国话，但是可以通过它绝妙的表演动作和绝技，很好地了解中国的戏剧。

蒙得维的亚的戏剧演员们，因为与我们演出时间冲突，没有机会看到我们的演出，我们组织了一个报告会和一个小型的演出来招待，还到刚刚纪念成立一百周年的苏利斯剧院访问了乌拉圭国家喜剧院。一位著名的女演员请我们看她在《钦差大臣》中饰演市长夫人的服装，知道中国不但有京剧、话剧还有歌剧，也都演此剧，无比惊讶！

乌拉圭同行们对我们的艺术最感兴趣的是手、眼、身、法、步的和谐，与锣鼓配合的准确。我们在他们的发问下，不厌其烦地一遍一遍做着京剧的程式动作。他们一致认为，我们的表演方法和训练方法以及我们古典戏剧表现上的特点，对于他们今后的艺术创造有着极大的启发意义。

我们还到了一个中间是舞台、两百观众座位围在四周的圆形剧场观看话剧。名字已不记得，内容是一个少女做了妓女，在法庭受审，爱她的男青年欲救她越狱未成，少女被判死刑。令我们惊奇的是散戏后，观众不走，居然在一个法官的主持下，观众与演员在一起热烈讨论达两个多小时！

在乌拉圭日程短，仅停留了十天，这十天依旧是激情燃烧的十天，颇有"才相识又离分"的感觉。

清晨八时许，要登上开往巴西的飞机，热情的同行朋友们亲至机场送行，我们一次又一次地互相拥抱，一次又一次地说着刚学来的西班牙语"你好，再见"，朋友们说着才向我们学会的中国话"你好，再见"，这此起彼伏透着生涩的"你好""再见"之声，不但蕴含着发自肺腑的无限真诚，又句句融入了对方的心中！

一小时后，飞机进入巴西境内，在巴西南方的一个重要口岸换乘四个引擎的大飞机，整整飞行四个小时才到里约热内卢，巴西真不愧是拉美最大的国家。

记忆犹新的是：我刚下飞机，在机场就接受了一位巴西女记者的采访。那位女记者见了我以后，不停地上下打量我，满脸显露出一副惊讶的样子。

难道我有什么不妥之处？我急忙自上而下全身审视了一遍，断定没有哇！不由得也仔细打量这位来访者，她四十多岁，胖胖的中等身材，那腰围比我这"鲁智深"的腰围有过之而无不及。

女记者惊讶地看后，终于发问了："太意外了，中国人也有我这么胖的人？"

什么话呀？谁说中国人就不能胖点儿！大有关键问题的潜台词，不容放过。我一摇头、一端肩、翻开两手掌说："No！我不太胖，我不过和你一样，还略有点儿'苗条'。不要奇怪，我们国内，不苗条的，有的是！"因为她年龄明显可称大婶了，说话也就比较放松。

她听了翻译的解说，哈哈大笑一阵："中国人也幽默！"

"见到你们很高兴，开个玩笑！对不起。"

"我是很奇怪，我们听说中国人没有饭吃，个个都面黄肌瘦，原来不是这个样子……"

原来如此，我这才理解领导们让我接待这位记者的用意。随后我向她介绍了我们新中国一夜间没有了妓女，没有了鸦片，没有了赌博……

她听得目不转睛，时而快速地用笔记。最后她满意地说，我一定把这些都介绍给巴西人民！至此我才大喘一口气，这也叫外松内紧！

我们所住的海滨大道随港湾而曲折，两旁全是高达数丈的大棕榈树。旅馆背后的驼峰上，立着一尊伸着胳膊的巨大的耶稣像，这也是里约热内卢的名胜之地。窗外是甜面包山，如此好听的名字，很想欣赏它的风光，可惜终日云遮雾绕，难见芳容！山后边是无尽头的、十几里长的白沙滩，建在沙滩上的宽阔马路两旁却又是林立交错的几十层高的大厦。美！巴西美！美得别有风韵，美得独特。

巴西的九月也是冬末，温度却在二十五至三十摄氏度之间，感觉热得和北京初秋的三伏相差无几。

每年六月到九月都是巴西的歌剧季节。中国民间艺术团九月十一日晚上在里约热内卢市立剧院举行首场演出。市立剧院是仿照巴黎歌剧院形式建造的，外观造型别致，外墙用细工镶嵌装饰出许多歌剧场景，十分华丽。自一九〇九年至今五十年演过各国无数的名歌剧。

开演前，后台传遍了"新奇"消息：台下男士全是黑西服、黑领带。很快我们就从朋友那里知道，这套服装当地被称之"黑领结"，是巴西人看外国剧团首演节目时的礼节。与之匹配的是耀眼眩目用中国丝调制作的官员和著名人士、夫人们的着装。

最使我吃惊的是有位达官贵人的夫人勇敢地穿出一件古旧得袖口、领口全破的中国清朝四品补服。我忍不住从幕边向台下望去，果然，那位夫人引以为荣地端坐在场中，贵宾大都是按照当地的习俗隆重地穿着礼服，和许多观众一样向"异装"的女士投去羡慕的目光。

在艺术团表演过程中，两千二百多名观众一再响起暴风雨般的掌声。观众称赞京剧和民间舞蹈，他们说，京剧和民间舞蹈是新颖的和非常美妙的。对京剧中的形象化表演特别感兴趣，《红绸舞》也受到观众的热烈欢迎。

在演出休息时，总统夫人、外交部长和教育部部长分别接见了中国民间艺术团团长。

演出结束后的鸡尾酒会上，朋友们一片祝贺演出成功之声。我们的演出被赞誉"是出奇的、完美的、伟大而独特的"。"演出是绝妙的，在我还没有找到另外形容词之前，我只能说是绝妙的。"

观众们极为惊奇的是中国艺术家竟能准确地用葡萄牙语唱巴西民歌。舞台上明明站着的是黄皮肤、黑头发、黑眼睛的中国人，听着歌声却怀疑起自己的眼睛。

中国民间艺术团共在市立剧院演出了十二场，巴西人认为这是市立剧院有史以来最成功的演出，巴西人特别满意今年的歌剧节是以中国京剧的演出来宣告结束。

九月二十三日，中国民间艺术团在里约热内卢著名的马拉加尼亚足球场做最后一次演出,为当地的慈善事业募款。

艺术团门票在演出前一天就全部售完,这天能容纳两万多观众的演出现场被挤得水泄不通。演了这么多年的戏,京剧还真没在这么庞大的场地进行过演出。

演出由共和国总统夫人主持,观众们热情奔放,不约而同上下挥舞着白手绢,就像大西洋的海浪一道一道地在场内奔腾!那狂烈的欢呼喝彩声、那从天而降的掌声犹如暴风骤雨!

演出中,无数观众不时地抬起手来摸摸自己的耳朵,就像喊了一二似的那么整齐。翻译讲,这是巴西人用来表示赞美的习惯手势。

大幕落下了,演员们一个一个、一次一次地被观众唤回台上谢幕。

中国民间艺术团的几天演出已成了里约热内卢人最热烈的话题。一旦见到我们就会远远地招呼:"奥波拉得北京!"即北京的歌剧。极力想辨清哪个是《秋江》中的老艄公,哪个是《小放牛》中的牧童,哪个是孙悟空,当然,最难认准的当属我这个"霸王"啦!

而着实令我意外的是在同巴西文化界和政界人士进行交谈和广泛接触时,他们时常会态度十分尊崇地谈到李白、孔子等历史人物。

我们应邀参加"巴西小北京"的盛宴——彼里拉先生的家宴。

《义勇军进行曲》在他家嘹亮响起。大洋彼岸闻乡音,不够,应该说闻"国音",那感觉的亲切非同一般!瞧吧,我们个个昂着头、挺起胸,随着《义勇军进行曲》的节拍,迈着有力的步伐走进主人家。接着,《东方红》《瑶族舞曲》时时在耳边响起。孩子们礼貌地用清脆悦耳的童音用中国话说"您好"来迎接我们。随后端上来彼里拉夫人亲手做的中国味道的红烧鸡和大米饭,还让我们用上竹筷子。饭后,我们可以阅览从祖国寄来的画报……

感觉妙极了!真是一解思乡之情。"巴西小北京"之家名副其实!

我们前往巴西最大的城市圣保罗演出的途中,经过一座名叫意大梯亚的小山时,我们还被访问过中国的布里多夫妇热情地邀去他们的山上别墅吃中饭，也是回味无穷！

号称"农牧天府"的阿根廷，首都布宜诺斯艾利斯的十月是开春季节，除了不冷不热的气候，还有欣欣向荣的花草树木把城市点缀得极为美丽。

十月十一日中国民间艺术团首次在布宜诺斯艾利斯的哥伦剧院公演，这是整个西半球都很出名的戏剧文化中心。哥伦剧院有着希腊罗马式建筑风格，坐落在拉瓦利广场，有六层楼三千二百个座位，观众可以乘电梯自由上下。舞台宽阔，音响设备极好。

哥伦剧院的一位老建筑师告诉我们：哥伦剧院是布宜诺斯艾利斯人人所向往的地方，但是因为它的票价高、座位多，尽管世界第一流的艺术家到这儿来演出最精彩的节目，也很少满场，上座率通常是三分之二或二分之一。

中国民间艺术团在这里演出是怎样的局面？

包厢的票价最高达到一千二百比索（约合四十美元），正厅每张二百二十比索（约合七美元）；四场的一万二千多张联票（一次买看两场的联票）在演出前的一个多星期，仅用三个钟头就卖得精光。按照当地法令规定，剧院联票可以预售，单票必须在开演前二十四小时内出卖。每天清晨都可以看见剧院门前两列长长的买票队伍，许多人深夜冒雨前来守候。有趣的是这两列队伍分成男一队、女一队从不混排，其中有请假的职员、学生。

观众情绪热烈的观看局面也少见！开演那天晚上，对每一个节目都是长时间的鼓掌，大声地喊着"再来一个"。《红绸舞》《荷花舞》都非得再重演才肯罢休。《雁荡山》即使重演后观众仍不肯走，一直鼓掌到请演员多次出来见面。

一位在巴西圣保罗市立剧院服务四十五年的舞台监督说，在他一生的戏剧生活中，从未见过一个外国剧团受到巴西观众如此热烈的欢迎。

哥伦剧院在艺术团演出期间，把阿根廷一些收藏家收藏的中国古代、近代武器集合起来，在剧院里举办了一个中国艺术展览。除了许多极美丽、极珍贵的展品外，也展出了中国小脚妇女的鞋子和鸦片烟枪。在演出的休息时间，展览那里都挤满了观众。

十月十二日，是哥伦布发现美洲大陆的纪念日。夜晚，人们穿着鲜艳的民族服装在街上跳舞、歌唱来庆贺这个日子，这对艺术团当晚的演出极具挑战性。然而，让我们欣喜又感动不已的是仍有那么多人放弃了节日的狂欢，来到剧院看戏。从英国、荷兰等地开来布宜诺斯艾利斯轮船上的海员们，登岸就奔向哥伦剧院，没有坐票，站着看戏也情愿。从香港经南非航行越过大西洋而来的近二百个中国海员为我们献上了花束。

十月二十一日是阿根廷的母亲节。在节日的前夕，女歌唱家刘淑芳在哥伦剧院的演出中，唱了一首刚在阿根廷学会的《小小的礼物》，这是阿根廷著名民间作曲家奥拉西欧·瓜拉尼在他母亲生日那天献给母亲的歌，洋溢着从内心发出来的爱戴和希望的感情。当刘淑芳唱完这首歌时，全场立刻响起暴风雨般的掌声达五分钟之久。

每天散场以后，热情的观众等在剧院门口不走，他们热烈地与演员们握手，请求签名，"布拉浮""布拉浮"（好）的喊声回荡在拉瓦利广场的上空。"奥波拉得北京"是对艺术团的习惯称呼。一时间，学校里、大街上、商店和汽车里，甚至每一个鸡尾酒会上，欧洲人和美洲人以浓郁的兴趣谈论或称呼"奥波拉得北京"。

报纸、戏剧家和音乐家特别感兴趣的是：京剧综合了各种艺术的精华，不仅能够表现这种惊险的场面，而且同时能够成功地表现细腻的诗意。这个具有悠久艺术传统国家的艺术水平已达到了炉火纯青的程度。对于性格的刻画是真正的杰作，虽然京剧采用的是一种和我们完全不同的手法，布景以简单的材料构成各种各样的景色，是一种有益的尝试。服装华丽，颜色丰富、种类繁多到令人难以置信的程度。京剧是一种辉煌和精练的艺术。

我们每天早上都会在哥伦剧院练功，剧院里的芭蕾舞团演员天天来看。他们对我们的训练方法和动作越来越感兴趣，索性就一起拧旋子、打飞脚、窜毛、鹞子翻身。有的想学《红绸舞》，舞蹈家们教会他们《红绸舞》《鄂尔多斯舞》的片段。

傍晚，排练大厅内，我们的舞蹈家们也向阿根廷艺术家们学了桑巴舞、手帕舞、探戈舞等。

分别时，阿根廷芭蕾舞演员们含着眼泪说，我们一定能再见，再继续进行我们之间的学习。

正如一位著名女作家在一次聚会上说，中国艺术对我们是新奇的和优美的，又是容易了解的和亲切的；中国艺术家年轻有才华，又很谦虚。同中国艺术家在一起，就像在诗里、梦里、仙境里一般。

在这里，我们参观了帮助退休演员免费度过晚年的福利机构，由艺术家们义演、捐助资金的民间组织戏剧工作者之家。

我们与几十位白发苍苍的老艺人亲切地拥抱后，他们拉着我们的手久久不肯放开。当我看到眼前这位满面病容的老太太紧紧抱着我们赠送的画册热泪盈眶时，前辈名净金少山先生去世的惨状和自古艺术"养小不养老""老境堪怜"等话语，一股脑儿全涌出来，我相信，我的晚年绝对会是幸福的！

阿根廷艺术界对中国目前执行的"百花齐放，百家争鸣"的方针很感兴趣。在艺术团结束演出的那天，副团长赵沨应他们之邀讲谈中国艺术，解答了他们提出的不少有关这方面的问题。最后，还代表艺术团送给他们一套花褶子、一双厚底靴、一顶花罗帽。朋友们忍不住立即就学着穿在身上，装扮了起来。

不仅如此，阿根廷和中国虽然相距遥远，但是阿根廷观众很久以来就喜爱中国的艺术。在布宜诺斯艾利斯一座国立装饰艺术馆里面，大约有三分之一是中国的瓷器、玉器以及刻有西湖风景的屏风等。艺术馆负责人说，将辟出馆内一部分专门陈列艺术团的礼物。

去年，布宜诺斯艾利斯人民剧院曾经用西班牙语上演过中国编剧金剑写的一个独幕话剧《赵小兰》，很受观众欢迎。现在还有一位优秀的年轻剧作家准备把中国现代艺术介绍给阿根廷人民,他正在改编中国现代歌剧《白毛女》。

在告别的时候,阿根廷朋友向我们说:"这只是一番小别,我们很快就会再见。不是你们来阿根廷介绍你们齐放中的百花,就是我们去中国演出我们的探戈舞、狂欢节舞。"

艺术团在布宜诺斯艾利斯、里约热内卢、圣保罗、圣地亚哥、蒙得维的亚演出两个多月,共计五十八场,观众达十五万人。中国古典戏剧在拉美的直接观众达十四万六千多人,通过电视欣赏的观众在一百五十万人以上。特别是我们有机会和拉美文化艺术界以及社会公众领袖进行了初次接触。我们也得到机会欣赏了拉美艺术家们的优秀艺术创造,接触了拉美的文化艺术传统和丰富多彩的民间艺术,无疑对促进中国和拉美人民间的相互了解有着重大意义。一个巴西朋友问:"是否中国的孩子关于巴西只知道印第安人和毒蛇呢?"由此可见加强世界各国人民间的接触和了解是如何的重要。可见周总理的远见卓识!

中国民间艺术团赴南美的访问演出标志着中国人民和南美人民友好关系的一个新的开始,在中外文化交流史上留下了难忘的一页。

更为重要的,我们能为世界和平做出些许的贡献,我引以为荣,并愿做更进一步的努力。

随行记者俞林同志曾写了一首诗,记在这里留个永久的纪念!

献给南美洲的朋友们

我来自一个遥远的国度,
对你们的土地从来生疏。
只为了应付中学里的考试,
我才生硬地背诵过:

布宜诺斯艾利斯，
里约热内卢。

如今安达斯的雪峰映花过我的眼，
两次飞过无边的彭巴草原，
看过太平洋的巨浪怎样冲击智利的沿岸，
也在驼峰上瞭望过碧绿的海湾。

我也曾到你们家里去做客，
像弟兄一样坐在你们的中间，
一起赞赏着浓香的马太茶，
智利的葡萄酒和曼德萨的蜜柑。

你们热爱我们带来的艺术，
情感能超越听不懂的语言：
多情的观众为虞姬的自杀落泪，
诗人为霸王写出了动人的诗篇。

我同样喜爱你们豪放的歌唱，
它把我带到放满牛羊的草原。
还有那低沉的吉他琴音，
使我想到北方的森林和南方的冰川。

我更爱你们狂热的桑巴舞，
像战鼓那样震撼着我的心弦。
透过这尽情奔放的舞姿，

我看到你们历史文化的进展。

可是这一切还不足使我心情激动,
你们对明天的信念引起我无限激情。
这信念像亚马孙浩荡的流水,
像安达斯万丈高的雪峰。

你们正冲开迷漫的夜雾,
把祖国带向璀璨的黎明。
世界上没有什么力量,
可以阻止这历史的进程。

诗中"多情的观众为虞姬的自刎落泪,诗人为霸王写出了动人的诗篇",有必要提一提。

南美四国的观众看懂了《霸王别姬》一剧。在虞姬自刎时,许多观众流下了同情的泪水。有人甚至赞《霸王别姬》是莎翁的名剧——《奥瑟罗》式的悲剧。一位著名诗人为此剧写出动人的诗篇,赞我这霸王是"爱情霸王",赞虞姬是"东方皇后"。

我和近芳在兴奋之余,不由回想到出发前的修改,品味到美好的果实无不来自重要的培植过程。

当时要求在极短的时间内,改动这样一出经过几十年舞台实践的梅派优秀代表剧作,艰巨性可想而知。

如何才能争取时间少走弯路,我和近芳的共识是:一定向梅兰芳先生汇报,得他批准,要在他的指导下,创作出一个国际版本的《霸王别姬》。商定我来主笔,由近芳到梅先生那里汇报、请教。

动笔前,我认真回顾了前几次出国演出的情况,文戏《将相和》《黑旋风李逵》反映很好，《除三害》相对较冷。联想到在科班时，《除三害》只唱《问路》剧场效果也不太热；后来看了郝寿臣老师和高庆奎先生的全本《除三害》，包括《砸窑》《问路》《打虎》《斩蛟》，我们摸索着排成全本的，戏才红起来。国内唱尚且如此，何况出国？细分析是只演老先生劝说周处改邪归正，观众不明白来龙去脉所致。

同理，《霸王别姬》出国演出也只演《别姬》一折。也曾听说某团去欧洲演此剧，外国观众认为黑脸的项羽性情粗暴，他的美貌夫人忍受不了其粗暴行为，被逼自杀了。之所以有这样的误解，主要也因为观众只见项羽不是瞪眼就是发火，却不知霸王被困垓下遭遇十面埋伏，一切尽在绝望中的剧情。

于是，我和近芳进一步明确了修改的指导思想：表演精华不变，立足于完善剧情的贯穿，提出从诈降开始到舞剑自刎为止；时间压缩靠从人物的上下场、舞台调度诸多新处理来争取，删改与情节无关的场次。

再有，增加霸王对虞姬关怀的表演。唱《垓下歌》时想到与虞姬就要分离泣不成声，最后用十分感人的哭腔演唱，如此将霸王与虞姬之间的距离拉近。

那天，近芳赶到梅宅汇报以上想法时，她回忆：当时天色已晚，院子里悄然无声。原来梅先生患病了，她欲改日再谈。福芝芳师娘听明来意，说："出访是国际大事，不能误。"拉近芳进了屋。

梅先生斜倚在床上，满面病容。近芳不愿麻烦病中的先生，掩饰说来看望，梅先生当然判断出近芳这么晚还来，一定有要事。他听了修改设想，起身下地指出：第一次带整本《霸王别姬》到国外演出，是有开拓意义的。嘱咐演这出戏，要把握三点：故事情节的紧凑性、人物塑造的准确性、动作的目的性。精练，语重心长。他听说为避免戏散，自虞姬自刎结束，不带霸王乌江自刎。恐自刎后的虞姬，不能像在国内演出那样，由宫娥遮挡走尸下场，使霸王尴尬在场上。

梅先生想了想对近芳说，这里的表演要加强舞蹈性，舞剑本身就带有舞蹈表演性质，虞姬可以走一个软僵尸，霸王转身看到，痛惜悲伤，赶快拉幕，待霸王伏在你身上时，大幕已闭。这样处理更含蓄一些，你看呢？

我听了近芳带回这样的处理方法，连说高明，由衷佩服！

近芳又说，梅先生讲到这里时已是满头大汗，她不忍心再打扰下去，坚持要走。梅先生摆摆手说没关系，让近芳把舞剑的身段再走走看，近芳只好遵命。梅先生边看边指导她舞剑的动作要精练，扎四门要用两个对称的动作，一顺边就给人以重复的感觉。梅先生再次分析了虞姬的舞剑动作是有层次变化的：开始是为之解忧，后来就变成了与之诀别了。当她舞到霸王面前时是强颜欢笑，抑郁中显得优美动人；当舞剑背对霸王时，虽是在自我克制，仍显得心情沉重、愁眉拭泪，悲剧的氛围应浓烈。在表演上，要保持美的造型，不能狂舞，要掌握好分寸。

说着梅先生不由得比画起来，并把动作的要领做出来让近芳看。

临别，梅先生还表示"但凡我身体好些，一定去看你们戏的审查"。

天晚没有公共汽车了，梅先生请司机开车将近芳送回家。

虽说那时我和近芳都已是京剧舞台上占有一席之地的演员，然而尊师重道，在我们心目中是摆在首位的，深知要改动梅先生的这出经典作品，固然是在领导的倡导下，是出国演出的需要，但作为晚辈心目中十分明确尊师才重道之理，要改，首先求得老师的同意并在老师指导下来完成。

梅先生不愧为师之楷模，重道却不保守，敢于让学生去突破自己，鼓励支持创新，还帮助出谋筹划，教得认真、想得仔细。

再回忆当年，为赴日本演出，我和梅先生排到霸王已被困九里山，狼狈不堪地丢盔弃甲再次上场时，梅先生见我与他的表演不符，停下来问："等等，这点怎么回事？"我说："这点我和近芳演，虞姬见霸王战败而归，心疼地把我（霸王）搀进大帐，就改成不见礼了。"梅先生立即点头说："这样表现，好，好好，咱们也这么演。"

真是呀，堂堂的梅大师肯于借鉴晚辈的改动，不愧为一代宗师！京剧的振兴多么需要这样的师者，多么需要有这样的后学者！

回国后，梅先生闻知《霸王别姬》在国际上演红了，很是欣慰，激动地说："你们把《霸王别姬》又创新了，走上了世界舞台！"

京剧《霸王别姬》为祖国赢得了荣誉，凝聚着梅先生不懈追求的心血，也是同行们共同团结努力的结果。

我在瑞士等待签证时跳绳小憩

一九五六年十月，中国民间艺术团在完成任务后，必须先飞到瑞士休整，换乘飞机。在瑞士的伯尔尼休整的同时也是在等待签证，如果成行，准备去美国、墨西哥、葡萄牙和西班牙。

直到下旬，签证尚未办妥，匈牙利事件爆发。

十一月初，伯尔尼也发生了反对苏联出兵匈牙利的示威，计划只得搁浅。中国民间艺术团决定回国。

艺术团一旦踏上了回国的路程，人人归心似箭。

壹壹伍 悲烈士 为国捐躯

母亲终于甩掉了缝补袜子的沉重包袱,在福媛、二姐的劝说下,试着去中山公园逛了逛。这一逛,就喜爱上公园早晨的新鲜空气,听闻不尽的鸟语,观赏不够大缸养着的红的、黑的、白的、红白、红黑大龙井鱼。母亲本就喜欢花、喜欢鱼,这儿瞧瞧,那儿逛逛,走累了,紫藤架下一坐,惬意,真逛出甜头来了。时间一长,许多来遛弯儿的人们大都认识了母亲——这位袁老太太。大家经常热情地和她打招呼、问好,有时还会向她谈论我的演出,聊一些家长里短的趣事。

有一天早晨,阴云密布,雪花飘飞,母亲照例雇辆三轮车去中山公园遛弯儿。她发现许多人聚在一起谈论着什么,不时会看看她,脸上却没了往日的笑容。母亲有些异样之感,还未容她想明白,他们就一起向她走了过来……

"您……家里都好吧?"

"都挺好的,让您惦记着。"

"袁团长出国有信来吗？"很多人称呼当时任副团长的我时常省去"副"字。

"有信来……"

"说信没用，据我所知信得走一个月才能到……"一位截住她的话。

"直说吧！"

"快问呀！"很多人都有点儿迫不及待！

母亲也迫不及待了："是不是有事？什么事？"

"今天早上我们听广播，说……访问南美的中国民间艺术团……"说话的人吞吞吐吐又停下了。

母亲听到此，一下就站起来，紧紧拉住说话人的衣袖，追问："怎么啦？"她已敏感地断定不会是像往常的报捷喜讯，难道……有可能发生最可怕的事了?！

"艺术团的归国飞机出……事了……"

母亲顿觉一阵眩晕，两腿发软，紧接着两眼一黑……

"您别着急，失事的飞机上，有部分艺术团的人，还不知道有谁……"

这些话，母亲根本听不见，她被大家叫醒后，只觉脑子里一片空白、心里一片空白，好像要流泪，眼里却根本没泪，是流不出泪了。两眼只是直愣愣地……

大家怎样扶她走出公园，为她雇了三轮车，怎样向车夫说明情况，甚至还有热心人直截了当，说要照顾好烈士的母亲，嘱咐车夫将母亲送到家的话……母亲都没反应。还有几位自愿跟车跑步送母亲直到家门，连句北京人常说的"让您受累""家里坐坐，喝杯茶再走"的客套话，母亲也一句没说！懵懵懂懂不知所以然，只是脑中一片空白、心里一片空白……

福媛见状吓坏了，先以为是母亲生病，待跟车而来的青年人一说明，福媛极力硬撑着也难撑住，幸而在旁的张妈眼快急上前搀扶，福媛也才没倒下。

"娘！"福媛痛彻心扉的一声呼叫，娘儿俩立时拥抱在一起，泪如泉涌，抱头痛哭！

福媛稍冷静，猛想起，只有接到京剧院通知才是准信儿！立即扶母亲奔至西厢房，给京剧院打电话了解情况。

福媛拨电话，一遍一遍又一遍，京剧院的电话根本没人接！流出的泪一串一串，像不停涌出的苦泉。将近一个小时过去了，她们谁也没想起还都没吃早点呢，这是母亲和福媛怎样难熬的一段时间哪！

就在这心急如焚的时刻，门铃响了。

老孟跑去开门，福媛隔窗向外一望，哎哟，电话没打通，人却到家来了！福媛霎时像见到救星一样冲出屋门，匆匆迎进了京剧院几位最高领导。他们一个个紧蹙着眉头，一张张比下着冰凌的天空还阴沉的面色……福媛的心一下子又跟结了冰似的，身子打起寒战。她强忍悲痛打开房门，双腿就是迈不过门槛……

领导们严肃快步迈进西厢房。他们是闻讯召开紧急会议，分几批至出国人员家中先行安抚家属再候实音，消息仍不确切。只知道遇难飞机上，坐了我们中国民间艺术团不多的成员，其中有行政干部，也有兼管行政工作的演员，究竟有谁，要等进一步通知。

漫长的等候、紧张而揪心的氛围，压得谁都喘不过气来。每一位出国人员的家人、涉及的各位领导，在等待中忘记了饥渴，忘记了寒冷，一分钟、一秒钟地忍受着煎熬……

终于，在当天下午，中国京剧院领导在电话中介绍了实情：

艺术团从瑞士启程归国，按计划分四批飞到布拉格，再从布拉格换机回京。前三批人员乘坐的飞机均平安到达布拉格，第四架飞机在十一月二十四日下午瑞士时间六时十五分从苏黎世起飞，飞机腾空不到三分钟，即发生大爆炸，坠落于瑞士边境靠近西德的地区，机上人员全部罹难。其中有艺术团副秘书长李德椿以及邓子若、俞良、饶其丰、张槐根等行政工作人员，演员吴鸣申、刘又春、张春来，舞美工作人员蒋文林、王文华十位同志。

噩耗传至已到布拉格的中国民间艺术团是失事当晚。艺术团立即召开了领导层紧急会议，这犹如晴天霹雳的消息一公布，让人难以置信！几小时前，大家朝夕共处是活生生的同志，在一起工作、在一起准备行装，几小时后，永诀在瞬间！他们就这么走啦?! 与会人员痛哭不止。

然而，因情况太复杂，详细情况尚未查清，要求只传达到与会人员，要求大家在屋内哭过后擦干眼泪，继续保密，对其他团员不得走漏半点儿消息。

擦干泪，走出门，装作若无其事的样子，这戏太难演了！迫于组织纪律性，哭，是蒙上被子哭的。

二十五日早晨，在离开捷克斯洛伐克前，曹瑛大使向大家宣布了十位同志牺牲的消息，全体人员悲痛欲绝。这十位同志，都是青年，最年长的也不过才四十八岁，特别是艺术团副秘书长李德椿同志，有着丰富的工作经验和能力，对艺术团工作、对同志们的思想教育工作帮助很大。邓子若、俞良、饶其丰、张槐根等四位同志分别担任了总务组、翻译组、秘书组等最繁重的工作，保证了整个艺术团访问演出得以顺利进行，也保证了艺术团每个团员的生活和工作都得到了适当的照应和安排。吴鸣申、刘又春、张春来、王文华、蒋文林等五位同志或担任京剧演员或担任舞美化妆的事务工作，由于他们勤恳、朴实的工作作风和谦逊的对人态度，不仅在艺术团团员中得到好评，也给协助我们工作的外国朋友们留下了极为深刻的印象。

吴鸣申同志是李万春所办鸣春社科班中的得意弟子。四十年代中期，我和少春曾到万春家去打牌，吴鸣申化装成日本兵来查夜，他与少春、我厮打起来。万春怕事情闹大，开灯亮明身份，其中就有鸣申。由于吴鸣申肯于吃苦，练就一身好功夫，跟斗翻得多、快，而且漂亮，他能一口气连翻五个小翻提，回翻还能五个虎跳前蹦再加一排小翻，行家们誉他为第一流的水平，亲切地叫他"吴牛"。他的夫人是李桂春先生的养女，与少春有着千丝万缕的亲情。大家一九五四年随中国文化代表团访问过印度、缅甸和印度尼西亚；一九五六年又随中国访日京剧代表团去日本，回国不久参加了访问南美洲的中国民间艺术团。少春嗓哑之际，他常能替少春扮演重要角色。而且他积极要求加入中国共产党，努力主动地参与团内的行政事务，是艺术团不可多得的一名骨干。

刘又春同志也是一个出色的京剧武生。一九五五年随中国青年艺术团赴华沙参加第五届世界青年联欢节，联欢节结束后，旋即随艺术团赴北欧各国访问演出。一九五六年与我等同赴澳门演出，这次又参加了中国民间艺术团赴南美洲。

张春来同志是一个在艺术上富有创造性，可居武行中第一流的青年演员。他在一九五五年随中国艺术团赴西欧各国访问演出，回国后积极参加了中国京剧院演出蒙古人民共和国的歌剧《三座山》的改编工作。张云溪等同志为这个戏做的武打设计中，也包括他的许多建议。

作为演员，吴鸣申、刘又春、张春来三位同志是我们学习的榜样。在艺术创作上，他们没有什么个人的患得患失，不争角、不抢角，他们懂得什么是一个演员取得成就的正确道路。他们坚持不懈地练功、耐心地帮助别人和向别人学习的美德，值得我们学习。

蒋文林、王文华两位同志的工作态度，使艺术团和中国京剧院的同志们念念不忘。他们历次出国都担任服装的管理工作，经常顾不上吃饭、睡觉。每当离开一个城市时，又经常是连夜把服装、道具装箱，对工作任劳任怨。尤其令人感动的是，蒋文林同志经常连夜为演员洗涤演出用的水衣子。他说："自己洗又干净又快，一来保证明天演出用，二来节约。这些水衣子，如果给人家去洗，洗两次的钱就可以重新做一件了。"

当十烈士遇难的消息传开后，各国朋友们都表示了深切的悼念。有关单位共收到来自南美洲、西欧、东欧和印度、越南、印度尼西亚、日本等国家朋友的吊唁、函件共一百五十多封。

十一月三十日,吴鸣申等十位烈士的遗体在捷克斯洛伐克国家火葬场火化。由于吴鸣申系了一条皮腰带,上面有龙形徽记,他的遗体被辨认了出来。

遇难同志的骨灰运回北京,停灵嘉兴寺。十二月十九日晨移灵人民剧场,召开追悼会。人民剧场一片肃穆雪白,舞台上挂着白帐黑字挽联:"人民友谊道路上,不幸遇难;世界和平花丛中,英名永垂。"

烈士们安葬在北京八宝山革命公墓。陈毅副总理亲笔写了墓碑:"中国访南美艺术团遇难同志之墓。"

几十年过去了,可以告慰于烈士们的是:国际坚冰早已打破,我国文艺界的对外交流空前频繁,朋友遍天下。京剧艺术已唱响世界!

展翅

ZHANCHI

壹壹陆 群英会 郝师亮节

"预备!"导演在扩音器中充满威严地一声令下,整个摄影棚鸦雀无声。

"开始!"几分钟后,导演又发出指令。

"自起义兵……"前期录好的音开始大声播放。

扮演曹操的我,随着播放对准口型表演着动作。

为了使连锁战船声势浩大,任摄影师连城、吴生汉等将摄影机架在半空中可移转的大架子上向下俯拍。

"停!左侧灯光……"导演在扩音器中又一声喊停,摄影棚顿时又恢复了嘈杂之声。

摄影棚左角的几排椅子上,坐着不止一家的老老少少助阵家属,他们站起来伸伸懒腰,喝水、溜达、东张西望的,似乎比演员们还忙,似乎也比导演忙。

也是,正月过大年本就贪玩、缺觉,我家的人马,今儿天未亮就起,赶到摄影棚观阵。母亲、二姐、福媛对拍电影有着既新奇又神秘的感觉,大嫂的渴望度就更强烈。这次拍电影,我的曹操唱段都是由哥哥伴奏。孩子们更甭说,天天吵着要看拍电影,于是我就趁正月里拍自己重场戏时征得导演岑范同意,索性统统带来开开眼,也算安排了过大年最有兴趣的节目之一。不过也对来这儿的所有家人特别是孩子们做了严格培训:只要听导演说"预备"就绝对不许再出声,绝对不可再动!直到说"停"才可以走动。

"铜雀台已造好,缺少大乔与二乔,连锁战船俱备好,手指着周郎……"

刚才,就这一指,一会儿要向左点,一会儿向右点,再往左点,反复了好几次,起码四十多分钟过去了。

母亲掏出手绢擦擦额头上的汗,心想,总算将曹操这段【西皮导板】、【西皮原板】转【西皮流水板】的唱段拍完了,真不易!一看表快一点了,提醒福媛趁着不拍,赶紧把饭吃了。妯娌两个把带来的饭盒打开,切好的馒头片夹酱肘子。为了今天到摄影棚,福媛特意去前门大街天福号买的。吃起来还真香!

孩子们可不坐这儿规规矩矩地吃。和平、小弟拿着夹好肉的馒头转眼不见了,一会儿,神通广大地找来了几条废胶片,叫走小蓉和小妹,凑在一起,举着胶片向光亮处,仔细分辨着是哪场戏,是在念什么戏词时候拍的片子。

"草船借箭!鲁肃和诸葛亮,鲁肃在发抖!"

"蒋干盗书,正拿信呢!"他们看得津津有味,还边说边大口地咬着馒头,吃得津津有味!

"想不到拍电影更不轻松,一遍一遍又一遍,真熬人!从早晨到现在才拍了一段唱,把这场拍完,还不得明早上!"

"瑞麟倒是说了,晚上甭等门,这场戏要一气呵成,明天他回来时,也都早起床了!"福媛接着母亲感慨万分的话茬儿说。

"干什么都不容易呀!摄影棚还这么热,坐着就出汗,甭说瑞麟啦,足有几千瓦的大灯照着他,再一遍一遍地,比台上出的汗还得多!幸亏是冬天。"二姐说。

这是北京电影制片厂在新闻电影制片厂摄影棚内拍摄戏曲电影《群英会》《借东风》中曹操《横槊赋诗》一场戏的现场。

一九五六年十二月七日下午，访问南美的艺术团返京，当时文化部门领导和同行二三百人前往机场迎接。

接机的院领导随之在机场就告诉我："《群英会》《借东风》正被北京电影制片厂拍成彩色电影，十一月下旬就已经开拍了，你这曹操未到！摄制组翘首等你归来。休息几天，准备加入吧。"

将《群英会》《借东风》这样一出精彩剧目拍摄成电影，太棒了！真是个好消息。

这是一部由多出精彩折子戏组成的优秀传统剧目，历来被各流派的大家不断演出，不断丰富、锤炼，已成为京剧骨子戏中久演不衰、家喻户晓，深受观众青睐的名剧。拍成电影，意味着佳作传代呀！确是件大好事。我得以饰剧中曹操，更是喜之不尽！立刻向院领导询问众角色的饰演者。

"马先生饰诸葛亮，谭先生饰鲁肃……"

"蒋干？……"曹操和蒋干同场戏多，我尤为关心。

"萧老。他也是这部电影的艺术指导。"

欣喜之刻，我猛然感到，且住！这么一堂前辈演员……曹操该是郝老师呀，这才堪称是红了几十年的一台群英荟萃的绝配呢！尤其，郝老师自解放以来，他完全从"钱已挣够，安度晚年"的心态中走了出来，年轻了很多！对了，福媛来信中也说，不久前，她和母亲都到中山公园音乐堂去看郝老师饰演《蚍蜡庙》中的金大力，说明老师体力尚好，完全可以胜任剧中的曹操。如果郝老师能拍这个曹操，那么，他"活孟德"的形象就可以留作舞台艺术纪念，流芳百世。我立刻想到此活不能接。

"不对，我们郝老师早有'活孟德'的美誉，而且与萧先生、谭（富英)、马名家合演，才是群英相会。何况，郝老担任北京戏校校长饰曹操，中国戏校校长萧先生饰蒋干，岂不为两校增辉！我看，这曹操还是请郝老师演！我可以去和导演说！"我态度坚决，立即辞谢。

"郝老是这部电影的艺术顾问，是他推荐你演曹操的呀！"京剧院领导说。

我出国数月回京，一定要去看望郝老师。

郝老师捋须而谈，很严肃："我是艺术指导，我多少遍地想了，这台戏的主演全是你们科班的，还都是跟萧先生学的，又全都立住了！正好由他带着你们富连成的'连''富''盛''世'四科学生同台群英荟萃，这是咱们梨园行里多好的一段佳话！为了艺术……我，也终是老啦，你会比我出色，青出于蓝嘛！甭再说让我演，到此为止！回去，该把心思用到演好曹操上去！"

老师的苦心、老师的谦让，以斩钉截铁的态度把机会留给了我，我铭感终生。唯一的就是按老师的要求把曹操演好。

绝没想到的是，《群英会》《借东风》这段戏拍成电影，若成完整的一部太长，场场精品难再删减，若分成上下两部又嫌太短，于是在萧老的倡议下增加了曹操的重场戏《横槊赋诗》一场，真使我喜出望外。

说到《横槊赋诗》这场戏，话远了点儿。十三岁上，我初升富连成科班顶梁架子花脸时，萧老给我说了这出戏的曹操和《横槊赋诗》。《群英会》上演，萧老几次有心将这段戏加上，偏巧我那时的嗓音阴晴不定，《回书》时嗓子不错，萧老立即告我后边加上《横槊赋诗》，可等借箭时曹操一念"何事"，我的嗓子不是痰堵门，就是嗓子"转轴"，萧老只得说，别加啦！嗓子这味，怎么唱赋诗的大段唱啊！就这样，直到出科我也没唱上这段戏。萧老不无遗憾地说："在科里唱不上，出科可就更没机会喽！"后来我才得明白，这场戏加上太长。而且，架子花脸的从属地位，也是不可能在剧中加这么长的一场戏。

这次的机遇，恰恰弥补了这个几十年的缺憾，我怎不格外兴奋！

在这样一出百年打造的精品剧目中，加一场新编的戏，先不谈要增色，就是达到托住戏不使之散、不使观众有塌陷感的难度就已非一般。自然，我的心里如同明镜一般地清楚必须仰仗萧、郝二位前辈老师的力量才行。

好事多磨，也是可想而知的。

我去找萧长华先生请教。萧先生说："说是要说的，科班时，这戏也是我给你说的！那是科班教师缺，我才串行教你们，现在你应当请你郝老师，指点也好，教也好！他可是'活孟德'！这场戏唱的是气势，他不在话下！一定会把这场戏压住阵脚！"

我去找郝老师。郝老师认真地看了赋诗的剧本，倍加赞赏："真不赖，这些日子我也在看《三国演义》书上的这段，这是曹操自感万事俱备后的誓师发兵的场景，情和意境都表现出来了。可惜……我退出得太早，不知道他这本子，要不……不说啦！一个字：'好！'"

"那您先给我说说！"

"不说哪行！不过，这戏是萧先生编的，当年也是他给你说的，他又昆乱不挡，怎么排、怎么演，自有卓见。我这么横刀就说……你还是得先请他给你把意图说说。"我听得出郝老师态度很诚恳。

两位老校长相互推崇和谦让，再加上我原就有的重重压力，使我一时陷入两难之境。

晚上六点半已过，我回到家。福媛早草草吃了点饭去夜校了。

母亲、二姐、大嫂照顾我喝茶、吃晚饭。这一年多来，我忙于出国和演出，很少有时间能和大家一起用餐。孩子们向二姑妈要求不提前吃饭，等着和爸爸一起吃。这天一家人团团围坐了一大桌子。

饭菜是精心安排的，我先夹起一大块米粉肉，又夹起炒萝卜丝："香！都太香啦！"我知道这是母亲的拿手菜，都是在母亲指导下做的。果然，母亲笑啦:"再尝尝熬大白菜,这会儿的大白菜正好吃。国外吃得再好,哪有家里的饭菜滋润!"

母亲说得没错,家传的熬大白菜,没多少油,只有一点儿海米,熬得那个香,比全聚德的鸭汤大白菜一点儿不差!

"国外的西餐,地道,爱吃!有时是分份的,人家也就吃一份、两份。我呢,人家问:'One?'我说:'No!'人家问:'Two?'我说:'No!'人家问:'Three?'我说:'No!'人家问:'Four?'我才说:'Yes!'人家一听先是一愣,随之肩一端,两手一张,倒吸一口气叫着噢的一声转身走了,一会儿给我端来一撮……"

"哈,哈哈!"全家老老少少笑个不停。

"可倒好,由着性地要,也不懂悠着点儿!西餐有什么好吃的,吃不饱人……"母亲拿筷子点点我,半嗔半笑地怪我。

"您别看我要的份数多,量不大。要吃烤肉可就不敢要了!在乌拉圭首都蒙得维的亚的……对,叫拉巴……拉他河,都说这是世界最宽的河,真是一望无际。河边的餐馆,进门的大炉子上放着大铁扒,上头烤着大块大块的牛肉,好么!要两个人的份,四个人都吃不了……听说,他们一人一天能吃两三公斤牛肉!我真没这本事。"

"你准嫌不好吃!"

"甭提有多香哪!我想,如果蘸上印度印西亚的甜酱油,四人吃不了的我一人能都吃喽!"

据说,印度尼西亚用黄豆做酱油的技术是从中国传入的,他们又发展了一种用糖调制成甜味的酱油,当地人一日三餐都离不开。我非常喜欢这甜酱油,顿顿都没少吃。

"啊!您把印度尼西亚的甜酱油带到乌拉圭?"小蓉惊讶地问。

"这是比方!那烤牛肉的香味……哎呀,别看一切开里面还是红肉,有血丝……"

"行啦!流着血汤子,怎么吃,听着都恶心……"母亲说。

"好,不说这个……您不是爱吃王致和的臭豆腐吗?巴西有一种水果叫榴梿,老远就闻到它的臭豆腐味!"

"水果也是咸的?"

"不!吃起来甜香甜香的……"

"一想就好吃不了,也没那口福!还是在家吃我的臭豆腐抹窝头吧!"母亲头一摇嘴一撇,把大家全逗乐了。

"您还吃过什么好吃的?"几个孩子听得入了神,异口同声地问。

"还吃过一种水果叫'黑眼睛',你们猜……"

"甭猜,您一说叫'黑眼睛',准是圆的、不大,像眼睛似的,味嘛……甜,甜酸,决不会苦和咸,那就没人吃了!对吗?我得一百分!爸爸。"小蓉直说谜底,骄傲地等着爸爸的评判。

"最多五十分!"

"为什么?"

"形状像姑娘的眼睛,黑色的,对了。这从名字上就知道了,还用猜?味道是甜,还有香味哪,这只是外表。宽者给你五十分!重要的是它的特点,整个放在嘴里含,最后把核和皮吐出来,是香甜。一旦把皮咬破,好么,又苦又涩!这五十分是零!完了吧!骄兵必败!"

"噢!大姐败喽!爸爸还有什么呀?"弟妹们接着问。

母亲见我净顾着说,夹在碗里的菜没怎么吃,有意要阻拦,张了张嘴话又咽了回去。

"还吃过……一匹'年轻的马'。"

"啊!吃一匹马?"孩子们无法相信。就是母亲、二姐、大嫂也和孩子们一样都两眼紧盯着我,虽嘴上没问,其实在等下文。

"名字叫'年轻的马',实际上不是马,是象征,就是说谁能把这份菜都吃了,证明是好胃口,也就会像年轻的马那样能狂奔、有力量!"

"瑞麟，吃饭吧，都凉了！还不累？少说点儿话吧！"母亲嘱咐完又回头对孩子们说，"食不言寝不语，你爸爸跑了一天啦，先让你爸爸把饭吃了，等有工夫，慢慢讲……"

"到底'年轻的马'是什么呀？"孩子们难以抑制新奇感。

"咱们都得听奶奶的话。待会你们猜，猜对了，有奖！"

"奖什么？"

"你们说！"

"我们也想吃西餐！"孩子们像商量好似的异口同声地说。

"好，好，好，等《群英会》电影拍完了，咱们全家去新侨饭店吃一顿，那儿的还不错！妈，咱们可以西餐中吃，先吃菜，后上汤，您就吃饱了，还可以多吃点炸大虾、奶油烤杂拌、奶油鸡蓉汤里炸面包丁，香！"

"爸爸，有个好消息，老想告诉您，您老忙，老没工夫！"小蓉把话题岔开了。

"现在有工夫，说吧！"

"你呀，最好把鱼吃完了再说，别又卡刺，一家人跟你着急，不就是躺椅嘛！"母亲插话拦住了。

"躺椅？好消息？"我不解。

"您都忘啦？不是让北京电影制片厂打条借走了吗？"

"噢，还真忘啦！甭说，是《祝福》上映了。这几天，忙得都没顾上看报……那躺椅鲁四老爷坐啦？"我想起来了。

去日本访问演出前，吴祖光偕夫人新凤霞来家中做客，吴祖光和我是在科班就相交的朋友。他一眼就看中了这对躺椅，这位电影《祝福》的改编者说太适合鲁四老爷家了，立即向我借用，这有什么不成的。几天后，北京电影制片厂派人打了借条将躺椅借走。

"没错，那躺椅有好几处……"

"清楚极啦！"

"还有茶几……"

"我们看了三遍……"和平、小妹、小弟争先恐后地抢着向我汇报。

"还提呢,一看报上登了这部电影,几个孩子疯了似的为这躺椅抢着去看。票买不着,买了晚上十点才开演的,到家都夜里十二点多了,我跟福媛这不放心!"

"妈,你们看了吗?"

"都看了,多好的电影!福媛打电话找孙楼东订的票,全去了,就是太惨,都没少掉眼泪!你也不可不看!演员演得好!"二姐说。

"原著就好!当年我在上海看过袁雪芬的越剧,好!拍成电影,白杨、魏鹤龄都是四十年代的名演员,演得更错不了,插空我真得去看。咱们这对躺椅鲁四老爷坐,合适。祖光说,找了好几个样式都看着别扭,咱们也算给《祝福》做了点贡献!瞧孩子们高兴的!"

最后,都吃完饭的时候,谁也没离开餐桌,听孩子们猜这"年轻的马"是什么。当然啦,孩子们不可能猜着。

"猜不着,我可说谜底啦!就是一个特别大的玻璃杯里装满带汤煮熟的枣和李子。"

"嘻!就这个呀!"孩子们初感很失望,随之又齐声大喊,"奶奶、姑妈、大妈,我们也想吃'年轻的马'!"

"吃、吃,等秋天有了李子和枣,就给你们做!"

"可有一样,你们都没猜着。奖励取消,西餐免啦!"我故意说。

孩子们一听,有点儿情绪低落。和平想了想说:"您答应我奶奶去吃的,还让我奶奶西餐中吃,多吃炸大虾什么……什么的……"

"爸爸说话从来算数!何况是请奶奶吃西餐,我们得陪着奶奶!是吧奶奶!奶奶!"

"对啦!最要紧是奶奶刚才说的等您受完累,好好去补补,也能取消?"这下孩子们可有挽回败局的强势了!

"好！去！"我连连答应着。

这顿饭我不知不觉吃了很多，什么是幸福？什么是温暖？这就是温暖和幸福！可惜，福媛去上她的学，没看到这幸福景象。

我拍完《群英会》戏曲片，也去看了电影《祝福》。及至八十年代，电影《祝福》再度上演，与这对躺椅在荧屏上再见面时，心头可谓五味杂陈！在那不堪回首的年代，这一劳动人民自己创造的精美物件糊里糊涂地被作为"四旧"代表砸了个稀巴烂，变成了为人民"服务"的劈柴。

然而，它算幸运的，有幸随鲁四老爷留下了影儿，至今还能成为一段可见的美好回忆。

我回到自己房间坐在沙发上陷入沉思，下一步该怎么办呢？《群英会》摄制组在等待着，时间很紧迫。

"哟，怎么没开灯呀！"话音未落，灯已亮了。

"我跟老太太、孩子们聊了会儿天，刚过来。估摸你该回来了，考完啦，怎么样？"

"放心吧，十拿九稳！还能给我家官人丢人现眼？"

"但愿如此！下礼拜……"

"最后一次，拿结业证。"

"谢谢！"

"这味，我怎么听着不太正呀！我的诺言都实践了，给你的信写得事无巨细，洋洋三大张……比原定还多一张！"

"我也实践诺言啦，溜溜地支持了你三年，克服了多少重重困难……"

"算了吧，这三年，你绕世界地飞，回家了还得演出，数一数在家待过几天？又赶上我上过几次学？幸亏我坚持了，要不，我一人在家多没意思……"

"这句话我倒爱听……"

"又贫……说说你今儿的收获。"

"瞧喂,这上了学和没上学的时候就是不一样,学会咬文嚼字啦,还收获?报告:我一无所获!"

"不多鼓励我,还……不跟你贫了。我饿极了,走,上饭厅,也陪我吃顿饭,让我也顺便听听你的事儿。"

我将情况说完,忽然灵机一动,想出个高招儿:"你说,我把这老二位请到一块说,怎么样?"

福媛一听放下筷子,停下吃饭:"我也有此想法,这老二位互相谦让一下在情在理。干脆,将老二位请到家来边吃边说,当面锣,对面鼓,准行!"

"有理!找全聚德订烤鸭……"

"不好!这冷的天,凉了不好吃!"

"他们的大圆笼外头有棉套……"

"那也不行,鸭皮就不焦脆了。订菜可以,我再做点儿小菜,包点儿三鲜馅的小饺子,也适合老二位的牙口。老师喜欢吃饺子……"

"好!牙口,你倒甭担心,你没听小蓉说他去找盛萱的女儿上学,萧先生还从炕上的柳条编的簸箩里拿铁蚕豆给她吃嘛!你大胆订菜单吧,我去请!"

第三天,老二位全被我请到家里来了。

果然,郝老盛赞萧老想法高、剧本好,为曹操这个人物从正面又大大增加了光彩。萧老也盛情请郝老这位"活曹操"帮助我将剧本更好地搬上银幕。郝老略略谦让也就承请了。

郝老师悉心研究了《横槊赋诗》,将原唱【流水】加工改为【导板·原板】转【快板】,充分运用了架子花脸铜锤唱的演唱方法,使这段唱腔气势磅礴,更鲜明地抒发了曹操踌躇满志地在文臣武将面前横槊赋诗表达壮志襟怀、必胜的精神气概。萧老对郝老的改动也甚推重,在他的《谈艺录》中曾专门提及此事。

很快，曹操《横槊赋诗》这场戏开始在我家中紧张地合乐练习，很快，我完成了拍摄《群英会》《借东风》的任务。

二月下旬，我即和李和曾、江新蓉等演出了《除三害》《赠绨袍》等戏，即去西北、西南巡演了。

壹壹柒 感肺腑 《探母》悲声

《李逵探母》一剧首演于一九五七年三月三十日北京工人俱乐部。

这出戏，从传统戏讲很早就有了，如《真假李逵》，也叫《闹江州》，有的还是《闹江州》带《杀四虎》。我在科班的时候，经过王连平在《闹江州》和《杀四虎》的基础上，新编了一出叫《沂州府》。李逵是沂州人，又是在沂州发生的事，所以戏名就叫《沂州府》。头场是忠义堂上，李逵向宋江要求回家探母，宋江做了一系列安排。然后是李逵去探母途中遇见李鬼劫路，李逵义释赠银，约定几日后见面同上梁山。李逵见娘极简单。母子见面，就"哎呀，老娘呀"，互相一抱一哭，背着娘就走了。到了山上，李母被虎吃，李逵杀了虎，这段叫《杀四虎》。由于杀四虎被官府发现，又加李达告密，李逵被捕。李鬼赴李逵之约来酒馆相见，从酒保口中得知李逵已押至江州法场。于是，李鬼跳楼劫法场，救李逵欲上梁山。这时李逵的哥哥也来了，见李逵和李鬼的面貌、身量长得极相似，打诨说："哎哟，我怎么俩

一九五七年三月三十日首演《李逵探母》，我饰李逵，李金泉饰李母

兄弟呀!"这个情节，印象很深。这出戏李鬼救了李逵才是戏胆，为主演。李逵的表演都很草率，那时马盛雄师兄演李逵，我演李鬼。出科后，在天津大戏院为救场，仅和侯喜瑞先生合演过一次。

眼下所排的《李逵探母》初始构思自一九五五年的缅甸。

出国时，虽说日程安排得很紧，但演出任务不重，往往在广场演出，不适合演文戏，我只演《闹天宫》中的托塔李天王。我当时正值三十七八岁，又身强力壮，剩余精力很多，利用这机会看看书。

出国前要求我们要轻装简从少带行李，本来还要带一本《三国演义》，考虑《黑旋风李逵》一剧排出不久还有修改的余地，便只带了《水浒传》。这两部名著我记不清看过多少遍了，自从十四五岁时到郝老师家，看到郝老师那本用笔勾画的《三国演义》，便闲时看，排与之相关的剧目更要看，总会从中得到启发，受益匪浅。

春节前中国大使馆与中国艺术团一起开了联欢会，一解思乡之情。回到驻地吃完了西瓜，也凉快了，仍毫无睡意的我顺手拿起《水浒传》来看。

我又翻到最近常看的李逵要回家接老娘一段时，不由得触动了乡思，尤其是春节的大年初一呀！一晃儿离家三月有余啦！何况出国前集中等签证还用了很长时间。每逢佳节倍思亲，虽说得空就给福媛写了家信，可思乡想娘、想妻子儿女的亲情时时在念中。

多年来，自己能在家过节的时候太少了！往往三十晚上十二点吃饺子或初一早晨抢吃包铜钱的饺子时，母亲都会摆上我的一份碗筷，然后按辈分大小依次轮流从盘中夹一个饺子，看谁能吃到有铜钱的，谁就会在这一年中吉祥、福气，事事如意。我的这份饺子有时母亲代劳，有时母亲让福媛代劳。有一年，谁都没吃着这吉祥饺子，最后查看到吉祥饺子是在我的碗里，母亲特别高兴，说："瑞麟这趟外出一定是万事如意，吉祥平安！"不知今年的年三十晚上是谁吃到了吉祥饺子？

又想到，母亲年轻时难熬的岁月，每逢年三十晚上要包辞岁饺子时，都会被讨债人逼得痛哭……幸好母亲已年近七十，尚身强体健，我甚感欣慰，自己一定要让母亲在有生之年活得健康、高兴！甚至还想到自己小时候顽皮、闹气，晚上不睡觉，母亲一边拍着、哄着，还一边唱着"打花巴掌得，正月正……"

想到这里，不禁学着母亲所唱的轻轻地哼起："打花巴掌得，正月正，老太太要看莲花灯，烧着香儿，捻着捻儿，茉莉，茉莉花呀，串枝连呀！江西腊哪个海棠花。二月二，老太太……老太太……"这首民间歌谣很长，从正月数到腊月，都是民俗的事，可惜早已记不得啦，我摇了摇头停下来。

当再次拿起《水浒传》继续静心往下看时，发现李逵探母、沂岭杀四虎这段情节太好了，与当年在科班曾演过的《沂州府》大不相同。可以搞成非常动人心弦的一出好戏！对，甭说比《沂州府》好，就是比《黑旋风李逵》也是更好的段子，排出戏，会更上一层楼。

《黑旋风李逵》的演出反响很好，都评论架子花脸可以主演一个晚会的大型剧目！不能停步的决心、信心，我异常强烈，多么想一气呵成连排几出这样的大型剧目！如若以探母为基础再来写一出李逵的剧本，可将李逵这个人物继续做多侧面的体现。李逵不光是疾恶如仇、杀贪官污吏，也有至孝柔肠的一面。李逵哭着喊着要回家去看老妈妈，与在老母身旁而不顾老母生死的忤逆哥哥李达，正好是一个鲜明的对比，很有戏剧性和教育意义。以此主题编出的剧目完全可以达到以情动人、以情取胜的境界。这个戏，将来就叫《李逵探母》，又点题，又响亮！反正《四郎探母》终因"歌颂叛徒"而禁演了。《李逵探母》好名字！这不就是《黑旋风李逵》的延续吗？

从表演上讲，我也感到了此戏的表演难度够大。"旦角怕笑，花脸怕哭"，这也是对自己所表演的架子花脸要提高做情、念情、唱情演技的挑战，这回一定要让这粗鲁莽壮的黑脸大汉真情凝肺腑，感众泪涟涟！

转念再想，何不利用这些空暇时间，将这个剧本的腹稿试着写出来，回国后向院里汇报，请求组织支持岂不就大有希望排演了吗？

我立即找出纸笔开始写腹稿，自此，只要有空闲就继续。这可是令我受益匪浅而又难以忘怀的一件事！

停停写写，忙于几次出国和国内的演出任务直到一九五六年，写成的已不是提纲，也写了一些重点场子的构想和部分词句。

如李逵下山去探母，这和《黑旋风李逵》中的《下山》一折同样，两场戏都只有李逵一个人物在舞台上，同样是下梁山到沂州的场景，怎么样用不同的内容和不同的艺术形式来体现呢？这个问题着实费了脑筋。

《黑旋风李逵》的下山是李逵独自下山到沂洲去寻找戴宗，他有一种自由、舒畅的心情，因此边走边看，看山、看水、看花草，听鸟声、听卖酒声，想喝酒又想起宋江嘱咐，又克制着不敢喝。有了这么几个提示，采用了【摇板】载歌载舞来表达他的这种心情。

《李逵探母》就不同了，他没有心气儿来观赏美景，他是一心想要到家看娘，打算把娘接到梁山来共享荣华，是急于回家的心情。而且他离家越近心情越急迫，进了沂州走到小时候戏耍之地，便回忆起儿时趣事。我想到了选用昆曲和发挥架子花脸的念白特点来描绘行路及边走边回忆儿时的故事。

考虑最多的还是《见娘》一场。母亲摸到李逵的胡须，难辨真假，李逵也才发现母亲双目失明看不见，母子无法相认等。

我觉得自己文化上吃着大亏，写不出心之所想的高度，大有江郎才尽的感觉。于是就跟院领导提出来，少波同志很支持，说："找翁偶虹，你们二位一块，让他帮着你写。"

"好极啦，让他写，我来把我的想法跟他讲。"我欣然领命去找翁先生。

翁偶虹比我大几岁，从广和楼时期他就看我的戏，对我十分了解。况且在起社以及"新中国"就与他编戏合作，《将相和》《云罗山》《逼上梁山》《虎符援赵》均是翁老兄的杰作。可以说几十年老弟兄相处，已经默契十足。

翁先生看了我的提纲虽似鱼网漏空，但觉创意情真意切，他熟知我们母子情深，这种生活情感也自然流露在剧情的字里行间，也十分赞赏我对此剧的设想，于是二人共同协商这个剧本的创作。

翁先生初时觉得加强李逵探母时抒发情感的一折戏，后边还保持《闹江州》的路子，表达李逵、李鬼之间的"义"字情怀。

我摇头说："李鬼的戏太重，冲淡了李逵探母的剧情，喧宾夺主吧。李鬼又由谁来演？还是我演前李逵、后李鬼？这出戏只需要表现的是李逵的至孝……"

"有道理。既如此，李鬼剪径这段戏显得累赘，所以也删掉。"

"删掉？"我沉默了一会儿，又摇摇头，"删掉李鬼剪径……李逵下了山就探母，剧情太简单了吧？该设点儿障碍……幼春饰李鬼，叶德霖饰李妻，他们演的，准会托戏、增色。再者说全减了，戏也不够大。"我最后很肯定。架子花脸这个行当需要整场晚会的剧目！《李逵探母》将是继《黑旋风李逵》之后的又一个大型剧目！

翁先生完全理解："这么说，李鬼要有，戏还要断……"

"编剧叫谁三更死，谁敢苟活到五更？"我调侃地说。

"你这段儿歌……"

"小时候，我不听话，我母亲经常哄着我唱这首歌，您给我放在母子相认的时候……"

翁先生和我多年相交，深知我对《李逵探母》这个戏已是思之若渴，而且我已经将自己生活中的内心之情倾注剧中，他备受感染，认为我会创出艺术的新高度，对此戏的成功充满信心。

剧本写好，我一看即激情满怀。剧本脉络清晰，删减了不必要的情节，由衷地感到写京剧的剧本，作者必须有生活，演员也必须从生活上来着手，两个人必须配合默契。《李逵探母》之所以成功，关键是编者和演者感情沟通融成了一体。

《李逵探母》一稿剧本是从宋江接来父亲宋太公，摆宴庆贺，引出公孙胜也请假回家接母亲，大伙儿全在喝酒高兴的时候，李逵见状，触动逃离家中已久思盼老娘的心绪，放声大哭："你们都有娘，难道我就没有娘？"引出了李逵探母的情节。

少波同志指出带上公孙胜有些啰唆、累赘。

二稿改成开场就是朱富卖酒。朱富是旱地葫芦朱贵的弟弟，在沂州做隐藏，给梁山通风报信。表现李逵已上路回家探母，梁山上不放心，就派朱贵随后跟着他找朱富接应。李逵路遇李鬼剪径义释赠银，后又误找李鬼妻寻水，李鬼夫妻欲霸李逵银将其害死，才被李逵杀死。李逵在朱富的接应下顺利回家探母。此时，李逵之兄李达虐母不孝，使李母陷入饥寒难熬之境，双目失明的李母与归家的李逵难以相认，在李逵几次说出儿时趣事，方得母子团圆！不料，慌乱中背母亲误登沂岭，为母寻水解渴时，李母被虎吞吃。悲愤至极的李逵怒杀四虎。李达图财告发李逵，致使李逵被官府抓捕，朱贵救李逵与李云对阵，边打边劝李云倒戈，李云终被劝服，与李逵、朱富同回梁山。

剧本达到了突出探母的主题，还增加了许多感人的情节，并不是《水浒传》里有的，完全是编剧翁偶虹老兄读懂了我的心，才使笔下的深层构思跃然纸上。

如《行路》一段回忆幼年上树摘枣这个扣子，及至《见娘》的儿歌运用，是恰到好处的惊人之笔。尤其设想盛章饰朱富，最后和李云交战救李逵的豹尾之笔都非常理想（但因盛章患病，此折戏只好又改成朱富调来梁山好汉杀败押解官李云，劝说归降，同回梁山）。面对非常满意的剧本，更激起我的创作欲望，全身心地投入到创作中去。

创作中难点不少。儿子见了妈，叫妈是正理。可是搬到舞台上许多地方直接地、大声地喊妈，就觉着不入耳。该怎么叫才舒服？就一声声地试叫，没想到，闹了场笑话……

有一天，母亲在厨房择豆芽。豆芽择了没多少，就听见我在后院，高一声、低一声、大一声、小一声、急一声、缓一声地叫妈，母亲以为我喊她有事！急忙忙放下豆芽去了我房间。走至过道，就见我对着穿衣镜，一声不停地又改叫娘了，母亲明白了，这是又在练新戏。出于关心就在屋门口站了一会儿。

我直瞪瞪地看着镜子在找神气，没觉察母亲就在什么都看得着、听得见的隔墙外！

二姐闻声也匆匆过来了，接着是大嫂，最后是张妈抱着穿上大衣又围着斗篷、外包被子全副武装的小玲，和正在东屋哄着小玲玩的福媛。全家人坐的、站的将我房间门口围了个严实。

谁心里都明白又要排新戏，谁也没打搅我，我练习入了神……

福媛笑着忍不住走进屋叫了声："瑞麟！"

我没理会，正在皱着眉带哭声、颤音叫着："妈，妈，您别着急，您想想，我小时候上树摘枣，脑袋摔了个大窟窿，您摸摸我这儿，脑袋上还有一个大疤瘌哪。您拿手来，这儿，这儿……"

这语气将李逵心情表现得非常着急，语言情绪一直贯穿下去，叫着"您摸摸，您摸摸！您再想想，我小时候净淘气，净招您生气，气得您不吃饭，我还哄着您，我给您唱、唱、唱什么？噢，噢，打花巴掌得，正月正，老太太要看莲花灯,烧着香儿,捻着捻儿,茉莉……"哭得哽咽着唱不下去……紧接又哭着大声叫"老娘!"

福媛拍了一下我:"你把娘叫来啦!"

"叫娘顺耳不?母子相认,我怎么都觉着叫妈别扭……"

"待会儿再说顺耳不顺耳,你一声接一声地叫妈,娘都让你叫来啦,你先跟娘说一声!"

"是说呀,可他妈眼睛瞎了,不认李逵,李逵着急万分啦!急着想办法,得相认呀!这才连小时候的事也说出来,除了这,你说,他能跟娘先说一声什么?"我还没从戏中跳出来。

门口的人全大声笑了起来。

大家的笑声引得我这才向门口看,好!这回一下子就跳出来了:"哟,瞧我……不知道,没事,我要排《李逵探母》,在背本子。拿不准叫妈好,还是叫娘好,琢磨琢磨……您说叫什么好?"

"叫吧、叫吧,随便叫!都好!"母亲听到我这几句前言不搭后语的话,也止不住笑出了声……

刹那间,我看到母亲笑着的眼中闪着光亮,心里知道只这一点戏已是深深触动了母亲,尽管母亲清清楚楚地知道这是在做戏,肯定我的这些幼年往事,她哄我拍巴掌玩所唱"打花巴掌"的一幕幕,全涌上心头。

星期日上午,中国、北京两戏校的孩子们说不定又会来连玩带听说戏了,定好京剧院的乐队下午来家合《李逵探母》的唱腔音乐。母亲怜念我多少日子的忙,没睡好觉,愿让我早上睡得踏实点儿!她可就睡不踏实了。清晨,天将蒙蒙亮,母亲下地将睡在里屋的小蓉、小妹叫醒。

"起来,我带你们喝豆浆、吃油条去。"

"想睡觉……"她们不愿起。

"那……去吃煎饼。"这是母亲哄孩子早起出门的撒手锏。四个孩子很快就被母亲悄悄带出门了。

上午九点半钟已过，我房间的门一打开，吃过早点刚回家的姐弟四人，马上传递信息"爸爸起来了"，一窝蜂似的跑到我面前。

现在，我可不再举他们了，都长高了，我仍会问"功课怎么样？挨没挨老师的批评？"或"有没有受老师表扬？"

很快一个带头、四个合唱着《李逵探母》中李母的唱腔，响满了前后院。

望着孩子们的背影，我笑着对福媛说："有意思，四个孩子，像踩着'急急风'似的跑进来刚点个卯，你一声令下做功课去，全又都跑下去，活脱儿一堂龙套！"

下午，全堂文场和鼓师在我家中合乐，唱腔听起来挺流畅，已经不是一句几停，或一段唱需几次停顿纠正了。其中，母子相见时有一段【二黄流板】费的时间较多，在当时也是一个新的创作，搁在今天就不足为奇啦。还有李母与李逵相认，询问分别后李逵生活状况时，李母、李逵的对唱也下了不小的功夫。

天天凑在这里听戏的四岁小女儿小玲，居然也会了几句，虽说学得不完整，在大家的鼓励下，竟然能跟调演唱："……哪一个与你缝缝连连，哪一个好心田劝我儿你转回家园？自说母子难得见……"

在月琴伴奏下，奶声奶气的童音演唱后，房间里爆发出了众人热烈的掌声。

天已擦黑，屋里的灯都亮了。京胡、二胡、弹拨乐、鼓板、笑声、谈论声交响，我家这座四合院充满了欢乐和勃勃朝气！

四月初一个周日清晨，我收到了唱片公司寄来的每季度唱片的销售提成费的邮单。灌制的《黑旋风李逵》《除三害》等唱片销售不错，仔细一看高兴地叫福媛："这个季度的比去年的都好。钱，够两个月的工资了，干脆，今儿全都在家，咱们中午别做饭了，吃烤鸭去！"沉浸在《李逵探母》成功喜悦中的我，心气儿颇为高涨。

"好哇！前两天娘还说选个好天，出去逛逛，不算踏青，也透透气儿！我瞧哇，索性吃完了，全家都去中山公园转转。去年七月劳动人民文化宫的铁树开了花，报上一登，我和二姐、大嫂陪着娘去看，娘高兴着哪，年轻了有十几岁，说：'铁树六十年开一次花，这辈子能赶上看，还真没白活！'"

"这么好的事，我怎么不知道？"

"你当然不知道，那时候你从南美刚回广州。"

"你的汇报不全面！"

"今儿补上啦！又请你吃烤鸭，又陪你逛公园，还……还祝贺你《李逵探母》演出成功！好好抒发抒发你的心里美！"

对着呢！福媛说祝贺《李逵探母》演出成功，好好抒发抒发我的心里美。自从今年三月三十日首演《李逵探母》成功，这些日子以来我特别高兴！两年来的酝酿、筹划的力气没白费，又多亏编剧高手翁兄写出杰作，还有同台各位的努力，李金泉饰李母，演得逼真、情实意切；幼春饰李鬼，叶德霖饰李鬼妻，这"两口子"把前场戏托得平、垫得稳，骆洪年的李达令人恨之入骨……不负大家的努力，几场演出反映极好，尤其是《见娘》一场，不知多少人为之流下眼泪……

孩子们听到出去又吃又玩的消息，高兴极了！

一切准备就绪，母亲和孩子们都在院中等着聚齐出门好雇三轮车。大家发现我长时间没出来，福媛也没出来，母亲让小蓉来催，我说："你们先走！"

母亲对二姐说："你看，今儿天气多好，我挺想溜达几步。要不，咱们别雇车了，带着孩子们坐公共车吧！"

"公共汽车！"小妹给奶奶纠正。

"我也正想说呢！咱们走得慢，就先走吧！"二姐特愿意。

天气的确很好，出来过周日的人很多，没想到公共汽车出奇的拥挤！这支队伍三个大人、四个孩子，又有老，又有小，足等了三辆公共汽车也没敢挤上去，最后，总算在售票员热心的特殊照顾下挤上了车。那时马路上不塞车，但挤车的现象已日益显现。便宜坊在鲜鱼口，车到前门下车人多往下涌，上车的人急不可耐往上挤。

母亲、孩子下车动作慢，二姐断后没来得及下车，就被上车的人流堵住。直到人已再挤不上车的时候，二姐才力推众人迈下一只脚……不料，车门关上了，二姐另一只脚被门夹住。车开了，二姐单腿跳着被车拖出几米远！母亲和孩子们大声呼叫！

幸好司机及时停了车，不料，二姐用手扶着车门，迈下的腿还没站稳，就又有人欲往门上挤，司机见状急又开车。这下可坏了！母亲眼看着二姐被汽车带得无法站稳而摔倒，一头就栽进公共汽车底下，车还在向前开，后车轮已和二姐的头相挨……母亲目睹惨剧就要发生，不顾一切地大喊："停车！出人命啦！"扑了过去……

千钧一发之际车停了！母亲也正好弯身一把抓住二姐，太万幸啦！二姐只头皮略挨车轮，有惊无险！

及至我和福媛赶到便宜坊，母亲尚惊魂未定，述说挤公共汽车遭遇的险情。

大家虽吃得很高兴，但没有去逛中山公园就直接回家了。因为，二姐摔倒，母亲尚感后怕玩兴不浓了。

我和福媛也急着回家，是找那张转瞬就不见了的唱片费的邮单。刚才没说是怕扫大家的兴，又不愿让母亲跟着着急。奇怪了，收存到消失不过才一个多小时！回到家中，我俩说睡午觉锁上后院门，又重新回忆一遍早晨的事情。

我回忆收邮单时身上穿着睡衣，怕出门换衣服忘了带，就顺手关上卫生间门放入挂在那里的出门要穿的中山装上口袋里。绝对没错！于是，我们将睡衣、卫生间门里门外甚至后院又都翻找了一遍，还是没有。

福媛沏了壶茶，二人边喝边静想。首先排除了是孩子所为。张妈来屋里扫过地，她在这儿待了三年，忠厚老实，丈夫当兵去了台湾，杳无音讯，又无子女，况且大字不识一个，哪懂什么邮单？老孟是荀慧生先生给推荐来的，是很可靠的人，他根本也不到后院来。再有来过这房间的人就是小庄了，可她只喝了碗小米粥就走了。

小庄是福媛去四联理发店结识的一位女友。当福媛听说她二十四岁正在读大学，从心里对她又佩服又羡慕，一向不喜与外人交往的福媛交了这个朋友。一年多来，她常到家中来玩，尤其我出国、演出很忙，她与福媛谈天说地，特别是介绍了许多学校生活，这对一直渴望学习、渴望走出家门工作年仅三十岁的福媛，最具吸引力。小庄很会公关，也常多少给母亲买点儿小点心，给孩子们送几本旧儿童画报。

母亲总说，一个学生，有这点儿心，挺仁义，家中老小都挺喜欢她。她住在一座大四合院子里，家中很富有，这点儿钱在她眼中能算什么？绝不会是她。

我们陷入迷魂阵……

我想来想去想明白了，对福媛说："这事到此为止吧！吃个哑巴亏就吃个哑巴亏吧！"

"那哪成？这数目可不小，以后……"

"以后放东西多留神，重要点的上锁，千万别为这点儿事闹得阖家不安，人人自危。这事时间长了自会露出马脚。你说呢？"

"倒是有理，只是有点儿不甘心，转眼间哪，咱们屋子里呀……不过，舍财求家安……是上策！"

小蓉敲门了。

"玩去吧，我和你爸都睡了！"

"我有要紧事！真的！"

"有那么着急吗？"

"有那么着急！"

福媛开门，小蓉进来了，神秘地说："娘，我知道钱是谁拿的！"

刚才小蓉来催快走时，已见到正在找邮单，还帮着找了会儿。我们反复嘱咐她别说，以免奶奶着急。

"你是亲眼看见她正在拿吗？"

"没……看见，可我送小米粥给她喝，她就站在澡房门后……"

"越说越玄！站在门后不等于拿！你玩去吧，千万别瞎说，啊！"

精明的母亲早知道后院有事，趁我不在家三问两问，福媛就挡不住说了实话。

过了几天，母亲对福媛说："这事儿想来想去没个头绪，不声张，太对啦！要是闹得阖宅不安得不偿失。我早听人说罗圈胡同有个会算命的瞎子，算得很灵。要不哪天得空，咱们娘儿俩去试试。"

福媛没敢回答去与否，她知道我不信。

"你甭跟瑞麟商量，他打小就不信，他大姐的事，还有那回放血……伤了他了。甭管灵不灵，咱们借这个茬儿去开开眼，自当去玩一趟。"

她娘儿俩真去了，算命的说，这钱不是家里人拿的，是个属鼠的外姓人拿走了。娘儿俩回来，掰着手指头算了半天，也没找出认识的属鼠的人来。也曾算到过小庄，她的岁数不太一定，先说二十六，也讲过二十四，搞不清究竟属什么。女孩子又没结婚，有时说周岁或说虚岁，在所难免。此事就搁在一边了。

谁想刚进初夏的一天中午，全家都在午睡，电话铃没完没了地响，福媛只好起来接电话。

"是袁世海同志家吗？"

"是。您是哪？"

"我是派出所，你家里有叫迟福媛的吗？"

"我就是。"

"你认识一个叫小庄的吗？"

"认识。"福媛浑身一哆嗦，凭第六感觉，猜测到谜团要真相大白了。她对警察较详细地介绍了认识的经过。

"她犯了案，被我们扣留了。审讯中招供拿了你们家的唱片费……"

"真是她拿的，我这么当她是朋友……"福媛话说得挺轻松，但浑身冒出一身冷汗。

"你还丢什么东西啦？"

"丢什么？不，不知道！"

"她自己交代还有世海同志出国带回来的尼龙袜子等东西，你查看一下，报个单子，上我们这儿领一下吧。以后交朋友一定要小心！"

福媛放下电话就往房间跑，拉开五屉柜的第四个抽屉，果然许多双尼龙袜都没有了。她曾把很多双袜子给了母亲，不多日子，母亲说穿上闷气不喜欢，把孩子们的也拿给福媛让先收着，说要等把孩子们现有的袜子穿得不要了，再换这新袜。福媛将这些袜子包好，收在了最里边。还有……她拉开立柜的抽屉，也空了很多，缺的什么已是记不起……

这些东西多是尼龙类织物和小日用品，可以系小辫用的各色透明尼龙丝、五彩猴皮筋、国内尚无的圆珠笔……

猛然间福媛想起，那天送小庄袜子就是当她面拉开这个抽屉拿给她的……我这不是引狼入室了吗？此时，福媛更觉心跳加快，浑身发凉……

福媛临去派出所时，母亲嘱咐福媛一定别忘问清她的真实出生年月。巧了，她还真的是属鼠。

原来那天早上，福媛刚去厨房涮茶碗，小庄来了。福媛陪她同到后院，想起老孟熬了小米粥，就去厨房盛粥给她喝，让小蓉给她端去。小庄站在桌前看墙上挂着的福媛、我合照的《牛皋招亲》戏装相，回头看见半掩的卫生间门上挂的中山装上口袋外露着纸角，就走过去提出一看……小蓉端粥进来，正看到小庄刚"办了事"未及走开，仍在门后站着。小庄若无其事地接过粥放在梳妆台前去喝。福媛进来了，小庄边照镜子整理头发边说，才想起中午还有点儿事，得马上走。再细想，自这天她来过几次电话，都说学校的学习太忙，等忙过去再来家。

福媛没见她来，派出所的电话却来了。

壹壹捌　最流连　历史珍影

春和日丽的四月十八日，北京十万群众在先农坛体育场集会，欢迎苏联国家领导人伏罗希洛夫主席。

当晚，毛泽东主席、朱德副主席、刘少奇委员长、周恩来总理陪同伏罗希洛夫出席了由文化部在怀仁堂举行的盛大京剧晚会。

中国京剧院也接受了演出《野猪林》的任务。任务，无疑是光荣的，艰巨性却是始料未及！少春嗓哑未复，无法上演这出唱功繁重的戏！怎么办？在保证质量的前提下换谁来演林冲？这真是急坏了中国京剧院上上下下的领导！

更是难坏了我"鲁智深"！没有林冲的合适人选，《野猪林》怎么唱啊?！我冷静下来想，再急也没用，面对现实吧！我把院中演老生、能有较好武功身手和嗓子好些有唱功基础的都挨个儿过了筛子。有啦！茹元俊，他是谁？元俊出身梨园，小生、武生世家，曾祖茹莱卿、祖父茹锡九、父亲茹富兰均是名武生，本人也是富连成科班毕业，工武生，扮相英俊，武功基础完全可以胜任演林冲的要求，唱得是味，嗓子也不错。

元俊接受了这一项重要演出任务，而且又是他渴望的剧目和角色，自然也是热血沸腾！他非常清楚，这是从天而降的大好机遇！如果胜任了这场演出，那么意味着自己的艺术历程将翻开崭新的一页！

经过少春连日的教练，我认真细致地给他说了林冲、鲁智深相互沟通的表演，排练也挺好，各级领导如释重负，对元俊这一后起之秀也充满信心、充满期待！

审查节目的这一天，在排练场外，元俊找到我，满面愁容用手指了指嗓子，摇了摇头。

"怎么啦？"

他凑到我耳根小声说："三叔，全哏啦！"哏是行话，指嗓子哑了。

"什么？嗓子全……"

"您听，嗯——"

"一字不出！这不单是'八十棍'唱不上去的问题啦！为什么？"

"紧张！昨晚上一宿没睡！"

审查暂停了……

真替元俊遗憾！之后他被错划为"右派"，更是一落千丈。待二〇〇〇年时，元俊演《龙凤呈祥》中的赵云，虽说他已白发苍苍，却风采依旧！有着那么好的扮相、那么好的嗓音、那么好的"起霸"！

一个演员一生能有几次机遇？机遇来了，不论你的条件多好，但你缺乏耐力、毅力，挑不起来或冲不上去坐失良机，也只能落个终生遗憾！

关键时刻到了，领导怕耽误正式演出，按我的推荐紧急派人赴外地调来驰名南北的名文武老生厉慧良。他是一身的好功夫、好嗓子，对他我十分敬佩。

厉慧良解放前是有名的重庆厉家班中挑梁文武老生。文的能演《群英会》,武的能演《挑滑车》,拿手剧目《长坂坡》《双枪陆文龙》等。厉慧良饰演陆文龙有个绝活:能左手把枪扔出台口,右手用另一杆枪把它勾回来。听说蒋介石曾多次看他演的这出戏,有一次他使了这个绝活,传到大家耳中可就神啦!说蒋介石见枪飞出舞台,似乎朝他而来,急忙后仰……后来我与厉慧良见面,问过此事,他一笑说:"那时太年轻!我想学了台上就得用,正好露一手!下了台不光挨我们老爷子一顿臭骂,说要问你个刺杀蒋委员长的罪过,你担得起吗?万一失手呢?还把我一顿好打!"

像这一年龄段或更老一些的艺术家们,在解放前曾给蒋介石演过戏的大有人在;给毛泽东主席演过戏的也大有人在,可是能给蒋介石、毛泽东同时演出的主演就屈指可数了。厉慧良久在重庆,一九四五年重庆谈判,毛泽东主席也到了重庆,厉慧良给他们演出了《群英会》,这是厉慧良独有的一道历史光环。

无巧不成书,厉慧良曾请戴国恒先生排过四本《野猪林》,后来他压缩成一本演出。新中国成立后他得到了我们的《野猪林》剧本,觉得这个本子好,也按此排演了,可说是熟腔、熟路。略略说说戏,再加上他一身的功夫、火候,就足以胜任了。

五月二日晚,毛泽东、刘少奇、朱德、周恩来、林伯渠五位中央领导陪伏罗希洛夫到政协礼堂观看《野猪林》。

演出结束,着深色西装的伏罗希洛夫在前、穿灰色中山装的毛主席在后,走上舞台和演员握手、合影留念。毛主席用湖南话向演员们说:"演得好!演得好!"留下了一张值得永久纪念的照片。

每每看这张照片时,我都不无激动地说:"当时中央首长上来和演员握手,再转过身朝前台照相,都是站在第一排,演员站第二排。忽然毛主席回过头来好像在找人,我站在他的身后,他一把拽住我的戏装——鲁智深的僧衣,说:'哎,你,前边!前边!'就在我被主席拽到前排的瞬间,摄影记者按动了快门……"

一九五七年五月,毛主席等党和国家领导人陪同苏联伏罗希洛夫主席在怀仁堂观看《野猪林》后,与演员合影

"毛主席、刘少奇主席、朱老总、周总理和林伯渠副主席这五位领导人一起陪伏罗希洛夫观看演出,在我的记忆中是罕见的,足见这次的重要性……"每每我会对看这张相片的朋友们如是说。

壹壹玖　党整风　深刻认识

一九五七年七月上旬，我们接到中国京剧院"停止演出，全团速回北京"的通知，全团立即结束在西北、西南的巡演，回到北京。

第二天，我到院里上班，犹如晴天霹雳般地使我悚然大惊！

先是院里的人见了我全没了笑容。有的，我跟他打招呼，他假装没看见，这还算好的；有的人不仅不理我，而且像对敌人似的横眉冷对。我十分不解，要知道，他们大部分都是与我同台多年的同事，更有那么多是从小一块儿长大，吃喝不分、无话不谈的哥们儿、师兄弟啊，怎么刹那间全不理我啦?！

院内到处是对右派思想批判的大字报，我上前去看，有不少是对我的，言语之尖刻令我顿觉懵懂茫然！

一九五三年，院领导让我做马连良先生加入中国京剧院的工作，并同意我应马连良先生之约赴东北演出，大字报说我是闹着脱离革命。

同年，我与叶盛兰、叶盛长、李世霖对京剧院的管理问题有意见，去文化部向周扬部长反映，现在说我们是"反党小集团"。

一九五六年中国京剧院要求各团为搞好剧团建设摆方案，现在说我是要将国家剧院倒退成私人旧班社，要将中国戏曲学校恢复旧科班。

最严重的是一九五七年，全国上演《上饶集中营》后不久，大约是在六月，我与院领导谈心时把中国京剧院比作集中营，说我是对党、对社会主义不满；还有一次我参加农工民主党的会议发言更属"右派"言论！

事情件件都有，怎么味道全变啦?! 怎么会是这样？难道我从加入中国京剧院以来，非但步步皆错，满盘皆输，竟还成了向党进攻的阶级敌人？

此时，我也才理解师兄弟们、多年同台的艺友们的疏远。我陷入从未品尝过的孤独、不服、委屈之中，感到从未有过的彷徨。

我没有任何思想准备。回想几个月来一直在忙——自文化部第二次全国戏曲剧目工作会议，肯定了从一九五六年六月召开第一次全国戏曲剧目工作会议后的一年来剧目开放工作取得了很大成绩，并确定了今后仍要继续放开手脚发掘和整理传统戏曲剧目的方针目标。我决心努力工作，让我院更多、更好地开出万紫千红的花朵，为发展社会主义民族新文化贡献自己的力量。

近期，《四郎探母》《连环套》都已放开上演，我还想对《连环套》做进一步修改，我与翁偶虹先生曾设想将黄天霸改成反面人物，但后来因接受了为迎接伏罗希洛夫演出《野猪林》，致使《连环套》的修改耽搁了。谁想迎接伏罗希洛夫的任务完成了，可改好的《连环套》剧本被京剧院亮了红灯。我只得又以短时间与李和曾整理排练高庆奎先生与郝老师在三十年代合演的《胭粉计》《七星灯》。五月八日、十日分别在人民剧场、广和剧场演出。五月十五日演《李逵探母》，十六日演《赠绨袍》，十七日演《黑旋风李逵》，十八日演出《胭粉计》《七星灯》。

劳累和外感风寒，我患了重感冒。《胭粉计》《七星灯》的演出已由娄振奎替演。病一好，六月八日、九日、二十日，我又出演《群·借·华》。六月二十九日，最后一场《群·借·华》演出后的第二天，中国京剧院第三团即领命赴西北、西南巡演,首先是到西安、兰州等地。

就当我们在兰州演出全部《连环套》时,我嗓音失润,准备治疗,没料到观众无论如何不答应,表示只要袁世海能演窦尔敦,"我们不挑剔他的嗓音",为了满足观众的愿望,只好以表演弥补嗓音不足,坚持演出。就在此时突然接到院里来的电报立即返京……

当然,在赴西北演出前,我也参加了学习,然而当时只顾排戏就没上心。记得五月中旬的一个早晨,我和往常一样看报纸,稍一浏览,见报上有"京剧界有些什么矛盾"的大黑体字,赶紧将要翻过的报纸又翻了回来。原来是《人民日报》和文化部昨天邀请一些京剧演员开座谈会,报上整篇登出大段文章报道众位演员的意见。大概看了一下标题,都是给文艺界部门领导们提的意见,我感到许多都很有道理。原本要细看,只觉得浑身发懒,下意识地感觉到会不会我病啦?今天多休息吧,把报纸收了。我果然病了,一病就是半月。赴西安之前,《人民日报》发表社论《这是为什么?》《正确地对待善意的批评》,全文发表毛主席的《正确处理人民内部矛盾》。赴西安之前也已提出"坚决粉碎右派的进攻"的口号。不过,我做梦也没想到,这"右派"二字居然能和自己有瓜葛?

我在团内的大会、小会接受批判,一个接一个要我老实交代。只有哥哥文林(已改名袁斌侯)顶着极大的风险及压力陪着我,帮我回忆问题、写检查交代、写思想认识,直到深夜、天明……

这一段时日,只要我和哥哥在家,家人都谨言慎行,低声细语,谁都不问我们在做什么。院里静悄悄的,没有了孩子们平时的说笑打闹。我和哥哥吃饭,母亲早与孩子们吃过了。到了晚上,我们哥儿俩一走进后院,福媛立即将后院房门锁上,怕不懂事的孩子们打扰。

只有上初二的小蓉似懂非懂地在屋门外转来转去,碰到福媛出来灌暖壶,小蓉就会走上去问:"娘,我能不能帮着干点儿什么?"

"你还小。听话,早早去睡觉,好好上学,等再长大点儿,自然就能帮上了。"

写检查要对每个问题讲清楚，再上纲上线谈认识。

一九五三年，我在组织获准的前提下随马连良先生赴东北演出一事，前面已说清楚，这里不再赘述。当时我对中国京剧院中的管理制度很有意见，尤其八小时坐班制，我和许多人谈论起来都有同感，很影响院里的艺术生产与发展。于是，我和叶盛兰、叶盛长、李世霖出头去文化部，向周扬部长反映这些制度管理、作风上不民主的问题。万没想到，回到团里就被扣上"叶、袁小集团"的帽子，让我们检查。我们不服气，幸亏时任文化部部长的周扬同志出面，指出我们找他汇报工作或反映问题是正当的，总算就此罢了。怎么能四年后，竟又翻出陈账，还升级到"反党小集团"？！让我怎能接受！

写到一九五六年，中国京剧院要求各团为搞好剧团建设摆方案。哥哥停下笔说："你，真不接受教训！我们对过火字，少说为佳！"

"你在二团，不太清楚。开始，谁都不摆，后来……"

"没办法？"

"对喽，摆方案是由三团书记袁广和同志组织少春、我、李和曾在一起讨论的。就因为有许多顾虑，所以连到谁家去讨论，都有过一段很有趣的争论。袁广和向大家提出到面积宽敞的咱家，我坚决拒绝，说太不妥。当初曾有'叶、袁小集团'之嫌。大家提出去少春家，少春也提出有困难。我们非要上袁广和家，袁广和为难了，说他家太小，几位都去更不方便，最后去了李和曾家。怎么说他也是来自解放区的老共产党员哪，还能担待一二。"瞧瞧，各自心中的顾虑可窥一斑。

讨论方案最初很沉闷。大家低着头的、仰着脸的，是只想不谈。袁广和一而再，再而三，反复开导，大家才提。可好，一提起剧团的改进来，刹都刹不住了。

"都说啦！"

"只能说！少春、我、和曾归为中国京剧院三团以来，书记袁广和是个好书记！他平易近人，很器重我们，也愿意听取我们几位正副团长的意见，真比院里的某些领导的官僚、主观工作作风强多了。我们也很依靠他。他要求我做的事，只要一句话，没得说。有时戏报急催广告稿，他常来找我。还正巧赶上我如厕的这段时间，只能坐在马桶上改。他坐在客厅里等我看后提出意见，他再修改好拿走。他又有耐心又没架子，倒是我觉得不好意思。所以，他死说活说地动员，我们哪还能拒绝？！"

"那就提出让国家的京剧院改派协理员？重实行新中国实验剧团打分制？"

"新中国实验剧团怎么啦？那也是在党的领导下成立的！是集体所有制的，怎么会是要退回到私人班社呢？那时，咱们十八个月排出五个新剧目，令我至今向往、留恋。你呢？一定也是。原新中国实验剧团的人都这么说。"

"当然。唉，向往归向往，留恋归留恋，咱们先面对现实吧。"

"所以，这次院领导来家听意见，我也谈了。这些年来，院里管理制度的问题虽有了一定改进，至今仍未解决。就连文化部长刘芝明都说了：'我以为这个问题在一九五三年已经解决了，怎么到现在还是八小时上班？这些都说明什么问题？管理得太死、太教条！'"

哥哥张了张嘴，我知道还是要批评我，我示意了一下接着说："那天是我病了。越来越深入的整风运动，已使院党委多次打电话找我征求意见，我病还没好，一直低烧、咳嗽。后来他们等不及就晚上来家听取意见，我想，大家都在帮党整风，提工作上的毛病……

"他们到家来，这说明领导们有着一番诚意倾听群众呼声，通过整风开始有了要改进京剧院工作的决心。我还挺感动的，真是愿把心里话向领导倾诉。我们促膝交谈，平心静气地直谈到深夜。"

我口干舌燥，大口喝了几口茶，接着说："主要谈了中国京剧院机构庞大，三个团，共有四百五十多人，演员一百七十八人，人杂事繁，窝工的很多；管理制度实行八小时上班制不合理，演员有戏没戏、有事没事，凑在那里聊大天，也要坐八小时的办公室。老生常谈了，就是不能变变。

"再有，院里三个团，团与团之间不相往来。我们三团只能适合唱老生戏，想唱《霸王别姬》借不来一团的杜近芳。一团唱《群英会》有周瑜和鲁肃就没法借孔明，没有一点儿灵活性。对外亦如是，院里花脸一大堆，硬是窝着，外地缺，要了几次，不给。

"文化部去年、今年二次召开全国戏曲剧目工作会议，要大力挖掘传统剧目。咱们院挖也挖了，但很少，只强调国家剧院要慎重，忽视了身为国家剧院的中国京剧院如何做榜样。我提到解放初期在田汉、马彦祥领导下组建的新中国实验剧团如何在几乎每天一场正常演出的情况下，十八个月排出五个新剧目。我更希望咱们中国京剧院也能、应该能、完全能如此这般！这是我掏心窝的大实话，是希望咱们中国京剧院的领导改进工作。咱们从来讲在班护班，今天是不是要讲在团护团、在院护院吧？这是领导到我家来，我面对他个人提的意见，怎么拉到向党进攻上啦？"

"谁让你说，不能把京剧院搞得像集中营，是你先敌我不分……"

"我知道，千不该，万不该，不该这么比喻，但绝不是蓄意！是当时正上演电影《上饶集中营》，我才顺口说了……"

"所以才叫你深刻认识！"

"再认识，也认识不到是反党……你说，不是新中国，不是共产党改组了旧班社，凭我——一个架子花脸，排在五牌上的架子花脸，能让全团跟着给我排《黑旋风李逵》《李逵探母》的主演剧目？包括以后还要排的若干主演的戏吗？郝老师奋斗了一辈子没办到，羡慕我赶上好时代啦。我能不感谢党，能不爱党？能不一封封写入党申请书？那天参加农工民主党召开的座谈会，进门签到时每人发一张表。我一看是加入农工民主党的申请表，立即想到，自己要求加入中国共产党了，已经多次提交申请书，正在接受党的考验，没必要再填这张表。我没打愣地说：'我已经申请加入中国共产党了，这表还给您吧。'马上将表退回。由此可见我对共产党的真心!"

哥哥点了点头。我深感宽慰。

哥哥又叹了口气："怎么又扯上戏校的事了呢?"

"还不是小毛子每周回家来我都会问他学习情况,能不与我当年在科班时作比较嘛!中国戏曲学校生活上的改善,与我们坐科那个年代相比是天上地下!学艺有这生活,真是托共产党的福!可是,旧科班再不好,却是看戏多、学戏多、演出多,学戏讲究来回穿插赶着学。你这边一唱完了,那边就找你,旦角需要你,你就上他那边去;这边老生的戏需要你,你就去傍老生;那边武戏需要你,你就去排武戏。一天到晚地,可以说是忙着学。到睡觉时,哎呀,脑袋贴枕头就着。一个学生出科时少说会一二百出戏不足为奇。学戏多、演出多,表演的人物丰富,自然艺术知识就丰富,从而实现量的积累到质的飞跃。当年师傅(叶春善师傅)总说,富连成是太上老君的炼丹炉,必须为梨园行炼出传代的真丹来!也确实如此。你看,不光是北京、天津、上海、武汉……我所到过的地方,京剧团挑梁的头路、二路演员,不敢说都出自富连成科班,也算居多。而现在中国戏曲学校呢,科目虽多,学戏太少,学生毕业不过只会几十出戏,有的学生会得更少,一年也没演几出戏,实践太少。许多学生学戏没有机会在舞台上彩排,更甭说见观众了。'千学不如一练',光学不演,绝对不行!所以,我建议该向富连成科班学的就得学过来,万一毕业生不够分数,岂不自断后路!这也错?落个……唉!"

"话得两边说,就怕串起来看。你要不参加农工民主党的座谈会,不发言,或许会好些。"

"现在,我才知道这是向党进攻的会。当时,连各大报纸都组织座谈会帮党整风,民主党派也属政治协商的范畴哇!我怎会知道反党?那天去开会,安排我和万春、盛兰一个车。中午吃过饭,门铃就响了,我赶紧起来去开门,二位已走到院中。本就十分英俊的这二位,都穿着淡色西服,打着领带,整齐大方,看上去英俊无比!真晃我一眼。我说:'哟!二位仁兄今天

怎么都这么正装打扮?'

"'去北京饭店开会,好歹得像个样儿吧?'盛兰反问我。你说,他们要知道去开反党的会,他们能打扮成这样?借他三五个胆儿也不敢!还说什么'物以类聚,人以群分?'冤枉!"

"你也这打扮?"

"不是!这会我推了几次,就因为这天的四点钟要去院里排《群·借·华》的戏,他们最后同意我提前退场,我才答应参加。甭说,院里管理问题不少,可有个大优点,对于没有连续演出的剧目,在演出前必须排戏,这可是保证质量的关键。一排戏得出几身臭汗,我哪能穿西装?我图凉快好洗,没犹豫,穿上平时常穿的白色短袖衫、蓝灰色的绸裤,戴上白鸭舌纱凉帽。'随便点吧,谁也不会挑这眼。'老万兄在旁说,他这方面是最喜欢随意的。我临出门又提起一件蓝灰色的薄长袖翻领衫和手上常拿的黑折扇。怕六月天儿雷阵雨无常,热了有扇子扇风,凉了有外衣,免得受凉又哑嗓子。我们三人兴冲冲边说边走出家门上车。谁知道此去能捅这么大的娄子!"

"提前退场排戏去,完全可以不发言哪!"

"是呀!近四点,我拿起衣服要去排戏了。架不住……"

"欢迎您发发言。"组会的人和与会的人们都热情地说。

"您来了,就说两句再走吧。"

盛情难却,我放下衣服坐下来:"那好,我就把上次跟院领导说过的,再简单重复几句吧。唉!"我长长地叹了一声。

"唉!真是的!可怎么写……"哥哥也长长地叹了一声。

"实事求是地写!"

我们继续写检查……

炎热的七八月实在难熬,但是还好,过去了。

这期间,我参加整个北京文艺界各种类型的大小批判会,见到许多同行都受到了批判。此时的我，已经深刻认识了该认识的问题。

我由衷地感谢院、局、部各级领导对我的理解、原谅，我没有被打成右派，我的心也更加靠近党组识，下决心一定听党组识的话，继续接受思想改造，甩掉包袱，为京剧事业贡献力量。

我轻装前进迎来九月的飒爽秋风。

整整中断了近三个月的演出恢复了。九月二十二日，我上演了《除三害》。当然，我绝没想到，这件事会在我全然不知的状态下，暗暗地、紧紧地捆绑了我二十多年。直到七十年代末，我才知道影响我入党的原因，才卸掉这影响子女、影响政治生命的沉重包袱。

壹贰零 《白毛女》现代戏潮

文化部直属机关的整风在深入地进行着，激荡着首都文艺界的反浪费、反保守运动也推向新高潮，群众性大字报"大鸣大放"地烧向四面八方。上万条的意见中，最显著的是人力配备不当，造成人力、人才浪费，艺术团体中几十人几年没有工作或很少有工作，一年只演出十几场次的演员大有人在。管理层脱离工农兵的业务思想严重，演职员们要求他们打掉官气、暮气、骄娇之气，认真执行党的文艺为工农兵服务、为社会主义服务的方针等。

中国京剧院全体人员的精神面貌皆为之一振，主要体现在演出的场次和挖掘整理的新剧目大大增多。

三团中，少春的嗓音经过多月休息逐渐恢复，能和我、和曾三人有分有合地演出了。我除主演《黑旋风李逵》《李逵探母》等戏外，也在李少春的《闹天宫》或李和曾的前边演些《黄一刀》《牛皋招亲》等折子戏，时与少春演出《野猪林》，时与和曾演出《赠绨袍》《除三害》。还共同整理了《取洛阳》《白蟒台》，于一九五七年十一月二十七日在广和剧场演出。

观众们尤为青睐的是《群·借·华》。剧中李少春饰诸葛亮，我饰曹操，李和曾饰演前鲁肃、后关羽。此剧已达逢贴必满之境。

一九五八年一月，第一届全国人民代表大会第五次会议提出带动全国人民争取全面跃进。

这一年的春节，首都艺术团体面向工农兵，纷纷组成轻装演出队深入京郊、山区、工矿和部队演出。

年前，中国京剧院三团由我与李和曾赶排了一出新整理的传统剧目《伐齐东》，阳历二月十七日（大年三十）在人民剧场演出，这出戏也就是当年在科班临时为马连良先生配演伊立的《黄金台》。

正月初一即去昌平山区慰问，正月初五回京，分别在北京工人俱乐部、人民剧场、广和、长安、吉祥继续轮流公演几出排演的剧目。

春节后，全国生产大跃进的高潮已是汹涌澎湃，各行各业都在向党报喜，满大街到处锣鼓喧天，东来的、西往的，虽是不同的队伍，但人人高举红旗，高举喜报，敲锣打鼓，再加上连珠炮般的鞭炮声、响彻云天的二踢脚，声声震人心弦，这景象真比前几年社会主义改造、公私合营完成报喜的时候更热闹。

首都文艺界的反浪费、反保守运动也推向高潮。文化部号召文化艺术界快马加鞭赶上去，强调在"百花齐放，推陈出新"的方针下，贯彻群众路线，繁荣创作。

文化部召开了誓师大会。

中国京剧院的同志们同样高举红旗和各色标语，高呼革命口号，敲锣打鼓地一路游行进入会场。

中国京剧院向大会报喜的跃进计划：今年要整理改编和创作京剧剧本几百本、排出高产优质剧目，并向全国兄弟戏曲团体提出友谊挑战。

当即马连良先生代表北京京剧团热烈应战!

赵燕侠代表燕鸣京剧团表示坚决赶上去的决心。

舒绣文也代表北京人艺宣布了增演场数、创作大批剧本、精减人员的消息,来向全国兄弟话剧院挑战。

紧接着其他文化部管辖的文艺团体、文化部门、图书馆、新华书店纷纷挑战、应战……各路文艺大军为繁荣文艺创作鼓足干劲,为创作出无愧于时代的作品而摩拳擦掌,下定决心跃进、再跃进,放"大卫星"!

中国京剧院对现有的四个团做了大调整:李少春、叶盛兰、杜近芳、我,四人组为一团,李和曾、江新容、张云溪、张春华、高玉倩等组成二团,三团是李盛藻、李慧芳、李宗义、景荣庆等,四团为均是中国戏校应届新毕业的学生组成的青年团。

演员新的组合,必定产生新的剧目,这是艺术发展的必然规律!身为中国京剧院一团的我们四人及全团人员共识是同心协力,多快好省地多排新戏,放"大卫星",才是真正能把心交给党!

决心好下,选剧目可费了大心思。

中国京剧院成立了艺委会,主任是导演阿甲,还有范钧宏、刘吉典、郑亦秋,成员是各团的主演少春、我、盛兰、近芳、和曾、云溪、春华等,开会讨论确定各团排演什么新剧目。

我们一团主要考虑的是在诸多的剧目中必须有一出能配合全国"大跃进"新形势,并使人耳目一新的戏。而且,既要快还要好,新写本子怕来不及,如有剧本框架比较成熟的、地方戏可以移植改编成京剧的、较为具备捷径条件的、适合少春、我、盛兰、近芳几位主演的剧目。大家左思右想,反复斟酌,想到了改编歌剧《白毛女》。

恰在此时,日本松山芭蕾舞团来北京,于三月十三日在天桥剧场首演舞剧《白毛女》。由于一九五六年中国京剧代表团访日的影响,他们在公演前有招待演出,给我寄来了请柬。

我看后十分激动，更增强了信心。第二天，我在团里告诉近芳："你快去看看吧！大有借鉴之处。"近芳马上去观摩了。看后，她激动得彻夜难眠，一上班，就找到我谈观感："日本的艺术家们可以用源于欧洲的芭蕾舞艺术的舞剧形式，完美表现了中国的这部名剧！我们京剧艺术，用唱、念、做、打的艺术手段，完全可以表演得更好！"

我、李少春、叶盛兰几位进行分析：这个故事观众喜闻乐见，深入人心。更重要的是，当时京剧现代戏极少，排出《白毛女》，贵在有新意，而且重要角色适合我们饰演。杜近芳自然是演喜儿，李少春演杨白劳，叶盛兰的大春，我的黄世仁。

我们很清楚，此剧长处虽多，风险却极大，这是要联手闯京剧现代戏之路！成功率仅有五成把握，明摆着，排现代戏的一系列难题将会难以想象。

如果排传统戏，只要题材好，剧本有演员发挥的余地，四位多年同台，互相间有非常默契的合作，何愁不轻车熟路地放最大的"卫星"！

然而，大家也都非常清楚"不入虎穴，焉得虎子""要放卫星就得敢闯南天门"的道理，全都很积极、很愿意共同联手，去探索京剧表演领域中如何表演现代人物这一挑战性很强的课题，哪怕一旦失败会影响自己在观众心目中的形象，单就敢于争取胜利，为党的文艺事业放颗"大卫星"的决心，就为创演成功增添了三成的把握！

就这样，我们胸有成竹地怀着对《白毛女》八成的必胜信心和期望，共同找一团支部、院领导汇报。在院领导、艺委会的支持下，剧目立即定下来实施。

我们大家先去观摩学习了歌剧《白毛女》演出。

范钧宏同志回来即开始将歌剧本移植改编成京剧本，写得一场，便由刘吉典谱曲、阿甲执导。演员们接本即各自琢磨如何表演自己饰演的人物，分头忙着背戏词、练唱、合排，准备下排练场。

在此同时，发扬群策群力的力量。各角色一起坐下来，首先明确排演这出戏的立足点。我们演的是京剧，要体现京剧特色，显示京剧之所长，还一定要让观众认可这叫京剧！再明确地说，这出戏要新，要吸收歌剧、电影之长来充实我们自己，不能刻歌剧的模子。既要立足于姓京，还要观众接受！必须立足此剧姓京这个基点，互相商量你饰演的角色这点应当表现什么样的情感，如何表现；他又应当丰富些什么样的身段，互相切磋，以弥补每个人对戏理解的局限性。

为了分秒必争地抢时间，院长马少波一声令下："先立起来看！"大家边排边改，穿插进行。尤其闻听北京燕鸣京剧团赵燕侠同志也在排《白毛女》时，真正体现了那种比、学、赶、帮、超，夜以继日、力争上游的干劲。

跃进的精神汇成共同的心声，荡漾在中国京剧院四个团五百多人的心间。无论是前院礼堂大厅的舞台上下、中院东练功棚、西练功室，还是后院练乐室、乐队休息室、各团长休息室……只要有地方，就被利用来说腔、对词。

就是中国京剧院的打印资料室也都忙得不亦乐乎！为什么？剧本丰产，打不过来。到夜晚，只有穿向后院的中厅靠东侧房的灯没亮，因为那里是摆着供参观各式脸谱的展室，无法占用。

不奇怪，一团赶排《白毛女》紧张；二团赶排《智取杭州》和《智斩鲁斋郎》紧张；三团在排《五侯宴》；四团都在"抓住月亮当太阳"般地加紧排练，都紧张！

同时，超乎寻常在三月九日的报纸上先登出《白毛女》预演广告。破天荒！这一天，我们演员都还没接到剧本呢！

正是一九五八年三月九日，京剧界发生了一件令人悲痛的大事！令我着实难过了好几天。

十号上午，我正在中国京剧院创作组小楼上商量如何再出什么新剧本，惊闻程砚秋先生患心肌梗死于九日二十时二十分在北京医院逝世的噩耗。

程先生身体一直很健壮，前不久还排了新戏《英台抗婚》。还听说他在北纬路饭店给上海京剧院排《百花赠剑》呢！实在难以置信！与其说不相信，倒不如说不愿相信，不愿接受这残酷的事实。

这天临下班拿到部分《白毛女》剧本。下午，演员各自在家琢磨角色的表演，晚上就排。

中午，一向吃饭口口香的我，毫无食欲，唉声叹气的，时不时用筷子敲几下碗边，长叹数声："怎么话儿说的呢！怎么就……程先生才五十四岁呀！"

"你们要大战《白毛女》，没日没夜，不吃饭哪行？！"福媛把菜替我夹到碗里。

我没吃几口就放下碗筷，去后院自己房间里，坐在沙发上，闭了眼睛，一语不发……

据说春节后一天，程先生和夫人到电影院看完苏联影片《奥赛罗》回家，就觉得腿发硬，像要摔跤似的行走非常困难，医生说这是心肌梗死发作的先兆，程先生没有及时就医检查，以打拳练功治病，对病情无疑是雪上加霜。他又觉气闷，憋得满头大汗，请来中医大夫，服了中药平和多了。后来，又感到胸闷气阻，憋得豆粒大的汗珠直流。程夫人慌了，赶忙把老朋友李养田大夫接来，诊断是心脏病，需要马上住院。北京医院确诊为心肌梗死，需要住院绝对卧床休息。

我怎不难过？单就四十年代我曾和程砚秋先生多次在北京、上海的合作接触，已牢牢地被程先生的艺术所吸引。四十年代初，是程先生艺术的顶峰时期，我亲睹了他的华年风采。不太了解程先生艺术的只知道程腔的委婉迷人，殊不知程先生所演《女儿心》《弓砚缘》《虹霓关》《巴骆和》的花旦戏、刀马旦戏和泼辣旦戏，都令人拍案称绝！百花公主那回眸一颦、一笑、一羞的俏丽风韵，那似水如风、飘逸如飞的圆场功，纯熟的翎子功，是那么的运用自如；饰演《红拂传》中的红拂舞剑、舞翎子，都那么的扣人心弦；演《春闺梦》，用翻舞的水袖将新婚久别的少妇隐含思夫又娇羞的心态表演得淋漓尽致，这都是在扎实的武功基础上才能体现出来的。

尤其为庆祝抗战胜利，梅、程二位在上海竞演时期，我一直与程先生在天蟾舞台连演三个月。我每逢下场后，都会站在幕边看完程先生的全出剧才肯回家。即便是间断地相傍演出，也长达十几年之久，我早已自封是爱极了的程迷，而且自己感觉已把程派唱腔学得信口就有程韵。程先生孤行一去，是京剧的巨大损失呀！岂止如此呢？程先生提携、关爱自己的苦心，也都点点滴滴浸入了自己的肺腑！怎能忘却？

程先生在演完《二堂舍子》后，满身是汗不去卸装，半露半掩地站在上场门幕边，为自己演《秦灿打堂》一折把场。这对一个初出茅庐的青年演员来讲，其重要性是无可言状的！为什么？《秦灿打堂》一场在《二堂舍子》之后，那年代，为看程先生而来的观众此时立马会站身而去，回家了。程先生不去卸装休息，那些观众们就会安安稳稳看《打堂》一场，会取得好的剧场效果。这其中，程先生不乏为全剧的完整而考虑，但程先生关心提携后生也是重要的因素！

程先生很喜欢我的表演。每每程先生在演《锁麟囊》等戏之前，我饰演曹操和老生演员在前面演《群英会》的《回书》一场，上场唱三句【摇板】，转身归座时，都会见到未化完装的程先生在幕边特别专注地看这场演出，那一股暖流上涌，沸腾全心全身！何况，他的班社执法公道，一期演二十八场，就按二十八场戏发放戏份钱，别的班社都会减除二场义务戏，也就是演二十八场只按二十六场戏发放戏份钱。还有，他的班社始终善待底包，程先生责无旁贷地担当起奉养跟随他多年的曹二庚先生年迈的父亲（就是我在科班时教习昆曲的曹心泉老师）的责任。

最痛心的是三月九日下午，马少波陪江新蓉——程先生的女弟子去医院探望程先生。"外面一个劲儿地大跃进，多有意思！瞧我，人家大跃进，我倒大卧床了！"程先生说，"看了今天报纸的消息，你们要演《白毛女》，太好了！这种题材京剧完全可以演，不但艺术上可以做些实验，更重要的是京剧真应该扫扫暮气，开开新生面了！为什么不能使京剧又能演《群英会》，又能演《白毛女》呢？这样增强一个剧种的表现力，多好！好像一个干部又能打仗，又能做工，又能讲理论，又能写文章，又懂外文，多几样本事有什么不好呢！我是年纪大了，若是退回二十年，我准演白毛女！"快到开晚饭的时间，程砚秋让马少波和江新蓉也快回家吃晚饭，并叮嘱新蓉："再来时给我带几颗青果来。"瞧，程先生还在谈笑风生，还说自己病就要好了，可以工作了，要争取半个月康复出院。

多激动人心的话语！我绝对相信程先生所说"若是退回二十年，我准演白毛女"的话！在艺术创作上，他大胆、执着，我也深信熬莲子粥、深山取供果的大段演唱别具一格！可是，程先生就在他讲过这段话的三个小时后，就匆匆忙忙而去，这残酷的现实怎能让人接受呢！

福媛见我还在沙发上发愣，拍了拍我的肩膀："赶快琢磨黄世仁吧，晚上就要立起来看了，你得立起来呀！"

我只得长叹一声，强抑心绪。如果不是急于放"卫星"，绝对是一时难以将自己强扯回黄世仁的表演创作上。

硬着头皮拿起刚发下来的几页剧本，我看了看：第二场，年三十晚，黄世仁喝罢辞岁酒，在连声的鞭炮声中上场。音乐设计刘吉典为黄世仁的上场唱腔已商定演唱板式为【拨子】，唱词是："爆竹连声辞旧岁，悬灯结彩过除夕。哪有那闲情吃寡酒，想起了心中那个大闺女。""闲情"和"大闺女"的唱腔几顿几挫，似戏又如歌的小疙瘩腔，既适合表演，又很流畅自然地转接【数板】："那一天去到田地里儿，看见喜儿长得真不离儿。重眉毛、双眼皮儿、辫子细长亮又黑儿。"再接唱最后一句"我就入了迷儿"，依旧给表演留下很大空间。

饰演黄世仁这个角色没有了水袖，穿着簇新的长袍马褂，足下没有了厚底靴，要穿双老式毛窝。如何上场，观众见着黄世仁的第一面至关重要……想啊，想到了过去穿大褂，我常往袖笼内装手绢，对，有这个手绢的道具还解点儿尴尬！可怎么上场呢？我一时没叠好折，实在是思想难以集中。

日本松山芭蕾舞团演出结束，将赴西南地区公演。全国文联在文联大楼举行联欢会，饰演喜儿、杨白劳、黄世仁的艺术家们相聚一堂。这五位喜儿相聚，尤其引人注目！日本的白毛女松山树子，中国歌剧白毛女王昆和王庆芙，京剧白毛女杜近芳、赵燕侠，她们在一起留影，传为佳话。

岂止如此，松山芭蕾舞团在京演出《白毛女》大获成功，为我们提供了许多值得学习的地方，喜儿逃往深山变成白毛女时所穿服装和偷吃供果一场的芭蕾舞的动作，杜近芳就借鉴吸收在京剧《白毛女》中了。

三月十三日上午，嘉兴寺程砚秋公祭告别，我更是感慨万千、遗憾万千！数不清的桩桩件件像重放的电影一样，一幕一幕在脑子里回旋，挥之不去，去而又来。

程先生是永远地走了，他的杰作，被尘封许久的《锁麟囊》难道也随他永远地去了？听说当年报纸上提出要禁演《锁麟囊》，程先生正在南京义演这个戏为抗美援朝捐献飞机、大炮。程先生知道消息后，当日即改演了《玉堂春》。

周恩来总理知道了这件事，也曾找过毛主席，深懂京剧真谛的毛主席也十分感叹，说："《锁麟囊》这个戏是程砚秋的吧，他费了不少心血呀，给他留下吧。"是呀，几改唱腔，唱了二十多年的《锁麟囊》，蕴含了程先生多少心血呀！就四十年代初，新艳秋演出了《锁麟囊》，深得观众好评后，程先生再度将其唱腔全部修改，焕然一新，台下的观众一听，惊叹折服，那叫好声和掌声几乎震动屋瓦！我就在场，这其中的甘苦可想而知！

遗憾的是这出戏改也难！三个小时的戏，削削减减，改成两个半小时，脑汁绞尽地把薛妈改成了薛老师，改来改去也改不了薛湘灵的地主小姐身份，否则价值连城的锁麟囊岂有赠人的可能？改来改去也改不掉贫女赵守贞由贫变富、使奴罚仆、背叛劳动人民本色的严重问题！遗憾哪！空忙一场仍难解尘封！程先生去世前也还曾向前来探视的领导询问此戏前景，仍是茫然。

岂料二十多年后的一九七九年，欣逢改革开放的好时代，程派新秀频出，再度唱响《锁麟囊》。就是孙辈、重孙辈们也都代代接传，复演的岂止这一出精品，《春闺梦》等诸多精品，皆成功地活跃于舞台。沁人心脾、委婉幽香的程派唱腔唱响神州，享誉中外，跨越世纪。我院的青年演员张火丁还大胆运用程派的演唱和表演，塑造革命先烈江姐这一英雄人物。长足的发展，多么可喜可贺！

愿借此告慰九泉有知的程先生，您的遗愿已偿，请您一笑看昨天，含笑看今天！

京剧《白毛女》经过十个昼夜的排练，立起来啦！三月二十日即彩排。

那天本是招待文艺界，并发了票慰问家属的。不料，这天恰是周日，很多大学生闻风赶来人民剧场要求进剧场观摩，居然把人民剧场包围得水泄不通。大家如此热情高涨，使前后台的演职员们更加激动万分，特许学生们进了剧场。霎时，剧场内已不是座无虚席，而是全场站满啦！彩排中自始至终掌声不断！大家都对此戏给予充分肯定，赞颂《白毛女》一剧是京剧演现代戏很好的开端，势必会星火燎原！

《白毛女》一剧于一九五八年三月二十二日首演于人民剧场。

当然，这出戏排练时间短，尚很粗糙，需要改进之处颇多！但能受到观众如此欢迎，应该说是取得了初步成功。

剧中杨白劳这个人物的塑造是成功的。少春把京剧韵白和京白巧妙地糅合在一起，我们叫它"风搅雪"式的念白，听着入耳、舒服，如此体现这一受压迫的老农民，非常吻合，又俨然是京剧的念白，绝非话剧式，很不简单哪！杨白劳的出场，少春特意设计成身上披着一块白布，可以是用来盖豆腐的，也可以说是包袱皮，去赶集嘛，用得着。别小看这块白布，可是非常好用的道具。它可以做挡风雪的舞蹈动作，也使得亮相更有生活气息。还有杨白劳被强行逼按手印时的跪步、翻扑，喝下卤水直到临死摔僵尸倒地身亡……每句唱、每句念、每个动作，甚至一个眼神，都那么符合人物要求和剧情需要，难能可贵的是，全部成功地运用了戏曲表演程式来体现。精彩！十分精彩！

黄母的表演也把表面上吃斋念佛、实是阴险狠毒的地主婆的阶级本质揭露无疑。提到黄母就要提到饰演她的雪艳琴雪老。雪老，年长我十岁，是我的前辈，可是位京剧界响当当的人物！四大坤旦居首位。早在三十年代初，就曾看过她和谭富英师兄拍的《四郎探母》的电影。后来我有幸与她合演过《霸王别姬》。的确，论扮相、嗓音、表演之细腻均为上乘。虞姬的表演，尤其舞剑，别具一格。还有她演出的《贵妃醉酒》，都独具匠心。

一位好的演员都会在人物表演特性上下功夫。这出戏中黄母的表演成功在于演得非常有生活，说话声腔稳而慢，透着是那么一个吃斋念佛、一心向佛的善良老太太，与拿玉簪扎喜儿的动作之狠、之快形成鲜明对比，这个人物的特性，活生生地就摆在观众的面前。

对此，她也曾感慨万端地说："人生坎坷，什么人都见到过，尤其在与类似人群的接触中，亲眼所见，只不过借来用用。"包括后来排《林海雪原》时她饰蝴蝶迷，也极具人物特色，很出彩。

更使我敬佩的是雪老为人善良厚道。一九五三年，雪老从兰州来北京，还特地到家中来看我，不忘当年同台之情，真让我深感惶恐。那时，母亲在她走后十分赞美她，美貌中还透着一股高雅，非一般人可比！六十年代，雪老调往中国戏曲学校、北京戏曲学校任教，培养了许多接班人。

我为黄世仁所设计的辞岁宴罢送宾朋，内白"回头见啊"倒退步上场，然后转身站定，即为亮相又非为亮相；接着在唱完【拨子】："爆竹连声辞旧岁……"一段【数板】至最后一句"我就入了迷儿"时，用手绢一擦鼻，

《白毛女》剧照，李少春（左）饰杨白劳，我饰黄世仁，骆洪年（右）饰穆仁智

再装进袖笼的动作；在黄世仁被杨白劳抓住皮袍哀求，一脚踢倒杨白劳，用手抖干净皮袍的动作以及仿造电影手法在和饰演穆仁智的骆洪年深夜追赶逃出黄家的喜儿的情节中，创作出的二人提灯造型，配以追光强化的原地呈动态又虚拟的追跑表演，都得到众口赞评。

这些都是程式化的动作，被巧妙地融入现代生活中，别具新姿地再现于舞台。这为后来创作现代人物，开拓了一些思路和视野。

戏剧家张梦庚同志曾指出："袁世海同志演的黄世仁唱的花脸腔，但没有勾脸，他非常夸张地运用了花脸与丑角相结合的表演形式，他的唱、念、做，表现出了黄世仁的狠毒、卑鄙的性格使人感到真实可信，也不别扭。"

也有一位搞电台工作的同志评论："袁先生演的黄世仁，大大区别于电影中陈强同志的创造，充分发挥了京剧唱和做的特点。如与黄母要喜儿的一场，他大胆地吸收了丑角表演，甚至糅进了相声捧哏的手法，使得这个恶霸地主更具讽刺意味。"

这都是鼓励吧！

我对所饰演的黄世仁，虽存在着对黄世仁这个人物看法上的不同观点，认为也可能自己理解人物准确度有差距，或许并不成功。重要的是架子花脸这个行当表演现代人物的滋味亲自尝试了，心中的谜团已开始开释，只要京剧传统程式运用得当，是完全可以适应现代题材表演的需要。要想表演好现代剧目，不是要抛弃传统程式另寻别路，而是在广博地学习、继承戏曲表演程式的基础上，品出个中三昧的真谛，去恰当运用与发扬，才能演好现代剧本。在此基础上兼收并蓄地借鉴其他艺术门类的表演形式来丰富、润色，也是至关重要的。

《白毛女》一剧，受到中央领导的重视和关注，周恩来总理、习仲勋副总理给予高度的肯定和极大的鼓励！

四月初，文化部招待以罗马尼亚部长会议主席基伏斯托伊卡为首的政府代表团时，就由中国京剧院演了《白毛女》。周总理和彭真副委员长陪同贵宾观剧。结束后，又陪同贵宾登台同演员会面赠送花篮。

而后，《白毛女》分别在北京工人俱乐部、吉祥、中和、后勤礼堂、人民剧场等处连演二十几场，场场爆满，尤其团体订票之踊跃，欲罢不能。

随后，中国京剧院一团应天津强烈要求，赴天津连演一周《白毛女》。天津观众也是场场爆满，轰轰烈烈！

今天再看这出戏出台的价值，在于初步印证了京剧是能表演现代题材剧目。当然，京剧如何更好地表演现代题材剧目，依然留有许多诸如话剧加唱的痕迹、男生小嗓等未解决的问题，仍有待今后逐步探讨。

直演到四月中下旬，才开始现代戏和传统戏交叉轮流上演。

这一年，是跃进的一年，是京剧艺术开始跃上一个新时代的一年。

壹贰壹 大围剿 雀儿遇难

四月中旬的一个星期日早晨，天色尚未大亮，急促的门铃声响个不停，惊动了全家人。母亲披起那件粗毛线织成的大毛坎肩应声去开街门，大嫂、二姐、厨子老孟和小玲的保姆几乎从不同的房间全都前后脚到了门道。

"大妈，今天是打麻雀集体行动，您房上安排人了吗?"三位来者每个人胳膊上都带着红布箍，一看就知道是街道上的人。母亲往门外探头一看，街上有许多东来西往戴着红布箍的人快步走着，甭说，都是为打麻雀忙着。

一九五八年三月里，中共中央国务院发布了除"四害"（即苍蝇、蚊子、麻雀、老鼠）讲卫生的指示，一定要在全中国除尽"四害"。在"千方百计，四面八方全面围剿"的口号下组织了成百上千个捉雀堵窝突击队，大街小巷里都时常可以看到检查卫生的人群。

"安排啦!为这我都没带孩子们遛弯儿去!要的锣也拿回来啦，就是……有破音。好的，人家京剧院里不借，说咱们敲完了，台上就没法儿用啦!"母亲一口气地告诉他们。

"有就成！大伙儿都说，只要袁老太太答应的事，没跑！锣破，没关系。那该死的家雀儿，也就配听破锣！谢谢您啦，大妈，从现在直到十点前，房上都要有人值班。听见叫声，就跟着叫，就敲锣、摇竹竿子、晃布条子，不上房的也得帮着叫！都亮亮嗓！哈哈，哈……"

"吃早饭呢！"

"倒换着吧！除'四害'做得好，就得统一认识、统一要求、统一行动。今天是突击捕雀的关键，咱们这块块必须要统一行动，懂吧！咱爱国卫生运动委员会按地区划分、领导的一块地方叫块块。咱们这一块块，今天得统一大围剿'四害'，麻雀才能不落枝，咱逮不着它，累死它！这个糟蹋粮食的家雀一只一天吃三钱二厘粮食，一年要吃掉七十多斤！一对呢？一对一年还下好几窝呢，少说一二十只！得吃多少哇！最可恨，还一边吃一边糟践……麻雀还是损害粮仓，妨害生产的大敌……"

"这位大姐，您背得可真熟！好几个人轮番都给我们讲过了，都没您熟。"母亲实在不耐烦了。

"您可别夸我，不瞒您说，我还真不如他们背得熟……竹竿子、布条……"

"都备好啦，我做的。这上房……我这胖……低头看不见脚，太困难啦……"一直在母亲身后站着，做饭的老孟插话了，母亲安排他做大家吃饭时的候补队员，他没好意思直接说不。他的确太胖，腰围得有三尺五都难打得住。

"房上必须有人，这是死规定！你个大男子汉，胖点儿怕什么？又不老！你还得提高消灭'四害'重要性的认识！这是前无古人的……壮举！得鼓足干劲，力争上……房！今儿，三百万人统一行动！你不上，大妈上啊？还是让这小脚大姐上啊？"大妈指的是母亲，小脚大姐指抱着小玲的保姆张妈。

这下所有人全被逗乐了。老孟被逗得也咧着嘴笑了，心里却挺为难的。

"就是！大妈总是特配合我们工作。二姐也帮着操点儿心，一会儿上边来检查，咱们这块块还得在这片儿争个第一不是！"

全国大搞爱国卫生运动，除"四害"已经延续好几年了，以往都是以"三害"为主，北京的卫生一直在好转，苍蝇、蚊子大见减少，传染性疾病也在逐年下降。

进入一九五六年春，开始了消灭麻雀的高潮。初期是下网罗、下鸟夹子捉，每天上交统计数，效果不明显。又组织了成百上千的突击队，捉雀堵巢。亮出新招进入高潮，是大范围内高处使用噪声、轰赶，使麻雀长时间无法觅食、无处可栖而累饿至死的疲劳战术。

送走街道上的人，母亲不愿马上叫醒我。我天天喊着要放"卫星"，天天有演出，嘴里老说不累，可细心的母亲看到我眼睛里挂满血丝，能不累？她想到外孙小毛子，十七八岁的小伙子是最适合的人选，但也不成。这一年多来，他们中国戏曲学校演出比前几年多多了，再者，他要毕业了，没演出也天天满处看戏，每天很晚才回来睡觉，也不能这么早叫他！母亲略一沉气，看了看后院没什么动静，就说："先把和平叫起来，他求之不得想上房玩呢！"

"您忘了，梯子都搬到后院了，昨天跟福媛定好了，她早点儿开门，老孟悄悄进去，轻轻地，不会吵醒瑞麟。"二姐提醒母亲。

北屋前房檐太高，要上房必须从小后院爬上去。只有通过我房间，穿出卫生间才成。

"说是不吵，哪能不吵？昨天晚上有戏，今儿白天去团里排戏，晚上还有戏，哪出戏也不轻省！苍蝇、蚊子、耗子都该除，打家雀儿，嫌它吃粮食，它还吃虫子呢！打尽了，闹了虫灾，照样粮食没收成……"母亲没好再往下说，咽了口吐沫，对二姐说，"再拖拖……"

"甭拖了，早醒了！妈、二姐、大嫂，门铃按那么长时间，福媛说准是街道上催上房打家雀儿……"说话间，我和福媛推开通往后院的餐厅门，也来到院中。

"其实也得起了，白天有戏，走得早。"我体谅母亲怕街道上的人吵了我睡早觉的良苦用心，宽慰说。

我起床，老孟要给我做早点。我没让他上房，他胖胖的身躯，大大的肚子，上房是困难，还有这一大家子午饭的准备，更没那个时间。

母亲心想有和平在房上支应足够了，就踏踏实实地回屋放开收音机，不紧不慢地补起袜子来。其实，母亲这两年真的就是借此解闷，孩子们都穿尼龙袜了。

母亲还没听清楚收音机里放的是什么戏，紧催的门铃声又不停地被按响，压倒了收音机里的戏声。母亲不得不放下了手中的针线活，来到院里。嚯！震耳欲聋的锣声、呼叫声，耳背的母亲也不由得用手捂耳朵。

"大妈！总攻开始啦！您家力量太弱啦！就一个小孩，不成！赶快加强！"街道上的人风风火火地一迈进门槛就大声急赤白脸地喊话！

"加强！加强！他们这就都上房！放心，都安排啦！你知道，我家庆丰这孩子去工厂了，要不，他早就上了。老孟太胖，又胆小，家里老老小小……"

"放心，我上！"我也跑出来了。

"哟！太好啦！知道您挺累，天天演戏……没办法，咱们今儿是三百万人的统一行动！这回我就踏实啦！"街道上的人满脸带笑急匆匆地又上别家去了。

母亲关上街门叨唠着："那天上飞的，能打尽？"边回到屋去关收音机，别让它再跟着叫唤啦！闹心！

等母亲再回到院中抬头一看，好家伙，这回力量可真加强了！五位顶梁男子汉全都站在北房上。我高举着那面破锣，使劲敲着；文林两手一背，悠然地望着远方，不时抬抬手向远处指一指；小毛子抡动长竹竿，来回晃动上面的花毛巾；和平挥舞着刀坯子和拿了根树权的小弟，两人嗷嗷地大声唱着："爆竹连声辞旧岁，悬灯结彩过除夕……"好，后边还一个正往上爬到房脊上探出头的小蓉，看样子是害怕了，不敢再动了！六个人，房上站了整整六个人！母亲立时就急啦！

"拆房啊？这么些人在房上闹腾，踩漏了！还住不住？孩子不懂，你们俩大人也不懂！"

自家房上锣声停了，喊声停了，歌声也停了！当然，外边传来的锣声和喊声依旧是雄壮有力。母亲这高高的一嗓子斥责房上人听不太清，可母亲手指房上的满面怒气是看得清的。

"妈！没事，我看了，有的地方长草了……"

"谁老啦？你说我老了？！"四处的锣响、鼓响、人吼，震天动地，我说话的声音再洪亮，母亲的耳朵甭说有点儿背，就是一点儿不背，也根本听不清。

母亲这岔一打，火更高了。

"不是说您老了，是说房上长草啦！五年啦，是得找个瓦匠抹抹，勾勾缝啦！"我只能像在台上念戏词一样，用出鼻腔共鸣音与母亲对话。

"抹房是得抹房，这么闹腾快把瓦掀了……哎呀，留神！"母亲这回可算是听明白了，话已迟，没等说完，就听得和平哎哟一声，一个趔趄趴在房上，我一步蹿过去把和平按在房上。与此同时，吧嗒一声一块房瓦掉下来摔得粉粉碎。

小弟见哥哥和平有险情要去帮，脚底下也没站稳，眼看他身子往前倾，两手不由得去抓瓦，瓦被抓起，小弟的身子失控，倾头下栽。

母亲站在下边看得清楚，倒吸了一口凉气，急往前奔要去接住他。

说时迟，那时快，文林弯腰蹲身一只大手抓住了小弟的腰带将他几乎提了起来。真悬哪！接着是吧嗒、吧嗒两声响，两块瓦从房上掉下来，全摔得粉粉碎！

母亲急得跺脚，霎时眼睛里似乎都冒出了血丝，大吼："全给我滚下来！"

这次围捕，麻雀确实伤亡惨重。常是晕头转向撞入家中，仍难逃死路一条。

这年的五一劳动节，福媛给邻居介绍了一位对象。二人刚来我家在客厅见面，保姆端茶一开门，扑棱就撞进一只麻雀。晕头转向的麻雀在房间里四处扑腾，一会儿撞门上纱窗，一会儿撞立柜……大家忙随它四处抓捕，可是小麻雀后劲儿太大，玩命挣扎，就连来这儿相亲的"年轻武生"都未能得手除这第四害，只能随它自由！

送走二位客人，再返回客厅，麻雀已躺在门边再也不能动了。

壹贰贰 "大跃进" 红心献党

　　为了增加演出场次，更为了吸引观众，增强号召力，中国京剧院又采用了新中国实验剧团时的经验，增强四个主演互配剧目的方法。比如我和少春、近芳的《野猪林》前面，会加盛兰的《辕门射戟》；盛兰、少春和我的《八大锤》《断臂说书》前面，会加近芳的《贵妃醉酒》；少春和我的《打金砖》前面，是近芳、盛兰的《拾玉镯》；近芳、盛兰的《凤还巢》前边，就是少春和我的《斩颜良》；近芳、盛兰和我的《吕布与貂蝉》前边，是少春的《武松打店》。若少春日场《闹天宫》，晚场是近芳和我的《霸王别姬》。过硬的演员搭配、过硬的剧目搭配，演出效果场场客满不说，每月演出场次都增至二十六至二十八场，这中间加演了许多的晚会包场。主要是各大学院，比如石油学院、北大、清华等学校，还有各大军区，海军更是常去。主演们虽累，但能得以轮换，有一定的喘息时间。

　　近芳、盛兰二人还抽时间新排了《玉簪计》，首演于五月七日。第二天，少春和我在人民剧场演出了《将相和》。中国京剧院一团又赴天津演出一周《白毛女》，又到内蒙古包头等地巡演。

中国京剧院一团已和呼和浩特红星区的剧场签约，几场演过深受欢迎。大青山区的同志强烈要求看戏，特别强调大青山区是工人集中居住的地方。大家心里很明确，下来就是为工农兵服务，不满足他们的要求哪成？一团果断决定：大青山区一定去演，只要戏安排得巧，就能服务好。细一商量，少春、我、盛兰、近芳的戏分包容易，武戏人员难找，《闹天宫》极缺小猴。剧务们挖空心思，把几位没上过台的行政人员，有专管对外联系业务的荣国卫、院里的会计罗萍、管灯光音响的张复，都列入小猴的饰演名单。这才凑足三个猴娃，总不能像相声中所说，一边一个一边俩吧？全团就剩下一个人啦！谁？我！

大家不约而同地想到，只有在《闹天宫》前边演《牛皋招亲》或《黄一刀》下了场的我！大家又都不约而同地摇头了，我太胖，小猴衣服甭想穿进去！我却二话没说，一口答应下来。下场来，急忙卸了脸，又急急勾小猴脸谱……这四只小猴真不简单，圆满完成任务！大家都问我小猴服装是怎么穿进去的呢？

"大提气！塞！"我说。

直到一九八五年，和杜近芳一起搞改革团，在邯郸闲谈往事时，杜近芳想起这件事："五八年'大跃进'在内蒙古演出，在台上我一回头，瞧见猴群里怎么会出来个大胖猴？原来……"

当然这指的就是我，在场人忍俊不禁地笑上一大阵。

任务完成得可真不含糊！

罗萍是张春华的爱人，派来随团算账的，一个俊秀的女同志，勾个猴脸，学猴子两腿弯弯地走路，勇气着实可嘉！

荣国卫是广东人，和乒乓球健将容国团是叔伯弟兄关系。据说他的父亲在香港有半条街的生意，曾让他去继承遗产，他只去了趟香港，又回京剧院，继续他的对外联络工作。大家感动之余，开玩笑地管荣国卫叫广东猴。

张复也是个好同志，后来因为他曾在过溥仪的卫队，"文化大革命"中吃了不少苦头，让他跪玻璃碴儿，又在扎烂的双膝上用碘酒往上揉，但是他挺过来了！

此行真正跃进的成绩，是在如此繁忙的演出同时，我们还排出两台大戏：一台是杜近芳、叶盛兰、我三人合作的《桃花村》，一台是李少春主演的《探府记》。

巡演在呼和浩特即将结束时，接到了前往上海有重要演出任务的通知，到上海才知是为在上海召开的重要会议演出。

毛主席看我的演出已有多次，都是零距离接触，可我都是化着装。能在舞台下生活中和毛主席接触是这次在上海。

一天晚上，在锦江饭店有个联欢会。会场内三层台阶上是主席台，毛主席和中央领导就坐在那里。主席台对面摆了一圈方桌，上海演员、北京演员和许多首长都坐在这里。我和少春挨肩，眼睛紧盯主席。毛主席有时下来跳跳舞，除此，无论说话还是闲坐几乎都在抽烟。

周总理在会上十分活跃，到这桌找这个谈几句，又到那桌问这问那，不停地和大家寒暄。

一会儿，周总理来到我们这桌坐下，说："毛主席看过你们的《野猪林》，觉得很精练，等一会儿我带你们去见毛主席。"我们一听高兴极了，激动得快坐不住了，周总理看我们这个样子直笑。

一支舞曲终于结束，周总理走过去对毛主席说了些什么，毛主席点点头，起身走下三层台阶向我们俩走来。我和少春赶紧站起身迎上去，周总理向毛主席介绍："这是李少春，这是袁世海。"毛主席和少春握了手，听了我的名字有些打愣："啊？什么？你是袁世海？"周总理很能理解毛主席的这句问话，连忙解释："他是袁世海，大海的海。"毛主席笑了，和我握手，他很慈祥、很和善，我很是激动。

　　四十多年前的见面情景记忆太深了。其实，这样的误会多着呢，为什么毛主席听了我的名字一打愣，总理马上就解释，因为总理也有过一次。那是在中国戏曲家协会举办的一次活动上，周总理、陈毅老总走到大家跟前打招呼，通报姓名。

　　周总理问我："你是哪里人？"

　　"我是卢沟桥人。"

　　"哟，我还以为你是河南人呢！"

　　"原来挨不上呀！"总理和陈老总哈哈大笑。

　　我明白这是怎么回事。许多人都把我的名字同袁世凯联系在一起，袁世凯是河南人。别忘了，我本名袁瑞麟，进富连成科班排"世"字辈，改名袁世海。

　　更有趣的是，六十年代我们随同陈毅总理去西南慰问，陈毅总理索性就亲切、爽朗地管我叫"大总统"，这也不光因为字音相近，主要还是我这剃得光光的头。

　　五月底，中国共产党第八届全国人民代表大会二次会议召开，制定了总路线，提出"一天等于二十年"的口号。北京跃进形势如飞！

　　期间，六月五日开始，北京举办了现代题材戏曲联合公演，有京剧、评剧、豫剧、曲剧等剧种，主要剧目有《母亲》《战士在故乡》《罗汉钱》《朝阳沟》《刘胡兰》《三里湾》《刘介梅》《袁天成与能不够》《智擒惯匪座山雕》《白毛女》《李月娥还乡》《两兄弟》等。

　　六月底，中国京剧院一团为要参加现代题材戏曲联合公演赶回北京。

　　北京变啦！一时间，我简直是有点儿跟不上趟啦！

　　首先映入眼帘的是大街小巷满墙的带有浓郁浪漫极富幻想又充满冲天干劲的大中型壁画、诗歌。瞧，这幅是几棵秆壮叶绿的玉米，结了许多大玉米，玉米之大上面能坐个大胖娃娃；那幅大型的壁画上美丽的月中嫦娥探出半截身子，伸出玉手摘棵棵穿透云层的粗壮玉米穗；白长胡子的太白星君站在南天门大吃一惊地看到人间的梯田直修到南天门的台阶前，层层梯田上长满绿油油的水稻，在彩云中生机盎然，太白老先生惊讶得简直不敢相信……还有那或草书，或隶书，或宋体写在墙上的跃进诗篇，更有气魄！

"长坂坡头张飞吼，大吼三声水倒流。社员更比张飞猛，喝令江水上山头！"因为这首诗有张飞，所以我像背戏词似的记住了！

才别月余，北京就成了歌颂劳动人民的大诗画园地！

走进家门，我一眼瞥见，敞着门的三间南房里不再空空如也！彩花彩条在房中飘舞，引得我一步迈了进去。

迎门是一个大大的工作案，里面摆着几台新缝纫机。好，福媛居然在家中也能这么快就掀起跃进高潮了。跃进得太快了吧。我不得不搔头皮，自己怎么几乎事事都感觉出乎意料。

"没想到，这缝纫组还就快速地办起来啦？够跃进的！"我脱口而赞。

"我这可不算跃进，人家街道上在萧长华先生家的外跨院，办起了街道食堂，改明儿叫咱们家全去吃街道食堂，那才叫大跃进！"

"真的？全去吃食堂？你们去……食堂为我单做？"

"单做？美得你！限时的，二姐都向街道反映了，萧家、咱们，还有好几家有特殊情况的都让下一步再说。不过，孩子们、二姐都得去。"

"孩子们去倒还成。"

母亲也来了，说："先上北屋坐会儿，喝点茶，凉快凉快，吃了饭，有话再慢慢说吧。"

饭后，母亲午睡了。

我和福媛也回到自己的房间。

"你蹬缝纫机……缝的都是大波浪吧！能跑直啦？"我问。

"事实胜于雄辩，你去验收吧！"

"显摆?"

"迫不及待!"

我二人悄悄来到南屋。

这三间南屋本是哥哥文林夫妇居住的。从小就在一起居住的哥哥,现在搬到宣武门内绒线胡同独立生活去了。反右的时候,大家对我提的意见中涉及了他,刺了他的自尊心。他认识到,解放前人家要说这是袁世海的哥哥、袁大爷,尚有光彩的一面。如今听这句话,刺耳!他认为要靠自己的本事闯天下,不能靠着兄弟吃饭!我和母亲再三劝阻,但哥哥决心已下,到底还是搬出去居住,只是答应继续接受我每月的资助而已。

别看家中只少了两个人,可那早晚间练习拉曲子的胡琴声消失了,家中一下子冷清了许多。与母亲婆媳关系很好的贤惠的李容芬大嫂不在,母亲很舍不得。我也深有一种莫名的失落感。三间南屋四壁空空,我本想让二姐搬南屋住,但心想文林住到外面诸多不方便,说不定试几个月就会回来,南屋给他空着为好。实际上,他们的生活比我预想得要好,文林有工资,还有我每月给几十元的零用,容芬大嫂又是一位心灵手巧会过日子的贤妻,二人的日子过得挺滋润。有时母亲早上遛弯儿就过去看看他们,孩子们也有时去玩,回来就念叨:"娘,大妈给熬的杏仁江米面粥好喝极了,咱们也熬点喝吧!"我慢慢也就放下心了。

没多长时间,文林随着跃进形势的到来,更认定只有远离我的光环才能有事业发展。否则多努力也不行,还会落个靠兄弟的看法。他愿随名武生李盛斌师兄去福建,准备在福州建一所戏曲学校,独立地创一番事业,已经向院里提出,要求脱离中国京剧院。

想创业、想出去闯是好事情!可远去千里,那里的一切,怎能与在中国京剧院各方面的条件相比呢!我知道无力扭转,拦是拦不住了。

我和福嫒细想,快五十岁的哥哥没有孩子,只夫妇两人会越来越显寂寞。平时他们挺喜欢小弟,不如将小弟带走也可相伴。

福媛对孩子看得不重，愿意将孩子送远处闯练，尤其是男孩子。内里还有福媛一层深意、一番苦心：和平在前两年已进了北京市艺术学校，学花脸，一年后小海也入艺校，都由郝老师亲自开蒙，取名少海和小海。少海已经演出了《大·探·二》《打龙袍》，小海也已演出了《铡美案》。但少海生性淘气，恐给郝老师找麻烦，总之诸多因素，我就让少海于一九五七年十一月和云溪的三个孩子一起随尚小云先生赴西安，参加他筹办的陕西省戏曲学校了。尚先生是教导、提携我的恩师，他侠义心肠，创办的荣椿社科班，培养了许多名角，是教学经验很丰富的老专家，他的大女儿又是我的发妻任遇仙的哥哥任志秋的夫人，是小蓉、和平的亲舅母。他老人家是让我信得过、靠得住的前辈。于是福媛就想，不是自己生的孩子送到外地了，自己生的孩子一样也应去外闯练，何况文林他们办的是戏校，盛斌师兄必将继承富连成的衣钵，小弟虽说才八岁，在那里学戏，也无可担心。这事就这么定了，行期定在八月。

福媛补习文化的同学中有搞街道工作的。在她们的鼓动下，福媛和我商量说："我也有两只手，不能在家吃闲饭。"

我们所居住的椿树公社是先进的街道办事处，组织大办缝纫组、理发室，成立托儿所、食堂、洗衣组……福媛想选其中的一样组织个生产组。

我曾嘲笑她："你呀，也真是！前两年，少波同志都说让你学唱戏，跟着我们跑跑宫女，很不错。我也愿意，还把师弟（贾）世珍给你请到家来，那可是教梅派的老大！你才学了一段《贵妃醉酒》，非说不是这块料，不学了。这会子倒好，什么都能做了……这么说吧，你如果理发，不会拿推子，不会拿剃头刀，只能给人家剃个无法见人的发型?！想办托儿所、食堂，更甭提，自己的孩子别人哄，自己吃的饭别人做。缝纫呢，蹬起缝纫机，想跑个大直趟，全成了大波浪……嘿！"说到此，我竟然像发现新大陆似的说："干脆，你开浴室吧！你爱喜澡又会搓澡……"

"人家跟你说的是正事，你也不正经点儿！"几句冷嘲热讽，气得福媛一天都很少说话。

第二天早上一醒,福媛就说:"我想好了,办缝纫组!你看,大哥的事定了,就在南屋吧。"

"你要办得起来,当然可以。"

这都是我外出前的事了。

"你看!达标不?不然,我也不敢办缝纫组!"她走到一台机器前,那里放着好多布头,她顺手拿起一块递给我。

我一看针脚走得横平竖直无可挑剔,没说话。一眼又看见机子上面还有一件缝了一半的小孩衣服,问:"给玲子做的?"

"当然啦!怎么样?这叫练功要严!行不行?"

"私功用了不少!你还学会裁啦?这还靠点儿谱。"

"是娘和二姐裁的……"

"我说嘛,赶明儿谁裁呀?这是第一要紧的。这,我可是专家,唬不了我的!"

"你是哪门子的专家?"

"别忘了,我还没这大案子高的时候就天天跑裁缝铺……送活……"

"噢!那请专家放心吧,做书包都得统一规格,人家统一裁好,我们取回来只管缝。"

马连良夫人陈慧琏和闵兆华夫人陈玲在做书包

"这不是咱家的机器吗?"

"是。对面是我二姐家的。不够,我和二姐摊钱又买了两台新的。缝纫机还太少,不过……没事,说好了,她们有的人自备。人家缝纫好的,还愿意使自己的机器,顺手。"

"都有谁来呀?"

"马三奶奶(马连良先生的夫人陈慧琏),谭先生的夫人谭世秀,杨淑贤婆媳俩,君秋的夫人吴玉珍,叶四嫂(盛兰的夫人刘淑卿),叶三嫂(盛章的夫人金如珍),我七姨、八姨(尚小云先生夫人王蕊芳姐妹俩),尚富霞的夫人朱少筠,世玉的爱人,闵兆华的爱人玲玲……一共十八名……"

"好,十八名'江洋大盗'的夫人。下大功夫啦!"

"我和我二姐分头动员,其实也不是动员,只一说,大伙儿一听都特别愿意!对了,前些天,我们到体育馆开了居民建设社会主义跃进大会,参加的大都是妇女。张友渔副市长说,街道上组织生产组是建设社会主义居民的自觉行动!还说我们是全面跃进的新行动,是共产主义的萌芽!"

福媛那满面春风、精神大振的样子使我也跟着兴奋,不由得对她刮目相看。

"还有一件事要跟你说哪!我想把我的'媛'字改成斜玉旁的'瑗',好不?"

"为什么?"

"搞生产组,干点儿事老填表,以后取活、送活、领钱,全得写我名字,'女'字旁的'媛',太女气,太像……家庭妇女……不如斜玉旁的'瑗'看着……"

"文雅。"

"对!就是。"

"改吧。好在同音,户籍警察不会管。"

自此迟福媛改成迟福瑗。

"不过,你别顾了这摊子,顾不上我,我更得跃进!明儿,我就有戏,在人民剧场演《黑旋风》。"

"这次演出累吗?刚回来,不歇两天就唱?"

"累!我们在演出间隙还排了两出大戏,能不累?!我和盛兰、近芳排了出《桃花村》,这是我完成的第二个鲁智深的形象。少春排了一出《探府记》……"

"《探府记》?"

"就是《战潭州》。杨六郎假死,藏在地窖里,柴郡主送饭,寇老西背靴探出虚实……"

"少春的寇老西,(侯)玉兰的柴郡主吧?"

"对,六郎是曹韵清。我还要排《伐齐东》。"

"《伐齐东》?"

"就是《黄金台》。"

"伊立?"

"当然。这还不算,月底前还要演出新现代戏《林海雪原》,本子初稿有了,还得采访真少剑波,本人叫曲波……"

"你演哪个坏蛋……"

"嘿!你怎么也这么看,我觉得架子花脸最适合演工农兵形象,村长、书记、壮汉、解放军……血性男儿全成!这回我演解放军刘勋苍,绰号叫坦克。勋苍,听这名字不但威武,而且一定还是位非常雄壮的解放军,外号坦克嘛!"我用力拍了拍自己的胸脯和肚子。

"时间够紧的,只有半月的工夫,是八一建军节献礼演出。对啦,还告诉你一个新闻,编剧袁韵宜写了一个京剧《奥赛罗》的本子,我和近芳演……"

"就是电影那个《奥赛罗》,太惨了……"

"没错,莎士比亚的四大悲剧之一,我演国王奥赛罗!"我在胸脯上又一拍。

"哼!狂傲、粗鲁又头脑简单,掐死那么漂亮、纯洁的王妃。我看,他是更大的坏蛋!"

"你!!"

"对了,到时生产组开张,咱家得保证供足开水……"福瑗口气肯定。

"干嘛开水?应供足茶水!"

"再说吧,人家愿喝自己的茶,你的茶未必合口味!"

"呵!我如今可是百依百顺地支持你的生产组。你别只顾了生产组,把我扔岸上不管可不成!"

"哪能不管呢!放心,我全力顾你,余力才是生产组。"

"很快,文化部要召开动员贯彻执行总路线大会,听说声势浩大,各单位都得表态……想想吧,指不定得加多少码儿,有多累呢!我还要去参加劳动,这也是一定的!"

我巡演前,首都戏曲界正在为修建十三陵水库的十万劳动大军进行大规模的慰问演出,几乎每天都有一到五个剧团在工地上演出。我们在演出前后到工地上参观,看到了群众的劳动积极性,我们也积极参加了劳动,热情地投入到社会主义建设中去,也从中感受了劳动的艰辛与快乐。

回京后不久,我们去前门火车站擦火车厢。留下的这张照片中,我穿着老北京式的圆领汗衫、半截肥腿裤。少春穿着挎篮背心,长裤腿挽到膝盖上,我们在擦车厢的外皮,笑得多开心!

壹贰叁 桃花艳 又开一『村』

七月二十七日,中国京剧院一团杜近芳、叶盛兰和我在北京人民剧场首演新戏《桃花村》,其中我与郝老师一段动人的师生情的插曲很值得回忆。

《桃花村》这出戏的酝酿是一波三折,亦非日短。

早在《野猪林》成功演出之后,我就想将郝老师创演的鲁智深形象进一步充实发展,当然会想到《打郑屠》《醉打山门》《桃花村》几出戏。在新中国实验剧团时,翁先生为少春、盛章和我写过《三条好汉》一剧,是将史进、时迁、鲁智深三人的故事综合而成,未得出炉。其中写鲁智深就是《打郑屠》的内容,若只单演《打郑屠》戏量不够。后来加入了中国京剧院,又与翁先生几次研究,翁先生推出一个《醉打山门》与《桃花村》连演的方案。我左思右想觉得两折戏的风格完全不同,连演有点儿勉强。《醉打山门》的昆腔表演已定型,改了观众不一定认可。《桃花村》又是郝老师创作的一出喜剧风格的剧目,不可能改成昆曲,改了岂不成了昆曲?故再次搁浅。《李逵探母》上演成功，我又与翁先生再次提到重搞《桃花村》，希望能演第二个鲁智深的艺术形象。但一九五七年形势所迫，又停顿了。

一九五八年，"大跃进"战鼓急催，一团的重新组合也促使好戏连台。我又重提此剧，并将到广和剧场观看北京戏校学生实习演出的《桃花村》而引发的无限感叹和看法，跟翁老敞开心扉地交谈：那场《桃花村》完全依照当年郝老师三十多年前红极一时的演出剧本演的，几十年后再看甚感已不合时宜。且不谈剧本显松散，就鲁智深在洞房打周通一场，周通这个人物号称小霸王，是梁山好汉之一，由小花脸扮演毫无霸气可言，而且鲁智深和周通的逗哏更觉不合人物性格。

翁先生完全理解了我的想法，且有同感。又细看剧本，动了一番脑筋，想出了个绝好的创意。他巧妙地移花接木，将《花田错》嫁接在《桃花村》中，删去了两剧中不必要的枝蔓和人物，如朱仝、雷模、史进、朱武、周玉楼等。改编成新本的《桃花村》，强调了丫鬟春兰的正义、聪明、热心，像红娘一样成全了小姐刘玉燕与卞玑的婚事。我一听翁先生的细致设想，十分兴奋。此剧改编后原喜剧风格不仅没变，而且脉络清晰。尤其削减了周通之妹周玉楼，也就删去了同嫁卞玑、一夫二妻的情节，这至关重要。剧中丫鬟春兰在原《花田错》中是荀派花旦的表演风格，非近芳之所长。但近芳继承梅派花旦的演法，与《游龙戏凤》中的李凤姐相似，更具别样风采。再有盛兰演卞玑，我演鲁智深，绝对是一台好戏。于是紧催翁先生速出剧本。待看了初稿，我大赞翁兄："好手笔也！"

一团到内蒙古巡演时，利用演出空隙开始排《桃花村》和《探府记》。

试演效果真好，填补了当时舞台上喜剧很少的空缺。这里面，春兰带着小姐去闹市选婿巧遇书生卞玑定情。周通正寻卞玑书画并替有事暂离的卞玑看字画摊时，恰被奉命来请姑爷的老家院错将其请回，周通借此强行要与小姐成婚。春兰再请卞玑男扮女装到绣楼与小姐共商对策。周通不管三七二十一，把来与刘小姐相会的卞玑错当新娘抢回山寨。拜堂时发现新娘是相识的卞玑，只好放他下山。扮成女装的卞玑路遇鲁智深，鲁见其穿戴打扮阴阳怪气，行走匆忙，举禅杖欲打，卞玑说出隐情。鲁智深即赶至桃花村假借讨斋饭、看风水，道出原委，令众人信服，又假扮新娘洞房痛打周通。前来阻止抢亲的李忠是鲁的朋友，周才知这胖大和尚正是久慕的鲁智深，三人成全小姐与卞玑的婚事，一同上二龙山。

全剧从错请周通到鲁智深大闹桃花村，儿场戏情节纠缠交织，妙趣横生。近芳所饰的春兰，又活泼，又大气。翁先生为其设计的"非是我嘱咐叮咛把话讲"大段【流水板】，通俗流畅，神韵动人。又幸得当时一团雪艳琴雪老热心地辅导了近芳的花旦表演，比如为卞玑赶制女鞋时一系列捻麻绳、纫针、纳鞋底、针扎大腿的花旦技巧，更为之增色。全场演出的看点颇多，忍俊不禁捧腹的笑声不断，掌声不绝，真是新编传统京剧中为数较少的一出雅俗共赏的喜剧，也是六十年代排演现代戏之前，中国京剧院一团常演的剧目之一。而且这出戏包场多，营业戏也逢演即满。记得六十年代初，曾在全国政协会议期间为委员们连演六场之多。

一天早上才八点多钟，二姐接到郝老师的电话，此时若叫醒我太早，有点儿犹豫，再一想，如无要紧的事，郝老师不会这么早就来电话，没敢耽误就去敲我的卧室门。

这跃进期间的演出和其他社会活动频繁，我每日的时间安排很紧，睡得正香。一听老师的电话，发涩的眼睛顿时睁得老大，困意全无，心里咯噔一沉，郝老师很清楚我的生活习惯，从来不这么早来电话。怎么今天……坏啦！我立即想起那天的事，心一下子就跳到嗓子眼！

那天，翁先生改编《桃花村》初稿剧本，与每次一样，我拿着本子去请老师"指点江山"，尤其《桃花村》这出戏是老师的原创，更要征得老师的同意。郝老师听我说要排《桃花村》高兴地说："当年排这出戏，动了多少脑筋不说，求完张三，又请李四吃饭，费了九牛二虎的力气，才好歹上演了。谁知，一唱就红啦，雅俗共赏，真没白费力气！"说到这里，郝老师又重享了当时的胜利感和愉悦感，两目炯炯有神，笑容满面，泛着红光！

"你们能排，我相信更会给这出戏添彩，但愿能又放个'卫星'！"老师照例将剧本留下来细看。

几天后，我再去听取意见时，向来一见我就满心高兴的郝老师，这次见着我，那脸色是从未有过的阴沉，双目炯炯地瞪着我："你没看本子吗？把咱们的戏全删啦！这哪儿是架子花脸的戏呀？这不成花旦戏了吗？花旦戏！还用你唱鲁智深？！"

此时，我非常理解老师的心情，自立雪郝门十几年来跟随着老师，深知老师创演的每出戏都是付出了极大的心血，要接受晚辈的不合心意的改动是很难的。所以我一边听，心里一边打鼓，也不敢插话，暗里焦急地想：老师如果不同意排，可怎么好呢？强排可不行，这本子是老师的原创……怎么再改呢？改了……排别的戏，排什么呢？更难！实在没办法，就求老师，先立起来再看。相信老师创新、求全、求好的意识是非常强烈的，待他有了直观的感觉，一定会支持的！到那时再改动他提出的不当之处，会更有回旋的余地。

我一想到此，心里才算踏实点儿。不料，郝老师尽管十二分的不愿意，还是给留了相当的余地。最后，老师说："意见，我不少。本子是院里要排，你们就先排去吧！弄好了，我再看。"言语之中很勉强，很不高兴！

这一段日子以来，在内蒙古一边演出一边排戏，回到北京七月二十七首演《桃花村》。同时，又排着《林海雪原》。八月一日，又为八一建军节献礼，终日"赶三关"，都忙晕了。《桃花村》的演出情况还没向老师汇报哪！起码应该打电话说一声，不该！不该！大不该！想到这儿，我不断责怪自己，急忙跑出卧室到饭厅，忐忑地拿起电话听筒。

"世海呀！"我很敏感地觉出传来的是郝老师平和而有些兴奋的声音，本想赶紧向老师说几句歉意的话，老师却没让我得机会插言。

"昨晚上电台放你们演的《桃花村》的实况转播，没想到哇，还真不错！虽说旦角的戏份大，咱就剩半出戏，可在风口浪尖上出场，见卞玑、洞房打周通的折儿，叠得都不赖，还挺雅致。咱们这出戏站得住，站住啦！比老本强！全听完快十一点啦，我才睡！破格儿啦！"郝老师真是破格儿啦，平时每天九点准睡觉。

"早上忍不住给你打了电话，哈哈，你抓工夫把剧本拿来，我再帮你添添补补找找细……"

下午三点，如约到郝老师家中，老师满面欣喜，连声称赞："改得好，改得好！越听越高兴！观众多热呀！全出的实况又是乐又是好！原来我挺担心把小生、旦角的戏加强会冲淡鲁智深的戏。多虑了，去掉九纹龙史进遇鲁智深的情节，改得合情合理。其实，鲁智深前边的场子并没'东东'（即内容），当时如不这样，鲁智深独挑就不够一卖呀！现在生、旦、净互相衬托，戏更饱满了，周通改为花脸演很合适，他是梁山好汉，号称小霸王嘛。我演这出戏时，周通是小花脸有点儿丑化了。不错，你们这么一改，比《花田错》高出一筹，比我演的本子也强多啦！正好，下学期，我还要给学生们排《桃花村》，就按你们的本子教！今天早上，我又仔细看了剧本，还得从唱、做、念上加加工。"

听到老师给予的这番肯定，我心里不单单是美滋滋的，更多了几分对老师虚心精神和艺术认真负责精神的敬重。

我告诫自己向郝老师学的不光是艺术，更重要的是学习郝老师艺术城府的广博、宽容和视艺术高于自我的美德。

随后，老师帮我将全剧的唱腔进行了重新设计，充实了【导板·原板】，增强了人物气质，并将洞房中鲁智深劝周通的戏词、表演修改得更为风趣、妥帖。

《桃花村》一剧越发完善，直到今天，仍不失为一出优秀的传统剧目。

后来，北京戏校再教《桃花村》时，老师坦率地告诉学生，这个戏中国京剧院改得比他的原本好，我们就照中国京剧院的剧本教。我得知此事，感慨不已，更认识到一位真正的艺术家"泰山不辞土壤，河海不择细流"的广阔胸怀。老师永远是我学习的楷模！

壹贰肆　鼓干劲　《林海雪原》

文艺界跃进形势日益高涨！

中国京剧院在小礼堂召开了跃进会。舞台上放着那架南堂鼓权作催战鼓，咚咚咚震动着每个人的心弦。各团各组分别派代表到台上或发言，或表态，有文才的最后还要念上几句跃进诗。敲响南堂鼓将代表请上、送下。记得曹韵清代表一团表态：每月演多少场，只要有剧本就能排出多少戏；李嘉林代表四团，范钧宏代表文学组的发言，有句精辟语言，让我记忆犹新："肝不战，手不乱，安排计划定实现！"

中共文化部召开的声势浩大的献礼大会在《社会主义好》的乐曲声中拉开了帷幕。中共文化部党组书记、文化部副部长钱俊瑞指出：这是贯彻执行党的总路线的一次新的跃进，要求文化艺术工作者要在党的领导下，鼓足干劲，破除迷信，解放思想，大胆革新，大胆创造。

鼓声隆，乐声喧，所属六十多个事业、企业单位的代表们举着合理化建议和非常多的发明创造等牌匾，在阵阵掌声中陆续走进会场。

在各艺术团体的队伍中，中国京剧院表态：大力编演反映现代生活的京剧，推动京剧艺术的全面改革，一年要编八十出戏。

中国京剧院各团是否达到八十出新戏，我不清楚。应该说不够，三个团平均应二十五出戏以上。就我所知一团在七月底前继《白毛女》之后，又先后排出《玉簪记》《桃花村》《探府记》《林海雪原》《东方巨龙》《超英压美》，后来又排了《蝴蝶杯》。

二团排了《詹天佑》《智斩鲁斋郎》《白云红旗》《高亮赶水》《智取杭州》等。

三团排了《古往今来十三陵》《刘坤还表》《脚踢中游大跃进》《切断侵略者黑手》《回春记》《五侯宴》《安源大罢工》《香港怒潮》。

我记得不全，但这个数字与建院以来一年中新排剧目要多了许多！曾有人嘲讽说院里排新戏太少，演出是"放不完的牛（《小放牛》），打不完的油（《打督邮》）！"

京剧院内摆开典型的"大跃进"战场。最轰轰烈烈的是礼堂的后台砌砖搭灶变成临时食堂。一到快午、晚饭前，那大油煸葱的香味，嘿！蹿鼻！开饭了！

"一碗粥三分，烧红根一份七分，三七二角一分！"不时会从那里传出请来的厨子罗师傅的算账声，大家跟着一片哄笑……有这么算账的吗？

这是为了适应各团排戏一天四班的新形式而设的。当时京剧院在北池子，而演员大都居住在南城宣武门自新路、菜市口一带，骑车得一个小时的路程，早九点上班，中午无法回家吃饭，晚上还要排戏到半夜。所以，中午和晚上的饭只得在团里吃。那时哪有叫盒饭之说。何况利用中午午休，还有许多人自动加班补排《林海雪原》的小分队出场及后边的开打，或者磨戏。

《林海雪原》剧照，我（右）饰刘勋苍

一天四班就是这么来的。

我只有最紧张时在团里吃，大都和少春几个人坐三路汽车，三站地到后门桥烤肉宛去吃，要一个爆三样、一个酸辣汤，吃得挺滋润。我的理论是："累，已缺觉，不能再亏嘴！"

八月一日，中国京剧院一团在人民剧场首演《林海雪原》，八月二日、三日在劳动剧场演《林海雪原》，八月十三日在人民剧场演《林海雪原》。期间，在西郊的八大学院和各大军区、军兵种演了几次包场，这些现代戏很受欢迎。

中国京剧院一团改编上演的大型新戏《林海雪原》，是根据曲波同名小说一至八章，许大马棒在杉岚站制造血案，以少剑波为首的解放军小分队追踪于密林雪峰，奇袭奶头山，歼灭国民党残匪许大马棒的一段故事。整个戏的结构紧凑。改编范钧宏，导演郑亦秋。李少春饰少剑波，杜近芳饰白茹，我饰刘勋苍，叶盛兰饰许福，雪艳琴饰蝴蝶迷，苏维明饰许大马棒，李幼春饰匪徒小炉匠，骆洪年饰刁猴头，刘元汉饰长腿孙达得，孙盛武饰蘑菇老人，李世霖饰司令员，谷春章饰战士，侯玉兰饰小炉匠妻。

有了《白毛女》的基础，这出戏我们大胆运用了京剧形式，人物的上下场都踩上锣鼓点儿，也注意到了人物的舞蹈化，继续努力突破念法上的困难。在《探山》等场次大量运用了劈叉、飞脚、扫堂腿、鹞子翻身等技巧。

尽管还有许多不足，但全剧具备了较完整的京剧格调。总的看来，为京剧能够更完美地表现英雄人物投石问路，做了一些大胆的尝试，是值得肯定的。

头场在紧张的"急急风"声中开幕，我饰刘勋苍挥舞红旗前引。李少春扮演少剑波，全部使用了韵白，综合发扬了武生的特长。出场使用马鞭上台，战士们挎枪跃马，急驰奔腾，念着【扑灯蛾】直冲火海，构成了一幅十分振奋人心的场面。趟马时，他利用披在身上的军装大衣巧妙地进行舞蹈。

盛兰演的许福，他带着自己的金丝眼镜，相当有特色地刻画了这个半土匪、半少爷式的人物，观众评论比大春成功。

李幼春扮演的匪徒小炉匠，突破了花脸行当的限制。他在偏于滑稽的音乐中，担着挑子上场，将这个匪徒狡诈诡秘的神情表演得惟妙惟肖。

演刁猴头的骆洪年从形象到内心，一直抓住了这个土匪头目的无赖猥亵的特点，夸张地揭露了匪徒的愚昧无知及灵魂的空虚。

说心里话，我原很想把京剧现代戏进程中的每个阶段都能更详细地介绍一下。《林海雪原》这出戏排得快，演出效果不如《白毛女》，演得场次相对较少。紧接着就排练迎接十年大庆的献礼节目。当时只感到最后大开打还欠缺现代战争特色，较为一般，这也给我们提出了在排演现代戏中如何恰当理解和运用传统技巧的问题，不是说会什么就用什么，讲究的是应该用什么。要很好地理解技巧的寓意，既符合剧情需要，又符合人物性格、场景等。否则轻者显得画蛇添足，重者有损人物形象。这是此戏使我对如何应用传统技巧的一点儿新的认识。

许多年后，提到《林海雪原》，还会想起演出中两个失误的花絮，令人捧腹。

一个是彩排，演到《夜审小炉匠》时，少剑波有一段很长的表演，演刘勋苍的我，持枪在后面站立，实在太困，好不容易控制住了不眯瞪，却没控制住打了个大哈欠。声音挺响，台上的演员全听见了，谁都忍俊不禁地大笑起来，我被留了个大笑柄。

再一个是《探山》一场，上场门是一座山，下场门是一座山，中间寓是山涧，以少剑波为首的小分队行至山涧中，派一名战士去探路。也就是要他登上下场门的山头上，用藤条悠至上场门的山头上去探路。只见他拉住藤条，同时将绕上藤的铁条挂牢在腰间的皮带上，双脚一蹬，嗖的一声，悠到对面山头上。观众掌声、惊叹声顿起，好一个舞台特技亮点！谁知说时迟，那时快，只见他双脚刚站在上场门山头上，由于用力过猛，惯性所至，身不由己地又随籐条忽地飘荡而回，重又回到下场门的山头上。所幸没有停荡在中间，双脚已踩在山头的踏板上了。此刻，在台上的全愣住了，还没反应过来该如何弥补，只听他又无可奈何地喊了一声："报告，二〇三首长，我、我……又回来啦！"其念白的气是越念越不足……

亏得拉大幕的同志反应快，迅速把大幕拉上了。观众笑声阵阵，大幕内场上演员们前仰后合地笑倒在台上！

壹贰伍 再改造 做促进派

八月十七日,中国京剧院一团到上海巡演。

上海这座在全国属老大哥的工业城市,跃进形势比北京更加跃进!报纸上登的早稻亩产突破一万五千斤、花生亩产万斤……走在大街上,文艺演出成风。时不时就会听到锣鼓喧天,或用大喇叭放着乐曲……响应上海市委的号召,正在开展四比运动。

我们中国京剧院一团岂能落后!所以这次来到上海的第二天,十九日上午就安排了到外滩、人民广场大道等各处演出,主要是近芳清唱《白毛女》选段和青年演员们配合当时形势的小戏,晚上在人民电台举行广播晚会。而且除了在剧场公演外,还准备到工厂去为工人演出,工人什么时候看,剧团就什么时候去演。

主演们经过整风都愿意向工农兵学习,接受改造,要在思想上真正地大跃进!要在这"大跃进"的时代里做个促进派,主动扔掉所谓角儿的脾气,放弃了巡演时住宾馆的待遇,积极、主动、诚意地要求与大家甘苦与共,同住在人民大舞台的后台。

人民大舞台的后台，有一个能住几十人的大房间，一团男同胞全部住里面，一个大通铺上睡四五个人。隔一段空隙又是一个大通铺，再睡四五个人。但是对我们还是很照顾的，可以一人睡一床，两边特用席棚将床围上，有个遮拦。近芳是女同志，单住了比晾台大些的、可放一张床的单间。

这的确是严峻的考验。晚上几十人的大房间，睡觉时的鼾声、哼哼声、屁声接踵而来。不时有人出屋去厕所方便，走路声、关门开门声，再加上一早一晚从窗外飘来的南方独特炸臭豆腐的味道……我躺在床上想：好说！科班里四十多人挤在一间屋的大炕上，也不过如此！炸臭豆腐总比洗皮子的腥臭加化学品的呛味好闻多了。睡！很担心少春，他没坐过科，家里条件好，睡觉又轻得很，千万别闹嗓子……我和小时候一样，累了一天，实在是乏，想着想着就在此起彼伏的鼾声中睡着了。

考验可不仅仅如此。

对于剧团的人来说，甭管是演员、乐队还是舞美灯光人员，一向都是夜里欢，所以我们巡演时演出后吃过夜宵，重又聚在一起排戏。《野猪林》《将相和》《云罗山》《桃花村》《探府记》，包括现在要演的《蝴蝶杯》，多少出戏都是这样排出来的，夜里三点睡觉不算太晚。可是若要让早起，不睡早觉那就太难受啦！然而这次毫无办法，谁让这间宿舍的楼下窗外就是弄堂口呢！

第二天清晨，天刚蒙蒙亮，窗外响起了哒哒的木屐踏石板路的声音。先轻后重，先少后多，吵醒了我们许多人。我测算此时也就四点多钟。两点多才睡下，等于刚睡了个午觉就醒了，不成，接着睡！我闭上涩涩的眼睛。

哗哗……竹刷子刷木桶的声音、桶碰石板地的声音冲进耳内。我懒睁双目，却又不由自主地自问，这是刷什么呀？猜不出。噢！我猛然想起当年来上海那个小阿英曾讲，天不亮要去弄堂口刷马桶……这是在刷马桶吧？我使劲儿地再次闭紧眼睛。

不大会儿吱扭吱扭的车轮声传来了。宿舍内，除了少数抗干扰能力极强的人仍在呼呼大睡外，大部分人都醒了，有的说这大上海竟然还推水车送水，有的说是掏完粪的粪车来倒粪的。正研究不透，一大阵扑喽扑喽往阴沟倒粪便声传来，猜中了！大家不由得笑起来。

上海弄堂市民的生活，清晰、逼真地传入了我们耳中，早觉难睡的滋味也领教了。

那时，生活上的这些难处早被"决心"和"激动"冲淡得不在话下了。要知道中国京剧院一团李少春、袁世海、叶盛兰、杜近芳到上海演出的消息，十天前就在上海传遍了。这是自一九四九年春之后阔别八年的第九个年头啦，才又和上海观众再相逢，难怪。

剧目安排自然是先传统、后现代，头轮打炮当仁不让的还是《野猪林》。这次可不是当年势单力薄的私人班社了，是国家剧院，是强强联手的阵容。中间穿插近芳、盛兰的《白蛇传》《吕布与貂蝉》《柳荫记》《玉簪记》。

整个演出都是场场客满的好成绩，天天激动着每个人的心！当年在天蟾舞台连演四十场《野猪林》的风光重回眼前，有过之而无不及！

正在上海的刘厚生同志，他曾在一九四九年看过我们在上海演的《野猪林》，这次又看，就觉得与九年前不同。他说："虽然戏在形式处理上的改变并不很大，身段也没有多大改变，曲调还是那些曲调，然而人物的性格和刻画却更浓郁，色彩更绚烂。这是你们多年来在思想修养和艺术水平上有了提高，对主题思想和人物性格有了更深的体会，在塑造林冲、鲁智深等角色的形象上较之九年前更加深刻了。再通过对戏不断地修改加工，加上艺术技巧的娴熟运用，将最细微的交流也表现得准确自如。比如在倒拔垂杨柳之后，虽然是两个久已闻名的英雄初次见面，也没有什么矛盾冲突，演员们却是充分地运用了京剧艺术的身段和节奏，塑造出一见倾心、惺惺相惜的强烈动人的场面。"

二轮上演《白毛女》《林海雪原》。当然，《白毛女》较之《林海雪原》更有冲击性和轰动性。并不单单表现在票房上，主要是现代戏已在上海蔚然成风。中国京剧院一团刚到上海登出广告时，上海文艺团体的演出剧目里，仅合作越剧团等极少几个剧团演《女共产党员》等几个现代戏，然而短短二十天，上海京剧院一团就排出了现代剧《林海雪原》（消灭惯匪座山雕的一段故事）。紧接着，上海京剧院三团的《红色风暴》、新华京剧团的《黎明的河边》、新民京剧团的《平原游击队》（筱高雪樵、小毛剑秋、迟世恭、苏少舫、谢英庭）相继出炉。再后来，就是一连串的现代戏巡演：江苏省京剧二团的《铁道游击队》、上海越剧院的《生活的道路》、合作越剧团的《女共产党员》、华艺沪剧团的《山村新媳妇》、努力沪剧团的《不是梦》、促进沪剧团的《羊城暗哨》、广东粤剧二团的《刘胡兰》、天鹅越剧团的《红色电波》、杭州话剧团的《把一切献给党》……好一派"千帆竞发，万木争荣"的可喜景象。这种连锁反应促成了五十年代第一次大演现代戏的高潮。

不单如此，上海流行演员在演出前敲锣打鼓欢迎观众，将他们迎进剧场；演出后，要欢送观众离开剧场。而后，演员还要和剧场工作人员共同清扫剧场。中国京剧院一团也就得入乡随俗，这样一来，演出前要更早地来到剧场，演出后要急忙赶至后台摘掉盔头，脱去厚底靴，换掉戏装，这些贵重的戏装要格外爱护，这是国家的财产。由于时间太紧不能让观众久候，所以来不及擦干正往下流的汗水，更不能顾及贴身透湿的水衣子，来不及穿袜子，光着脚穿上拖鞋，匆匆套上化装穿的毛巾长衣，急急跑到前台欢送观众。

即使是有几十年艺龄的演员和观众也从未有过这种形式的零距离接触，演员看着观众满足的笑脸，听着观众鼓励的话语，应该说是演员的一件幸事！

待剧场清扫完后，我们的毛巾、长衣又已湿透……大家都说，这汗会洗掉角儿的脾气，洗掉资产阶级思想，会使名演员向工农兵队伍又迈进了一步……我听了这些话，感觉自己正是这样一步一步向党靠拢，真的已经从心里把自己全部交给党啦！

第三轮演出开始时，正赶上美帝对我国进行军事挑衅。上海文艺界人士举行了声势浩大的示威游行，反侵略的火焰在广大文艺工作者的胸间越烧越烈。为了反对美帝的军事威胁，为了解放台湾，激昂的反侵略战歌越唱越响。活报剧把美帝化装成狼，最后把它揍倒在地，观看的人群高呼："打得好！打死它！"从街头到田头，到处可以听到、到处可以看到唾骂美帝的呼声。

中国京剧院一团游行到外滩时，由骆洪年扮美国佬，他那高高的个子，穿着军服，头戴船形帽，实在太像啦！

这轮剧目安排自然是要芝麻开花节节高的。日场有群众非常喜看的新编历史喜剧《桃花村》，晚场有我的《李逵》（《扮新娘》一折）、杜近芳的《拾玉镯》，最后是盛兰的《罗成》。当然少不了享誉百年的骨子老戏《群·借·华》，盛兰的周瑜，少春的前鲁肃、中孔明、后关羽，我的曹操。这些都是十拿九稳地让观众抢着来看的戏！还有在上海每晚散戏后加班新排出来的四人合演的全本《大蝴蝶杯》。由叶盛兰饰田玉川，杜近芳饰胡凤莲，李少春饰田云山和我饰芦林。

不料，突发的局面迫使演出暂停了。

九月十五日，夜场应演出《群·借·华》，而少春、我、近芳、盛兰嗓子全哑了！团委开会研究定下紧急启事："因我团主要演员患病，停演三天，售出十五夜票，十八日夜有效，十六日夜票十九日有效，十七日夜票二十日有效，原节目不变，愿退票者请到剧场退票。敬希观众原谅。"

这嗓子一旦哑了至恢复好，哪是三两天可成的？到了十八日还是演不成，又登出紧急告示："因主要演员病未愈，原十五日夜票，改为十八日夜有效，现又改为二十一日夜有效，愿退票者可退票。十九、二十日不变。因主要演员染病，一再改戏和延期，深为抱歉。敬希观众见谅。"

就这样，二十一日的《群·借·华》总算与观众见面了。我的嗓子仍哑得很厉害，演出间出牌招示观众：只能哑着唱。观众对我极为厚待，只要听见我出了一点儿音观众就叫好！

对于"大跃进"的多方面问题，我了解甚少，谈不清楚。如果只说身处这个时期的演员至诚地将心交给党的那种神圣的心气儿和天天、时时、处处无不在沸腾的满腔热血，都是实实在在的，发自内心的！无论是参加哪个跃进的举措，即便参加蚂蚁啃骨头般的大炼钢铁，或是捐锅捐铁，都比拼向前，不甘落后。特别是在毛主席、周总理等中央首长和中央机关几百位领导干部到十三陵参加义务劳动的消息迅速传遍全国后，为了树立热爱劳动的社会主义新风尚，为了和工农兵甘苦与共，进一步缩短距离，无论我们怎样地昼夜排新戏争放"卫星"剧目、增加演出场次，在间隙中仍坚持去十三陵义务劳动，去北京火车站擦洗火车皮，去农村收麦子，真是放下铁锹就清唱，激情满怀，心甘情愿，无怨无悔！今天想起来依旧有沸腾之感！毕竟是在争分夺秒地尽全力为党多做点儿工作，我想这一点恐怕全国各行各业的人民都一样。而那时排出的《白毛女》《赤壁之战》《穆桂英挂帅》《响马传》《九江口》《桃花村》以及为十年大庆的献礼剧目等，都留在了京剧艺术史册上，到了跨世纪的今天，仍经久不衰地被传唱着！

当然，艺术表演团体劳逸结合、张弛有度的问题的确有待解决。

我和张云溪、小白玉霜等国家艺术表演团体的主要演员，都参加了一九五九年五月文化部就劳逸安排问题召开的座谈会，夏衍副部长主持会议。会上，对戏剧团体过多追求演出场次和工作量，影响了演员的必要休息和睡眠，影响了健康，还使他们缺少时间练功、进修、准备角色以及总结艺术经验等，影响了演出质量进行了反映。

座谈会分析原因：有些剧团任务过量，规定的演出场次指标过高，这与不适当地鼓励上交盈余有关；有些剧团的工作制度和作息时间不完全适合艺术创作的规律；演出队人数过少，乐队人员不能轮流休息；有些剧场一味地要求增加演出场次，对演员生活照顾协调不够；散戏后演员还要欢送观众出门，这些都增加了演员的紧张和劳累。

至此，很多现象得到了纠正，停止了迎送观众、扫剧场等劳动。

壹贰陆 抒激情"卫星"献礼

一九五八年十月一日刚过,为庆祝中华人民共和国成立十周年的献礼节目就提上首要日程。别看还有一年时间,可要排出几台能真正向国庆十年大庆献礼的好戏,就显得很紧张。

中国京剧院卫星剧目办公室在马少波同志的领导下,很快就内定了《赤壁之战》《西厢记》《龙女牧羊》《响马传》《摘星楼》《野猪林》《生死板》等献礼剧目。

一九五九年三月,中国京剧院随其他单位下放到北京市,议定和北京京剧团联袂排演《赤壁之战》等戏,为国庆十周年献礼。

翁偶虹执笔先写《赤壁之战》,根据传统剧目《三国志》由《激权激瑜》起,包括《舌战群儒》《临江会》《群英会》《草船借箭》《连环计》《借东风》至《火烧战船》止,加以压缩精练。翁先生以跃进速度,十天时间写好上下两本。

文化部副部长刘芝明同志非常重视此戏的改编，几天后，亲自挂帅，由当时领导戏改的李伦、任桂林、阿甲、翁偶虹、马少波同志组成《赤壁之战》创作组，要求在保存原有精华的基础上，用历史唯物主义的观点，突出历史背景和现实教育意义，把这个古代十大战役之一的赤壁之战，写成一个晚会的精品节目，力促中国京剧院与北京京剧团联袂演出，在电影《群英会》的基础上扩大阵容，让李少春、李和曾等都参与进来。

随之确定由阿甲执导，导演团由阿甲、马连良、李少春、李慕良、钟灵、刘吉典、赵金声、翁偶虹、任桂林、李纶、张东川、张梦庚、马少波等强大阵容组成，音乐设计：李慕良、刘吉典、赓金群，美术设计：钟灵、赵金声、安振山。

全剧既要体现团结对敌、以少胜多的现实意义，为此开场戏增加了《藐江南》一场，曹操率八十三万精兵下江南对峙赤壁，以磅礴气势渲染以少胜多。接着，刘备与孙权战前准备和团结对敌的过程，于是又增加两场戏：一场是《决策过江》，鲁肃说服刘备邀孔明过江到东吴；另一场是东吴内部以张昭为代表的主和派和以黄盖为代表的主战派之间的争论不休，孔明和鲁肃一唱一和激孙权、激周瑜，敦促孙刘联盟。余下几场是《拜将》《盗书》《中计》《斩将》《火攻计》《借箭》《打盖》《龙虎风云》《横槊赋诗》《壮别》《借东风》《火烧赤壁》《麈兵败曹》，总共十五场。

演员阵容之强大，真是空前绝后！马连良饰诸葛亮，李少春饰鲁肃，叶盛兰饰周瑜，谭富英饰刘备，裘盛戎饰黄盖，李和曾饰张昭，李洪春饰关羽，娄振奎饰孙权，我饰曹操，孙盛武饰蒋干。

一九五九年一月一日，报纸上同时登出《赤壁之战》《西厢记》两出戏的新戏预告，大家一见如此的浩大声势，精英荟萃，阵容超强，犹如戏曲界成功地发射了两颗引人注目的大卫星，众多观众翘首以待这一献礼精品、传世杰作的横空出世。

由于改编本保留了原有的经典场次，尽管有些改动和丰富，但排练起来驾轻就熟，比生戏要快得多。

一九五九年一月十二日，中国京剧院、北京京剧团联合在人民剧场首演《赤壁之战》，接着在十三、十四、十五、十九、二十、二十一、二十二、二十三日连续出演。当时剧场门前轰轰烈烈，盛况非同一般！以至于演到中场，没买到票的人群仍在剧场门外徘徊，迟迟不肯散去。

演出期间，这个戏受到首都戏剧界和京剧爱好者的极大关注。中国戏剧家协会在一九五九年一月十七日召开了座谈会，对《赤壁之战》和《西厢记》两个戏展开了讨论，座谈会由田汉主持，刘芝明、张庚、李之华、金紫光、李紫贵等在会上发言，比较集中地谈了《赤壁之战》的成就和不足。接着《戏剧报》用了三期较大的篇幅连续发表了十多篇文章和报道，来对这个戏进行讨论。说明这个戏在当时影响是何等的巨大，当然，对这个戏褒贬不一也说明了这个戏取得了百家争鸣的效果。

周总理观看了此剧，他说："没有矛盾就没有戏剧。这出戏都是正面形象，吴蜀矛盾不突出了。"也谈到《壮别》与前后的剧情不连贯。

待再演《赤壁之战》就去掉了《壮别》一场。

单看《壮别》这场戏，本子写得很好，词句运用五言古诗风韵，节奏强，感人至深。这是采用李纶同志提出该浓墨重彩突出这位白发将军壮志的高见，又有翁偶虹、马少波两位高手执笔，再有盛戎、盛兰两位绝世高手演唱，堪称一场绝世高手的绝唱！幸在八十年代盛戎高徒荣翔和盛兰爱子少兰，重展此折戏的风采，俨然可以单独传世，我观后甚感欣慰！

中国京剧院吸收广大观众的意见又一次修改《赤壁之战》剧，并将剧本交戏剧出版社进一步征求意见。改后全剧可比修改前缩短一小时。为了场次更精练，剧情更连贯，人物矛盾更集中，就去掉了刘备这个人物。打黄盖时，作为东吴国宾的诸葛亮，原来始终坐视一旁、饮酒自若，不讲人情，现加用语意双关之词劝阻，与诸葛亮的身份更贴切，性格也更显鲜明。

改编者新加黄盖赴战途中《壮行》一场，将原《壮别》中黄盖慷慨激昂的大段【快板】和许多精彩身段移到这一场，以突出黄盖自我牺牲的英雄气概。然而，诸多因素迫使《赤壁之战》一剧只演数场即被搁浅了。

与《赤壁之战》并肩排演的《西厢记》是由田汉执笔改写的。面目为之一新，如同排一出新戏。《西厢记》于一月五、六、十、十一、二十七、二十八日公演，导演郑亦秋。张君秋饰莺莺，杜近芳饰红娘，叶盛兰饰张君瑞，李金泉饰崔母。这出戏已成为几十年后张派唱腔久传之作。

另一出献礼剧目《响马传》，于二月十三日在广和剧场演出。

这个戏，少春在排《白毛女》前就已和翁偶虹酝酿成熟。翁先生执笔当中，闻听程砚秋先生去世的噩耗，悲痛不已，致使剧本隔了一段时间才又动笔。少春想要改编的这出《响马传》，源自《洗浮山》。少春没拜余叔岩先生之前，曾跟丁永利先生一招一式地认真学过。拜了余先生之后，又得余先生的真传，经常上演。新中国成立后此戏在禁之列，少春十分可惜剧中那么多的艺术技巧，不舍得尘封。而且少春每每回想余先生教此戏时，曾讲自己很遗憾没有演过，只照了一张贺天保的相片，希望少春要将这出戏传下去。因此，少春总觉得对不住老师，在如何将这些艺术技巧移花接木上着实费了一番脑筋。于是，几次和博闻强记、阅历丰富的翁先生切磋，终于选定与贺天保人物类型近似的秦琼。恰好，《秦琼观阵》又是父亲李桂春先生演梆子时的拿手戏，曾有很多亮点，更可借用。因此，这出《响马传》在剧本较成熟的基础上，少春很快就驾轻就熟将其排演出来。

原定十二月十二日就在人民剧场上演，因排《赤壁之战》少春嗓子已不适，临时改由我演《黑旋风李逵》。直到二月十三日晚，才在广和剧场首演《响马传》，而且一演就红！

全剧从劫皇杠、贾家楼结拜开始，到观阵、破阵结束。少春饰秦琼，我饰程咬金。尤其《秦琼观阵》一场，少春穿箭衣、软罗帽、厚底靴，背插双锏，手挥马鞭（《洗浮山》是背双刀、薄底靴），集唱、念、舞为一身，唱有激情，舞有技巧，温中见火，火中有稳。秦琼有三个马趟子，各显不同的生活语汇和感情的传递，全场既不是技巧堆积不见人，又不是空空荡荡没"东东"。

这出戏好就好在高度显示了少春的深厚功底，更显示了少春能"融进"又能"化出"的本事。表演技巧博采众长，有派又不为派所限制，少春将麒、马、杨、盖各派的精华，都拿来融在余的基础之中，对兄弟剧种的好东西，他也吸收进来，而且丝毫不露刀痕斧迹，浑然天成地表现在秦琼身上，这真是少春的极高明之处。

具体地说，仍是余派《洗浮山》的路子，一个个亮相都像雕塑一样，全是圆的，是余派的造型，而弹胡子、勒马、踢腿等又都是盖派的技巧，且身段边式漂亮。少春把《打登州》的东西，放在《秦琼观阵》里面，却不披枷戴锁。《秦琼观阵》吸收了他父亲梆子的东西，同时还融合了山西蒲剧名须生张庆奎《秦琼观阵》里的一些表演，使得秦琼这个人物从外形到气质都透着英武、大气，浑然一体。真可称之恰到好处，叹为观止！

令我不能忘记的是，就在刚演第二场《响马传》时，周总理只身带了一位秘书来到中和戏院，他没有到观众席就座，直接悄悄来到后台，站在大幕边看戏，不许大家声张。

周总理看后连称"好戏！"并说："搞戏就要搞这样的！"

不如愿的是，少春声带上长了小结，没能演多少场。

三月中旬的两场《响马传》，皆因少春嗓哑，一场改了《吕布与貂蝉》，另一场改由雪艳琴和叶盛兰合演的《井台会》和我演的《黑旋风李逵》。

更为遗憾的是，一次周总理特意将中国京剧院一团调至上海演出《响马传》，想要让整个戏曲界代表都观摩一下。谁想演出时，少春嗓子哑得一字不出！少春着急，领导着急，同志们也着急！幸而了解到《秦琼观阵》

一场与秦琼同场的樊虎对秦琼的唱段念白都会,演樊虎的曹韵清可谓有心人。情急之下,就把秦琼的唱、念让曹韵清来唱和念,少春只张嘴,不出声地做动作。

壹贰柒 《九江口》再度登攀

时已临夏,眼看十年大庆之日一天天临近,领导找我提出得添戏,我当场就报出了剧目。

其实我一直在思考:自一九五七年三月演了《李逵探母》——第二个李逵形象,那么,以架子花脸为主的这条戏路又当如何继续向前走下去?其实进一步发展架子花脸的主演剧目我早就想好了,我是在等机会。

因为整风后所组建文武均备、角色齐整的新一团,合作戏或俩人,或三个人,或四个人一出接一出。灵活性也很大,既能分也能合,在北京哪个月都能演二十场左右。外出到天津,能够同时在第一文化宫和中国大戏院两个剧场上演。

盛兰跟近芳,他们演《白蛇传》等,我们演我们的《响马传》或者其他戏。如果要演《野猪林》就把近芳接过来,要演《群·借·华》就把盛兰接过来。我们通俗而亲切地称这个团为"一宅分为两院"。所以从整体上看,一时就谈不到要排我自己主演的架子花脸戏。

要说等机会，肯定为庆祝建国十年大庆，需要众多剧目，百花齐放。果然，机会来了。

我久想排演的是《九江口》，过去这个戏也叫《忠义臣》。

在科班，我就演过这出戏，那还是由八大红生之一——程永龙先生给排的。当年程先生不仅是出名的红生，这出戏也是他得意杰作之一。

程永龙先生不是富连成的教员，但是他常来教戏，从"富"字科到"盛"字科他全都教过。我呢，只赶上个尾。

"富"字科的《九江口》是陈富瑞师兄演张定边，"盛"字科《九江口》是韩盛秀师兄演，他俩都是程永龙先生亲自给说的。到我们小"盛"字，就是刘喜义师兄给说，不是程永龙先生亲自排练。我初时是演陈友谅，张定边是由马盛雄师兄演。

这出戏讲究的是武打。《挡驾》一场的抢背（指要硬抢背，即拨浪鼓子），以及张定边跑船、开打，看点很多。我很留心看这出戏的剧情，感觉非常好。后来，我由演陈友谅改为演张定边。全剧表现一个老元帅，为了国家安危不惜一切。陈友谅摘他的帅印、罢他的官，但他仍身穿孝服挡驾，苦口婆心劝其不能出兵，最终急舟到九江口救兵败临危的陈友谅。剧情虽比较曲折引人，但文学剧本粗糙。京剧剧本更有改编、充实其艺术表现的潜力。

在院领导的支持下，《九江口》开始编写剧本。翁兄正给盛兰和近芳写戏，于是我找范钧宏商量。

这个时期，我几出戏的创作，或演员找作者，或者作者发现某题材适合某个演员，主动找演员，剧作者和演员的合作是密切联系的。当然，剧本侧重写作的是剧情，演员侧重的是表演，从表演角度建议添点儿这、剪点儿那。

照我看，京剧剧本创作还是有的放矢比较好，可以少走弯路。否则，就容易出现剧本写好了，没人演，等于把剧本搁在那儿，变成了文字故事，这也有伤编剧的积极性。

范钧宏年轻时爱好京剧，而且还能演马派戏，所以他写剧本跟翁偶虹老兄似的，剧本写出来贴切，他是为具体的演员写戏。他知道谁能演，演什么，有什么特长，所以他写出的剧本，不能说一字不改，起码拿出的剧本跟演员是比较合拍的。

钧宏弟正没有具体目标。我一找他，他就说："你想添个什么戏？领导也对我下要求了。"

"所以才来找你，你想到什么题材？"我反问。

"我还一时没想起来哪个题材适合你。十年大庆临近，这个戏得快！"钧宏说。

"咱们是不是从旧的剧本里研究研究。"

"旧戏要有好故事，好是好，可就是改动起来很费事。想到什么戏啦？"他问。

"《九江口》。"我说。

"我年轻时听过。我觉得这个剧本里有很多地方不合理。"去广和楼听戏，钧宏也是常客。

"对，正因为它有很多不合理，所以咱们才有重新研究的必要，得大动手术，要提高和丰富人物形象。净提高张定边还不成，华云龙是张定边的主要对手，对手也得。比如《三盘》一场，一个是号称巧嘴的华云龙；一个是老谋深算、文武具备、颇有战斗经验的大元帅张定边；陈友谅又是贪功心切，很有戏。可按老本，第一盘，张定边问华云龙：'大殿下，久闻大殿下，不知还有几位兄弟呢？'华云龙回答：'小王一人。'大元帅跟着说：'这就不对了！'就把华云龙盘秃噜了。张定边又问了好几个问题，华云龙全都答不上来。只是陈友谅一瞧华云龙的形象英俊、文武兼备，心生喜爱，一味地承认来的就是大殿下。何谓巧嘴华云龙，对手戏没成立！总的来讲，这个戏缺少起伏。我想，咱们新本子要显示华云龙的巧嘴，要显示张定边的老谋深算，要增加敌我双方斗智斗勇的跌宕情节……"

"好！看来你是久有此想法，深思熟虑了，对我有很多启发，我也想想办法，随写随交流吧。"

"我就是希望咱们这回的改编本别像有的整理改编的传统剧目，'治一经，损一经'，新观众欢迎，老观众不爱。希望咱们的《九江口》演出后，能够得到新观众和老观众同样的支持。"

"你这希望够意思呀！期望值可不低，我尽力！"

"还有，唱，得有那么几段，得够一卖！有个活哏，你听说了没有？"我补充。

"什么哏？"

"刚不久，咱们中国京剧院参加北京市戏曲界第一批单折剧目展览，挖掘了一批传统剧目……"

"知道，怎么啦？"

"一团有孙盛武的《借靴》、李金鸿的《朝金顶》、杜近芳的《思凡》，我排了《忠孝全》。正好一个建筑部门要包场，就安排了这几个小戏，而且按咱们的规定，这场戏，有近芳加二角，有我再加二角。"

"我知道，你们四位全上就加八角，没错呀？"

"是没错，正好这几个小戏既彩排又演出还挣钱。结果你猜怎么着？这个建筑单位拒付款。"

"还有这事儿？为什么？"

"原因很简单，人家说：'我们听京剧，你们的戏不是京剧，就最后才四句唱！'"

"嗯？！"

"难怪，《借靴》《思凡》都是昆（曲），《朝金顶》是玩笑戏，也没唱，就最后我演《忠孝全》的太监王震有四句唱。唉，安排戏码忽略了，怪对不住这一场观众的！本来嘛，听戏，听戏，就是要听唱，没唱哪成！足见加强唱多么重要！"

钧宏打出第一遍提纲来我略一翻看说："瞧我这脑子，上次我就忘了说摘印，摘张定边帅印的情节，以前只是暗场处理，提纲上也是暗场，我想改为明场。"

"可以改明场，我也想过，我是想加段抒发怨陈友谅是非不分，转而想到去孝服拦驾的唱，那和后边……"

"非也！老弟，回回你都猜得对，这一猜可猜得不准，不单是不加唱，连念也不要！"

"那让我写什么？"

"下圣旨，摘张定边的帅印！"

"然后……"

"我无声表演。"

"无声表演？"

"前些日子，我看了电影《林则徐》，其中林则徐被罢官时一段无声表演对我很有启发……"

"他那是电影呀！往前一推，来个大特写，清清楚楚。你勾着脸……"

"我当然也不会抱着帅印，光脸上出神！梅先生新排的《穆桂英挂帅》看了吗？

"看了，好！多适合梅先生的身份、年龄！莫怪当初他对院里要排《龙女牧羊》不同意，梅先生就是梅先生！"

"这才叫知己之长、知己之短，会给自己掩瑕！演龙女难免有做作之嫌，哪有演中年妇女更接近、更自如、更宽松！就这一点，就够我且学呢！他的神、形、唱、念、动作表演的一致性，达到艺术的高超境界。《捧印》一场突出地好！不过，《捧印》也有段唱，用在那儿非常恰当。但是他那些无声的表演，给了我很大启发……"

"你想……"

"我想,张定边被摘印……干脆全用动作,全用走马锣鼓配,可轻可重、可急可缓。张定边的意外、无奈、难舍地摘帅盔,恭恭敬敬地交帅印,恋恋不舍地送印,再想办法借用些麒派的东西把张定边的忧思、焦灼、愤懑、沉痛的心情尽可能地体现出来。最后以涮步下场……"

"好想法!充分发挥你架子花脸的做!我这儿没问题,放心!还有什么想法?眼看国庆了,时间紧,尽量少走弯路。"范钧宏猜想我一定还有很成熟的设想,再次挖宝式地追问。

"再有,拦驾的唱虽是重要,但一定还要有一段朗朗上口的念白才够一卖!"

"对!此想法一致,充分发挥架子花脸的做、念、唱。可是,要想这出戏立得住,我也得先给你提个问题:当初我听你们富连成的这出戏时,华云龙可是二路武生演,就靠开打,表演上可是蜻蜓点水。我把剧本这么一动,华云龙那太有戏啦!要写他和张定边攻心斗智,发挥出他的巧嘴来,就得有比较多的唱、念表演,华云龙的分量一下子就很重啦!非二路武生所能及,就是武生能否胜任也是问题!弄不好,你这张定边要成光杆牡丹,这戏……可塌了半台。我想之再想,没想出人选,怎么办?你必须得想一个旗鼓相当的对手。"

当年富连成科班有个孙盛云,还有个张盛菊,就是由他们二位二路武生来演的,孙盛云当然还能演《长坂坡》,既能演文聘,又能跟杨盛春、高盛麟二位师兄演第三个赵云。尽管如此,这华云龙毕竟是二路武生应工。

"华云龙这个角色,我已有所想……"

上次谈了以后,钧宏去研究剧本了,我也一直在考虑华云龙的人选。如果还用二路武生,这出戏的表演不可能珠联璧合。怎样搭配人员我也就此拿定了主意。

"谁?"

"改小生。"

"改小生？我还真没想到这儿。"

"请盛兰演华云龙。"我脱口而出。

"叶盛兰?！"这真是出乎他意料又令他十分满意的答复。

"盛兰！"我胸有成竹，语气肯定。

范钧宏感到从我这些成熟的建议里，不难看出我的艺术见解、要求，感觉到了改编这个戏的分量。

有了共识，我们同去找了盛兰。

盛兰听完《九江口》的改编想法慨然应允。他说："好极了！我两边赶赶。"又问了一下："我的事儿有没有？科班里华云龙可没什么东西。"

"有，您要是答应了，自然有。不可能说让您按照老本演华云龙，我们要发挥'巧嘴'俩字，刘伯温不是无能之辈，敢派华云龙去深入虎穴，就有这个信心。所以如果您接受，我就按照你们二位的特点来写剧本。"范钧宏说。

我们每每提到当年的《九江口》排练，常说改剧本或写新剧本。戏必须有人物，人物必须融入剧情，这两项不能分割。演员正是抓住剧情和剧情中人物内在的东西表演，才能够顺理成章充实艺术、发展艺术。假如演员对这两个问题都糊里糊涂，剧情也不太了解，演员对所演人物的思想脉络和感情冲突也不太清楚，似是而非地去演，观众就告诉你："戏不感人。"用我们的话讲就是："您这是唱剧本哪，不是演人物！"

所以我认为这出戏，如果说成功，那么是从剧本的改编，就写出了人物。钧宏弟反复细致地与演员切磋，写出了人物的性格。

如果说《九江口》成功了，那是跟华云龙分不开的。盛兰这位出色的后起之秀、独占鳌头的小生，超越了前人。他在剧中并不是净凭嗓子——我唱娃娃调，我唱【散板】，你听我嗓子多好，或者你瞧我的扮相。当然这都很重要，但关键在于盛兰所演的角色都演出了人物。在《三盘》一场，他表演的华云龙内心之心虚、紧张、速变，外表却对张定边应对自如，还善于抓对方破绽，善将陈友谅推出做挡箭牌的机智敏捷，使《三盘》一下就压住了台，将观众吸引过来。可以说华云龙，更是盛兰兄一个成功的角色吧！他华云龙的原创定型，为《九江口》的成功打下极好的根基。

七月二十九日，中国京剧院一团在人民剧场首演《九江口》一炮而红。

这次我在舞台上呈现给观众的不再是粗鲁莽撞、诙谐风趣的绿林好汉，不再是勾白脸的充满奸诈多疑的枭雄曹操，不再是收受贿赂的贪官污吏，更不仅仅是威武傲然的大将军，呈现的是一位白发白髯、充满智慧心机和冷静、格外沉稳老练、质朴刚毅、战功卓著的老元戎，是一位忠于国家、忠于事业、万韧不回的大元帅！他在动中充满雄浑苍劲、刚强稳重，在静中充满自信、坚定和执着，是令观众耳目一新的架子花脸形象。

"在这场魄力雄强精神飞动的演出中，他并不是用一系列程式动作，去引起观众注意他是这个戏的主要演员，而是用合乎人物性格逻辑的真实细腻的表演，去逗起观众注意——这将是这个戏的主要人物，去吸引观众注视着即将展开的尖锐戏剧冲突。"戏剧评论家戴不凡同志如是说。

他还评论：成功是在于扮演张定边抓住了这个人物年岁老、资历老、老谋深算和忠贞不渝的本质特征，把准了张定边的气质风貌，演得张定边老而不衰有分寸，忠而不愚有层次，人物举止不飘不浮，达到了神与貌、内与外高度和谐统一的至美境界，堪称一绝。

我是试图博采众长，融会麒派的苍劲，化入盖派的沉稳于一身。同时，努力运用唱、念、做、打的艺术程式尽量丰满地展示张定边这个人物。且不谈《三盘》一场，时而风雨骤起，时而冷凝尴尬，又时而化冰解冻、笑脸相迎的跌宕起伏；且不谈《闯宫》时，风急雨狂、大起大落的唇枪舌剑不能说服陈友谅而满腹委屈、满腔愤怒，在敌人面前却又万般无奈，只能对苍天一表的压抑、凄苍之情；且不谈《摘印》时，抓住张定边忠贞不贰的品质和思想脉络，在这场无声的表演中恭敬地捧起帅印，恭敬叩拜、恭敬送印，以沉重的动作配以沉重的锣鼓点儿表现沉重的心情。此刻的张定边非恨、非怨，突出的是留恋。留恋亲手创建的军队难以割舍，表现对国事临危的忧患之情。既夸张又不失苍劲的大幅度动作，优美而又不失浑厚的功架动作，特别是下场前重彩泼墨的一笔描画。我借用《徐策跑城》兴奋、喜悦的涮八字步变化成原地搓手涮步以表现张定边低头深思、无计可施、无可奈何的焦灼和迟疑。

只谈《哭谏》时张定边向陈友谅倾诉肺腑，我要求自己要给戏词化上装，要吐字清晰，喷口有力，感情浓郁，轻、重、缓、急运用自如，具有鲜明的节奏感和音乐感。使有时犹如高山流水般铿锵有力，有时又犹如涓涓细流去浸透感染人心，至最后几个"怎不令人"几个排比句，一句更要比一句激昂的情感层层推向高潮；继而试以花脸、老生嗓音糅为一体如泣如诉的唱法，唱出别致的顶着板起唱的花脸行中少见的【二黄三眼】板式中的"心似火燃"一句，以体现唱是念的继续，是念的高潮的道理。接着，曲调旋律的逐渐升高，抒发了张定边的焦虑情绪，并将爱恋、难舍等万千思绪融于其中。旋律的强烈对比，衬托出这位老元帅处事的沉着、稳练。最后一句"只求你——"是节奏较慢的哭音唱法。待到"听我这逆耳忠言"时，张定边激动的心情已按捺不住，眼泪夺眶而出。"——主公啊"既是苦劝后的哀呼、恳求，也是从苦谏到哭谏的升华。"公"字采用花脸的抖音，"啊"则是全段唱腔的声情高峰。

为了更好地表达张定边此时的情感，"啊"字唱腔安排了三个节奏的变化：前一部分音轻速慢，表示话已说尽，望陈能三思猛醒；进而节奏变快，声音变强，表示事情迫在眉睫；最后将节奏还原，但不仅要贯穿哀恳之情，那延长、哀颤的哭音，更要使人们感到张定边此时已是老泪纵横，令观众回味无穷。

这段唱腔还糅进了很多周信芳先生的演唱方法，从而使曲调在起伏跌宕中更加豪放、更加声情并茂，动人心弦。

以上都是我主创时所想和所设目标，也是尽可能地这样演。后来有评论说，这是一段架子花脸唱腔前所没有的唱段，提高了架子花脸音乐形象的力度和表现人物的能力，拓宽了架子花脸的戏路。

我听后自然欣喜不已，深知这是发展架子花脸进程中之必需的突破！所迈出的一步离目标尚远，但也更感肩上责任之重。

壹贰捌 庆十年 繁花似锦

经过紧张忙碌的准备、预演、修改，一批高质量"卫星"级剧目成功上演，迎来了繁花似锦的国庆十周年。自九月中旬起，来自全国各地的庞大的文艺献礼大军轮番上演琳琅满目、百花齐放的各种剧目。中国京剧院一团的《桃花村》《白毛女》《闹天宫》《响马传》《九江口》以及与北京京剧团合演的由马连良、谭富英、裘盛戎、我、李和曾、叶盛兰主演的强强联合的《赤壁之战》《西厢记》均在人民剧场演出。

九月二十五、二十六日，中国京剧院首推剧目以梅兰芳院长挂帅，同时在人民剧场和北京展览馆出演《穆桂英挂帅》。

这是梅兰芳先生新中国成立后排演的唯一一出新戏，梅先生以其非凡的表演艺术，塑造了一个刚毅果敢、气吞山河的巾帼英雄形象。

梅兰芳当时任中国京剧院院长，院里已责成文学组组长范钧宏和吕瑞明写成《龙女牧羊》的剧本，剧中柳毅由李少春扮演，导演郑亦秋。

但在院务会议上，梅先生提出因自己年龄、体态等原因，不适合演龙女，当即拿出个豫剧油印本《穆桂英挂帅》，表示看过豫剧后动过心思，"愿以豫剧改为京剧"。还表示："感觉这个戏表现了穆桂英晚年生活，适合自己演。因这个人物大义凛然的民族气节和自己产生了共鸣，况自己早年常演穆桂英青年时代的戏，对这个人物熟悉，有感情。"还一再表示说："挂帅、出征能发挥京剧特点……希望将此豫剧本改编成京剧，作为献礼剧目。"

显然，梅先生看过豫剧后，已经深思熟虑过。他的一席话与会者一致赞同，当场一锤定音，决定剧本除由文学组把关外，由马少波亲自抓。马少波和阿甲提出：剧本改编由已调至剧院文学组的袁韵宜和业余作者陆静岩老人（阿甲之友）合作编写，由导演组组长郑亦秋任导演，请徐兰沅设计唱腔。

《穆桂英挂帅》由梅兰芳京剧团担纲排演，每日在吉祥戏院排练。佘太君由韦三奎扮演，寇准由王少亭扮演，王强由刘连荣扮演，王伦由昌振华扮演，杨宗保则由姜妙香先生以小生扮演，杨洪由李庆山扮演，杨文广由梅葆玖改旦行演小武生，杨金花由梅葆玥扮演，她本行为老生，改扮小刀马旦。

《穆桂英挂帅》在五月中旬，首演于音乐堂。

梅先生扮演的穆桂英，演出了人物特性。这位卸甲隐居做了二十年尊老爱子的家庭主妇，一旦披挂出征却不失当年征战沙场、战功累累的英雄气质，其凛然元帅风度中又蕴含着主妇对丈夫和儿女深情的爱。把穆桂英演绎成有血有肉、实实在在的可信人物，可谓恰如其分、恰到火候！

戏刚结束，田汉、马彦祥二公去后台看望梅先生时，连连祝贺演出成功。梅先生忘记了疲劳，一连几声问："像不像京戏？"梅先生当然得到了满意回答，他高兴地连说："像京剧就好，这就好！"这是梅先生对编剧工作提出的要求，也是梅先生认为戏改要"移步不换形"的一贯主张。《穆桂英挂帅》一和观众见面，立即轰动了京城。这一成功更是"移步不换形"的成功验证。

想当年，为此观点也曾引起一片喧哗。

一九四九年十月底，梅兰芳率梅兰芳京剧团赴天津巡演。天津的《进步日报》记者前来采访，梅先生讲了一段涉及京剧改革方面的话题。梅先生谈道："古老的京剧改革是极需要解决的事，但不是一件轻而易举的事。京剧艺术的思想改造与技术改造最好不要混为一谈，后者在原则上应该让它保留下来，而前者也要经过充分准备和慎重考虑，再行修改，这样才不会发生错误。因为京剧是一种传统的古典艺术，因此我们修改起来就更得慎重些。俗话说，'移步换形'，今天的戏剧改革工作都要做到'移步不换形'。"

十一月三日《进步日报》发表了《移步不换形——梅兰芳谈旧剧改革》的文章，掀起一场轩然大波。

据说当时引起争论，欲批评该文章，并见诸报端，多亏当时天津市文化局局长阿英先生巧妙周旋，往返于津京之间，再三协商。

十一月二十七日梅兰芳先生离津去沪前，天津戏剧工作者协会有意举办了一个旧剧改革座谈会，大家畅谈对旧剧改革的经验。梅先生在这个座谈会上违心地做了一些不大不小的自我批评，此事才算不了了之。

几十年后的今天，就更加验证了梅兰芳先生这种戏曲改革观的正确性，这是一种科学的戏曲改革观。

国庆临近，中国京剧院组织院内强大的《穆桂英挂帅》阵容，改为李少春饰寇准，我饰王强，李和曾饰杨宗保，李金泉饰佘太君，李世霖扮演宋王，李嘉林演王伦，杨金花、杨文广改由杨秋玲和夏永泉扮演。又根据众星们的创造性和演出特点，分别对所饰演角色的表演做了相应改动。

少春饰寇准的出场改为在幕内念"打道进宫"，再在"水底鱼"中随撞钟击鼓，与宋王一拥而上，明显比原来四句【散板】唱上场要紧凑。尤其寇准发现胜者乃小将杨文广、杨金花时，十分兴奋，少春提出另改一段【流水】，唱词征求翁老意见后现场编写，即"长江大海波涛滚，淘不尽忠良一片心，二十年身退隐，犹把安危系朝廷……"

李和曾扮演杨宗保。他本嗓音洪亮、善唱，梅先生也曾主张为他多写几句，于是有了杨宗保"九龙峪摆下了天门大阵"一段十四句唱词。杨秋玲、夏永泉"披挂上阵出场表演也很出色，李金泉为演好佘太君在唱上下了功夫。

我饰的王强是典型架子花脸的反面人物，表演、演唱上虽也有所加强，但必须把握在按剧情需要更好地衬托又不夺戏的前提下进行。孙盛武的老杨洪没有什么戏词，人物却演得活灵活现。这真是难得的一台"璀璨众星齐捧月"的京剧舞台上罕见的"卫星"级剧目。

国庆节晚会是进中南海为毛主席、周总理等中央领导演出。毛主席、周总理看过后，给予梅先生等很高评价："这个戏很好。看得出是你四十年舞台生活的集中表现，也是你老年的代表作。"

十月二日，在怀仁堂文化部主办的京剧晚会上，以《穆桂英挂帅》招待来我国参加国庆十周年庆祝典礼的越南、蒙古、匈牙利、苏联各兄弟党政代表团及其他贵宾。陪同观看的有林伯渠副委员长，李富春、谭震林副总理，外交部副部长罗贵波，文化部副部长夏衍。演出博得了一千多观众的热烈掌声。演出后贵宾们登上舞台，向中国艺术家们祝贺演出成功。

国庆献礼演出后，仍由梅兰芳京剧团原班人员担纲上演。

谁能料想，这是梅先生在新中国成立后排演的第一出剧目，亦是他最后排演的一出剧目。

一九六一年五月三十日，在中国科学院演出《穆桂英挂帅》，梅先生尚未卸装，郭沫若即去后台看望并和他合影留念。八月间巨星陨落，这是京剧艺术界的最大损失！

壹贰玖 闯拉美 难中获胜

一九五九年十二月七日,中国京剧院一团在人民剧场首演《灞陵桥》。李少春饰关羽,我饰曹操。因少春身体不适,只演了一两场,就搁浅了。

一九六〇年一月中旬,我们一团排出了表现藏族农奴翻身做主人的现代剧目《柯山红日》,根据陈其通歌剧改编,改编范钧宏,导演阿甲、郑亦秋。

整风以后,中国京剧院各团都制定了演出场次指标和经济指标,票价也是较固定的。如果四位主演中只一人演,票价一元,四人全上就是一元六角。一个月中,多演四个人的合作戏,不但不累,经济收益还大。然而,要选排四个人都对功的合演戏,也不容易。眼看春节将至,就选定排了原是中国京剧院四团孙岳、杨秋玲等青年演员排演的、社会反响较好的《柯山红日》。可以四人同演,而且短时间排练即可,驾轻就熟地走了个捷径。

剧中,我演柯陆亚得,是个尝试性的角色,记忆甚淡,感觉并不成功。

一九六〇年正月初二晚,在人民大会堂举行首都新闻界春节联欢晚会,前一部分是中华全国总工会工人歌舞团、中央实验歌剧院、中央广播说唱团演出歌舞及相声节目；后一部分是中国京剧院一团的京剧节目：娄振奎、李金泉的《打龙袍》，王鸣仲的《卧虎沟》，我和孙盛武的《普球山》，叶盛兰、杜近芳、吴素英的《断桥》，李少春的《美猴王》。

春节过后不久，我接受了随中国艺术团赴拉美的出访任务。

在中国人民坚决支持拉美人民抗美斗争的前提下，拉美各国和我们国家友好往来频繁，周恩来总理指示：要派一个阵容强大的中国艺术团，到美国"后院"去！——到拉美和加拿大去演出。

这一次准备出国演出的京剧剧目，除了《拾玉镯》《秋江》《霸王别姬》《三岔口》等戏外，还要带两台全本文戏《白蛇传》和《野猪林》。《白蛇传》杜近芳饰白素贞，我饰法海，盛兰饰许仙，因当时盛兰被错划为"右派"不能出国，李少春大胆提出试用大嗓代替小生扮演许仙。这并不为奇，南方用大嗓演唱小生角色很多，周信芳先生就曾演《吕布与貂蝉》的吕布，用大嗓唱老生腔。有道是精通本行，又不拘泥于本行！再说，少春与近芳配合，总比外借一位小生来默契得多！

这出由少春用大嗓演许仙的《白蛇传》，刚彩排即受到观众的欢迎而给予了肯定。问题迎刃而解！

四月初，由中国京剧院和中央歌舞团组成九十九人的综合性中国艺术团成立。团长陈忠经，副团长徐淡庐、张东川，李少春和我任京剧队队长，赴拉美和北美，访问委内瑞拉、哥伦比亚、古巴、加拿大等国，共用了七个多月的时间。

临行前周总理在紫光阁家里设便宴招待主要人员。

周总理讲，你们要知道你们的任务，文艺跟贸易是两个外交的先行官。通过你们的文艺让外国知道，我们中国地大物博，是古老的文明国家。通过艺术表达了我们的党对艺术是热爱的，人民是勤劳勇敢的。为什么那会儿每次出国都有《除三害》，就是要说明我们教育人民是用说服教育。提到《霸王别姬》，总理再次强调，曾经有的同志认为外国人看项羽这脸谱难看，怕不理解，于是就把项羽给改成了揉脸，把脸谱取消了。不对的，脸谱哇，是京剧、戏曲以及我们民族艺术中特有的，取消了脸谱就不是京剧了。它代表着我们民族，越是民族的越是世界的嘛！你们在前面铺好路，第二步，我们再建交……

当时文化部、京剧院多次组织学习了出国任务的重要性，反复强调了艰苦性。由于国际环境艰苦、险恶、动荡不定，很多突发情况是想不到的。甭说每次在国外屡屡发生的不平静事件，就一九五六年赴拉美艺术团中部分同志所遭遇的空难，都给大家造成较大的心理压力。更严重的是，家属们经历了那次大震动，一听要出国就如同去血战沙场一样格外担心。而且屡次出国远离家乡，时间又长，大家思乡难抑也在所难免。

我母亲听说这次出国去加拿大就在美国边上，几次说能不能不去？我宽慰地劝说："放心吧！您儿子福大、命大、造化大！没事！"

福瑗的性格比较豁达，整天忙于文艺界家属生产组的工作，被评上宣武区三八红旗手，还成了宣武区政协委员。给她寄来的公函、学习资料比我还多！自然觉悟很高了。虽还是别情依依，却从未说过反对的话。她仍像我去智利等国一样，给在外奔波的我多点儿温情，以鼓舞我坚持战斗！当然，我也多次向她承诺，多写家信，互相多些问候，多送温暖。

记得在北京饭店隆重举行的欢送宴会上，文化部领导敬酒时特别关切地询问我："家属的工作做得怎么样？想得通吗？"

我得到老母、爱妻的支持心中有了底，不假思索地回答说："夫人是我的领导，热情比我高！"

南美之行，我与同去的舞蹈艺术家资华钧接触较多。此行由于人多，乘飞机必须分批，这是很伤脑筋的事——谁也保不准哪趟飞机又会遇到特务破坏出现空难。一般说来，第一批走的人目标大，危险似乎大一些，艺术团的领导从工作任务考虑，正团长一般安排在第二批，秘书长需要打前站，当然是第一批，但需有主要演员陪同，我常和小资被安排在这一批。于是我既正式又调侃地拿着京腔对她说："好，好，好！小资啊！咱就陪秘书长走一遭吧。"

事后，她常赞我"真幽默"，"依然透着鲁智深的豪气"，对领导的表态不唱"高调"，却"很感人"，"有力量"。

中国艺术团于四月上旬，离开祖国，踏上征途，开始了长达七个多月的艺术访问，在另一半球上访问了委内瑞拉、哥伦比亚、古巴和北美洲的加拿大等国家。

四月十七日到达委内瑞拉首都加拉加斯。我们此行得到加拉加斯市议会和委内瑞拉新闻记者协会的邀请和赞助。

不料，我们走下飞机舷梯，面对的不是鲜花、笑脸，竟然是戒备森严的武装部队的严密封锁。大家深深感受到整个加拉加斯城笼罩着一触即发、紧张的战争气氛。

忽然，机场封闭！接着又传来中国艺术团乐队人员乘坐的另一班机被停隔在离城三刻钟航程的一个荷属小岛上了！这种情况下，谁也不能随便议论、随便询问，只觉心在忽忽往下沉……

原来是委内瑞拉军队发生武装政变，双方剑拔弩张。虽如此，委内瑞拉的朋友却信心坚定，确信一定会战胜恶魔。他们为了两国人民的友好，为了使中国的艺术能同委内瑞拉的人民见面，经过多方奔忙，终于成功接回被困的艺术团成员。

委内瑞拉的朋友们怀着既为友谊相会而兴奋，又为迫在眉睫的战事而焦虑的心情接待了我们。

我们如期参加了他们循例在四月十九日举行的三万人参加的委内瑞拉独立一百五十周年庆祝会和庆祝宴会。

会上，当我们表达了中国人民对委内瑞拉独立一百五十周年的祝贺和此行为了传递两国人民的友谊时，坚决保卫委内瑞拉的自由和独立而正在进行斗争的委内瑞拉人民马上给予我们极大的热情和友好回应。

中国艺术团住在委内瑞拉一个十分安全的山顶上。历来出国，国家都给我们选很好的地方住，吃上很好的伙食，这也是我们新中国的尊严！

这是个位于海拔两千多米的高原国家，我们住在山顶固然安全，但汽车难达，进城演出往返都先要每五六个人分乘一辆空中索道车行二十分钟，再换汽车。

我们第一场演出正气氛热烈地进行着，忽然炮弹隆隆炸响！观众慌忙跑出剧场散去。又是叛军暴乱，演出被迫停止。

为了安全起见，我们一连多日住在山上，不允许进城，每天除了练功只能爬山。

没想到，这里有大如碗口的蝴蝶，仪态万千，艳丽夺目，它们不时地在我们面前翩翩飞舞，大家都惊呆了！真是呀！长这么大的头一回见，之后我再也没见超过这么大、这么美的蝴蝶啦！我们不舍得去抓，抓了不舍得放，简直被迷倒了！在这难寻人烟的高山上，有时几乎疑是梦中的蓬莱仙境！

说是难寻人烟并不确切，经常有许多客人满腔热情地来看我们，大都是华侨。有一位侨胞怕我们太闲，引起思乡之情，主动要给我们做炸酱面。可是委内瑞拉没有中国的豆芽菜，侨胞们又带我们到山上采来代替豆芽菜的一种草。大家吃着这样的炸酱面，虽不似北京炸酱面，却胜似北京炸酱面。这酱里、面里浸透着海外侨胞对祖国、对亲人的深情厚谊！

委内瑞拉人民和进步力量团结战斗，很快粉碎了叛乱分子的暴乱。

中国艺术团从四月二十六日到五月八日，分别在市剧院、市中心的西蒙·玻利瓦尔广场和著名的国立中央大学剧场顺利演出了十二场，直接观看演出的观众四万五千人以上，通过电视看到演出的约五十万观众。

委内瑞拉的剧院工人们一致评论，一个外国剧团在这样动荡的环境里来演出是很困难的，剧院的管理者们也曾为此非常担忧，但出乎预料，居然场场爆满，大大超过了不久以前就在这同一剧院演出的芭蕾舞剧团所获得的艺术成就。

五月三日，中国艺术团上演《白蛇传》。委内瑞拉总统贝坦科尔特和首都各界人士前来观看。演出幕间休息时，总统向中国艺术团团长陈忠经等表示，他为这次看到中国艺术家的出色表演而感到高兴。

观众大赞我们的演出是"新奇的使人喜爱和亲切的节目""是伟大的神妙""今夜享受了一次非常美妙的演出""不看中国戏剧、歌舞是傻瓜！"

难忘热情、奔放、自豪的加勒比海人民那热辣辣的目光和强有力的拥抱，使我们强烈地感受到他们的真挚和炽热！

让我和少春、近芳倍感欣慰的是《野猪林》《白蛇传》这两出内涵深刻、具有民族文化底蕴的全本文戏，每次演出都引起了文化习俗相差甚远的远方观众们非凡的兴趣和喜爱，不单看得懂，而且被京剧艺术深深地打动了！

这时再坐索道车，心情就大不一样了。哈！置身空中，飞越峭壁，穿翔峡谷，头顶一轮明月，璀璨群星格外亮，饱览月下山景如醉如痴，如身在梦境，其中的惬意无法言说！

艺术团到哥伦比亚初始时也遭遇到些许不愉快，也经历了极受感动的不寻常场面。由于受当地一小撮人的造谣、污蔑影响，当夜就有几个人围在艺术团居住的旅馆外面喊着要到艺术团成员的住房里进行搜查。我们因情况不明，正不知所措之际，当地旅馆负责人挺身而出严词拒绝。哥伦比亚人民的正义感，霎时折服了中国艺术团的每一个成员。

事后虽还有人在报纸上攻击我们，并说海关扣留了我们的几箱宣传品，力图以此来破坏我们同哥伦比亚人民之间的友谊，削弱艺术团在演出上所获得的成就。确实，中国艺术团是有几个箱子寄存在海关，都是带往下一个国家的礼品和用不完的演出说明书，仅是为了方便。随之，哥中友协公布了这一事实，粉碎了那些荒谬言论。

我们的演出收到了最佳效果。艺术的魅力感染着哥伦比亚人民，艺术团成员的诚意感动着哥伦比亚人民。中国艺术团在哥伦比亚人民心目中的威信越来越高，我们从比较小的剧场被欢送至五千多人的大厅演出了最后三场，演出结束后所有观众不肯散去，抑制不住地向艺术团喊出了"北京""中国""毛泽东"。

波哥大的人民对艺术团的欢迎越来越热情，实际是对新中国的热情在不断高涨！

几十年过去了，只要一提起哥伦比亚，我脑海里马上还会闪现出这些景象，还有他们所喜爱的斗牛。那时，我对斗牛只是耳闻。我第一次看斗牛，也是我唯一的一次在现场看斗牛就是在哥伦比亚，是由华侨主办，邀请中国艺术团观看的。我清清楚楚地记得，活蹦乱跳、勇猛抗争的牛，被一剑一剑……身插数剑直至鲜血流尽倒地而亡的惨状。勇士被牛摔、牛踢、牛顶的场面，更是有点儿让人接受不了。特别是女同志，双手捂眼，不忍目睹这悲壮的一幕！

中国艺术团于五月底六月初到达了屹立在加勒比海上的英雄岛国——古巴。与英雄的古巴人民相会时，都未曾谋过面，可是互相都从内心迸出了格外亲切的感觉。那感觉就像走了很远的地方，好不容易回到了一个十分亲热的老朋友家里一样，立时感到走进了温暖舒畅的氛围之中。

刚到哈瓦那的第一天深夜两点，一路劳乏的艺术团同志大都睡了。古巴革命武装部部长、总理菲德尔·卡斯特罗的弟弟劳尔·卡斯特罗和老战友格瓦拉少校，亲自到旅馆看望我们。他向中国人民致意，感谢中国人民对古巴革命的不断支持。想想吧，这种深情厚谊荡漾在每一位中国艺术团团员的心头！

六月六日，中国艺术团访问古巴首场演出，顿时轰动了古巴！"好极了""卓越""我毕生从来没见过这么美妙的艺术""中国舞台艺术展示了中国人民生气勃勃的生活"等议论飞满四座。

当中国民乐队用箫、笙演奏古巴的《七二六运动进行曲》时，全体观众居然起立，随着音乐高声齐唱。演出结束时，谢幕竟达七次之多！高涨的沸腾情绪，使后台全体艺术团成员激动无比。

总理菲德尔·卡斯特罗等领导人观看了第二场演出，此起彼伏雷鸣般的掌声不断。开演很长时间了，剧院入口处仍挤着没买着票又不肯散去的观众，在预订下场演出的票。就连剧场外特设的出售有关中国的书籍也很快销售一空，当晚约有一百万电视观众观看了演出的实况转播。

菲德尔·卡斯特罗总理在他的会客室里接见了艺术团各负责人。他热情地说："祝贺在访问中取得的成就。你们值得古巴人民欢迎。古巴人民将永远不会忘记你们的访问和演出。你们在哈瓦那得到了很大成功，街上、车上到处都在谈论你们的演出。"

古巴政府各位领导人对我们非常亲切，从他们热情的交谈中，已充分流露出对中国人民的深情厚谊。

演出结束后，菲德尔·卡斯特罗总理和格瓦拉少校上台和我们一一握手并合影留念。

我们在哈瓦那的最大建筑——体育宫举行了第一次广场演出。下午，气候炎热，中国艺术团每个成员都戴着刚发的一顶大草帽，草帽样式就是美国西部片中牛仔们戴的样式，挺帅！戴在头上个个酷似牛仔。每人手中还举着一面古巴的小国旗，兴高采烈地来到体育宫。

我们只知体育宫在走道口用木板搭建了一座临时舞台，亲眼一看，谁能想到临时舞台如此与众不同，那么别具一格，那么令人意想不到！

远远地，我们就先闻到多种花香混合成的袭人香气，顺着花香望去，嗬！多姿多彩的热带奇花异草做了舞台的幕布并围满舞台的四周，形成了观众和舞台间天然的百花屏障，对我这极爱花草的人来讲更是叹为观止了。我抬头望见坚挺而又显出凹凸的绿色幕布尤显奇特，近前一看，太震撼啦！做梦都不会梦到这大幅的幕布竟然是用棕榈树和芭蕉树的大叶子拼接而成的，太浪漫、太神奇了！

"百花台！"近芳脱口而出！

"中古友谊台！"大家细细品味，情不自禁地给这舞台定了名。

露天舞台和临时大幕，简直是古巴朋友们聪明和智慧的结晶！

距开演还有很长时间，能容纳两万五千人的体育宫，被密集的观众们挤得水泄不通。鲜花隔不开舞台和观众了，没有座位的观众不顾一切，超勇敢地坐在舞台台板上，这热烈的场面何其动人！

五星红旗和古巴国旗升起来了，乐队奏响两国国歌，全场立即起立用西班牙语欢呼："中国万岁！""毛泽东！""和平万岁！""中古友谊万岁！"暴风雨般的掌声震撼了全场。

当中国艺术团的民乐队加演了用箫、笙演奏起古巴《七二六运动进行曲》时，全场肃立高歌。这几万人的庞大合唱队发出的声音是那样的激昂，情绪是那样的饱满，与伴奏旋律又是那样的和谐。它象征着英勇的古巴人民团结一致把革命进行到底的决心和信念。

全场节目进行当中，观众的情绪始终激昂，在不停地鼓掌、不停地欢呼。这是中国艺术对古巴人民的吸引力所致，这是两国人民之间无界的深厚友谊使然！

古巴人民对中国艺术极为喜爱。"没有看过中国艺术团的表演是一生的遗憾。中国艺术团的演出成了古巴社会上的一件重大的事情。""中国人民是最可亲的、最文明的、最正直的，也是富有感情，最懂感情的。不能想象，在没有感情的民族中能产生像《野猪林》《白蛇传》这种充沛的斗争感情的故事，能够创造出像舞台上的林冲、鲁智深、白娘子这种富有健康感情的人物形象来。"

菲德尔·卡斯特罗总理在电视广播中的讲话提到中国艺术团时讲："我喜欢中国艺术团的表演，正如我喜欢中国一样。京剧是一种使我们喜欢的与众不同的艺术。我们注意到了它是一种有风趣的新的艺术！它的完善而精美的表演，使我们喜欢。这对于全体人民来说，都是同样的感觉。……我们对京剧的印象是看到了另一个世界的东西，具有真正艺术价值的东西。"

就在中国艺术团深入古巴各地区巡演时，我突然出现怪现象，胃口虽好，但腹泻厉害，时不时要去厕所，有碍演出。经检查患了菌群失调症。团里的曹韵清在圣地亚哥就患了大肠头结节，七天不排便，直忍到古巴才住院治疗，虽已初愈，尚须休息。我们二人被留在哈瓦那请医生继续治疗。

这一段"离群索居"的生活很乏味。不识路，语言不通，不敢出门，怕走失。看电视播放故事片没中文字幕，还不够跟它着急的呢！而且电视中常是些大腿舞……

这一段时间，多亏受到驻古巴的新华社社长曾涛的热情接待。他给我俩送来一袋袋紫红色的大橘子，陪着我们到太平洋大酒家吃炸乳鸽，说是病后补虚。因工作忙，又让夫人来陪我们去吃葫芦馅饺子，看赌场、看迷宫、看选美。

在国外，曾夫人陪我们四处游玩，必须是正装打扮，穿戴成夫人的模样，一旦回到房间，她立即急急甩落高跟鞋，说："中国人受不了这个！"至今言犹在耳！

最有趣的是百无聊赖的曹韵清居然将装橘子的小麻袋拆了，借来工具把麻袋缝成两条游泳裤衩。于是在这炎热的夏季，我们就在宾馆引进海水的游泳池里尝试着游了起来。其实，与其说是游，倒不如说是泡。我见人家进到水里，两腿一蹬就游出去了。我可好，两腿一蹬就往下沉，呛了一大口水，但总算在炎热的夏季图了个凉快。

曹韵清还行，来几个《雁荡山》水战时划水的动作，竟也能漂出两步远。"游泳拿下啦！"他颇为自豪地显摆着。

后来，回国后有一次他对我说："我去游泳池游泳啦！敢情进去就沉底，到底喝水啦！"

"你不是游泳拿下了吗？"

"嘻！咱们在古巴宾馆游泳池的水是海水，浮力大，国内游泳池里的水浮力小。不过，喝着一点儿都不咸！"

……

终于，大家完成了访问任务回到了哈瓦那。同志们你一言我一语地争相向我们介绍他们此行的情况。

中国艺术团所到每一个城市都是一样，开幕前观众掌声如雷，口喊"伟大中国"的口号，不论是舞蹈、京剧、民乐合奏都受到他们热烈的欢迎。有时候观众会激动得无以言表，不惜将外衣、帽子向演员们扔过去。

在艺术团告别圣地亚哥去马埃斯特腊山区的时候，热情的朋友们从四面八方一拥而上，每一扇车窗外面都聚集了一层又一层的人群，他们争先恐后地把身上披的、头上戴的，凡是能够取下来的东西都抛上车来当作礼品。车上的艺术团成员紧紧地握住他们的手，将一枚枚中国支持拉丁美洲的纪念章佩戴在他们胸前。他们热情地高呼着："古巴——中国！""毛泽东！""要中国，不要美国佬！"这些声音里充满了古巴人民对中国人民的友谊。这种热情的场面，在古巴随处都可以遇到。

马埃斯特腊山区是古巴革命胜利以前，菲德尔·卡斯特罗总理曾经领导人民打游击的革命根据地。到那里慰问，更有着不同的意义。

中国艺术团乘汽车到达，团员们一下车就被在门口守候的武装齐备的起义军战士围起来问长问短。看吧，战士们为欢迎中国朋友把兵营打扫得干干净净，把司令部装饰得五彩缤纷，把营房布置得焕然一新。团员们一眼看到在营房挂着的两盏夺目抢眼的中国式灯笼，顿时觉得回到了亲切的故乡。

大家在司令部的草地上尽情欢笑、尽情畅谈，尽情诉说着今天的来之不易！战士们回忆着两年前在这里同反动派进行着的艰苦卓绝的战斗。如今古巴人民在菲德尔·卡斯特罗的领导下站起来了，谁也阻挡不住中古人民的友谊！

女战士们拉着近芳的手，犹如旧友重逢；一群男兵拥住谷春章和王鸣仲，要看他们在《三岔口》演出中的几个动作，他们早已是忠实的粉丝啦！

当地驻军司令阿曼多·阿戈斯塔少校亲切地要中国艺术团和他们一起住营房，吃一样的饭，过军营生活。

在这空旷的山林中，许多战士在营房担任了巡逻守卫的工作。有一个斑斑白发的老军人彻夜不眠地守护着女演员的宿地。这位老战士是少校军医，也是当地起义军的领导人之一，他把一切包括他的财产全都贡献给了反美帝的革命斗争，他崇高的革命精神，使每一个人都深受感动。

六月十五日夜晚，中国艺术团在一块地图上没有名字的山坡上演出。这是偏僻的山区，历史上从未有外国艺术团到这里演出，是中国的优美音乐和京剧的铿锵锣鼓第一次响彻了这无名的小山谷。山区简单的露天剧场坐着满满的一万多观众，许多农民、工人都是从几十里以外赶来观剧，共同度过了一个充满友谊的难忘夜晚。许多人感慨地说："我一生从没看过这样优美的表演。"有个小朋友说："如果今晚变得更长一些多好哇！"

"时间是短暂的，友谊是长存的！"

类似动人的事情，大家对我们说了又说、讲了又讲。小插曲也不少，记得最清楚的是橘子变蛤蟆的故事：住在学校城教室里的时候，古巴朋友给艺术团送去很多大橘子。晚上没电，郭启山先睡在地铺的凉席上，拉京胡的名家沈玉才好心扔给郭启山一个橘子吃，郭启山觉得橘子落到胸口上，用手一拿刚要吃，只觉得手上是个湿凉凉的活物，放到眼前一看，吓得他赶快把扔过来的"橘子"甩到地上……原来在沈玉才扔橘子的同时，蹦到郭启山胸口上的是只大蛤蟆！

中国艺术团六月二十一日晚间在古巴圣克拉拉市的体育馆大厅向五千名观众做访问古巴以来的第十场演出，演出在两国国歌声中开始。此时观众高呼口号"要古巴，不要美国佬！""中国万岁！""毛泽东！"大厅中一片火热！

当女歌唱家郭淑珍演唱中国艺术团自创的歌曲《古巴人民和中国人民是

兄弟》时，观众报以长时间的掌声。

演出结束时，全体观众起立高唱《七二六运动进行曲》达十分钟之久。

圣克拉拉妇女代表把一面古巴国旗赠送给了中国艺术团。

散场后，许多人不肯离去，到舞台上向演员们祝贺，互相交换纪念品，他们希望中国艺术团把这些东西连同他们寄托在上面的友谊一齐带回中国。代请向伟大的中国人民致敬！向中国人民的伟大领袖毛主席致敬！并告诉中国人民，古巴人民感激他们！

他们兴奋地和我拥抱连连说着"谢谢"，不知为什么边说边还用力拍着我的后背，我的后背被拍得热乎乎的。

原来拍后背是拉美人民一种亲切的表示。

在奥连特省市负责人举行招待艺术团的宴会上，少春与三位古巴朋友相邻，没有翻译，彼此间只能说"好"和"谢谢"，为了互相能懂得对方的意思，只好运用为屡次出国与外国朋友交谈的方式——打哑语。经"交谈"，了解到对方是一位歌唱家、两位舞蹈家。一位女舞蹈家拿出笔在餐巾纸上画了一个古巴的轮廓，从中直画一条线出来指向中国，嘴里说着"好"。随之又画出好多线指向苏联以及拉美各国，并随画随说"好"。最后她在美国的位置上气狠狠地画了许多圆圈，又戳了无数点子，嘴里连说"不"。

围拢一旁观阵的我和许多团员不由得齐声大喊："要古巴，不要美国佬！"接着是大家痛快淋漓地大笑一场！笑声，使两国艺术家们的心贴得更近了！

七月十二日，得知菲德尔·卡斯特罗总理生病的消息，我们艺术团立即写了慰问信。派代表持慰问信和鲜花向总理表示慰问，祝他早日康复！病中的菲德尔·卡斯特罗总理给中国艺术团团长陈忠经和全体团员亲笔写了回信："我们知道你们与我国人民一起参加了星期日抗议帝国主义侵略的盛大集会，我们大家都十分高兴。我们永远不会忘记你们对我们的关心和友好活动。我们将把中国艺术团当作一个优秀人物组成的团体而永远铭记，并希望再次相见!"

七月二十八日,中国艺术团结束了在古巴为期五十八天的访问演出,走了六个省份的全国主要城市,演出二十场,博得了他们的赞扬。

古巴舆论评价中国艺术团的演出是古巴艺术史上的大事,中国艺术家们的演出"将载入我国戏剧编年史册"。

《街道报》写道:"京剧在一个无比纯真的艺术境界中,第一次向古巴的观众揭示了中国人民的感情,以及他们对劳动和祖国的热爱。这些感情被人民用这个悠久的民族所特存的巧妙和细致的艺术构思表达出来。"

安托涅塔·思里克斯在《今日报》上说:"新中国的高尚、乐观主义和人民的艺术将为所有的人接受。"

最使我及团员们振奋的是,珍贵的友谊正在迅速地向前发展。就在中国艺术团在古巴访问期间,中古两国政府签订了贸易和文化协定。很快,中古两国建立了外交关系。接着,古巴派遣了以格瓦拉少校为首的经济代表团代表古巴人民访问了中国。

回国后,出乎意料地听到北京大街小巷人人都在哼唱"美丽的哈瓦那,那里有我的家……"听到这首歌,引起我多少沸腾的激情,引起我多少美丽而亲切的回忆!正如我们中国艺术团所创作的歌曲《中古人民是亲兄弟》中所唱的一样,中古人民这种战斗的友谊将万古长青!

写到这里,我也不禁联想到:难忘的一九六二年十一月五日,在古巴人民坚决反对美帝国主义的封锁誓死保卫祖国斗争最艰苦的日子里,中国坚决支持古巴!示威群众人山人海地涌满了天安门广场,首都各艺术团体的演出队以评剧、话剧、歌舞、杂技等形式,如火如荼地歌颂着英雄的古巴人民,无情地揭露了美帝国主义侵略者的丑恶面目。

走在游行的队伍中,我听到《七二六运动进行曲》和《要古巴,不要美国佬》的歌曲声和"中国要古巴,不要美国佬""美国必败,古巴必胜"的口号声,多么熟悉,多么给力!这是中国艺术团团员们在古巴听得最多、唱得最多、记忆最清的口号！亲切感、思念感一股脑儿涌上心头。再次喊这口号，唱这首在古巴早就学得烂熟于心的歌曲格外响亮，格外发自肺腑地以情代声，格外激动！

第二天，也就是十一月六日，戏剧家协会主席田汉，副主席周信芳、曹禺分别写信给古巴戏剧家，表示对古巴人民的正义斗争坚决支持。许多中国戏剧家协会的理事们，像马连良、侯喜瑞、姜妙香、李桂云、张君秋也都纷纷写信给古巴驻中国大使馆，向英雄的古巴人民和他们的伟大领袖菲德尔·卡斯特罗致以最崇高的敬意。

我随老舍等将信送至大使馆，临时代办佩德罗苏非常高兴，与老舍同志热烈拥抱。我与临时代办佩德罗苏拥抱时，情不自禁地对他说："如果需要，我就放下舞台上用的假刀假枪，拿起真刀真枪和你们去并肩作战！"

实话，那时我恨不得把自己变成真的鲁智深，赶去古巴来个野猪林救友！与其说我幼稚，不如说有点儿感情冲动！毕竟我们和古巴人民在一起生活了近两个月，建立了难忘的友谊，懂得他们一心打倒美帝国主义的心！

谈到古巴忍不住就想到这段往事。

再接着说一九六〇年，中国艺术团满怀惜别的心情，结束了在古巴的访问演出，登上苏联兄弟号海轮奔往加拿大。

没想到在大西洋上的航行，更是令人难忘！风浪之大、轮船颠簸之狂出乎预料。头晕呕吐到了难以抑制。几位体弱的女同志连吐难止，无法起床、无法吃饭，就是喝进几口水，眨眼全都吐出来，真是度日如年。几天后下船时，很多人都处于步履蹒跚、说话无力的被搀扶状态。

我和几个同志尽管有点儿头晕，很快就不太明显，船上的美餐尽兴消受，被众人称为有福之人！

经过五昼夜航行，于八月初到达北美洲加拿大最东部的海港哈里法克斯登岸，然后一路向东，经过多伦多、渥太华和蒙特利尔等七个城市，到了加拿大最西部太平洋沿岸的另一个海港温哥华。

八月十日,中国艺术团在温哥华拥有两千八百个座位最大的剧院——伊丽莎白女王剧院,举行座无虚席的北美首次演出。同样以极大的成功轰动了温哥华。

英属哥伦比亚省省长贝尼特及其夫人、该省和温哥华市的政府官员、温哥华国际戏剧节的负责人及观众们都以极其热烈的掌声欢迎盼望已久的中国艺术团。演出只进行到一半,许多人就表示中国艺术团在温哥华的演出是温哥华戏剧节的成功。

国际戏剧节主席欧符里·罗值次爵士在讲话中说,观众的掌声证明加拿大观众欣赏这种伟大的艺术,中国人民和加拿大人民之间的友好关系应该得到进一步的发展和加强,这将有利于保卫世界和平。

当地最大的省报也写道:"这次演出在艺术上和政治上都是一件有历史意义的事件。"

在温哥华演出了五场折子戏,场场受到热烈欢迎。在观众的热烈要求下

中国艺术团部分团员在加拿大合影,左二张东川、左三我、左四刘琪、左五钮凤华、左六杜近芳、左七孙盛武、左八(侧面)曹韵清

又加演了一场《白蛇传》。日程安排很紧,不得不破例在星期日安排加演,又担心按习惯有不少人要在这天去做礼拜,不会来看戏。但这次非比寻常,中国艺术团的演出广告一出来,剧院的戏票就全部售光了。

《白蛇传》受到了很大的欢迎。不仅在加拿大,在委内瑞拉和古巴,都演出了全本《白蛇传》和全本《野猪林》,这两个戏都引起了观众很大的兴趣和喜爱,给予了很高评价。

报上曾这样描写:"京剧团昨天才把最精彩的表演拿出来,《白蛇传》这个动人的神妙的民间传说,不仅光辉地表现了京剧团在音乐、舞蹈等方面的大胆,以及动静有致的诗意般的动作,而且连最外行的观众也能领会其中的情趣。"

这里观众总数约达一万七千五百人。

我再次感到,在国外,只要根据情况和具体条件,有计划地介绍完整的文戏是完全可以的。我们应该把京剧和其他戏剧艺术进一步介绍到国外,必须改变"文戏不适合出国"的偏见,主动把我们独特而丰富的戏剧艺术全面地展现在世界艺术的百花园。

八月十四日晚间前往卡尔加利继续演出,八月底到了多伦多市。

九月二日,多伦多的企业家邓肯夫妇和经济学家戈登夫妇联合举行宴会欢迎我们,我们会见了多伦多各界著名人士。

我们应邀去一百多公里外观看了斯特拉特福莎士比亚戏剧节演出的名剧《约翰王》,并为戏剧节的参与人员演出了一些京剧片段和音乐节目。大家互为两国不同风格的艺术形式赞叹不已!

总之,这次所有演出的节目(包括京剧歌舞),在加拿大七个城市同样获得了很大成功。

加拿大《新闻报》有对京剧的一段评论:"这种戏剧的程式是如此的完美,以至我们不断地为它的精细、完美和关于利用一切舞台因素而惊叹!"

在加拿大的演出成功还有一层更深远的意义,加拿大紧邻美国,在加拿大的演出，犹如是在美国的北大门搭台唱大戏。

中国艺术团的访问演出，吸引许多美国观众赶到加拿大来看戏。他们观看了中国艺术团的演出后，如梦方醒！有的美国观众热情地到后台向演员祝贺，有的甚至喊出："新中国万岁！"

您知道，这声音在那个年代能听到，我们的心情是何等激动啊！美国人民通过艺术的欣赏，通过跟我们的接触，能对新中国有了新的认识，加深了两国人民之间的相互了解和友谊，狠狠击碎了那些对新中国进行各种歪曲事实的、无耻的谣言！

正如菲德尔·卡斯特罗总理所说："我对京剧的印象是：看到了另一个世界的东西，具有真正艺术价值的东西。"

也如一位兄弟党的负责同志对我们说的那样："你们不仅介绍了新中国的艺术，在艺术上获得成功。同时，重要的是通过你们的演出显示了社会主义制度的优越，显示了社会主义阵营的强大。"

就是加拿大《新闻报》也不禁写道："包括一切戏剧语言：脸谱、哑剧、做工、对白、歌舞、服装、布景……一切因素构成了一个和谐的整体，并互补长短，创造了一种放之四海皆准的语言，任何障碍也不能阻止这种语言在任何地方被任何人所了解。"

是的，有着新鲜的、独特的、强烈的民族色彩的中国艺术，能跨过任何障碍与世界人民联系，谁也不能隔断！

这是我们所到各个国家人民的一个共同感觉，中国的古老民族艺术，只要送到世界各地，就马上会立于世界文化之林，而且在世界艺术的园林里放出异彩。

中国艺术团在加拿大的访问演出也极不平静，同样是台上一出高质量的戏，台下同样有一出坚决抵制的"戏"。

在加拿大也有一些人，他们不时地向中国艺术团发起挑衅。艺术团在一次华侨招待会上介绍了祖国建设的简单情况，谈到了我们要尽早解放台湾的问题。这不是搞艺术而是搞政治，国民党的"使馆"也在报纸上发表了一个微弱的抗议。我们中国艺术团坚决回击，申明中国艺术团和中国华侨所谈的问题都是属于中国自己的内政，任何人没有权利来干涉我们的自由！有人又发表"妙论"："你们的艺术很好（因为这是事实，无法歪曲），但和中国共产党的制度无关。"

我们也及时回击种种的胡说，如果中国没有共产党，没有贯彻毛泽东的文艺路线，那么我们的艺术就不会有今天如此的辉煌成就！

美帝国主义慌忙指示使馆，不许美国侨民看中国艺术团的演出。说也奇怪，越阻止越有不少美国人前来观看。不仅是住在加拿大的，而且还有相当多的是从美国远路赶来看中国艺术团的节目。

在蒙特利尔，一个追随美国的天主教团体，仍然不许他的教徒们看戏。他们的密令竟被一个在电台工作的十九岁姑娘通过广播给无情地揭露了。

更可笑的是，有少得可怜的人在剧院门口搞什么游行。结果呢，人在游行之后，就从口袋里拿出已经买了好几个星期的戏票，走进剧场看中国艺术团的表演了。

一个加拿大朋友恳切地邀请我们的团长去用晚餐，他热情地说："我请吃饭没有任何要求，只是想告诉你们，你们并不孤单。"

当我们准备乘客轮赴欧洲时，遇到另一个加拿大人来送亲友。他突然跑过来问道："能讲英文吗？"

"请吧！"

他激动地说："你们回去，请代我给毛泽东最好的问候！"说罢，掉头下船走了。

在加拿大遇到不少这样热忱的朋友，剧场中拥挤的观众不断给我们热情的欢呼。这一切说明任何障碍挡不住人民之间的了解。北美、拉美的人民，全世界的人民都是中国人民的朋友！我们艺术团的每位同志都深切感到，我们的朋友遍天下，处处洋溢着人民的友谊。

中国艺术团胜利完成任务回国。

周总理特别在紫光阁设家宴为大家接风洗尘。邓大姐、陈老总、张茜同志都来作陪。为什么说是总理特设家宴呢？因为总理当时还特别交代秘书说："今天是我个人请客，不要出公账。"我们听后倍觉亲切和温馨。这也是周总理非常理解我们在国外的不平静而格外给予温暖的一番苦心！

总理和大家亲切握手，连连说："谢谢同志们，你们立了功，你们辛苦了。"我们无拘无束，向总理诉说这次演出的环境之艰险。总理称赞说："我们目前还没有同这些国家建立外交关系，要加强来往，一靠贸易，二靠文艺，靠你们打先锋啊！"我和大家兴高采烈地你一言我一语地谈到《野猪林》如何受到欢迎，全本《白蛇传》如何引起轰动。总理说："《野猪林》是一出好戏，要让他们知道，八十万禁军教头林冲是逼上梁山的。我们中国共产党领导的革命，也是逼出来的"。还说："以后京剧团出国，不仅要带武戏，也要带文戏，文武双全好。既要有折子戏，也要有整本戏，这样来向外国朋友宣传我们的民族艺术，介绍我们的民族艺术。"

报上也赞扬了李少春、我等几位文化使者，在整个美洲大地上留下了十分美好的印象。

直到二十世纪七十年代中美建交以后，有些美国朋友见到健健康康的我，还畅谈当年到加拿大看过我们演出的《野猪林》《白蛇传》时所受感染的激动心情。

十二月四日，中国艺术团在人民剧场开始进行赴拉美及加拿大归国汇报演出《野猪林》和《白蛇传》。

十二月五日、七日，是京剧、歌舞综合晚会，有《孔雀舞》、《红绸舞》、《荷花舞》、民乐合奏、丰收乐、女生独唱、古巴舞、《三岔口》、《霸王别姬》、《秋江》、《虹桥赠珠》等节目。

随后参加了在怀仁堂举行的一九六一年元旦京剧晚会的演出。晚会上的节目有中国戏曲学校实验京剧团苏稚、张春孝的《虹桥赠珠》，梅兰芳京剧团李宗义的《文昭关》，中国京剧院一团李少春、我、张春华、李金鸿等演的《恶虎村》。

壹叁零 困难期 相互谅解

我在出访期间，每日在激情中演出。我家中的生活也不平静。我回国后听到福瑗的详述，也感慨至极。

夏日的晚饭后，我家的院子里是孩子们的自由天地。七月的天特别长，快八点了天还没完全黑下来。

"万秃之中一小丫，颜似……"小蓉在念嘲讽妹妹小玲的打油诗。

"娘！您瞧我大姐！"没等念完就遭到小玲的强烈反对，高喊几声，福瑗没有回声。

"两行鼻涕过界水，歌声赛过老乌鸦！哇哇哇！……"

"哈哈！"紧接着是和平、小弟、小妹的混声大笑！

"娘！他们全欺侮我！"小玲的声音已带哭音。

"玲子，快来洗澡了！"福瑗的声音从后院传来。

"不跟你们玩，我洗澡去喽！"小玲可有台阶下了，在她的身后响起了学乌鸦叫的一片哇哇声和笑声。

每逢周一的晚上没有电视播放，孩子们只能在院里百无聊赖地闲闹。

这台电视是苏联产的，荧光屏不算小，是第一批苏联进口货，记不得是我托谁买的了。有了它，真给母亲解闷。只要电视台播节目，每天必看。也甭管播出的节目是否喜欢，哪怕就是坐在藤椅上进入梦乡，头已下垂，还不时传出小呼噜的时候，孩子们给关机时，母亲立即就醒，说："别关，我正听呢！"反正每天直到电视播放结束才关机，正式睡觉。

自从有了电视，孩子们也乖多了。原先家中晚饭很少一起吃，大都母亲、二姐、孩子们六点钟就吃，我不演出时，往往八点才吃。孩子们饭后集体凑到东屋去闹个天翻地覆，在那个自由小天地里，他们可以任意玩，任意疯笑，集体合唱京剧名段，反正声音有大院子阻隔着，在西屋餐厅或北屋的人是听不见的。福瑗和二姐常不放心去视察。

有了电视，孩子们全规规矩矩地坐在电视旁，围着奶奶共享欢乐，家里立显安静，福瑗心里踏实，我心中更觉温馨。真有好节目时，我和福瑗也搬把椅子坐在电视前全家人同看，这时最高兴的就是母亲啦！她会不停地向福瑗、我说自己的看法，也会不时地听我们的意见，那满面的笑真是心花怒放！

可惜那时节的电视不像现在似的全天候服务，每天都是有时有会儿，尤其是周一，电视节目全天停播！几个孩子只能又凑在院里玩，于是小蓉就想起最能刺激小玲的"诗"。

那还是一九五八年炎热的夏季，为了给小玲洗头、扑痱子粉方便，福瑗就给她剃了个光头。当时社会流行着众多好书《青春之歌》《红岩》《红旗谱》《林海雪原》等，中学生们爱不释手。小蓉看了《林海雪原》，书中少剑波给白茹写的赞美诗很好玩，灵机一动，就把"万马军中一小丫"改成"万秃之中一小丫"，年仅四岁的小玲能响亮、准确地唱出京剧《白毛女》中喜儿的"大雪飞"和"吃饺子过新年"的曲调，也给编成"歌声赛过老乌鸦"，最后还加了两声哇哇学乌鸦的叫声。

三年过去了，小玲到九月就该上学了，已不似当年不懂事了。对这首"诗"格外敏感、反感，一听就扯起嗓子，大声地喊着向福瑷告状。

福瑷往往不理会，她对孩子们宽容、温和，孩子们之间互相淘气戏耍，她是不管的。哪怕有哭了的，她知道只要不介入，三分钟一过他们仍亲密地凑在一起玩，想把他们分开都难。这也就养成了哥姐们爱听小玲喊娘的求助声！

坐在旁边的母亲看着孩子们嬉笑玩耍，也跟着笑不拢嘴，其实有些话她没太听懂，最后还问小蓉："你们哇哇地学乌鸦叫什么哪？"

自从去冬发现母亲得了肾癌，在中苏友谊医院切除一个肾以来，母亲听力明显下降。

要说也真玄！亏得发现早。那是去年深秋，福瑷上母亲房里，正赶上母亲在里屋的卫生间小解，听到母亲轻微的叹息声。福瑷感到有点儿不对劲，就问母亲怎么了。母亲说没什么，只是到最后有点疼，有火了，想要吃点儿牛黄解毒丸。

福瑷听那克制的吟声，不像是有点儿疼，像是很疼。再想，就是上火也不至于疼到这份儿上，她没敢耽误，陪母亲去医院检查确诊左肾癌变。那刀口从前心开到后背，由于是早期治疗，休养得好，身体恢复得还可以。

在母亲眼里，孩子们就是花朵儿，看见就高兴。何况一年只有寒暑假短短的几天，九月一号开学全都各奔东西，家里就又骤然冷清，哪找这热闹场面？

自一九五八年夏秋季送走了小弟和和平去学戏。一九五九年春，东北沈阳京剧院的徐菊华已调到辽宁省戏曲学校，特到北京来托我找几位北京的老师去沈阳教学。

我们相识在一九五一年，我在新中国实验剧团赴沈阳演出时，互相交流戏改心得，观摩了由徐菊华编改、主演的《雁荡山》，全剧改编成无言无唱，全是两军对阵、开打，既让观众把剧情看得很明白，又尽以展示扎靠武打、短打、翻扑技巧。一句话：好得很！所以后来去国外，少春嗓哑，我们二人也自编自演了这出《雁荡山》，效果非常好，尤为适合广场演出。

有朋自远方来，我热情接待，也慨然允诺相助。徐菊华要告辞时，想起一进门就听到几声宽甜脆亮的旦角的小嗓念白和演唱，就问是谁。我说是女儿打篮球崴了脚，不能上学，在家闲唱解闷。

"这么好的嗓子，不学戏？"徐菊华很奇怪。

"女孩子学这……"

"都什么年代啦，国家多重视！我的女儿学戏，不学戏学什么？学别的我们不懂，学戏不成，学别的就保准能成？"

我被这几句话打动了。和福瑗反复商量，孩子们学有所长也是件好事。不学戏，学什么？确有茫然之感。再看云溪家的两个女儿，一个去西安学戏，一个去北京舞蹈学校学舞蹈，都挺好嘛！

再者沈阳还有位朋友可以相助。当年志愿军回国，中国京剧院去安东（今丹东）时，还交了位好朋友王丕一，他已是辽宁省文化局的一位领导，喜欢京剧，善唱旦角，为人热情，徐菊华说他已升任辽宁省文化厅厅长（可惜的是动乱中他们都被逼死）。

几经反复我拍板了，索性两个女儿全去学戏，也好相互照应。徐菊华也说了，要学就去他们学校，从省里直到学校，上上下下办好学的决心都很大！

这爆炸性的新闻，女儿们倒挺高兴，全愿意。对母亲来讲，可就有一定性的"杀伤力"了！忒舍不得！尤其对小蓉，从小带到大，隔辈人的疼爱更比父母强烈！四月底，小蓉、小妹临行的前一天晚上，就如我当年入富连成科班一样，母亲一夜未睡，泪流不断……

我见此情动摇了，福瑗动摇了，就是小蓉自己也动摇了，可是已成定局，难以更改。

三个月后，孩子们回家过暑假，她俩都很健康，乐于学戏，努力上进，腿踢到脑门儿，腰下得手把脚脖，文林给调调嗓子，还挺有味儿。母亲看了也就好多了。

四个孩子天南地北，有东有西的，家里冷清了。只有寒暑假期，母亲才有这样绕膝左右、热闹非凡的天伦之乐！

"学乌鸦叫！"小蓉说完，冲奶奶做了个鬼脸。

"你这个当大姐的，也没点儿正形！"母亲收住笑声，她根本是舍不得深说小蓉的。

"太没意思啦！偏赶上我们放暑假，我爸爸出国！真没劲！"

"这能由得了你爸爸吗？"

这个暑假孩子们闲劲难忍的时候颇多，用他们自己的话说"真没劲！"后边还得饶上一句："爸爸要是在家多好！起码晚上去听戏！这会儿，早开戏了！"

孩子们先后洗完澡睡了，母亲也睡了。福瑷从前院察看完街门、院里、各屋的灯，回到后院坐在灯下给离家三个月之久的我写信。

多次出国，光荣是很光荣，尤其使那么多国家都喜欢京剧，欣赏我的表演，艺术团又受到中国、外国领导人的高度重视。可是，出访时间长不说，处处都那么危险！

我俩之间有一个默契约定，只要我在外演出，互相通信或通电话都是只报喜不报忧，以免牵肠挂肚地提心吊胆。

那时往往要一个月后才能接到来信，还需要我估算好收到福瑷回信时所在的国家和城市，福瑷才可回信。

这个暑假小蓉、小妹、小弟都回家了，和平没回来，参加尚小云先生排戏曲电影《汉明妃》，他说等放电影时能看到他一个特写镜头，自然是大兵喽！小蓉、小妹在沈阳，小弟在福建，全是重灾区。在沈阳她们先是喝大糙子，吃黑面馒头、高粱米饭，这算好的，可老吃不饱，练完功就饿。后来就吃高粱秆磨的面，练功又消耗大，全浮肿、大便干燥。校长真负责，动脑筋把三餐改成四餐，或练晚功，或彩排，或演出后，学生们睡前可以吃半个小馒头和一点儿咸菜。又将学生们带出去巡回慰问实习演出，所到部队、大工厂、市、县都会招待孩子们吃顿饱饭。这位校长可谓够周全了。小弟呢，更苦些，吃的全是空心菜，都叫它"无缝钢管"，亏得有大哥大嫂照应，饿了会回家吃点儿。

相比之下，北京家里的生活好多了，但尚还不太懂事的孩子们回到家来，不光想着能吃饱饭，一心想解馋。可鱼和肉每人每月二两，油每人每月半斤，蛋每月每户一斤。全凭户口本上的人数领，家里正式户口就四个人，三个孩子都回家了，再加上一个保姆，八个人吃四个人的副食，本来量就特少，这一来更少了。开始高价的肉、蛋还有，现在拿钱买也不好买！副食一少，人人肚里没油水，加上孩子们练功，每月三四十斤照样不够！没办法，只得家里每人按定量称面吃。

吃面条时，让保姆算好每人每顿几两，就称出所需干面，加多少水和面，然后按每人应吃几两分配，锅里就煮一人的面，大家还是都吃不饱，小玲居然也不够，多吃我的半两，被哥姐们取笑，立了绰号二两半！闹得该煮谁的面，谁自己去厨房盯着。小蓉笑说"家里也大跃进，办起食堂了"。都这样了，到月底还短个半斤八两的……

福瑗想到此，忽然感到不对劲！因为我出国粮票照发，也就是说家中每月多着三十多斤粮食呢，怎么会？

为此福瑗失眠了……

第二天，福瑗起得很早，在院里浇花，看着孩子们在院里练功。他们练得很认真、很努力，福瑗很感欣慰。

门铃响了，福瑗想是做饭阿姨来了，抢先去开街门，果然是她。做饭阿姨不在这儿住，早上将七点来，晚上封了火，八点左右回家。如果我有戏，晚上把夜宵菜备好，余下的由福瑗或热一下，或再炒点儿什么。

做饭阿姨高高瘦瘦，老穿件深蓝色单长衣、长裤，绕在手里一个又薄又旧的老蓝色布包。她不太爱说话，脸上没有表情，看不出她的喜怒哀乐，这使福瑗不太习惯。但有一样好，交代她的事儿，她会向你点头，完成得也很认真，饭菜做得尚合老太太的口味。

福瑗当然还是很不愿让老孟走，没办法，他四十多岁要成家立业娶妻生子了。老孟和照顾小玲的保姆相好了，只能成全他们。

做饭阿姨见是福瑗来开门，向福瑗点了点头，脸上还真闪出一丝笑容，目光里也闪出点儿惊诧。

"我看孩子们练功呢！"福瑗笑着说明了一下。

晚饭后，电视直播北京京剧院的《秦香莲》，母亲和孩子们坐在电视前聚精会神地看着。

就是这天，福瑗站在孩子们身后看电视，她很喜欢听君秋和盛戎的演唱，绝对的粉丝，但她也不断地透过纱门留意院内。福瑗看见做饭阿姨从厨房走出，神情紧张地靠墙行走，摆动的右臂幅度很小，手腕上仍绕着那个蓝布袋。福瑗开门直出北屋，紧走几步，在南屋台阶与做饭阿姨相遇。

做饭阿姨眼神中透出遮掩不住的惊慌。

福瑗平和地说："还有点儿事，跟我去后院吧。"

二人进了后院屋，福瑗关上门，为了不让孩子们打扰，她犹豫了一下，还是把门锁上了。

"灾，这么重，你有难处，我想到了。今儿你带好的，还拿走。这事儿我不会去告诉别人，也不追究。可你要跟我说说心里话。"

做饭阿姨没有想到福瑗会这么直截了当，更没想到福瑗的语气是这么的肯定。她慌了，在眼泪流下来的同时，打开绕在手腕上的蓝布袋，里面有一捧米，又从裤袋里掏出半块熏豆腐干。

"天天？"

她摇了摇头，又点了点头。

福瑗叹了口气坐在写字台旁的沙发上说:"你坐在椅子上,慢慢说,我能帮的,尽量帮你。"

她缓慢地跨边坐在椅子上,擦了擦泪,沉了沉气,说她老家闹灾荒厉害,公婆来北京找儿子,原本三口人的粮票五口人吃,才出此下策。

"我再也不了,您信我吧!别让我走……"说到此,她放声大哭起来。

这虽是在福瑗预料之中,她也想好了,已拿的就算了,杜绝以后就成了,谁让闹灾呢!可面前的事让她很矛盾:不断她的后路,孩子们吃不饱;断她的后路,她丈夫拉平板车,儿子十二岁,再加上两个农村老人,这一家要钱没钱、要粮没粮……

做饭阿姨见福瑗两眼发直,半天没表态,又说:"我对不起你们,我们全家都知道对不起你们!看见孩子们老说不够吃,我心里也不好……我公公……他身体挺好,他找到一个大车店给看牲口,管饭、管住不给钱。这一两天就去。他老让我跟您明说……问房顶漏不漏雨,他给抹,他是好瓦工,村里谁盖房,他都……"

此后,她那绕在手上的书包不再有了。北房母亲用的卫生间的顶子有点儿渗雨,抹好了。

壹叁壹 《满江红》盖老北上

我归国后,尽管各家各户吃穿都要靠发票证来限量购买,人人生活十分清苦,甚至根本喂不饱肚子,然而全国人民仍然勒紧裤腰带斗志昂扬!

京剧艺术发展依旧正常,梅兰芳先生率梅兰芳京剧团在北京演出《宇宙锋》《贵妃醉酒》《穆桂英挂帅》,堪称老帅领征;北京京剧院马连良、谭富英、张君秋、裘盛戎除各自分演的剧目外,还强强联手,上演《秦香莲》《赵氏孤儿》《状元媒》《官渡之战》《赤壁之战》。尤其马连良先生虽年事已高,还积极排新剧目《海瑞罢官》,我虽没得时间去看,可是听许多同行的反映是很不错。可喜的是中国戏曲学校毕业生们分到中国京剧院四团排出许多红极一时的剧目,像由杨秋玲、王晶华主演的《杨门女将》,刘长瑜主演的《卖水》,孙岳的《满江红》;北京市戏曲学校的李玉芙,就是当年在东北和马连良先生推荐她到北京艺校学习的那个小姑娘,现在成绩优秀毕业了,主演的新编历史剧《雏凤凌空》脱颖而出,还拜了梅兰芳先生为师,受其亲传。这都显示了新生力军已初露峥嵘。可以说中国京剧院与北京京剧院这些旧日的好搭档重新组合，与新中国培养出的新生力量竞相在京剧舞台并蒂竞放艺术奇葩。

中国京剧院一团不甘落后，必须排出新戏春节上演。

一九六一年春节，在院党委的支持下我们演出了歌颂抗金英雄岳飞的《满江红》。编剧马少波、范钧宏、吕瑞明，导演郑亦秋。此戏在我们赴加拿大访问时，已由中国京剧院四团的孙岳、杨秋玲、李嘉林等青年演员们演出过，而且收到很好的效果。

有一次，《满江红》演到第三场，周总理和彭真等领导才来看戏。临时决定散戏后，再从头演前三场，让总理把戏看全。周总理看完戏上台与孙岳、杨秋玲等一些演员见面，以肯定的语气说："岳飞、岳云等死去以后，岳家军仍然前仆后继，很有生气，鼓舞人心。这是一出好戏。"

我们一团一见剧本就接过来了。以往描写岳飞只停在风波亭就义，令人悲愤压抑。《满江红》则是应用很洗练的手法，前半场描写出岳飞直捣黄龙的决心，以及被害经过；后半场延伸至岳夫人深明大义，在岳飞遗嘱"继续抗金"的激励下，践行"前仆后继，还我河山"的壮志，使台上演员、台下观众的激情都得以抒发，而且这个戏无论是岳飞、岳夫人、牛皋都有进一步发挥的余地。

排练中，我们仔细研读剧本，进一步研究了当时的历史背景，准备在四团成功演出的基础上更好地结合自己的艺术特点，找出更适合人物性格的表现手法，进一步出新。

少春饰演的这位文武兼备的岳元帅，去尽浮表的锋芒，深藏刚烈之气，念、做突出凝重，表演动作洗练、浑厚，打破流派的格局，一切从表现岳飞形象的需要出发，兼收并蓄。

《痛饮黄龙》突出了誓师黄河口，直捣黄龙的决心；《金殿》突出了面对投降派展开唇枪舌剑的激烈斗争；在大理寺杀气逼人的氛围中，突出一展

"精忠报国"刻字的坚贞豪情；最后在风波亭岳飞大义凛然，慷慨就义！

也曾有人问少春，所演岳飞算是哪派的？少春笑了，他略一沉吟："岳派吧！"

我饰牛皋，将牛皋怀念岳大哥的唱段，突出了架子花脸以情带声、为情而唱的唱腔特色，情真意切地体现出生死弟兄间的真情厚谊。在人物个性表现上也加强渲染了反抗朝廷，敢于违抗圣旨，敢发其愤的豪气！牛皋解气，观众解气，我也解了气！

《满江红》全剧悲且壮，感人肺腑，演出很轰动。中国京剧院四团又向一团学习再排此剧。

可惜的是少春的嗓子问题，只演了几场。

中国京剧院一团好在还有盛兰、近芳的《桃花扇》《柳荫记》《奇双会》《吕布与貂蝉》等戏。在此期间，我和杜近芳的《霸王别姬》是极有感召力的，我和叶盛兰的《九江口》也没少演，还有我们三人同演的《桃花村》。

我们还排了新戏。四五月里我重新整理了郝老师首演于一九二〇年的一出优秀剧目《瓦口关》。这出戏在体现张飞智勇双全的性格方面有所加强，也很有风趣。《瓦口关》常和大轴子杜近芳的《金水桥》或是叶盛兰主演的《飞虎山》搭配。

那时任宣传部秘书长的齐燕铭同志，既熟悉戏剧又熟悉演员，十分了解各剧团排演的剧目，很看好《瓦口关》这个剧目，调此戏到人民大会堂的小礼堂演出，后又亲点到北京饭店演了一场重要晚会。还记得同场有李少春的《夜奔梁山》（只做动作可以不唱）、赵燕侠的《花田错》。

日本前进座剧团来北京了。由团长河原崎长十郎、副团长中村完右卫门、宫川雅青等人率领一行六十八人，应中国人民对外文化协会邀请，来中国访问演出。欧阳予倩、吕骥、马少波、吴寻、欧阳山、少春、我及中国亚非团结委员会各位领导进站欢迎，向客人们赠送了鲜花。

河原崎长十郎团长代表前进座剧团在车站上讲话,表明通过这一文化交流,成为两国友好与恢复邦交的桥梁。

我们和在日本相识的老朋友见面格外亲切,还分别观看了他们演出的《劝进帐》《俊宽》《鸣神》《佐仓宗五郎》等优秀剧目。座谈会上再次交流艺术经验,互相宴请,共同回忆在日本结下的友谊。

再次重逢深化了别后的互相思念。自此,一直到"文化大革命",前进座剧团在日本所发行的刊物都按时寄到我家中。

一九六一年,中国京剧院组织青年武生向盖叫天(左三)学习《英雄义》时,我(左四)与盖叫天、马少波(左一)、李少春(左二)在一起

一九六一年的六月底,京剧表演艺术家盖叫天先生应中国京剧院邀请来到了北京。在半个月的时间里,中国京剧院李少春、张云溪、张春华等几位把京剧院的十几个青年武生演员组织起来,向盖老学习《英雄义》一剧。为了让盖老了解青年武生们的表演水平,先组织专场演出,由部分青年演员演出《英雄义》《恶虎村》《三岔口》《艳阳楼》等四个折子戏的武生专场。

盖老热情地在中国文化部艺术局、市文化局举办的艺术讨论会上现身说法,深刻、生动地讲解表演艺术,对青年们的演出提出了意见。少春、云溪等虚心向盖老学习,深感受益匪浅。

最后，年已七十五岁高龄的盖老不顾七月下旬天气的炎热，为首都观众又演出了《英雄义》《洗浮山》《武松打店》《郑州庙》《恶虎村》等。我始终相陪盖老左右，傍他演了《恶虎村》的濮天雕等戏，也在他演出的前场垫演《牛皋招亲》等戏。

期间，我们陪同盖老及夫人、孙女回家乡——保定地区高阳县西演村。盖老与阔别六十多年的父老乡亲相见，双方激情难抑的景象感人至深！

九月初将盖老送离北京，没想到竟是与盖老的诀别！

直到二十世纪八十年代初，云溪去上海演出，看望了年事已高的盖老夫人，才细知一直受周总理保护的老先生也难逃浩劫。一九六七年下半年，张春桥批准的批盖叫天联络站重新建立，被扫地出门的盖老不断被残酷批斗。穷困得连他过八十二岁生日时想吃一碗面都难，盖老夫人只能借钱买料；盖老高烧，家中仅有十五块钱，盖老夫人去文化局请求，造反派不理。她只得叫了一辆三轮车，三轮车工听说是盖叫天老先生，坚决不要车钱，送他去医院。但"牛鬼蛇神"怎能得到应有的治疗？无奈返回，八十二岁的盖老先生在一九七〇年一月十五日一个寒冷的黎明前，含冤屈死在杭州松木场流水桥畔那间朝北的小平房里！陪伴在他身边的只有夫人和那一对再穷也不肯舍弃的代用练习双鞭的两节木棍。

云溪见高龄的盖老夫人生活上仍有困难，回京后即汇报文化部，为她申请了补助，文化部还为盖老夫人请了保姆照看。

一九八六年，浙江省人民政府重新修建了坐落在西湖边丁家山上由盖叫天生前自建、"文化大革命"中被毁的寿坟，将盖叫天的骨灰移葬此处。

二十世纪九十年代末，小蓉去杭州出差，我让他去盖老墓前替我吊唁，献花致敬意。小蓉时间紧迫又人地生疏，几寻未果，只好悻悻而归，但她答应我一定会办到！

壹叁贰 冲难点 敢举新秀

一九六一年九月十六日，报上登出一则消息：广和剧场冯志孝、袁世海主演《淮河营》，马连良亲授。

这则广告登出之后，不能不使同行和京剧爱好者以及广大观众为之一震！

《淮河营》是马连良先生的拿手好戏，我曾配演剧中的刘长。冯志孝是哪位名角？能让砥柱中流的袁世海为之挎刀？因此引起观众和京剧爱好者们的特别关注！

看过《杨门女将》的观众都知道，冯志孝就是剧中饰演寇准的中国戏曲学校一九五九年毕业的第三班学生，调入中国京剧院四团的青年演员。

机缘巧合，使我们合演了这出戏。

我看了《杨门女将》，他演的寇准虽显稚嫩，倒也颇有马派清幽飘逸的雏形，但并无他想。巧在偶然，与冯志孝在公共汽车上不期而遇。他说："刚从马老师家学戏回来。在校时就喜欢马派，喊嗓常念《淮河营》中蒯彻的大段念白……"

我坦率地告诉志孝："好好学，以后一起演出戏。"

经中国京剧院党委批准，冯志孝从四团调来一团。接着，培养他排这出马派名剧。观众难解的是，我肯给他配演刘长还在情理之中的话，为什么忽然之间他一个小青年跃为头牌？其实，这也是我在一番思考后大胆而定的。

在京剧舞台繁花似锦、中国京剧院一团欲更上一层楼的时刻，一连串的状况出现了：少春的嗓子尚未恢复，眼看《野猪林》《响马传》《群·借·华》等优秀保留剧目无法上演。观众在不停呼吁，身为一团业务副团长的我，不能不考虑完成演出场次和经济指标。只能由王鸣仲饰林冲演出《野猪林》《闹天宫》等戏，我和李世霖排演《青梅煮酒论英雄》。

戏是演了，效果也说得过去，评论家冯其庸专门写文章表扬了《青梅煮酒论英雄》，但如果按高水准、严要求的话，可就差着分数哪！京剧自始至今都是明星制的传统，被树为标杆的中国京剧院一团，没有顶梁柱的老生怎么成？

特别是去年底赴拉美及加拿大访问演出后，这种忧患意识越来越明显。

幸而在此期间，中国京剧院四团演出《杨门女将》，发现了剧中饰演寇准的青年老生演员冯志孝。此时，为了力挽中国京剧院一团的滑坡局面，如何提携培养青年冯志孝，我着实动了一番脑筋。

我想到自己的艺术成长，也想到很多演员的成长。一个优秀演员的成长首先是自己努力，储备好"本钱"，但是还要有外界因素的促成，客观上有崭露头角的机遇，才有施展自身本领的机会。

再进一步分析，机遇主要有二：一是客观需要你来主演剧目，这是争而未必得到的，只能等待。就像自己在科里能演《珠帘寨》中的周德威和《连环套》中的窦尔敦，才使自己步上科班顶梁的架子花脸，包括后来创演的《黑旋风李逵》《横槊赋诗》《李逵探母》《九江口》等剧。二是得遇前辈名家的提携，或拜师，或同台，殊途同归。

如果没有郝老师的抬爱，没有马连良先生、周信芳先生、梅兰芳先生、尚小云先生等诸前辈的同台提携，我又如何能在三十的年龄而立了呢？

我从十七岁就在京剧界特别是旧戏班中摸爬滚打，深知在明星制的京剧界牌位的重要性，《青梅煮酒论英雄》是生净并牌的对戏，自己的资历不够，登在广告上的名字就得站着，必须与主演的生行要有区别。

当下中国京剧院一团形势急迫，急需提拔青年演员做顶梁柱。《淮河营》这出戏剧情火爆是戏保人，重点场次又有我饰刘长较重的戏做烘托。对冯志孝，马先生不仅逐字逐句亲授，而且还在冯志孝上演之前，特意安排了一场《淮河营》演出，让冯志孝能看到、感觉到舞台上蒯彻的形象和表演。再有，一团这么整齐的班子做保驾，主观条件具备，客观条件很成熟，只缺一股速来的东风才能立时引起观众对他的注意。

在那个年代，没有网络，能与观众沟通的渠道只有剧场门前的广告牌和报上登的剧目广告，只能在这里做文章。想到此，我觉得不用寻求什么特殊办法，只要首演时在这几处广告上突出冯志孝的名字，将他的名字登在自己的前面，就足以引起观众的注意，只要自己肯。

时至二十世纪六十年代，牌位不再意味着是饭碗，仅是名次而已，大面上已不太讲究，但在演员的心里这牌位仍是至关重要的。这出戏虽是马先生的杰作，是生行的主演，自己饰刘长是配演，但就资历而言，自己的名次排在首位，无可挑剔。深想，让冯志孝的名字登在自己的前面，从作为架子花脸原有属性这一点上考虑也还是可以平衡的。当年钱金福老先生不也照样为年轻的马连良先生挎刀吗？当然不同的是那时马连良先生已经立住，能够挑得起班了。

就这样，我反复、对比考虑，果断地做出这一决定。

果然，报纸一刊登此消息，极令观众瞩目，认为是打破常规之举，在观众中引起了极大震动。我的目的达到了。

我心如明镜，这仅仅是宣传，谈不上甘当阶梯，谈不上什么风格，不过是大家给予的鼓励罢了!

冯志孝毕竟太年轻,他的艺术水平是否能满足观众,观众是否喜欢,能不能买账,这才是我最担心的,也是最重要的!我真正的责任是在与冯志孝同台演出的时候,能否做到烘云托月!更确切地说,也就是在《淮河营》最高潮、最有看头的关键场次——蒯彻顺说刘长的戏,我这老演员饰演仅二十岁上下的小刘长,与二十几岁的冯志孝演出白发苍苍的老蒯彻,我不仅得丝丝入扣与他咬合,更需要我恰如其分地以"衬"为主地"托"。

《淮河营》常与《监酒令》《盗宗卷》等连演,称《十老安刘》。

全剧写汉高帝去世后,吕后专权,陈平、周勃、张苍、蒯彻等十老臣反吕安刘的故事。《淮河营》是蒯彻、李左车、栾布三老劝说淮河梁王刘长反吕一段。刘长年纪不大,地位不低,性如烈火,骄横暴躁,原以为吕后是自己的生身母亲,一心保吕后。蒯彻等告诉他实是赵娘娘所生,他先是不信不听,终被说动。

戏对我来说是轻车熟路,当年曾与马连良先生无数次合作,默契配合是深得马先生赞许的。

当年,我品出了戏中刘长的表现不足其味需修改之处,就偕同翁偶虹先生到马连良先生家商谈改本方案,取得共识。为了使剧情发展更紧密,更有激情,也使刘长的表演更能突出人物的性格,更好地衬托蒯彻的表演,我给刘长的表演和戏词做了新的处理:增加了一段【二六】唱段述说刘长悔悟之心;将刘长的念白念得斩钉截铁,唱得字真味狠;表演上突出刘长的年幼、骄横,无论是掏翎子还是抓蟒,强调做得明快清脆;甚至侧身而立斜视众老臣的姿势重新做了独特的设计,使人一看就知道这是青少年的动作,而且是一个有权有势、骄横不可一世的少年王子的作为。一句话:是个使蒯彻难以对付的小刘王!

翁先生在改动剧本时发现,在蒯彻唱到"往鬼门关上爬"一句的"爬"字,感到不太适宜出自几位高官老臣之口,不如改成"踏"字,"往鬼门关

马连良

上踏"。马先生一听翁先生这个建议,连连点头说:"哎哟,唱了这么些年,我都没想到,改,改,改!一字之改,人物身份就不一样啦!改!"

这不算什么,马先生就是对小自己十岁之多的我所提的建议也一样,认为有道理就要改。比如马派的代表剧目《甘露寺》,我听到一位教授讲:剧中乔玄所唱"白马坡前诛文丑"一句不太准确,应是关羽在白马坡前斩颜良,后又诛文丑。我将此意见转告马先生,马先生欣然接受,唱词改为"白马坡前斩了颜良又诛文丑",唱腔也随之更改,很显俏丽。足见前辈艺术家们的谦虚和艺无止境的精神,引导我们对艺术更加严谨、执着、认真、大胆,常怀为艺术、为剧团的建设和发展强烈的事业心和责任感!

二十出头的冯志孝听说此事,多少著名老生盼望难以得到的事,竟能轻而易举地落在自己一个名不见经传的小青年头上,真有美梦成真之感,不知如何是好。

为保证戏的质量,我给冯志孝加工说戏,只能放弃点儿休息时间,深入浅出地给他讲剧情,一板一眼地抠,一个动作、一个身段、一个眼神地纠正。

当时正是三年困难时期,排完戏后,志孝只能吃点儿酱油拌面,我听说后心疼地说:"你年轻,正在长身体,排戏又累,长此下去不成,跟我回家吃点儿吧。"

当福瑗笑着把热气腾腾的挂面煮鸡蛋亲手端给冯志孝时,冯志孝心里明白:"困难时期吃上鸡蛋很不易,这是国家特供袁先生的。"他呜咽了。冯志孝说:"一辈子也忘不了。"

不过,这鸡蛋挂面的汤是鸡汤。鸡汤、鸡蛋不是国家特供的。那时的我还没享受这待遇,那是福瑗心疼我太累,拿人民币托人换了华侨券,去华侨商店买的活鸡和蛋,精心熬成鸡汤。福瑗一口也舍不得喝,端给母亲,母亲更舍不得喝!孩子们很馋,想喝,但懂事地要孝敬爸爸喝。鸡汤、鸡蛋全都留给我演出后喝!

遥想当年的尚小云、马连良等前辈,哪一位排戏或演出后都让我吃得饱饱的、暖暖的才回家,或回科班。梨园前辈就是这样关爱提携新一辈的,传统美德应代代相传!

为了一炮打响,我又把马先生请到家中,再为冯志孝细加工,得千方百计让他够水平!不这样,怎放心得下?!

冯志孝很用功,基本掌握了人物的表演要领。

《淮河营》公演了。就在冯志孝第一次演出《淮河营》时,马先生把自己的行头、服装、道具全都给了他用,并亲临剧场观看演出,以表示对他的支持和鼓励。

《淮河营》一炮打响!获得内外行以及观众的一致好评!刚露尖尖角的青年演员冯志孝一炮露峥嵘,我这才把心中的担心全放下了!

通过这件事,引出我一个值得思考的重要问题,老一辈培养青年演员不仅仅是责任,还包括技巧,也是一门学问。要扶得得力,要衬得恰当,既不能夺,也不能让。提携,最终的目的是要促进。所以一百多年来,京剧发展史上一些传统美德,我们要一代代继承。

不久,叶盛兰生病了,杜近芳的小生搭档换成江世玉,后又责成刀马武旦李金鸿兼演小生,并兼演《群英会》中的周瑜。

时日不长,近芳也怀孕休假。

至此堂堂的中国京剧院一团就靠我这架子花脸来当顶梁柱了。我率领着新兵，迎着道道难题，寻求可调动的、可利用的人才大胆使用，一起团结战斗！终是挺住了，战绩也算可观。

尝到了启用新人的甜头，我又再次大胆启用了团中二路老生曹韵清饰演《九江口》中的华云龙。

我从三个人中挑选。王鸣仲，武生。少春病休，《闹天宫》《野猪林》等戏由他接替，但《九江口》中的华云龙不对他的功；李金鸿，原工武旦，扮相、嗓子、出手全好，演《锯大缸》等武旦戏，无可挑剔！也能演小生，串《柳荫记》中梁山伯的书童四九演得很可爱。盛兰病了，靠他支撑《佘赛花》中的杨继业、《谢瑶环》中的袁行健。如果接《九江口》的华云龙依然按小生行来演，观众势必要按盛兰的标准要求，那他就吃亏了。曹韵清，毕业于富连成科班，一九五三年以来任中国京剧院的剧务主任。他有一个最大的特点，就是在艺术上是个有心之人。自一九五八年他来一团后，凡一团排过的戏，他都能给排戏不说，甚至临场替演都可以不对戏。演《蝴蝶杯》时少春病了，他当天即可演田县令。演《古城会》时"刘备"病了，他也能临时替演，而且一句不差。想必这《九江口》也问题不大。想来想去，还是由曹韵清来试试。

我找了曹韵清，说："现在一团困难比较大，人少、戏少，咱们得想办法，你试试华云龙吧！用大嗓唱，好在戏你都熟。"

曹韵清当然深知团里的难处，没含糊就答应了。

我又嘱咐："你得用用功，这出戏重，接盛兰的戏呀！你先叠叠折，排排看。"

第一次排戏，只排了有华云龙的几场，我就拍板定了由他接华云龙。曹韵清将小生腔改为武生腔，《行路》一场的【导板·原板】唱得很不错，演出时还真得了个满堂彩。而且，张定边救驾后要与华云龙开打，连着三个削头，曹韵清起蹦子三低头，真是好，下串垫得不早不晚。我下台来就对他说："你让我削得真舒服！过瘾！"

"我可真有点儿担心,起蹦子三低头,怕盔头掉,揲得特紧!"曹韵清说。

让我担心的是,曹韵清说怕嗓子阴晴不定。

曹韵清的嗓音原来很好,盛兰唱《白门楼》,他能演张辽,能与吕布翻着对唱。李和曾唱《辕门斩子》的调门也很高,韵清能演八贤王,用小嗓也能和他对唱,可想其声音了。到一九五六年排《无底洞》,这出戏当时很成功,老幼皆宜。而且从这出戏开始,打出手时用音乐伴奏。当时,李金鸿饰鼠精,周英鹏饰猫神,团里没有小生。梅葆玥饰唐僧,她本工老生不习惯不带胡子演唱,演了几场,退了下来。曹韵清替演唐僧时凭借嗓子好,敢用大嗓唱小生腔,就是太费嗓子了。几场后,嗓哑唱不上去,越要唱上去就越唱不了。从此,嗓子变得时好时坏。

为了确保《九江口》的演出,我回家整整一个晚上翻找保留下来的厚厚几打中药方,掂量着哪张药方适合曹韵清。我从小就吃麻线胡同李景泉大夫的药,很信服他。自己时常闹嗓子,找张对症的,吃了挺管事,久而久之胆子大了,久病成医。偏偏曹韵清吃了几服作用不明显,我又带他到同仁医院耳鼻喉科,请专家徐荫祥教授检查,发现是声带上长了小结,徐院长建议保守治疗。自此,团里同事们笑称我是半个大夫,笑称曹韵清为"代春兰",就是可以代替少春、盛兰在台上演出的人。

关于李景泉大夫,还有一事。大概一九七五年左右,我接到李景泉大夫公子的一封寄到中国京剧院的信,信中说为整理他父亲的医案,要多方收集资料,他母亲推荐找我,知道我保存过他父亲的许多方剂。那时的通信哪像现在这么方便,好不容易才找到麻线胡同街道公用电话,电话总算打通,对方挺热情记下我的电话号码,他的电话终是来了,但我只能惋惜地告诉他:太遗憾了,在"文化大革命"中这些方剂"丢失了",并嘱咐他一定要把医案整理好,这是能救治千百万人的大事!

乘胜前进是我的一贯主张。《淮河营》成功后,接着给冯志孝排马先生最拿手的剧目《借东风》。为了兜得住，后边要带《烧战船》《华容道》。冯志孝演前鲁肃、后诸葛亮，曹韵清演前诸葛亮、后关羽。

我到马先生家请他给冯志孝细说《群英会》。自此，在演出散戏后，派饰演前诸葛亮的曹韵清陪冯志孝骑着自行车，去西单旧刑部街马先生家里说戏。他们俩同场戏较多，马先生在给冯志孝抠鲁肃表演和念白时，自然就带讲了与之同场的演前诸葛亮的要求，以便于整体提高。夜晚十二点前后的时间是马先生精力最充沛的时间，他非常认真细致地教冯志孝。虽说是辛苦了些，对于冯志孝来讲，这《淮河营》《借东风》两出戏能得到马连良先生的亲授，为他以后的舞台生涯打下了较坚实的基础。

《群·借·华》在海政俱乐部彩排，采用既彩排又卖票的方法，这也是我们为增加效益想出的好方法。彩排前我告诉少春，按照他演的路子给曹韵清说戏。少春很关心，特意到海政俱乐部看曹韵清演得如何。事前为了保险，我特意答应曹操随关羽降低一个调门，我平时的调门较高。谁想，韵清这天嗓子挺好，本来关羽的"皱蚕眉"一段唱，曲调已很高，他反嫌不过瘾，最后一句"辜负了"又翻了个嘎调。

记得那天演完了，少春就找韵清提出"辜负了"的嘎调"绝不能要"！

"为什么?"

"情绪不对！关羽华容道放曹是严重违令，何况还立过军令状，回去要请罪，被杀头的可能性极大，怎能举高而唱？"少春的诠释深刻、正确，韵清自然是虚心接受了。

少春的见解太高明啦！这一点，我和少春是有共识的。一个演员，如何运用唱、念、做、打的艺术手段表现人物，都要根据剧情、戏理来分析推敲，合情合理则当用，否则即是为唱而唱、为打而打，不是从人物出发。寄语年轻的演员们，一定要记住这个道理。

壹叁叁 哭郝师 痛彻心扉

这一年,京剧界发生了两件大不幸的事!梅兰芳先生于一九六一年七月三十日胸疼入阜外医院,八月九日五时逝世。十日上午,首都剧场公祭,由周恩来总理等十一人组成治丧委员会。我怀念梅大师时经常会看着客厅中悬挂着的和梅先生合影的《霸王别姬》的照片,想着五十年代初期在中央党校与梅兰芳先生合演《宇宙锋》,记挂着十年大庆时配演《穆桂英挂帅》中的王强,在人大会堂演出时那叱咤风云的一幕,有时竟

梅兰芳排演《穆桂英挂帅》

不禁哼念着马连良先生为梅先生去世所写的一首道尽心声的哭畹华兄:

调寄榴花泣

今日个愁风凄雨尽飘萧,纵草木无知也嚎啕,昨夜里彷徨中庭思旧好,气结声咽苦长宵。羡君闻道早,穆桂英高举帅旗摇,红梅老去枝未凋,信有那绚烂新葩待争娇。

然而,我万万没想到对梅先生悲痛之情尚未了,情同父亲的郝寿臣老师,竟不幸在一九六一年十一月二十六日晚十时患心梗逝世,享年七十六岁。这悲痛之情对我而言,非能言表!

郝寿臣

这一天,和往年的这一天一样,依然是深秋冬至,气候已冷,尚未严寒。

这一天,和往年的这一天一样,旺旺炉火依然将老师的卧室烘得温温暖暖。

这一天,老师和平日一样,九点钟即洗漱完毕,上床睡觉。这是郝老师几十年养成的好习惯。

不久,郝宅的门铃声响个不止,惊动了郝德元师兄夫妇和孩子们。大家不知发生了什么事,急奔街门。开门看,远看近看没有人。黑洞洞的街上,只有门前不太亮的路灯,正在纳闷儿之际,门铃又响了!大家这才明白过来,急向老师的卧室跑去……

若住单元房子里，这屋有点儿事一叫哪个房间就能听到；在四合院内居住，有院子相隔，东西南北各房声音是不互通的。近年来，郝老师年事已高，德元师兄就在郝老师的床头安了一个门铃，需要的时候老师可以按铃通知家人。

德元师兄冲进老师的卧室时，躺在床上的老师已十分憋气，上气不接下气……立即往距离最近的同仁医院打电话呼救！

医生终于等来了，他们迅速拿出一药瓶，打开瓶口倒在毛巾上，捂在郝老师的鼻口部……

一分钟、二分钟、三分钟……郝老师没有任何好转……

医生确诊：心肌梗死。

悲痛的德元兄拿起电话通知北京戏曲学校，通知我。

北京戏曲学校的负责人第一时间来到这里为郝校长送行。

而此时，我没在家。

十一月二十六日晚，我正在人民剧场，率领着冯志孝、曹韵清、李金鸿、孙盛武演出《群·借·华》。

郝老师早在一九五五年时就经常胃疼，而且往四处串着疼。我知道后就与当时很权威、设备又非常齐全的苏联友谊医院联系，与福瑗一同陪老师去检查，检查结果是冠状动脉硬化。医生要求老师坚持服药，要活动，不要过力，并说再发展就会有心肌梗死的危险！才五六年就发展到这种程度?!

福瑗接到噩耗电话，顿时浑身冰冷！简直不敢相信，急找母亲商量。

母亲说，什么时候都是台上的事重，郝先生在天之灵也会这么说！如果立即往人民剧场后台打电话，听到这晴天霹雳的噩耗叫我如何能坚持演完？若等我到家再说，从情感上哪克制得住呢！再一想，好在从人民剧场到前门的奋章大院，西草场是中间位置，并不绕路，只要别让送我回家的首都汽车司机走就成了。

再说我，这心里不知为什么，这天晚上总有一种慌慌的感觉。场上演出没有出错，观众又是极热情，掌声不断，"好"声不停。我就没有像往日那样，把汗落下去再回家，只稍事休息就离开人民剧场。

到家我听到噩耗赶至奋章大院，不顾一切扑通跪地，哭着叫着"老师！老师！"跪跑进房，扑在老师的身上……

"老师！我将要排《打龙棚》的本子送给您看了，您还没提意见哪！您怎么就走了？您不能走！我离不开您！"我忍不住望天大喊！

喊声再大，我的老师——郝寿臣老师，再也不会回答我啦！

哭声凄楚，泪雨难停。德元师兄心疼累了一晚又痛心地哭了半宿的我，坚持和众人一起连劝带推，将非要留下守灵的我推上车，回了家。

家中灯火通明，母亲没有睡。她既惋惜郝老先生突然离去，又心疼我悲痛欲绝。我被母亲劝说着回到后院。

第二天一大早，我赶至郝老师家，樊大师兄,周和桐、王永昌等几位师弟都已来到。

郝老师已经换好衣装，安静地躺在他早已为自己准备好的棺木中，安详如睡。

我从小没有父亲，没得父爱，可我从小就敬仰私塾郝老师的艺术，拜师以来，郝老师用他无私的爱呵护我成长。二十年哪！二十年过去啦！二十年的师徒之情、父子之情，师爱、父爱在我心中万难割舍！在毫无准备的刹那间，我们情同父子的师徒天人永隔，这最后的离别如何不心如刀剜、肝肠寸断！其实自闻此事，我头脑中就已木木胀胀，心肺皆空，不知该做什么，不该做什么，就连戏校学生们给我戴上黑纱、白花都那么被动。有的，只是难控如倾的泪……

中午，灵柩移到北京戏曲学校排演场舞台上，学生们流着眼泪给郝老师摆设了肃穆的灵堂。各界名流送来花圈和挽联。学校停课三天，学生们分期分批地鞠着躬、流着泪，向尊敬的郝老师、可亲可敬的老校长告别！郝老师培养的毕业生们更怀念不尽老校长对他们倾注的心血，全是一张张满面难擦干的泪水。

郝老师离开舞台二十多年，而老师的走，竟能使这么多人为他流下珍贵的泪水，特别是能使这么多梨园的希望、接班人、初懂人世的学生们为他流下热泪，这其中老师付出的艰辛努力是难以估量的。

深夜，白烛闪闪，白花凄楚。幕幕往事，萦绕心头：

我从一九四〇年冬季拜先生为师，到老师驾鹤西去，整整二十年，几乎是解放前后的时光各十年。当年的情景又何尝不深深镶嵌在我心中。那时的郝老师愤世嫉俗，他看不惯旧京剧班社的尔虞我诈。在他认为已经攒够养老的生活费用时，尽管老师无限热爱着京剧架子花脸的艺术，尽管发展架子花脸的宏图无时无刻不在心中勾画，他的身体健壮，这在后来教我时，他的功架的一招一式，我深有体会，年龄也只有五十多岁，但一生刚正不阿的郝老师毅然决然地告别舞台，过上隐退生活。

我记得拜师后的前十年间，每逢年底，他带着我在风雪中去几处房产收房租。老师曾说："这些房产，是我一辈子省吃俭用节约下来的！咱们这行不养老！所以算下来，钱够老来之用，就别让他们（指经励科）气我啦！气，我已经受够了！我也甭气他们！"这其中渗透了郝老师对世俗的不满和无处说理的愤懑、厌倦、心酸情绪，只能采取最消极的抗争——隐退！

新中国成立后的十年也证实了这一点。虽然郝老师年龄六旬已过，虽然他离开舞台十年有余，郝老师精神面貌竟然越来越年轻，也越老越努力！他不光积极创办戏曲学校，美帝国主义侵略朝鲜，郝老师剃去留了十几年的胡须为捐献飞机、大炮又随中国戏曲学校义演！

第一次义演是一九五一年六月十七日，演大轴戏《法门寺》，郝老师饰刘瑾。

第二次义演是一九五一年七月二十九日，演大轴戏《乐毅伐齐》，郝老师饰伊立。

第三次义演在一九五一年八月三十一日，演大轴戏《打龙棚》，郝老师饰郑子明，这是郝老师的独门剧目。

第四次义演在一九五一年九月二十九日，演大轴戏《逍遥津》，郝老师饰曹操。

第五次义演在一九五一年十月三十一日，演大轴戏《巴骆和》，郝老师饰鲍自安。

为北京艺培戏校筹资，义演《虮蜡庙》中的金大力。

北京戏曲界义演时，他演了最拿手的郝派剧目《李七长亭》。

更还有为毛主席演出的吃功戏《醉打山门》。

为十大元帅授勋时在怀仁堂演出了《龙凤呈祥》中的张飞，老师在《芦花荡》一场中，张飞不做渔家打扮，而是扎靠手持长矛。

这场场的演出精神可嘉，何等激情奋发！

生平唯一一次拍摄电影艺术片《群英会》的机会偏偏让给了我！为什么？我懂！

郝老师在解放前后十年判若两人，给我留下了深刻的记忆，将永远镶嵌在我的心中。

回想八年前，郝老师第一次来到选好的北京戏校校址松柏庵，沈玉斌先生打开庵门的大铁锁，只见旧殿荒芜，院内成片的荒草高高黄黄，满目凄凉！

郝老师仍是激动地、大声地向着空旷的松柏庵喊出："我们就在这里安营扎寨，成家立业啦！"表明了郝老师不畏艰难、不怕辛苦的坚定信心和广阔胸怀！是郝老师的誓言，是艺校的誓言，是使预言变成现实的呐喊！

办学校是郝老师很久的心愿，因为老师也曾是目不识丁的穷孩子，他的文化全靠自学而来。成名后，一直想办学校让学戏曲的孩子们能学文化。他的想法曾在梨园公会上提出过，却遭到前辈权威的嘲笑："戏班的孩子还念书？瞎耽误工夫！跟头过城门就成啦！"再加上当时政府的刁难，不给方便，始成泡影。

新中国成立后方得如愿的郝老师怎能不激动，怎能不全力以赴！

就这样，沈玉斌先生、侯喜瑞先生、郝老师等几位前辈在拆掉大佛的破庙里，在仅有二十几根藤子棍、六条马鞭和一块破麻包片似的练功毯子的状况下，办起了艺培戏校。

一九五二年二月十一日，招收了三十名教师、一百二十名学生的艺培戏校正式开学。郝老师在小院中教《黄一刀》，学生们在铁锨翻松挑出石块的黄土地上练功……其条件艰苦可想而知。

三个月后也就是五月二十七日下午，彭真市长亲来戏校视察，观看了孩子们的演出。老师们在院子地上钉四根木橛，拉上根绳权当舞台，汇报演出了《铁弓缘》，得到了彭真市长的好评和鼓励。

郝老师等前辈还亲自披挂登台义演筹资……梅大师义演七场，马先生等也争先恐后地义演，我和少春是应当、应分，还有众多可敬的前辈、同行都做了无私奉献……

此后，彭真市长委托吴晗副市长等来校传达市政府指示，每月补助经费二千元，拨款万元修建宿舍，指定儿童图书馆定期拨借一百本图书供学生阅读。在党和政府的关怀下，艺培戏校展翅飞腾！

一年后的一九五三年一月十日，学生们在西单长安大戏院正式公演《铡美案》等戏。事后郝老师跟我说："当时台底下掌声响起，谁知道我的眼泪老在眼圈里转悠，实在忍不住，躲到旮旯擦眼泪。唉！老啦！搁不住事啦！"不！这泪花是艰辛创业初见成效而难以抑制的喜悦之泪！

就是在当年的二月，学校由于经费、师资严重紧缺，经市政府批准北京私立艺培戏曲学校改名为北京市戏曲学校，政府拨款盖学生宿舍、排练厅、练功棚……郝老师及当时的各位老师说不尽对新中国的赞颂、对共产党的感谢和热爱。这时，也正是中国京剧院为我排演第一出架子花脸为主的大型剧目《黑旋风李逵》之时。郝老师怎不发自肺腑地说："你可赶上好时代啦！"

七年间，郝老师风里来雨里去按时到校教学，就是有病也怕耽误孩子们的课程，要他们到家中坐在床前教学，教学中既严格要求又循循善诱。郝老师非常注意学生的素质，第一、二期招收学员时，他亲自挑选学生，经过一个短时期的教学，他根据每个人的条件、兴趣和性格特征，因材施教，选择几出不同的剧目，分别定出重点排练人选。

例如，第一期毕业生中，马永安长得壮壮实实，嗓音雄厚，身段姿势也较大，适合架子花脸，所以就先给他排《黄一刀》《盗御马》《捉放曹》《牛皋招亲》等剧。孟俊泉唱功不错，就给他选一些唱功戏，如《姚期》《二进宫》等。王福来有马、孟二人的特点，但嗓子单一些，就给他排《牧虎关》《别母刺僚》等唱、做兼有的戏。郝老师常对学生们说："我不能叫你们白学，毕了业，每个人都要有个特长。"这些年里郝老师像慈母一样关心着每一个孩子，他经常去伙房查菜单，检查大师傅炒菜，不许多放盐，唯恐对嗓子不利，又怕吃得不好影响孩子们的成长发育。有一回，郝老师发现他亲授的花脸组学生嗓子不大亮爽，悄悄买来秋梨膏给他们冲水喝……

郝老师教戏时，那可是非常严格认真的。一出戏在教之前，郝老师就把讲义准备好，在讲义上逐字逐句地审核，画出大小不同的红圈圈，作为他教学提纲的记号。然后对着大镜子自己复习，琢磨身段动作，边琢磨边记在讲义上。排练身段时，一丝不苟地反复做示范。有一次给学生排《醉打山门》，虽是秋高气爽时节，可是热汗仍不住地从脸上淌下来。

在教学方面真正做到择善而从之。我排郝老师的成名之作《桃花村》时，他不但支持我们的大改大动，教学中毅然按新本教给学生，还先去看我们演出的《桃花村》，郝老师还让我给众老师说说这戏表演中须注意的地方。这种勇于创新、不耻下问的精神，不愧是我们学习的典范和楷模！

七年过去了，郝老师率领全校所有教职员工，亲手将北京戏校打造成为一所新型的戏曲学校。

第一届学生已经毕业。谁都能理解，学生学满七年毕业，郝老师和教师们应该是最高兴、最激动的。毕业分配大会上，七十多岁的郝老师谆谆教导学生们要刻苦学习，给学校争光，给党争光。郝老师高呼"力争"，学生们紧接着喊"上游"，一声接一声，顷刻间"力争上游"的声浪震人心弦！

一九六二年初，北京市戏曲学校举办建校十年纪念演出，剧目琳琅满目，繁花竞艳，周总理和彭真市长亲临观看。期间，有花脸演出专场。在这个专场中，全部演出郝寿臣校长生前的教学剧目。十多年来，在他亲授的学生中，有两期已经毕业，有一期还在学校继续学习。前几年，北京戏曲学校实验团排《红羊谷》，有八个花脸的一个花脸演出专场，有文有武，有裘、侯、郝，甚至金秀山金派花脸的唱腔也继承下来，郝老师为党培养了许多戏曲事业接班人。

郝老师对京剧事业做出了卓越贡献，党和人民给予了他极大的信任和崇高的荣誉，老师先后被选为北京市人大代表，光荣地出席了全国先进生产者代表大会和北京市群英大会，荣获北京市劳动模范光荣称号。这些荣誉郝老师当之无愧！他荣获北京市劳动模范光荣称号时，那满面红光、双目矍铄、精神焕发的神情已深深镶嵌在我心中。

十一月二十八日，《人民日报》《北京日报》登出讣告："北京市人大代表、中国戏剧家协会理事、北京市文学艺术工作者联合会理事、北京市戏曲学校校长、著名京剧艺术家郝寿臣先生因病于1961年11月26日晚10时患心肌梗塞逝世，享年76岁。兹定于11月29日上午9时30分在北京戏曲学校举行公祭。"

郝寿臣老师治丧委员会主任：沈雁冰、马连良；委员：王昆仑、王少楼、史若虚、田汉、刘连荣、老舍、齐燕铭、江枫、阳翰笙、李桂春、李少春、李桂云、李冉雯、吴晓铃、周纹芳、周和桐、林默涵、尚小云、侯喜瑞、陈克寒、赵鼎新、姜妙香、许平羽、徐兰沅、荀慧生、马连良、我、袁声、曹禺、盖叫天、张庚、张梦庚、张东川、张季纯、彭真、曾平、贾星

五、萧长华、廖沫沙、裘盛戎、薛恩厚、韩世昌、谭富英。

这一天前来公祭的人逾两千人!

郝老师走了,就这样没留只言片语地走了……

一九六二年十一月,《郝寿臣脸谱集》由中国戏剧出版社出版。幸亏我用拍摄戏曲艺术片《群英会》的酬劳作为《郝寿臣脸谱集》的基金,趁郝老师身体尚好时,留下脸谱的最宝贵资料,这是我没有错过时机,唯一为郝老师做了点儿有意义的事,可惜太少……

壹叁肆 《野猪林》荧屏流芳

自一九六一年开始，中国京剧院一团送戏下乡，我和杜近芳率领冯志孝、吴玉璋等年轻人，边教边演出。沿京广线铁路南下，经石家庄、邯郸、保定、安阳，又到焦作，所到之处都非常受欢迎。演出由我跟近芳一人一天地倒着演。但有一条，不管到哪儿，如果演十天，一人四场，最后两场非《霸王别姬》不可，而且更加爆满，好像观众最喜欢我们俩演这出戏。如同当年跟李少春、叶盛章我们在新中国实验剧团合作的时候一样，到哪儿也得先演《连环套》，因为这仨人往那儿一站就是《连环套》，活脱儿的黄天霸、窦尔敦、朱光祖。这是当年观众的要求，算是民意吧，要想不唱都难。

一九六二年四月十三日，近芳在北京工人俱乐部演完《谢瑶环》，我们又顺延这条极热的线路巡演，第一站到邯郸，上座率之高、之受欢迎，天天让人振奋。尤其剧场负责人老张对我们接待热情，使全体人员都处在兴奋之中，邯郸几乎已成为我们演出的根据地啦。

一天，闻听有几位客人从北京专程来访，考虑到天气渐热了，人多挤在房间里不方便，就在驻地柳荫之下摆下桌椅，沏上一壶好的茉莉花茶待客。

原来前来拜访的客人不是别人，是北京电影制片厂的崔嵬导演、陈怀皑副导演等几位，我们之间互相久闻其名，也都面熟，只是未曾共事。一见面，我们心中就明白了，要选一团的剧目拍电影是没跑嘞！

不出所料，他们北京电影制片厂准备把《野猪林》的舞台剧拍摄成戏曲电影艺术片，这足以令全体人员兴奋、欣喜。

应导演们要求，我们在邯郸安排了一场《野猪林》的演出，其中因少春嗓哑在家中休息，由王鸣仲替演林冲外，其他角色都是原班人马饰演。这戏演得激情满怀，剧场效果越发增加了导演们的信心。

崔嵬导演很细致地对我们讲述了电影艺术片和舞台剧有很大差别，电影要服从戏曲，不能离开戏曲这个基础，既要保持舞台风格，还要充分利用电影艺术的表现手段，来充分发挥戏曲艺术的特点，力求做到虚实结合，情景交融，优美动人。京剧很讲究剧本，为了达到这个目的，首先在剧本上下功夫，还要改，改精练，还必须在一定程度上打破舞台框框，以求更加适合电影手法来烘托和体现！

他表示："请你们放心，我知道京剧角儿是明星制，各位主演戏量多少的安排，我们都会根据剧情做平衡，不会破坏戏曲的规矩！"

回京后，导演们与少春及大家研究了具体修改本子的方案。为了体现林冲与林娘子夫妻恩爱以做剧情发展的铺垫，将二人《东狱庙进香》上场的【西皮散板】对唱，加强为【西皮原板】转【二六】对唱；《长亭别妻》，丰富了林娘子大段【二黄散板】【二黄原板】唱段；《自刎》一场增加了一段思念、凄凉、缠绵的四平调；鲁智深闻报林冲蒙冤发配沧州时，一段【扑灯蛾】边念边走圆场，以示跟踪至沧州的表演改为电影中做暗表，删去；在《风雪山神庙》增加鲁智深与林冲的对唱，一表投奔梁山的决心。《风雪山神庙》一场，林冲的"大雪飘"一段唱词、唱腔也都是细微之处见精神。

及至分镜头剧本写出后,都和演员见面研究,每一句念白或唱的某一字、某一腔是给你特写还是中景,还是摇着唱反复说明,每个演员哪些地方的表演,应怎样适应镜头拍摄需要。同时,也仔细征求了演员的意见,做了适当修正。如此细微的案头工作真使我们感动!基础工作牢靠扎实,这是能拍出精品电影的重要原因。

通过这一阶段的工作,不用说导演,就是灯光、摄影、舞美……各工作环节的同志,已经把这出《野猪林》的滋味、内涵都咂摸透了!拍时双方都自如顺手,能不出好作品?!

当然,精品不是一蹴而就,拍摄中也是困难重重!

《白虎节堂》一场,林冲受刑唱"八十棍打得我……"是高八度音既翻高又迂回的唱腔,少春嗓哑尚在疗养中根本无法演唱,怎么办?急坏了众位导演和录音师!

近芳在舞台上那么上乘的俊美扮相,在镜头中却显下颌偏短。

最愁的是鲁智深没肚子,我饰鲁智深在舞台上还看得过去,一看样片,我的心就全凉了!没想到,我那时虽已比解放初期苗条的时候胖了很多,仍没有大肚子。现有的大肚,主要靠当年郝老师教的秘诀:腰带系得往下,把小肚子的肉提着借到上边来。舞台上尚可,一上镜头可就远远不够胖大和尚鲁智深应该有的肚子!舞美师给我做了一个大肚子套在胸下,样片中展示出的竟是一个呆呆板板的大死疙瘩,谁看了都摇头。非但难看,而且严重地妨碍了我的表演,我向导演要求不要这个硬邦邦的,能不能做个像肉的软乎点儿的肚子,用今天的话说,做仿真的。在六十年代真就难坏了舞美师,我问导演怎么办?

"不用假的,就得用真的!"导演说得干脆。

得,没有第三条路可走!为了拍摄效果,为了艺术的真实可信性,咬牙加跺脚,我选择了后者。这就意味着在一个多月的时间里,我必须把自己的肚子养得像鲁智深的肚子那样大!

为什么说要咬牙加跺脚呢？这滋味的的确确难受！女士们要减肥，饿得要命！我呢，停了练功，减少消耗量！

我解下了从进入富连成科班学戏起，十一岁就紧紧系在腰上的十公分宽的板带，腰里似乎没了主心骨一样。为什么解？很简单，要瘦，得勒紧肚子；要长胖，必须先放肚呗！

我信誓旦旦地买回家好几箱啤酒，并让福瑷多加肉菜。我每天使劲喝啤酒，再使劲儿吃肉，堆积高蛋白，顿顿撑得要死，往往睡下了常会反胃。那滋味，难受得要命！

后期胃被撑大了，肚子也直线快速成长，才算是好受点儿了。

天可怜见的，这肚子经过月余的努力，总算大见成效，再一试镜头，只听导演说："不简单，肚子上再粘点汗毛，过！"

总算没白努力，电影《野猪林》中鲁智深真就是一个大肚子的胖大和尚了！

近芳在美术师精心策划下，做了一个非常小巧的、难以让人分辨的小下颌，真漂亮！

唯独少春的演唱录音问题还没能解决，就不能进入拍摄。时间一天天过去，愁坏了少春，难坏了导演，急坏了大家！

谁也没想到，有一天大家高兴地聚在一起吃烤肉，少春下意识地小声哼唱"八十棍"，嘿，居然唱上去了！大家一听赶快就让他再小声唱，技术高超的录音师抓住时机，千方百计克服困难，居然采用了让少春小声哼唱"八十棍"的声音来录音。终于，百求不得的录制问题总算解决！

这部影片从一九六二年九月到十一月间拍成。一九六三年三月二十二日，我们被邀至北京电影制片厂看刚拍好的《野猪林》。漂亮！色彩鲜艳无比，是进口的依斯曼彩色胶卷。少春的演唱，怎么听也不会想到是哼出来的。鲁智深夸张的表演、夸张的肚皮，镜头角度从下往上拍出的效果更加壮观。我们的表演，在影片中都得到不同程度的掩瑕，优于舞台效果。可以说，电影比演出更加精彩，不愧是一部京剧戏曲片的精品！其影响、留传之广远，非我们一下子能感觉到的！

周恩来总理和陈毅、罗瑞卿副总理都到北京电影制片厂审查，甚为赞扬。

一九六三年十一月十五日，报上登出新片介绍：北京电影制片厂、香港大鹏影业公司联合摄制的彩色戏曲故事片《野猪林》，编剧李少春，导演崔嵬、陈怀皑，主演李少春、袁世海、杜近芳。

十一月十六日，电影《野猪林》在北京等地上演，立即得到戏曲界、电影界同行们和广大观众的赞扬和好评！

后来《野猪林》又以《林冲雪夜歼仇记》的名字在香港放映，也得到好评。

粉碎"四人帮"后，重又用依斯曼的好底片翻制，恢复放映，并发行到国外。一些从没看过京戏的青年观众看了这部电影，都被这些精湛的表演所折服，大为惊叹：原来京剧这样美啊！

待九十年代后期，我又屡屡观看电视中播放的《野猪林》电影时，更为感叹：华年留芳得传世，如今何处再觅人！

是呀，满台的同伴们，只有我、近芳、李世霖和曹韵清寥寥三五人在，其他均已西去……

崔嵬、陈怀皑二位导演拍的这部戏曲片，历经数十年跨世纪的历史检验，做到了如他们要求的，并且达到预期效果，《野猪林》是电影舞台艺术片中一个成功的范例。

评论家冯其庸分析这部影片成功的诸多因素时讲：有一条是"熟练的导演手法"，还有一条是"优秀的表演艺术"。

说到表演，他谈到我时有这么几句："袁世海的鲁智深，演得那样浑厚而又鲁莽，仿佛是一个天生的鲁智深。"虽只几句，评价颇高。

多年后，该片导演陈怀皑曾评价说："李少春主演的《野猪林》是我最满意、最喜欢的作品之一。前几年我们又看了一次片子,大家都被震住了。不是我们拍得好,实在是三个演员李少春、袁世海、杜近芳珠联璧合,表演得太迷人啦。"

要我说,这部电影的成功在于全摄制组同心协力,人人尽责,它已成为京剧艺术片中的一部传世精品!要感谢北京电影制片厂、香港大鹏影业公司、导演崔嵬和陈怀皑,以及参与拍摄的摄影、录音、灯光、舞美、布景等各位同仁为国粹京剧做出的贡献!

中国京剧院一团因调度有方,拍电影、演出兼顾,超额完成演出场次和经济指标,从而获得中国京剧院一九六二年的年度奖励。

壹叁伍 女诸葛 藏龙卧虎

一九六三年新年伊始,我们连日在人民剧场演出。

往往王鸣仲的《挑滑车》、夏美珍和孙盛武的《女起解》,穿插着演在《霸王别姬》《群·借·华》《淮河营》《黑旋风》《九江口》的前边。

期间,我亲授了吴钰璋《牛皋招亲》等戏。

然后,中国京剧院一团又沿河北线巡演。

在河南鹤壁煤矿的慰问演出很受欢迎。河南省委宣传部提出邀请,请我们观看一出河南地方戏越调《收姜维》。河南——越调?只知河南有豫剧,常香玉、陈素真、马金凤等名家都是熟识的朋友,这河南越调,还真没听说过。向兄弟剧种学习我们很愿意,几次说过,我只要不演出,不是很累的时候,通常爱去看戏、看电影。演员嘛,这是必需的自修课,便于积累,而且几十年来也的确从中受益。

再说,《收姜维》是一出袍带戏,京剧叫作《天水关》,是三国戏里的,也是京剧的专长剧目。地方戏多以"三小"为主,像这出唱、念、做、打并重的袍带戏,一个从不知名的地方小剧团能胜任吗?对这个戏有点信心不足。岂止是我,大家也很奇怪!越调?生疏!都没听说过。

第一天晚上,请大家看的是申凤梅演的《过街楼》,听有人介绍说:"就是演丫鬟的申凤梅,明天演诸葛亮,那可是申凤梅的得意杰作,拿手好戏。"

我和大伙儿一听:"噢?她?"不免更增了个问号。既不相信越调能演好这种戏,也难以相信今天演花旦的她,明天能把诸葛亮演得有多高明。

不看不知道,第二天这一看哪,大家真是吓一跳!

《天水关》一折,刚走上场的诸葛亮,沉稳、大度,毫无一点儿女气,而且无论扮相、演唱、做派、气质都是上乘。

及至赵云败阵回来,诸葛亮有一段唱:

> 四千岁你莫要羞愧难当,
> 听山人把情由细说端详。
> 想当年长坂坡有名上将,
> 一杆枪战曹兵无人阻挡。
> 如今你年纪迈发如霜降,
> 怎比那姜伯约血气方刚。
> 今日里虽说你打回败仗,
> 怨山人用兵不当莫放心上。

"哗!"还未唱完,顿时博得全场雷鸣般的掌声!

演唱更是征服了我们,一扫思想上的疑云,全场观众也无不叹服。这说明什么呢?我刚入富连成时是学老生,第一出戏就是《天水关》中的赵云。也学过诸葛亮,后来也唱过姜维。幼年学的,至今记忆犹新。我清楚京剧没有这段词、没有这段唱。

常胜将军赵子龙打了败仗回营，众将官将他嘲笑了一番后，诸葛亮仅仅是："……老将军胜败如何？"

赵云："大败而归。"

诸葛亮："军家胜败，古之常有，但不知阵前何人？"

赵云："姓姜，名维，字伯约。"

诸葛亮："噢，姜维？老将军后帐一叙。"

简单问了几句，完事啦！今天再听越调这段唱，诸葛亮非但制止了众将的嘲讽，也不批评赵云，还分析了各方面的原因，败阵不赖赵云。最后责备自己，把责任揽在了自己的身上，全怪山人我调度不当。好啊！这段词写得好，把诸葛亮对战败的分析，对一个老将军的爱护、关怀表达得恰到好处。诸葛亮一下就高大啦！是将有着严于律己勇于承担责任的政治家、思想家的伟大胸怀、内心世界，活灵活现地展现在我们面前。

再加上凤梅的唱法，唱得是感人肺腑，入情入理，真是绝了！这出戏里结尾的处理就更比京剧高明。

《收姜维》一折里，姜维降汉以后，诸葛亮有一段一气呵成的一板词唱腔，足有一百零八句，最宝贵的是，到了最后又高音挑起来，我们叫高八度，那种一波三折、高亢激昂的唱腔，没有扎实的唱功是达不到应有效果的。再加上她那深情豪迈、潇洒自如的表演，观众个个拍手叫绝！我们眼界大开，极获教益。

凤梅高亢激昂的嗓子，地地道道是唱出来的，是练出来的功夫嗓。这不是偶然，不是侥幸，而是有扎实的基本功。

申凤梅把个诸葛亮演活了！实在没想到，一个小小的剧种，一个小小的县城剧团，居然还有如此的人才！最值得一提的是，她把这出戏演深演透得比京剧还高，一下子把中国京剧院一团的所有同志都震住了！

大家连看了她的三场戏，她演的《李天保吊孝》，俨然又是一位风流倜傥、文雅脱俗的书生！佩服！佩服！

我原来真不知道还有个申凤梅，通过看这几出戏，我才深深体会到：地方戏、小剧种藏龙卧虎啊！

更让我惊诧的是，卸装后的申凤梅，居然是地地道道的一位极朴实的农村大嫂！一时，我不知该怎么称呼她。

申凤梅似乎看出了这一点，笑着说："他们都叫俺大梅，袁老师您也叫俺大梅中不中？"

"中，太中了！大梅同志！"

"就叫大梅，中不中！"

"中，中，大梅！我们得好好向你学习，向越调学习！"

"京剧是老大哥！我们好好学，要向你们京剧马连良先生学，我要拜他为师……"

拜京剧为师，我有些不解："这……有必要？"

"不管是哪个剧种，有好的俺就得学来！马先生是京剧'活诸葛'，俺得学，好好学！这是俺的盼！"

望着大梅那股诚挚而坚决的劲头，我感动了、理解了。要说大梅的诸葛亮演得够好了，在越调中享有盛名了，她还要求师访友，还要跑到北京拜别的剧种为师！这体现了大梅深懂艺海无边、精益求精，不满足现状的崇高艺术追求！

"盼得到，事在人为！"我鼓励着大梅说。

我感到她也是我的一个榜样。

记得就是从这个时候起，我和大家不得不对越调这个剧种进行深入的了解和探讨。越调团已换地方演出了，大家不顾劳累，居然跟着跑出几十里外追着去看他们演的《七擒孟获》《诸葛亮吊孝》等剧目。申凤梅演这个时期的诸葛亮不温不火，恰到好处，非常传神。我对越调的艺术越发刮目相看，大家跟越调的同志们也结成了挚友和兄弟。

由此，对于艺术，我似乎有了进一步的理解！千万不能认为京剧是老大，自以为是。要促进戏曲艺术发扬光大，各种艺术之间必须互相交流，取长补短。

我很庆幸，巡演中能发现这么好的一个得以学习的剧种，应该宣传和弘扬。河南不仅有豫、曲剧，还有越调。越调不仅以"三小"为主，还能以老生为主。被越调艺术感动的我，回京找到时任北京市文化局局长的张梦庚同志极力向他们推荐，希望调河南越调申凤梅来京演出。

一九六三年春，此事促成。

一天中午，近十一点时，我正在听孩子们跟录音机学唱，心里惦记着大梅的到来。听见门铃响，赶紧向院里张望，大梅她们已站在南屋门前四处张望着这座四合院。

我一个箭步蹿下台阶相迎，在院中与大梅相遇："大梅！请！请到屋里坐。"

大梅黑黑的脸膛，短发剪到齐肩膀，用发卡别在耳后。她穿着一件蓝色棉大衣没系扣，灰线围巾围在双肩，一边长一边短。黑棉裤、黑色六眼系带棉鞋，手里提着几瓶香油。她大步走上北屋台阶，把瓶子放在地上。

进了屋，她边脱大衣边说："俺也没给您袁老师带什么，这香油，前天俺给您磨的，芝麻是俺自个儿种的。尝尝，中不中！"

"中！你种的芝麻、你磨的油！还能不中！"我说。

大梅仰脖大笑："可中！能来北京，不知道怎么谢您袁老师！"

"一炮打响！就是谢！中不？"跟大梅说的每句话，我都带着浓郁的河南味！

这可是我的一绝。演出到河北，和当地人我说河北味的话；到山东，我那话，整个又是老山东味！

大梅坐在正面老式红木椅上，仍不忘她的习惯，把一条腿蜷起抱在胸前。她叙述了第一次来北京心中的忐忑不安。

"岂止是你，我也一样！哪一个演员面对的都是只许胜不许败的演出，都有同感。"

大梅只坐了十几分钟就走了,还有演出前诸多事情在等她安排。

一九六三年三月二十一日,河南省专区越调剧团申凤梅、何志、李大勋、张秀兰等在吉祥戏院开始首场演出《李天保吊孝》《收姜维》等剧目,使首都的观众和北京的演员们无不倾倒叫绝,剧场里座无虚席,众多的戏曲演员都来学习。

大梅获得成功!大梅并不沉醉于成功之中,而是更加虚心地切磋技艺。她很早就敬仰、钦佩京剧表演艺术家马连良先生,这次来京想执弟子礼,拜师求教,力求深造。这是她平生的一大夙愿。

热心的我早就到马连良先生家细细地介绍了申凤梅,马先生一向对我很信任,马先生谦虚地说:"噢?你有这种看法?我相信这位演员一定了不起,不过我没有什么东西教。"

"在河南,我和大梅头次在后台见面,她就提出要来北京拜马先生您为师!她不是请您教越调,更不是跟您学咱们京剧,她是想向咱们京剧的'活诸葛'学习!请您把如何体会角色、刻画人物方面的心得传授传授。"

我也对马先生说:"您可得瞧瞧越调的诸葛亮,欣赏欣赏这个诸葛亮!"

我把京剧的"活诸葛"马连良先生请到剧院,看了大梅的演出。

马先生看完了戏,很高兴,满口称赞:"难得!"

果然,申凤梅的愿望实现了。一拍即合,马先生同意啦!

举行拜师仪式的一切工作全都准备好了,我去澳门演出,没能参加拜师仪式。

一九六三年四月一日的拜师仪式上,马先生赠申凤梅一把羽毛扇子,还有老师送学生的其他几件有纪念意义的礼品,申凤梅正式纳入了马连良门下。

拜师会上,田汉、曹禺、崔嵬、赵丹、谭富英、张君秋、裘盛戎、陈怀皑、汪洋……诸位作家、艺术家们都前来祝贺。

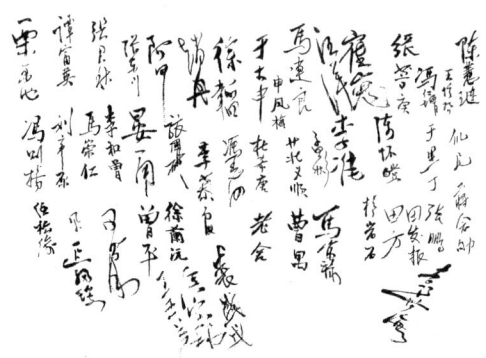

一九六三年,申凤梅向马连良拜师留念。拜师会我演出在外未参加,此签名是回京后补签的

老舍先生,因患病仍赠诗称赞:

东风驰荡百花开,越调重兴多俊才。
香满春城梅不傲,更随桃李拜师来。
凤梅同志越调能手,生旦不挡悲喜咸宜。
一九六三年春来京公演内外行争誉成功而不满,拜温如先生艺。因献小诗致贺即乞正教,适苦脑疾未事推敲文字为憾。

老舍

我要为中国多彩多样的戏曲鼓掌,为河南越调鼓掌!祝贺她已成为我国戏曲艺术中的一朵一鸣惊人、馨香绽放的艺术奇葩!

中国的戏剧和书法、国画一样,都是国粹。独此一家,外国人没有。无论哪个剧种,都有独到之处,都需要互相学习,互相吸收,互相借鉴,才能互相提高。之所以这样做,就是想铲平京剧和地方戏之间的鸿沟,让戏曲成为一个大家庭,有共性,也有各自的个性。不管是哪个剧种,一笔写不了两个"戏"字来！连话剧都算上，哪儿都有京剧的养料！哪个剧种不是其他剧种的养料？您要提高自己、丰富自己，必须学人之长、补己之短，方能使自己的艺术永葆青春。

更使大梅荣幸的是：四月九日周恩来总理和其他中央首长都亲临观看，并接见了全体同志。周总理还夸奖凤梅同志说："河南的'诸葛亮'很会做思想工作！"

可是，"文化大革命"中大梅吃了不少苦。一九七三年，有人找我调查大梅。我说，我只知她一心求艺、一生演艺，别的我不知！我只知道她没时间、没兴趣搞别的！八十年代，河南周口地区越调剧团来北京拍摄电影，我们又得以见面。在北京电影制片厂，他们经过四个月的辛勤劳动，连续拍摄了《李天保娶亲》《诸葛亮吊孝》两部戏曲艺术片。元月二十七日，他们又把精彩的剧目《收姜维》《李天保娶亲》呈现给北京观众，场场爆满，再次风靡首都。

十七年前的老观众赞誉凤梅："不减当年！"这种经霜不凋、历久不衰、永葆青春的演出，应该欢迎他们"卷土重来"！

《北京日报》《北京晚报》争相报道，祝贺他们粉碎"四人帮"之后，获得重生，获得尊重！

但令我最为痛心的是大梅英年早逝！可惜呀，大梅一个受人爱戴的艺术家，走得太早了！

生活中的人们，天热了，一般怎么凉快怎么穿，而京剧不能，地方戏的古装戏、袍带戏也里三层外三层穿着，这说明戏剧演员有其特殊性。她常年活跃在基层演出，活跃在艰苦的地方。烈日炎炎要唱，月光照雪要唱，日积月累，积劳成疾。凤梅六十岁还下乡，犯有多年的糖尿病。

我，痛心又无能为力，只有永在心里纪念她。

阴云

YINYUN

壹叁陆 风向变 谁与评说

一九六三年初召开文代会，在新侨饭店的一次座谈会上，史若虚校长同意将中国戏曲学校实验剧团四十位毕业生调往中国京剧院。没几天的工夫，钱浩梁、曲素英、夏美珍、孙宏勋、王平等调到中国京剧院。

中国京剧院忙着给新生力军钱浩梁、夏美珍等排《野猪林》。

一九六三年八月十日在人民剧场，钱浩梁、我、夏美珍演出了《野猪林》。

我一心为钱浩梁主演的第一出新戏筹划着，怎样才能一炮而红！终于想到了一出好戏《战渭南》。我找少春一商量，少春很支持："应该培养青年人，咱们捧捧钱浩梁！"

这出戏的大意是：马超为替父报仇，与韩遂合兵反出西凉大战曹操，曹操被杀得仓皇逃命。后曹操用反间计使马、韩反目，终于反败为胜。剧中三个主角马超、曹操、韩遂。正好钱浩梁饰西凉羌女所生身高八尺、体貌雄异、力大无比的马腾之子——马超。钱浩梁很符合这个人物的形象。少春饰韩遂，我饰曹操。

韩遂的戏不太多，但因他先反曹、后投曹，在剧中应算是反面人物。我深知少春愿意在创演的艺术形象中能刻画几个反面人物。他说过，他演的全是英雄、清官之类，很想演个反面的。那还是一九五八年，女剧作者袁韵宜将莎士比亚四大悲剧之一《奥赛罗》改编成京剧本。见了这个本子，我们很想把这一外国名剧——西方的《霸王别姬》搬上京剧舞台。少春首先挑选演栽赃陷害的小人雅古。

《战渭南》三人同台，我们尽力托捧着钱浩梁，举他这位年轻演员饰剧中第一主角。排练中，我和少春都给钱浩梁说身段，出点子，很快进入彩排。观众一听是我们偕新秀钱浩梁出演，又是一出久已不闻的老戏新编戏，的确对观众具有非常大的冲击力和爆炸力！看了彩排的观众赞不绝口，他们称赞剧本改编好、排演调度好、新老演员都演得好！中国京剧院一团不负众望地推出一台好戏！

但做梦也没想到的是，中宣部一位领导看过彩排后，在参加讨论修改剧本的会议上，发表的意见是：《战渭南》是同情修正主义的戏！实在骇人听闻！

一九六二年、六三年正是反对修正主义的时候，中国京剧院居然排了出同情修正主义的戏？这比对《青梅煮酒论英雄》《廉锦枫》的评论更加升级了，升到难以理解、难以接受的程度！怎么会呢？这是演出了一百多年的《三国演义》中的一段戏，居然就能和修正主义联系在一起?!

他的理由振振有词：曹操为首的曹营好比美国，身受其害替父报仇的马超好比中国，"美国"施反间计把"中国"害了；立场极不坚定的韩遂要抗曹又降曹，就代表修正主义，他还能大受观众的同情，岂不是同情修正主义的戏！这位领导是我们很尊重的领导。这荒诞、可笑的评论在一九六三年九月前后的大气候、小气候中，的确是可以成立的。

别了，全面被否定的《战渭南》！这一盆荒诞的冰水浇凉了全体演职员的心！我想不明白，排这出戏本来意在反映马超的有勇无谋和缺乏调查研究终而失败，曹操是败而不馁地继续努力，才使自己由失败者变成胜利者。寓意是积极的呀！我怒不可遏地心中闪出：幸亏赤壁之战是发生在隆冬季节，诸葛亮借来的是东风，万一需要诸葛亮借来"西风"，恐怕……

我实在舍不得这出好戏，剧中珠联璧合的合作，迸发出的闪光点太多啦：

这出戏的曹操还显示了他具有超人的才智，俨然是位计广多谋的优秀军事指挥家。曹操败逃华容道时，八十三万人马只剩十八骑还要"我再下江南"，在剧中只是个表态，戏就结束了。《战渭南》中的曹操就更加完整了。虽然曹操被反出西凉、一心替父报仇的马超追杀得惊马落山、割须弃袍、绕树防枪、夺船避箭、狼狈至极地逃至白杨渡口并刻碑字"曹公败……"但曹操的心志是迟早重来再见分晓，妙在余意未尽即收笔。这是他历经濮阳难、宛城灾、赤壁险、华容危后，练就了其勇之强、其谋之奇、其志之远！他巧垂钓线，施反间计，转败为胜。不但打败马超，还智诈韩遂八部兵马，充分体现了这位军事家卓越的指挥才能。再至白杨渡口，又续碑满志"曹公败马超，韩遂于渭南"。此碑刻所标示出的"志在千里""壮心不已"，在我这饰演曹操的胸中腾然升起……这是在演其他曹操戏所难以表现的感受！

范钧宏老弟改的这个本子，没有完全沿用《三国演义》中将曹操写成十恶奸雄的反面人物，却是画龙点睛般地点出曹操的锲而不舍，满怀壮志！我喜欢这个本子，我喜欢演这个戏的曹操！

韩遂应曹操只叙旧好之约而中了反间计。二人见面后，曹操明知马超已躲在树后窥视，却假意与韩遂亲密地闲步而谈，故意与韩遂四目相视，微笑不停，相牵两手，迈着似有似无的台步，悠然地转了半个圆场到下场门，回身再挽手微笑着边说边走到上场门，从上场门再转到下场门，边走边互问年龄，谈养生，论诗酒，甚至"他年卸甲还要一起赋诗篇"……表现的是散步闲话当年旧好。这时的表演，外表是那么松弛、和谐、随意，内心却各写各的文章，还各拉各的架式，而旁人观之是亲密无间。

这样的舞台调度、这种表演，都突破了原有的程式。特别是和少春，此时表演上的心灵互通、默契配合，又相互随心所欲地表演，于不经意中见功力。不，不仅仅是艺术表演，实可称为艺术享受！我特喜欢！

少春饰韩遂，别看事不多，可他的技艺已臻纯熟的自由境界，真是演唱动人，技巧得当！

韩遂赴曹操之约后，马超生疑，欲与韩遂同至阵前要韩遂将曹操赚出杀死。谁知此时曹操又施计命曹洪前来告诉韩遂"照书行事"，这无疑令有勇无谋的马超立时坠入深渊，反目提枪就刺韩遂，幸韩遂部下挡住。韩遂回得大营，左思右想是降还是战？随后接唱一段【二黄滚板】起唱，开头借用了《扫松下书》，收尾又借用《文昭关》的部分曲调，变化出新。那时少春的嗓音已经恢复，他独特的低沉嗓音配以哀、怨、愤的情愫，将韩遂在降与战之间的痛苦彷徨、举棋不定、万般无奈的内心表现得淋漓尽致，堪称感人至深的精品唱段！观众无不为之动情，同情韩遂所受"纵然浑身是口"也心迹难明的夹板气的境遇。我太喜欢这样的表演了！

韩、马嫌隙严重，其中又有投曹的杨秋极力煽动，众将降曹的呼声顿起。就在这一片逐渐高涨的劝降声中，韩遂始终都是背着身面向后台，以示犹豫、彷徨。待到部下迫使韩遂必须下决心"生死存亡就在今晚"的时候，但见韩遂右袖翻转，左手将水袖直甩出，猛转身。此时大出观众意外，少春所饰演的韩遂，脸上粉墨皆无，满面煞黑（也有人说是白。因只彩排了一次，年代久远记不清了），高声而肯定地大声下令"降曹！"

这是借用了川剧中变脸的艺术方式！这变脸堪称一绝！台下观众立时炸了窝般地鼓掌。时才少春脸朝后即是借机将脸用墨涂黑（或粉扑白了），这虽是极易的表演，却是难得而又难得的创意！平日排戏他也没透露，谁都不知道，直到彩排一鸣惊人！

这真是令我想象不到的高招！少春扮演这出戏中的韩遂，戏量有限，但他使出了浑身解数，巧妙准确地运用艺术手段，以求生动。

五十年代末期，他曾演出过《水淹七军》这出关公戏。戏中关公与庞德交锋归来，夜读《春秋》，筹划如何放水，边想边唱【高拨子】。此时他有一个亮相，行动中急速转身、坐椅子、搭腿，向左一弹胡子，中间一抒胡子，脸朝右前方亮相——这一套动作浑然天成，后面还有周仓托刀相应，那份儿美！我想了很久，才悟到这是借猴戏的路子，亮的却不是猴相！

这就是李少春的艺术！怎不让我为他大伸拇指，大赞其好！可在当时，却被称为反效果。

钱浩梁在剧中饰演的马超不负众望，他把马超有勇无谋的人物性格体现得很好。他劲住了戏中两个成熟、硕大的绿叶陪衬，很不简单！当然，不足之处还是有的。比如，排戏中我建议马超在闻听父亲马腾被曹操杀死后大惊时，要钱浩梁坐在高台的罗圈椅上从高台上带椅子跳跃到高台下，挺僵尸（气晕死）在椅子上。这是我拜读郑法祥前辈的艺术浅谈时，借鉴他扮演《反西凉》中的马超，为了表现听到父亲马腾被害时的震惊，带着椅子从高桌上跳下，等椅落地，马超昏迷在椅子上，然后唱【导板】……钱浩梁用了、练了，剧场也有效果，但不完全成功。椅子是从高台上滑溜下来，不似早年郑法祥演的起范向上旋转跃下的特技动作。毕竟这仅是彩排，相信他能练好。后中国实验京剧团侯正仁曾向郑法祥先生学习用在了《金光阵》一剧中。

《战渭南》被否定，不能演出了，我沉浸在无比遗憾和难舍的思绪中，转念还是泛起一股欣慰！通过这出戏的排练，已经看到了中国京剧院一团自有后来人的实力和光明前景，闻到了青春的可贵气息，看到了众多青春活力所赋予一团的魅力，我由衷地喜欢来团的这批青年人！比如孙洪勋演的马岱也很到位，欣慰拥有钱浩梁等这些能逐渐执起中国京剧院一团大旗的青年接班人！

笔下值得纪念的，是我常常提到的这出《战渭南》，是我和少春最后一出合作创排新编传统剧目，我四十七岁，少春四十四岁，多好的时候！经验、体力均属一生中的最佳时机！就这么全给打住了！我不服，这年又排了一出《西门豹》，照样又打住！转年少春创演了李玉和的舞台形象，才演几场，还是给捏了下去！四十五岁，才四十五岁呀！是还能参加中青年演员大赛，争夺梅花奖的年龄呀！痛哉！惜哉！每每思至此，我不能不攥住右手，用中指骨节狠狠地击响桌子！

接着，我策划给钱浩梁复排《伐子都》，这是他一直演的剧目，保险！

《伐子都》是长靠武生主演的一出翻扑技巧繁重、非常吃功的剧目，因出现鬼魂曾被禁演。现在要恢复，首先要改编剧本，将颍考叔的鬼魂改成子都患了精神分裂症，在病幻下见到颍考叔。

这个任务，是骆洪年、曹韵清、苏维明等几位在南宁的宾馆内，披裹着毛毯反复修改《伐子都》剧本，又由随行而来的文学组的齐致翔润笔而成。排戏也很简单，这本是钱浩梁常演的，大部分人都熟。

说来很有趣，一九六三年四月，为庆祝广西壮族自治区成立十周年，由陈毅同志代表党中央前去庆祝慰问，中国京剧院是慰问团之一。这期间，我与陈毅同志接触较多，深被他直言快语的爽朗性格所倾倒，尤其他总笑眯眯地叫我"袁大总统"。多少年啦，这声音总是萦绕在耳边。解放前在上海滩，曾有人这么称我；新中国成立后，只有陈老总这样叫我。

就在登火车的时候，骆洪年碰上了一位刚下火车的亲戚，恰好正是从南宁回京。这位亲戚听说我们正要去南宁，见我们全穿着风衣，还大多穿着薄毛衣，这是四月的北京人正常的穿着，好心地对骆洪年说，南宁很热，普遍穿的都是香港衫（半袖衫），你们穿这么多，到那里哪受得了！骆洪年和在场的人一听，对呀，南宁肯定热，这么多衣裳拿着多麻烦！骆洪年当即就把行李中的和自己身上穿得厚些的衣服，连棉毛裤统统脱下来让亲戚送回家中，只剩点儿单衣单裤轻装上车了。有家属来送行的其他人也跟着轻了装。

在南宁，慰问团演出又受欢迎，当地政府给予热情接待。我们全是住在宾馆内，吃着好饭菜。唯独南宁遭遇了寒流袭击，天阴气冷，苦透了轻装的人啦！

花红椰绿，风光大好，轻装的人不能去逛。以骆洪年为首的都穿着单薄香港衫，披着房间里的毛毯。想想吧，那瘦高微驼背、高颧骨镶金牙、一看就是自带坏相的"陆谦""穆仁智"，反正披着毛毯的他，谁见谁都多看几眼，而后忍俊不禁……他们利用此时修改的《伐子都》剧本。

因为，一接受这次慰问任务，我就盘算好了，在桂林完成任务后即在中南地区巡演。理由是去时不要路费，开销小，返回顺火车线北上来个巡演！这也是我的一贯主张。我们辗转湖南长沙、湖北武汉，北返空过山西太原（车不顺），到河北石家庄、保定等地演出后返京。团里早做好巡演的准备，的确又节约又挣钱。

大家满心盼望去柳州，远离寒流，谁知"柳州曰有柳州寒，寒流专袭骆洪年！"这句顺口溜也是大有典故！

我们到了柳州，久盼的柳州仍是天阴阴雨绵绵，寒流依旧！宋朝时柳宗元曾被贬任柳州刺史，当地建了柳公祠以做纪念。文学组的齐致翔去逛柳公祠，向大家介绍当地有副对联："柳州曰有柳公祠……"对联被大家引用改成"柳州曰有柳州寒，寒流专袭骆洪年！"

及至到了桂林，才见蓝天！

桂林甲天下，杨朔甲桂林。我们在当地政府的热情接待下，乘江船逆流而上游览七星岩和未对外开放的芦笛岩。美，是第一记忆！再有就是有小鸡蛋那么大的水牛儿（蜗牛）！

"水牛儿水牛儿，先出犄角后出头……"我们所到之处，歌谣此起彼伏。大家童心焕发，争着放声高唱。也有不辞劳苦的，漫山遍野地找寻吸水石。

果然，回京时在石家庄、保定等地都演出了《伐子都》，回京后几次演出也都很成功！大家正在高兴之中，江青来看了戏，对我说："你演这个人物演得越好，我越不能给你叫好，这不是个正派人物！"

得！一句话，《伐子都》也毙了！大伙儿落了个空欢喜……

壹叁柒 《西门豹》无端停演

一九六三年深秋,翁偶虹老兄向我推荐了一个新剧本《河伯娶妇》。我挺纳闷儿,前年主动帮我将郝老师的自创名剧《打龙棚》增加了花园比武、高怀德打擂的情节,总汇成全本《郑子明打龙棚》,遗憾的是因当时郝老师心脏病之碍,看得较慢,又猝然离去,没有排成。翁偶虹老兄是我艺术上的知音,深知我艺术上追求的目标,怎么这回却向我推荐这出旦角、老生戏的本子?

"《河伯娶妇》?我看过荀(慧生)先生唱的,叫《河伯夫人》,他演被送给河神的女孩子。在天津中国大戏院还看过白家麟的演出,他倒是演西门豹,可是他演老生啊?我演什么?"我问。

"这出戏,一直有人演。再早,汪笑侬编写过;听说,延安平剧院一位魏静生同志也编写过,而且,他自己扮演西门豹。别小看这个本子,这出戏很有教育意义,也很有现实意义,还是中宣部下的任务!是经创作组研究,特为你写的本子!"

"那好吧,我演什么?"

"西门豹!还用说!"

"改成花脸?"

"当然,这是查证了的!我们查过史料,西门豹适合花脸演。"

听到这儿,我可来情绪了:"写好了?我看看!"

"你先别急,听我说说始末根由。近来农村迷信思想又有些抬头,迷信活动日益猖獗。文化部副部长林默涵建议中国京剧院配合破除迷信的宣传工作,编排《河伯娶妇》,这才把《河伯娶妇》的任务分配到我头上,我找了王颉竹一起合作。你知道,我写剧本首先得考虑主角西门豹的人选问题。咱们院里,老生演员李少春、李和曾都先后有出国任务。文学组有人建议由花脸扮演西门豹,可以由你主演。好主意!你的风格,我可以说相知甚深,你能演李逵、程咬金、鲁智深等草莽英雄,曹操、秦灿、顾读、严嵩等一类奸诈权臣也不在话下。不过,我要把这西门豹改写成花脸本子,即便是你扮演这个西门豹,也算是一个冒险的尝试。我看,必须挖掘出这个人物的性格,看看有没有适合花脸表演的因素,才能定局动手写。我遍翻了史料……"

"老兄,长话短说成不?"

"别急,我大有发现!从《东周列国志》上看到翟璜推荐西门豹治邺,有这么一句:'必得强明之士守之,非西门豹不可。'这里说的'强明',无疑是指绝对精明的意思。但是根据西门豹的一切理政活动,也可以做刚强而精明的解释。又从史书上看到'豹性急,常佩韦以自缓',这两句描写得很生动,说明西门豹是个急躁的性格,为了克服急躁,所以才随身带着'韦'。'韦'就是柔软的皮子,以做提示自行缓解。古人当时的习惯,性急者佩'韦',性缓者佩'弦'。西门豹'佩韦以自缓',性格上的急躁是很明显的了。"

"那就是说,刚强、精明、急躁的性格,集西门豹一身喽,没错吧。"

我说。

"得到这两点根据,用花脸来塑造完全不勉强的,颉竹也非常认可。由你扮演,会塑造出一个新型的西门豹来!"

"创作新型的西门豹!碰心气儿,正是我之所想!您瞧这两年,我们一团新戏、老戏排了五六出,就没有能立住的,我正在愁着呢!这个本子意义好,又是中宣部指示的,起码不会打住!本子给我!"

翁偶虹一席话,说得我不但心花怒放,而且摩拳擦掌,恨不能马上就拿本子排戏!

"快。颉竹写头场和末场,其他部分归我……"

"还没写哪?闹了半天!"

"大半已过……"

那时,我正在给钱浩梁加工《野猪林》,一有空闲必去催问。

《河伯娶妇》本子很快写好,要确定剧名了。我认为《河伯娶妇》观众容易误认成旦角戏,既然是要创一个新型花脸的西门豹,干脆就叫《西门豹》!

开排了,谷春章饰演崔泽,孙洪勋饰演崔承,李金泉饰演陶母,张雯英饰演陶姝,骆洪年饰演大巫,罗世保、周元伯、霍德瑞分饰演三老、里正、延椽,音乐设计刘吉典,执行导演曹韵清。

排戏很顺利,一周之后,已具雏形。适逢天津中国大戏院来聘请一团演出,我决定在天津上演钱浩梁主演的《野猪林》,并按照老惯例,趁在天津演出人员更集中时,抓紧继续排练近芳主演的《梁红玉》和《西门豹》,在临别纪念时彩排兼演出《西门豹》。

钱浩梁的《野猪林》反响不错,青年一代的崛起,很让我欣慰。我也在为他考虑如何再选排下一出戏。

《西门豹》彩排性质的演出,也是大获全胜!

该剧是战国时候魏国的邺郡,女巫、豪绅等互相勾结,假借河伯娶妇之名，诈取百姓财物，坑害良家妇女。魏文侯命勇猛武将西门豹为邺郡太守。到任后，他体察民情，又夜至五龙湾探查水势。最后，将计就计，将女巫等害根除，并向百姓陈明奸计阴谋。从此破除迷信，绝恶习俗。西门豹又率领百姓开渠筑堤，百姓过上安逸生活。

剧本对西门豹这个历史人物定位非常准确，编剧并未将他除巫作为结局，而是把人物定格在治河患修水利上，至今临漳县仍有西门豹所凿西门渠，这才是准确体现西门豹治邺的最大政绩！

剧中自始至终贯穿翟璜赠玉、西门豹摸玉戒躁的情节，这正是架子花脸善于表演的情节。编剧抓住这个闪光点，反复加以渲染，给架子花脸演员增添了广阔的表演空间，增加了全剧的看点和诙谐度。西门豹武将做文官的舞台形象更加血肉丰满，活灵活现，拉近了西门豹与观众的距离，可谓是编剧在全剧的点睛之笔！翁先生又为架子花脸写成一出大好的剧目！使观众们看到了这位武将作为文官理政的精明勇敢，不单单有驰骋疆场无所畏惧的大将风度，而且具备审时度势、随机应变的宽广胸怀。作为武将，火爆、急躁的性格构成了人物鲜明的特征。

全剧的音乐更是有大突破。这是音乐创作刘吉典同志的功劳，也是《西门豹》的一大成功！

刘吉典自一九五五年一月正式调到中国京剧院艺术室开始创作戏曲音乐以来，对戏曲音乐的改革创新做出了极大贡献！一九五六年，中国京剧院二团云燕铭与张云溪探索京剧改革，移植蒙古人民共和国歌剧《三座山》时，就展示了他勇于创新的创作思想和才华。一九五八年，中国京剧院一团的《白毛女》虽说创作时间只一周，仓促中他的创作极富时代感，其创新成效受到观众好评，许多唱段至今传唱不衰。

在这出新编历史剧《西门豹》中，很多重要环节他都大胆用音乐来加强和渲染气氛，而且突破以往在选用现成的曲牌和稍加修改的锣鼓点儿，重新创作出生动、新颖的音乐来烘托。开场就新意大展，在配乐的渲染烘托下，大巫坐坛蛊惑百姓的嚣张气焰被揭露得淋漓尽致，紧紧抓住了观众；百姓逃难的配乐、新妇送入斋宫的吹打乐、西门豹夜探五龙湾的音乐，甚至包括幕间曲，都是那么的生动细致，烘托到位，新颖流畅。

西门豹的人物音乐形象渲染力度增强更起到了烘托升华的作用。第二场《翟璜赠玉》的一段【西皮原板】，第五场《遇阻静思》的【二黄碰板·原板·散板】，第六场《夜探》的大段【高拨子】，刘吉典的编曲全都具有新意。排练中，我根据自己的演唱风格，架子花脸铜锤唱的要求，经过反复与刘吉典商量探讨，又做了较大的改动。

想当年，我不管躺在床上还是在卫生间或是饭桌上，都会反复哼唱、反复修改后再与刘吉典商量，与乐队合乐，再修改，反复多次，尤其《夜探》的【拨子】唱段。

我反复吟唱以至孩子们在此戏未与观众见面之前就全都会唱了，在南池子箭厂胡同五号的新家中，时不时地会飘荡着孩子们的集体合唱"……九旋十八拐……龙门跳（哪个）鱼儿翻……"之声。

的的确确，这段突破以往净行在【拨子】曲调中只运用【散板】的旧例，大胆地创用【高拨子】、【导板·回龙·原板】，有力地渲染了西门豹深夜轻舟奔至五龙湾探查水势时，与复杂的水势、地形、风浪搏斗的艰险气氛，和西门豹意欲前往探查究竟的决心。唱段中，"解此疑团"的"此"和"团"字的拖腔，都借鉴了老生的唱腔唱法，最后还原于花脸的唱法，听来既不生硬，又很悦耳。这绝不是常用的【二黄原板】、【二黄三眼】可以达到的效果！

唱这段新设计的拨子时，趁月色偕二军士和崔泽、崔承父子乘舟前行的表演，我吸收了《钟馗嫁妹》的身段，每唱一句摆一个姿势，五人一组造型不说，还配入了大量新颖又具美感的舞蹈动作，也是由舟上的几人共同编创的，创排时大开思路，不但将船在急流中逆行而上的惊险场面尽情渲染，尤其是谷春章借用了体操的撑竿跳又难于撑竿跳的动作。只见他桨一立，身子飘空而起,来了一个顺风旗——撑竿侧翻!真是别开生面,大大出彩!台下炸了窝,这场戏愈演愈火爆!

西门豹不信鬼神,探九龙湾的时候却故意装作与河伯笑谈。我为了演得逼真,参考了高庆奎演《空城计》唱"望空中求先帝大显威灵"时,眼望空中那样认真、那样虔诚,一直望到下场的表演,很能表现西门豹的智谋。最后一场,以其人之道还治其人之身,将里正、巫婆投入水中,大快人心!之后,又率领众百姓同心兴修水力,西门豹一大段【西皮】唱腔,将观众的情绪推至沸腾之处而剧终。

通过这个戏的演出我体会到:丰富加强架子花脸表现人物的音乐形象,是发展以架子花脸表演人物的大型剧目之必须!这些唱腔的创新,依靠群策群力,使架子花脸唱腔又有了一次突破创新的尝试。

还要提一下西门豹的扮相。在天津时,我勾红脸,戴紫髯,穿红官衣,一红到底。这是根据京剧中红色代表忠勇,借用当年有一出戏《宁国府》中朱亮祖的扮相。编剧之一王颉竹代表编剧去天津看戏后,向我提出:"这一红到底的扮相实显单调。"我觉得有理,回北京彩排,改为红色三块瓦脸谱,眉毛借鉴了传统戏《状元印》中常遇春的画法,但脸膛为红色,与常遇春的紫脸截然不同。西门豹也改穿紫官衣,色彩配合得很肃穆,符合"强明之士"的西门豹。

《夜探五龙湾》一场,我特为西门豹设计了文官武扮的形象,头戴软夫子巾,身穿软甲,腰挎宝剑,外披斗篷,一副出传统之新的扮相。

剧中其他演员,李金泉的陶母、谷春章的崔泽、孙洪勋的崔承、骆洪年的大巫,都能把握住剧本上所给的戏,结合人物的性格、思想、感情,发挥了极强的表演技巧,使人物形象丰满,有血有肉,各具人物特色。这更是全剧一个可喜的成功。

中国京剧院一团在天津观众的一片赞颂声中回到北京。

中国京剧院安排《西门豹》在人民剧场演出，实为内部彩排，请了中宣部的领导及各界人士观摩提意见，当然也请了已介入戏曲界主持一九六四年京剧现代戏会演的江青来审查。

这场戏比在天津演得更为熟练也更为严谨。大家知道有众多首长审查格外严肃。我也是胸有成竹！

年仅四十七岁的我身强体壮，嗓音也作美地洪亮，几大段的新唱腔高昂激越，竟唱来游刃有余，台下观众的掌声此起彼伏。

散戏后，翁偶虹马上到后台向我一报："田汉老坐在我的前面，不时回头对我说：'你写的西门豹很有性格，表演成功了。沉住气，这出戏，评论错不了！'我这就去开会去。"

中国京剧院彩排无论有无领导审查，照例在演出结束后及时到西休息室座谈。

有翁兄的快报，我心里更踏实了，实际上，无论什么新戏的演出，我在舞台上就已能品味得到是否成功，因为观众的现场表现就是尺子，这么红火、这么反响强烈的戏，观众早就批准啦！这点我相当自信。

之所以听翁兄的快报有更踏实之说，是因为近年来排一出被叫停一出，心里未免吃不准。对《西门豹》能充满信心，不光该剧是中宣部布置的任务，也相信该剧的政治意义好、表演艺术好、观众的喜爱度好！《西门豹》是一出好戏，绝不会和《战渭南》似的，下热而上冷！

过了一天，马彦祥同志在剧协召开《西门豹》座谈会，除文艺界同道之外，还有一些工农兵代表参加。大家都肯定《西门豹》是一出及时的有教育意义的好戏，还有人特别指出花脸扮演西门豹比老生扮演更有性格。

几天后，王颉竹告诉我，会后马彦祥让他找一个字迹清楚的剧本送到文化部艺术事业管理局，他已听命送去。该剧本由艺术局改名《何伯娶妇》，排印成内部交流剧本向全国推荐。

我们又去天津演了五场《西门豹》，五个大满堂！

转而，张东川、阿甲在中国京剧院的中厅向大家传达中宣部意见："江青指示：西门豹改老生演，花脸不合适。"我听见这句话后，其他的话概没听见！听也听不进去！

观众如此欢迎的剧目竟以不是理由的理由而搁浅?!

最让我想不通的是，就在今年九月四日召开的第三次全国文代会上，周扬同志还强调：文艺为工农兵服务，为社会主义事业服务，是我国唯一的政治方向，但在艺术风格、形式、题材等方面提倡多样化，鼓励自由创作，反对千篇一律、刻板和狭隘化，在"双为"的政治方向下实行"百花齐放，百家争鸣"的"双百"方针。

像这样一出受工农兵欢迎，为社会主义服务的好戏，为什么花脸就不能演西门豹这个角色？剧中是表现的真实历史人物，但终归是演戏，哪有那么严格的行当分工界定呢？西门豹要是活着也未必反对！这符合"双百"方针吗?!

原本为《战渭南》在我心中结下的冰坨，这下子冻结得更大、更瓷实了！我几天吃不下饭、睡不好觉，得了更严重的"上冷下热病"！

很快，郭沫若在报上发表了一篇文章，专谈西门豹是英勇善战的武将。我也一再查看《列国演义》，西门豹曾带兵穿过着火的树林去追赶敌人，更激起我心中澎湃的波浪！

院长张东川同志到我家中来做劝慰疏导工作。我一听劝我的话，连他自己也说服不了他自己，怎能说通我？明摆着不合理，本就不存在通与不通的问题！

我说，这出戏是重新编写的新戏，如同平地起高楼，人力物力所费极大，架子花脸大轴戏又很少，从一九五三年的《黑旋风》、一九五七年的《李逵探母》，到一九五九年《九江口》排演成功，间隔四年之久好容易排了这样一出政治意义比较强的戏，实在舍不得。

中国京剧院一团甚至全院的人也不甘心因行当之差，戏就销声匿迹，都希望修改剧本再排！

事后翁偶虹见我总转不过弯来，悄悄地对我说了那天彩排后开会的情况：这次审查后的座谈会，中宣部、文化部的周扬、林默涵、徐平羽、田汉、马彦祥诸位领导同志都到了场，就是不常看戏曲彩排的郭沫若同志也应邀出席。

会开得很严肃，就是会前的个人赞许或相互间随便的议论也没有。

正式开会了，大家全在安静地等待着，都没发言，大家都沉默着。

江青首先发了言，她直接向郭沫若提问："这个戏，是不是符合历史真实？"

"基本是历史真实。虽然那段公案是杜撰的，史上并没有详载事件，但应该允许作者自由创作。我看这个戏构思得很贴切，很不错。不过，有一点搞错了，可以改动一下，西门豹'佩韦以自缓'的'韦'，不是玮玉，应当是柔软的皮革。"郭老说得很平缓。

翁偶虹闻言点头，表示衷心接受这个批评。

江青又说："玉和皮革的问题，是小事。我看最不符合历史的是西门豹的行当问题，西门豹应当由老生扮演嘛！"说着目扫偶虹一眼，转向院长张东川："你们为什么用了花脸来演？"

"李少春、李和曾都有出国任务，一时没有适当的人选。"院长张东川解释。

"那就等李少春、李和曾回来，重新修改剧本，由他们再排演！"江青立即不容置疑地下了这个结论。

"嗯，是。可以。"东川答应。

会，就这么几分钟，散了。

说完，翁兄又叮嘱了我一句："明白了吧！甭钻牛角尖啦，老弟！有那工夫咱们再琢磨别的戏！"

我听后不禁瞠目结舌！这与《战渭南》那盆冷水不可相比！江青是谁？

毛主席的夫人！谁能判定哪句话是不是就代表毛主席的意思呢！想来想去，只得从江青是敬爱的毛主席的夫人，是代表毛主席的，必须听从的道理来说服自己，也是唯一能使自己稍加冷静的最有点儿说服力的客观理由。

我内心唯一的抚慰就是：这出戏的排演我又多了一次实践体验，进一步体会到架子花脸唱、做、念、舞表演艺术的加强，能更加扩展架子花脸表现人物的空间。此戏对架子花脸的发展有着重要的阶段性意义。

自己正年富力强，有充沛的精力，进一步拓展架子花脸的发展道路是我应尽之责任！特别是恩师郝寿臣先生的教诲和期望——"希望打起架子花脸的大纛旗"时刻在耳旁回响，我要向前看，要继续发展架子花脸的表演和剧目，要对自己酷爱的架子花脸这一行当的前景充满信心！我既没灰心，更没死心！

弯儿，就说是转了吧。

其实，不提再排《西门豹》，心态也已调整过来了。我还给自己重新定了规划表，不能再三四年才排一出戏了。我要抓住机遇，抓紧时间，在自己犹能胜任舞台的十年时间大做一番文章。京剧剧目那么多，还愁没戏演？！还愁没有架子花脸的角色演？！

我和中国京剧院的编剧范钧宏、翁偶虹在一九六四年先后多次商量，在我六十岁前的十年间，以一年排一出或两出、力争三出以架子花脸为主的剧目的速度排演，计划合作编排出十部新戏奉献给观众，如《打潘豹》《射芭蕉》。

京剧舞台上一度表现的是杨门的女将——穆桂英、佘太君、杨七娘、杨八姐、杨排风……当然这都是好剧目，可演男将创业的戏偏少，有《碰碑》，可杨老令公已英雄末路了不是。我想将七郎八虎闯幽州，金沙滩杨家父子舍生忘死，直到回雁门搬兵被乱箭射死；还有头二本的鲁智深，包括打郑屠、醉打山门、打罗汉堂，直到打周通，可分前后部；再有马武夺秋葵、薛刚反唐、郑子明打龙棚、楚霸王、张飞芒砀山、李逵巧坐衙、常遇春巧夺采石矶、牛皋扯旨气死金兀术等内容编写成十出以架子花脸为主的三个小时的剧目。翁先生、钧宏和我取得共识，都认为架子花脸剧目前景可观，十年出十部戏的计划准能超额完成。

如是能照计划实现的话，京剧舞台上以架子花脸为主演的剧目将呈现另一番景象。我坚信！

然而，十年动乱致使这个计划全部中断。幸亏十年间我还幸运地演了两个日本人：鸠山和龟田，无论如何十年中我没有离开舞台。但所想的这些有意义的爱国主义的传统剧目、以架子花脸为主的戏全都耽误了不说，这宏伟的计划戏单转眼间成了我的"黑戏单"。

也许有人会问，一九六四年已进入京剧演现代戏阶段，为什么还要计划排这么多传统戏？问得好！一九六四年提倡京剧大演现代戏，并举行现代戏观摩演出大会，但当时绝未封杀禁演传统戏。

自一九六〇年五月以来，我党执行的戏曲方针是现代剧目、传统剧目和新的历史剧目三者并举，也就是当时所谈"三驾马车，并驾齐驱"，所以我也才有此一举。

一九六四年五月，我参加院部召开的一次会议，张东川讲中国文化部艺术局指示，现代戏会演后，安排传统戏的排演计划。

我一听又谈到《西门豹》剧本加工改由老生演，列入二团排演计划。我终是舍不得，又沉不住气了，毫不掩饰地提出一团也可以安排演《西门豹》！等剧本改好，就算花脸不演，李少春、冯志孝、钱浩梁也可以排演。最后张东川说二团做计划，等剧本改出来，一团再研究！

然而这次我的沉不住气，后来真没少为此做检查。直到被周总理点名解放后，第一次检查没通过，后又对这个问题做了第二次补充检查，说我是"明知故犯"。

一九八〇年春天三中全会以后，中国京剧院恢复老一团，要恢复好的传统戏，我已是硕果仅存的几位老人之一，六十五岁的我率团又来到邯郸一带的漳河地区。春秋战国时期，漳河地区正是魏国名将西门豹管辖的邺城郡。

西门豹治理漳河有方，后人曾建祠纪念他。未了憾事的我演出之余不顾漳河之滨飞沙狂起，兴致勃勃地奔到邯郸西南约四十公里的漳河大桥，参观了漳河的新旧河道与当地展出的有关西门豹的文物史料。我和一团，无论如何要争取在巡演期间，重新为当地百姓复排演出搁置了十几年的《西门豹》。

《西门豹》献给当地百姓的那天，在露天广场受到众多观众的热烈欢迎。我的年龄已经六十有五，载歌载舞的气力以及嗓音等都很难胜任，也就仅演了此一场。曾经的梦想虽说了却了一些，却仍成为我永远的遗憾！

一九九三年，我赴台湾演出后，台湾学生何国栋追至北京来拜了师，他认为这是一出难得的架子花脸的好戏，表示要向我学这出戏。我很高兴地为他录了唱、念及对这出戏表演的剖析，何国栋也费了很大劲才淘到这出戏的演出实况录音带回台湾。

一九九七年我去大连养病并指导弟子杨赤重新编排由金桐执导的《西门豹》，在全国艺术节上获二等奖。这青出于蓝的喜讯不但抹去了我心中的遗憾，融化了我心中时过三十年之久的那颗大冰坨，也使我对架子花脸的发展萌生了新的寄托与希望！

写至此，不由得不再说说这位翁偶虹老兄。

得到翁偶虹先生病危通知的那一刻，我顿时愣住了。前几天报上还说他又收了一个画脸谱的徒弟，怎么好端端的突然病危了？放下电话后，我立即赶到北医三院看望我这位六十多年的老朋友、五十年的老搭档。

翁先生家人见到我很激动，我忍不住责备他们为什么不早点儿告诉我，翁先生的儿女解释："我们不敢告诉。您年事已高，工作又忙，老哥儿俩是几十年的故交，怕您着急，这才跟小海和您学生李振江说，希望他俩在适当时候慢慢给您透个信儿，叫您思想上有个准备，没想到天这么热您还是亲自来啦，我们代表家父谢您。"我拉着翁先生女儿的手悲咽着说："一辈子的深情厚谊我能不来吗？"

一九九四年六月十九日，翁先生不幸去世。近七十年的相识，心中痛惜难解，自我十三岁改演花脸后，经常在广和楼演出，当时翁先生是个有很深造诣的花脸票友。他认识孙盛文、许盛奎师兄，并与他们交好。那时翁先生爱票戏，最爱票《闹江州》，这是一出连专业演员也不敢轻易演的戏，足见他的功力。他的《闹江州》是师兄许盛奎教的，一招一式满是那么回事。翁先生每演此剧必把盛奎师兄请去为他勾脸，演完后必请盛奎师兄在广和楼边上一家饭馆吃上一碗烂肉面，算是酬劳。只要一听说盛奎师兄今晚吃烂肉面，我们就知道翁先生又演《闹江州》了，一时成为科班中的美谈。

翁先生由于有票戏的实践经验，又有较深的文学基础，加上他酷爱花脸行当，对花脸唱、念、做、舞十分留意，对锣鼓经也门儿清，所以他从事编剧后写的花脸戏《西门豹》《李逵探母》等剧，人物形象鲜明生动，剧情引人入胜，被人称为剧作精品。万不想《西门豹》是他给我写的最后一出新编传统戏！

翁偶虹作为职业编剧，一生创作、改编（包括与别人合作）了一百一十二个剧本，可谓多产剧作家。他同时是一位充满激情的爱国者，十分关心同情广大的劳苦大众，始终保持着艰苦朴素的生活作风。作为一个编剧，他知道社会需要什么，人民需要什么。

一路走来，有的事已说过，这里还得说！新中国成立后，他意识到一个新政权建立时，团结是极其重要的，于是首先选择了蔺相如与廉颇的一段故事，取名《将相和》。这出戏上演后受到广大观众的热烈欢迎，中央领导也表扬这是一出好戏，号召干部们都要看一看。《将相和》成了我与李少春的保留剧目，我与马连良先生也演过。四十多年来这出戏屡演不衰，即使在改革开放的今天，《将相和》仍不失一出有现实意义的好戏！在中宣部为"五个一工程"颁奖大会上，我与青年演员于魁智再次演唱《将相和》中将相和好的一段对唱，也算是对我的老朋友翁偶虹先生的无限怀念与缅怀。

新中国成立后，翁偶虹认真学习毛主席有关文艺方面的讲话，他赞成"双百"方针，并以全新的观念和思想担负起了一个剧作家的责任。过去老戏把李自成当成"闯贼"来演,从勾脸上丑化成歪白脸,说陕西话,贬低这位农民起义军领袖。五十年代翁偶虹为给李自成翻案写了《血泪仇》,由我扮演李自成,我化装采用揉红脸、重眉毛,表示李自成的一身正气,服装穿大靠,仪表堂堂,威风凛凛。演出后,极受欢迎和肯定。翁先生用他的生花妙笔给农民起义领袖在舞台上翻了案!他说:"这才是还历史的本来面貌!"

翁偶虹写的剧本为什么能成功,关键在他的创作态度、丰富的阅历和深厚的文学功底。翁先生六十年编剧的经验——"剧本剧本,一剧之本,写剧本必须跟演员密切合作"。他写的每个剧目,总是先找少春和我商量,剧本每写完几场后先叫我们看看行不行,我们提出哪要加唱、哪要削减,他都一一记下,等改好后再征求我们的意见。而且对演员的艺术特点了如指掌,给演员留出很大的自创发挥的表演空间,这样写的剧本能不高质量吗?就是对一般演员,翁先生也要把剧本主要情节讲给大家,广泛听取反映,提的意见只要合理他就改。这就从根本上把住了剧本质量,也可以看出翁先生毕生严谨的创作精神。

他和我聊天经常是切磋艺术,我俩的看法是,再好的剧本没有好演员也白搭。有的剧本写得不错,可惜没有好演员,有的演员见人家怎么写他怎么唱,还有些人是在唱剧本没演人物,结果,剧本只能放在桌子上。

几十年来我与翁偶虹先生长期共事,相互合作,至诚相待。他待人宽厚豁达,淡泊名利。我希望他的学生遵循翁先生的艺术创作原则,掌握他的写作技巧与风格,写出无愧于我们时代的剧作精品,写出今天的《锁麟囊》《将相和》,这才是对翁偶虹先生最好的纪念。

翁偶虹先生是名不虚传的编剧大家、脸谱画家和戏曲评论家,是剧坛上难得的一位多才多艺的人才。

偶虹老兄,因艺与您结谊的老友世海老弟永远怀念您!驰念在梦中,驰念在戏中,驰念在剧本中,驰念更在这总也写不完的回忆录中!

壹叁捌 苦反思 争做先锋

自一九六二年以来，中国京剧院一团排一出戏就被枪毙一出。排了《廉锦枫》说是宣扬愚孝，排了《青梅煮酒论英雄》说是宣扬愚忠，排了《战渭南》说是歌颂修正主义！排了《伐子都》，江青看了说："你演这个人物演得越好，我越不能给你叫好，这不是个正派人物！"排了《西门豹》，江青说这个人物不该花脸演，改本子换老生！

瞧！连排多出戏，多出戏全被叫停，全败下阵来！我苦闷加想不通。本不是理由的理由，为什么都成了下马的理由？我这个业务团长不得不坐下来仔细想一想！

一九五七年整风以来，我看报不再是只看戏报，研究剧目广告，已经学着看报上的政治版了，当然是简略的，但大标题是必读的。

我发现张家口京剧团的现代戏《八一风暴》，在北京的演出受到欢迎，报上还有文章大赞京剧《八一风暴》做了好开端，说京剧表现现代生活大有可为，只要路子对，借鉴深厚的传统会使京剧艺术表现得更精、更细、更美。随后许多剧团竞相仿排。

上海人民沪剧团来京演出《芦荡火种》《鸡毛飞上天》，南京前线话剧团演出《霓虹灯下的哨兵》。毛主席、刘少奇等党和国家领导人观看河南剧院三团常香玉的《朝阳沟》，到舞台上同演员一一握手，祝贺他们演出成功。不久，《朝阳沟》由长春电影制片厂拍成电影，和观众见面。

有一出话剧《千万不要忘记》，是提醒大家千万不要忘记走社会主义道路，不要受资产阶级思想腐蚀，哈尔滨话剧院来京演出，刘少奇、邓小平等领导人先后观看。随之，青艺、人艺纷纷上演，中国京剧院二团也排演了。

北京京剧院马长礼、谭元寿排演了《智擒惯匪座山雕》，张君秋排演了《秋瑾》。

我还听到同行们传来消息，在一九六三年的秋冬季，江青亲自参加领导北京京剧团排演现代戏《地下联络员》，编剧文牧，导演肖甲、迟金声，演员赵燕侠饰阿庆嫂，马长礼饰刁德一，万一英饰沙奶奶、周和桐师弟饰胡传魁。

不久，报上登出北京京剧团演出现代戏《地下联络员》的一张剧照。此期间，周和桐师弟闲谈过排《地下联络员》时的情况：自从江青给了北京京剧团任务，根据沪剧《芦荡火种》改编成京剧现代戏《地下联络员》以来，剧本经过多次修改。为了在舞台上塑造好现代人物形象，演员们下连队当兵体验生活，搞得动静颇大，足见其重视程度。和桐还谈到周总理也指示号召大家"要排现代戏"。

随之，《北京日报》发表评论《让现代戏之花盛开》，《戏剧报》转载。

明白了。大量的信息帮我悟出了其中道理：时代在前进、在变革，该排表现现代生活题材的京剧剧目才能跟上时代！

我到剧场看了《八一风暴》、《霓虹灯下的哨兵》、《箭杆河边》（曲剧）、《祝你健康》、《千万不要忘记》等各剧种现代题材的剧目。

记得在看河南豫剧《朝阳沟》时，满座的观众对常香玉的表演非常喜欢，但觉得她在剧中场次少、唱段少，不解渴，谢幕后观众不肯走，喊着要求要看红娘，要听花木兰……常香玉不愿拒绝观众的要求，居然穿着现代农民老太太的衣装，表演了一段古代小姑娘红娘送柬，这可太难演啦！佩服！佩服她艺术造诣之高，佩服常香玉的这种全心全意为人民服务的精神！

一九六四年的到来，是全国各京剧团体准备参加京剧现代戏会演节目极为忙碌的一年！中国京剧院决定每团都要赶排一出新戏，争取参加现代戏会演。

历来中国京剧院、北京京剧团是北京两大京剧阵营，之间有合作，有友谊，也有竞争！北京京剧团的现代戏《地下联络员》热火朝天，中国京剧院岂能落后！

中国京剧院也已将"周总理指示号召大家要排现代戏"的话转达，提出要为现代戏打先锋。一团选定《迎春花》，二团选定《千万不要忘记》，四团选定《红色娘子军》。

《迎春花》是根据同名话剧改编的，是翁先生写完《西门豹》后已经着手，并与青年编剧邹忆青合作改编而成的。《千万不要忘记》也是根据同名电影改编，由王颉竹、何异旭合作改编而成的。《红色娘子军》根据同名电影改编，由田汉执笔。这些都是由中国京剧院艺委会选定的题材。

《迎春花》改编完成之后，已决定由张东川、邹功甫共同导演，张复担任音乐设计。

我知道这两出新戏落实到演员排练还得一大会儿加一小会儿。

此时，我从众多剧目中选中了东风豫剧团演出的现代剧目《社长的女儿》。在等待《迎春花》剧本时，插缝隙先排《社长的女儿》，我愿以架子花脸尝试表演农村的老社长、老书记！

经院党委同意，《社长的女儿》很快移植成京剧。

正待展开工作时，有一天，中国京剧院院部通知江青召见，在院长张东川率领下，阿甲、翁偶虹、李少春和我等多人去了中南海。这次接见，江青给中国京剧院派了任务：一是改编沪剧《红灯记》，二是新编《抗洪峰》。

接着，文化部正式下达排《红灯记》的指示，要一团做好准备。我们一团也表示虽然紧锣密鼓地排《社长的女儿》，不管排多少，不管能演几场，只要《红灯记》的任务一落实，立即让路。

别看时间紧，但排练《社长的女儿》是在为排现代戏打个先锋，做一次实验，所以在这出现代戏中有很多创新。

音乐上的创新。拓展运用了京剧中少用的各种形式的合唱。如社长和老伴（吴素英饰）即花脸与旦角的合唱，社长的大女儿（焦炳媛饰）与小女儿（夏美珍饰）两个旦角有分唱合唱，社长与地主婆（张雯英饰）即花脸与老旦的对唱、合唱，而且社长为了对小女儿进行阶级教育，将女儿带进烈士陵园，一段"进这陵园"的【二黄三眼】唱腔乐感强烈，大家夸我的演唱情感浓郁。我很高兴在架子花脸铜锤唱上又能前进一步。

化装的创新。老社长的化装改变了我往日给观众的印象，特意订制了黑平头头套，粘胡子。有趣的是彩排那天，福瑗让来看戏的小蓉到后台给我送了件厚大衣，免得排完戏浑身汗回家时冷。小蓉拿着大衣进到后台化妆室，没见我，就到上下场门的侧幕来找。

站在天幕中间正边背戏边候场的我，见女儿来回在眼前穿梭，看了我一眼也不理，就问："你在这儿晃悠什么哪？""找我爸……"小蓉边说边走，停下步回身又对我仔细一打量："哎哟！敢情是您呀？真逗！我过来过去看了好几回……您……怎么这样啦？怪不得我认不出您啦！"

"不就是戴了个发套嘛！"

"哪儿见过您有头发是什么样的！？哎哟，没劲！真不如光头！那才叫有风采！"

她的话，无形中使我回忆起坐科时因头上生疥疮，请剃头的韩师傅刮头皮时说以后头发不会再长的一段趣话。我笑了，甚感欣慰，女儿说得对，这才叫花脸的风采！演花脸不剃头，盖块布，是对艺术的极端不负责任，不尊重，我从心里看不惯！

一九六四年四月四日、五日，在和平区第五俱乐部公演《社长的女儿》。在此期间，北京京剧团李世济也排演了《社长的女儿》。

可惜，《社长的女儿》只演了几场，《红灯记》就正式进入排练；可惜《社长的女儿》没有录音；可惜《社长的女儿》的唱腔我已经忘记。只记得女儿不认识我的小趣闻！

壹叁玖 红灯亮 扮演鸠山

一九六四年，是我心情振奋而激荡的一年，又是我自己感觉演戏以来很有闪光点的一年！

中国京剧院的《红灯记》剧本是江青推荐的，没有提出如何改编的设想。正式宣布排演《红灯记》一剧的任务是由文化部正式布置的，并由文化部副部长徐平羽同志亲自坐镇指挥。

中国京剧院党委责成翁偶虹据上海爱华沪剧团迟雨、罗静写的电影文学剧本《自有革命后来人》改编。导演确定由中国京剧院首席导演阿甲同志担纲，音乐设计为刘吉典同志。

编写剧本的同时，难度最大的工作是挑选三代人的工作。

挑选演员的原则是以一团为主，全院范围挑选。导演阿甲也进行了多次的优选工作。

李少春是饰演李玉和的不二人选，没有其他选择，只是配有青年演员钱浩梁作为B字。

李铁梅的角色,首选自然是杜近芳,但她有出国演出任务,回国后参加现代戏会演赶排来不及。于是主要考虑由曲素英饰演,张曼玲、刘长瑜备选。

排戏中,曲素英形象、嗓音都很好,但身材修长与少春、高玉倩站在一起身量偏高。张曼玲会表演,嗓子好但程派味儿重。阿甲认为现代戏中角色形象相匹配尤为重要,瞩目有着典型小姑娘般圆圆面庞、适中个子、甜美嗓音,又有活泼花旦气质的刘长瑜。这一点大家与之有共识,铁梅定为刘长瑜来饰演。果然,待等近芳回国再试演李铁梅,与长瑜的女孩子气质相比,就显得不太适宜了。虽如此,近芳对李铁梅的唱腔及演唱,尤其是"爹爹留下无价宝"等唱段,都下了功夫,使其提高了很多。杜近芳随后投入《红色娘子军》的排练。

饰演李奶奶的人选是最难定的。剧本给了这位革命的母亲大段激昂的唱段、话剧般的大段念白加表演,还塑造了那种慈祥中透着刚毅又久经风雨、斗争经验丰富、睿智大度的英雄母亲的形象。那么要求这位演员必须唱、念、做俱佳。

阿甲感到有点儿困难。李金泉唱、做上乘,无可挑剔。阿甲认为现代戏绝非传统戏,角色形象很重要,在现代戏中不宜由男老旦来演。他没有循着老旦行的演员中挑选,而破格地大胆地看中了高玉倩,确让大家没想到。

阿甲认为高玉倩虽然是演旦角,但她是中华戏曲专科学校毕业生,基础深厚瓷实,而且高玉倩从过王瑶卿老先生学艺,擅长唱功,也从筱翠花学过花旦,会做戏,极擅长表演。她和江世玉演的《评雪辨踪》,人物刻画得恰如其分。阿甲最理直气壮的是曾看她演过焦菊隐导演的话剧式的新型京剧《桃花扇》,表演自然,非常接近生活化,而且自信地感觉到她的年龄、体形、表演火候,饰演李奶奶,形象再合适不过了。凭她的艺术功力,会很快适应李奶奶这个现代工人之家中坚强机智、英勇不屈的英雄母亲的这一角色。

我对此深有同感，初演《黑旋风李逵》时是高玉倩饰满堂娇，也曾多次合演过《牛皋招亲》，极有体会，高玉倩是演员中很会用眼睛说话的演员之一。

唯一的难点和担心，是京剧艺术隔行如隔山哪，不约而同地顾虑到青衣、花旦与老旦有小嗓、大嗓发音的区别，何况，演唱味道各有风格。高玉倩是否有大嗓？能否胜任李奶奶的老旦行的演唱？是否能从青衣的表演中跳出来，进入演老旦的角色之中？结果，她跟胡琴一试，清脆高昂的大嗓，使阿甲信心倍增，面对老旦味儿的不浓，马上责成李金泉设计李奶奶的唱腔并且全力以赴地辅导教唱，要让高玉倩的演唱迅速达到舞台所需的高水准。

日本宪兵队队长鸠山初定并不是我，叶盛长已经做了饰演这个角色的准备，表演上也叠了折。甚至服装都已量身去做，因为做服装周期长，要留出修改的时间，而排戏时间相对短，彩排就要穿。后来，考虑到《斗鸠山》一场，是革命者与日本侵略者面对面交锋，是显示李玉和英雄本色的全剧的重场戏，李玉和是老生，鸠山还是老生，二人在舞台上突显行当单一。于是就又改与少春对手戏的表演息息相通又配合默契、长期合作的老搭档我。

组织上定我演鸠山。说实话，我并不十分愿意。其中有几个顾虑：现代戏反面角色，演好了，别人会说你有这样的生活；演不好，说你不尽责。一九五八年演《白毛女》中的黄世仁，只是从丑化着手，没能深揭如何压迫人民的本质，表演不成功。六十年代初，又在《柯山红日》中扮演奴隶主柯陆亚德时吸取了表演黄世仁偏于过火的教训，又演得比较拘谨，仍不成功。两次失败，与一九六四年初抢着排了一出《社长的女儿》中饰演颇获好评的老共产党员、老社长相比，我给自己做了个总结，反面人物没有正面人物撒得开，没有正面人物能发挥技巧。特别是架子花脸的创新唱法在反面人物上不好发挥。再者，演反面人物定位难，过了抢戏，不够又不能托戏，大有费力不讨好之感。

但这并不等于我不愿演现代戏，前面已讲，我太想演好一出现代戏了，才选排《社长的女儿》来练兵。

那么，从我一知道要排《红灯记》，就十分地关注什么角色呢，心神具往、跃跃欲试的是扮演李玉和。不是凭空的自不量力，之所以有如此想法是所见的印象。我看到电影《革命自有后来人》的广告宣传画，看到爱华沪剧团中的李玉和形象，后来看到哈尔滨京剧团演出的《革命自有后来人》，看到少春演的李玉和也都是满脸胡子拉碴，以比较粗犷的人物线条，来体现这位铁路上扳道岔的工人的。我始终认为这个人物老生可以演的同时，完全也可以尝试着用架子花脸的表演手段来体现这位英勇的地下工作者。

我知道，这一点让大家理解尚有距离，因为还需试验过程。我的要求也基于这点，哪怕是能排队到"丙"字既或是"丁"字的，只要有机会试，就成。曾经，我也找导演阿甲表示过，鸠山不仅要演，要尽全力演，演好，但也希望安排自己演个"丁"字李玉和的要求。我甚至说，能试试，都成！

神往归神往，我仍是欣然接受了饰演鸠山这一角色。当然，这也是架子花脸的应工惯例。架子花脸这一行的艺术表演，同样也还有待于对多方位、多层次、多类型现代人物的开拓。反正自己不论演什么，也得努力争取演好！何况自己多年来一直申请加入中国共产党，始终在接受党的考验。演好现代戏同样是一场考验，自己要经受住。眼看现代戏会演在即，得快追！我是下了决心的！

一九六四年三月，北京京剧院的《红色联络员》更名《芦荡火种》在北京工人俱乐部演出。果然在艺术上也有很多新的创造，成功地塑造了革命英雄形象，赢得了文艺界和观众的好评，被盛赞是一出革命的现代京剧。《芦荡火种》将参加现代戏会演，已经走在中国京剧院的前边啦！

这些新闻阵阵风似的传遍中国京剧院一团每一个人的耳中，这对排演《红灯记》是有触动、有激励、有学习、有鞭策作用的。眼看京剧现代戏观摩会演日期临近，出于友谊竞赛的心理，我和大家一样渴望中国京剧院一团的《红灯记》也要名列前茅！

《红灯记》讲的是铁路地下工作者李玉和与王连举救走携来密电码跳车的交通员。日本宪兵队队长鸠山为追寻到密电码，虽诱迫了王连举叛变，但和李玉和的较量是连连失败，只得抓来其母和其女李铁梅，仍未得逞。铁梅在父亲、奶奶的教育下，听奶奶讲述了三代人本不是一家人，是为革命走到一起的，决心继承遗志，高举红灯！在群众的掩护下，终将密电码送到抗联的一段革命故事。

大家读了改编的京剧本，去了上海看爱华沪剧团观摩学习他们演出的《革命自有后来人》后相比，改编本即保留了原作的许多闪光点，结构也编得更加紧凑，革命之情浓郁，动人心弦，而且更多地融入了体现京剧艺术特色的因素。

《说家史》去掉了原本中当年场景再现，而改成李奶奶几百句唱、念交替相连的一气呵成！其语言贴切，激情跌宕，对白给足快慢节奏。剧本剧本，一剧之本。这剧本就是一出激动人心的好剧本！总之，剧本已提供给演员偌大的表演空间！翁偶虹同志不愧是编剧高手！

盛长也热情地向我介绍了他准备演鸠山时所体察到的心得。我认为老生和花脸的人物形象、表现手法区别甚大，只可意会，不可套用，要自己重新叠折。

我从剧本中感到饰演的鸠山，是中国人民恨之入骨的敌人。在舞台上是要与李玉和、李奶奶、李铁梅，三个人的艺术铢两相称。鸠山的戏必须托住这革命的三代人那动人心弦的轮番挑战，从而悟到鸠山角色的沉重感觉！

何况，要塑造一个鸠山——外国人一个职务不高的日本宪兵队队长的舞台形象，却又代表着侵略中国的日本侵略者形象，也是京剧舞台上的日本军国主义代表人物的反派形象，更是千千万万年龄长些的观众们所切齿痛恨的人物，能得到这些观众的认可，更是自己塑造和表演中的难点！

构思中，我搜寻着脑海中的日寇形象，抑制不住地回忆起八年沦陷中和李盛藻在日本铁蹄下去东北过山海关如同过鬼门关……想到在长春……想到去天津演出的搜身……自己曾遭受过的种种屈辱，国仇敌忾之气不断涌上心头……就是出于爱国之心，也要将其深刻揭露！我想。

这些日本兵，形不成代表性的人物特征。

苦思中，想到曾读过一本书里就有对日本人很形象的描述，只是印象很淡了。想起来了，是末代皇帝溥仪送给我的自传《我的前半生》，这是溥仪先生恢复自由之后，在一次和京剧演员们相聚的宴会上，亲自签名赠予的。我马上让福瑗找出已珍藏起来的这本书，如饥似渴地反复阅读。

土肥原，这个在书中介绍的日本高级军阀、中国通，外表笑面伪善，内心奸诈色厉内荏的日本军国主义的代表人物，与作为医生的鸠山，外表文雅和善，深藏阴险狡诈，有相同之处。更重要的是一切侵略者都有着难以遮掩的空虚！土肥原可以作为鸠山的人物原型来设计。

抓住了鸠山这个人物的定型，如何才能更准确而有效地运用京剧的表现手段，把日本鬼子侵略中国期间他们在中国大地上的嚣张的丑陋形象活生生地体现在舞台上呢？

话说起来容易，具体做起来就不是一个简单的问题了。绝不是这里安点儿什么技巧，那里添点儿什么俏头，把京剧的旧程式、锣鼓点儿等搁上就算京剧化了。而是要从生活出发，从人物的思想性格出发，取京剧传统之精华，进行新的艺术创造。这也是《红灯记》一开始排，阿甲导演就提出的要求和演员的创作宗旨。

的确，排演京剧现代戏，所有京剧的特点，艺术手段，唱、念、做、打，都要为人物服务，为表达人物的思想感情服务；不能离开人物在具体情节中的思想感情来孤立地考虑艺术问题。继承也好，创新也好，都必须根据这个原则在实践中进行创作。

这样，《红灯记》从一开始排练就有了一个比较清楚的认识，对继承、革新、创造，都有权衡的标准了。排练中的弯路走得较少。

由于时间紧迫，只能是翁先生修改好一场，交导演阿甲看了改本，阿甲再提出要求，提出这一场的排演计划、要求，交代给执行导演骆洪年，先由他组织演员将这场戏的架子搭起来。

京剧艺术，不是导演制，是明星制。过去排一出新戏，除武打场面是要排的，文场子全靠名角主演对角色的体会自创，再和琴师、鼓师说戏，进一步完善。唱腔部分有时长期合作的琴师也帮助主演创。再有抱本子的（拿有总讲剧本的排戏人）给其他角色一说地方，排戏也不走出来，琴师、鼓师明白，同场的对手明白了，戏就算排出来，是山是水全等台上见。这也算是京剧的艺术特色之一。一出戏的好坏，能否受观众欢迎，关键在于名角的唱、做、念、打舞台艺术是否吸引观众。

进入五十年代以来，特别是中国京剧院开始设导演制后，导演在新编历史剧中，发挥了很好的作用，但并未完全改观，时有演员自导。排演现代戏就大不同了，导演阿甲在排练该剧时是功不可没！还有音乐设计刘吉典同志，起到强烈渲染剧中气氛的作用。他们都是在幕后起着决定性作用的大英雄！

关键也还需演员在导演、舞美、音乐设计、灯光、服装设计共同创造的舞台环境氛围下，对所扮演角色的人物性格选用恰到好处的唱、念、做、打艺术表演，将人物栩栩如生、恰到好处地展现在舞台上。

初排《红灯记》，少春就开了个好头。第一场，《红灯记》刚拉开大幕，尽管刚刚走上场的是一位现代铁路工人李玉和，他手提红灯，背向观众走上舞台，严寒冬夜的刺骨西北风袭来，铁路上穷苦的扳道岔工，衣着单薄，抬臂挡风，不畏风寒，再转身，挺胸昂首亮相。贴近生活，合情合理！他给观众的第一感觉，这是在演京剧，舞台上演的是京剧！

跟着选用能让观众容易接受的【扑灯蛾】念白，说明李玉和在等待上级派来的交通员。紧接着在向铁路警察王连举交代此项任务时，两人背身靠近、耳语造型，在原地边转身边谈，示意工作环境极严酷，需时刻警惕、观察四周敌情的紧张气氛，其动作随念白节奏之协调、之自然顺畅，无可挑剔！

恰到好处，就是表演的尺度分寸、掌握的火候功力到位。想到阿甲也曾说过，一个好演员在台上，不能超过表演的黄金点，不够不行，多了粪土不如！李玉和的出场即黄金点表演。

事后也曾问过少春此处之生花妙笔如何作想，他笑曰："看北京电影制片厂的电影开演时片头，工农兵举着镰刀、抱着麦穗、托着枪，不就是这么转嘛。借过来，化！"

对于鸠山这个反面人物而言，我以为既要表现他凶残的侵略者本性和必然失败的内心空虚、虚弱性，还要揭露他所谓外科医生的儒雅、慈善救人虚伪的两面性。面对被李玉和斥为是一条断了脊梁骨的癞皮狗的王连举时，已被我设定为，即使扭断了他的脊梁骨，也得让他变成为我鸠山所用的一条狗！

《审王连举》一场，鸠山在叛徒面前极尽嚣张，几乎占了舞台上三分之二的活动空间。对叛徒威逼利诱时，充分地揭露了鸠山的狰狞之貌。选用了满面凶相抓紧王连举衣领，再狠狠地摔扔他于椅上等大幅度动作。

《斗鸠山》一场则不然，从剧情上讲，明是鸠山审李玉和，实质上是被有坚强意志的共产党员揭露了鸠山所代表的日本军国主义者们必败下场的空虚、无奈。从演员的互动关系要求，鸠山必须将戏托住衬托李玉和形象的更加高大。绝不能搅对手的戏，更不能夺对手的戏。

李玉和要正台、正身占据舞台最佳中心点，鸠山尽说服之能事时，只能在桌后、椅后、李玉和身后转悠。苦想之后设计的动作几乎是用了局限性很强的几个手指上的功夫。这一场戏，鸠山可分前后两个思想段落。

在王连举出面指证李玉和之前，鸠山自以为王牌在手，已掌控了密电码的致命线索，王连举的前例在先，鸠山本人精神世界的认知，反动思想的逻辑，是"人不为己，天诛地灭"，顺着这个思路，只要把李玉和请来，拿出高官、金钱、美女的厚赏，会使李玉和满意地腐蚀、瓦解，再加上叛徒指证、严刑拷打，这三大招数到位，不怕李玉和不从。鸠山认为找出密电码定是十拿九稳，稳操胜券，自己给自己吃了定心丸。所以鸠山能含着微笑出场，在与李玉和面对时就显得格外宽容、大度。对李玉和如猫戏鼠一样不与其握手的尴尬、与其一系列针锋相对的言辞，鸠山很沉得住气，一派"慈"而"善"，犹似不知天高地厚的小鼠逗猫般地自圆其说，如流应对李玉和。

鸠山在李玉和背后的一面是更要突出其两面性的表演，要目光如锥，严密观察，伺机抓住其薄弱环节以重击。李玉和一上场，鸠山从下场门暗上，自此，他就微闭双眼，目光紧盯着李玉和的背影，轻轻点头，是他！对，就是当年那个曾经认识的李玉和！肯定后，笑迎上前："老朋友，你好呀！"边说边伸手，却被李玉和晾在了一边，但眼睛仍旧时刻不离李玉和的身体及至李玉和毫不客气地坐下。这一系列在李玉和背后的盯梢、窥探的眼神、快慢无定的动作都是有出处的，是从传统戏《青梅煮酒论英雄》中奸、诈、疑的曹操在暗中窥视刘备的动作中变化而来的。

但到王牌计划失败落空，与李玉和的"买卖"没做成，反受到李玉和戳心戳肺般的讥讽抢白时，鸠山这才明白了，金钱买不动这个李玉和！根据"人不为己，天诛地灭"的理论所设计的收买方案，像梦一样地彻底破灭了，顿觉心中空虚无主，情绪直跌万丈。

此时鸠山所演唱："这个人的心思不好猜，几个钉子碰回来。此人不识利与害，不受捧来，不受抬！……我……我……我，我要忍耐！"

完全是黔驴技穷的内心剖白，鸠山的精神领域中再没有什么东西了，有的只有再三考虑而无奈的忍耐。

三个"我"字，声音从低到高到声嘶力竭，难以控制，忍无可忍！瞬间，却又收敛到最低音，最和缓地唱出"要忍耐"，充分暴露了他的攻心战彻底溃败。鸠山这个貌似强大、内心空虚的敌人，被揭露得比较深，从而为塑造李玉和这个英雄人物的高大形象，做了很好的反衬。

伪装终要失去意义，鸠山顾不得也无法再伪装下去了，摆在他面前的只有无遮无拦的凶残本性了。

鸠山转入了第二段落,再难忍耐的声嘶力竭地威胁警告、酷刑逼供!那么,为了更好地衬托李玉和以坚强的革命意志,以不变应万变,稳坐钓鱼台般的淡定、镇静,我认为鸠山此刻,不宜用大的夸张动作。鸠山的动作如采用大幅度,未必托好戏,恐怕还会有搅戏之嫌。但是,若全凭表演时鸠山脸上、身上的凶劲儿,念白的语气稍不达标,就会欠火候,那么这个日本军阀的形象就落得寡淡如水。戏,倒不搅了,恐怕也难托住斗鸠山这场戏!岂不塌了半台!

只能煞费苦心地把鸠山的动作局限在手指上,做尽文章。

"太放肆啦!李玉和,我干的这一行你不会不知道,我是专给下地狱的人发放通行证的!"就在说"通行证"三字时,右手用食指横位向左、向右、再向左,连摆三下。

下一句"我的老虎凳是从不吃素的",胳膊在胸前只用食指向下指。

再下一句"劝你把头回,免得筋骨碎",右手三手指尖相拢,用内力使劲儿地那么一捻……

接下去是对白最后一句,为配合李玉和的即将拍桌站身,开始起唱时,鸠山的动作是要放大一些,念"宪兵队里军法无情,出生入死"时就左手拢起和服的右宽袖,右臂用肘左旋,右食指向地下用力一指。

这些浓缩在小臂上、手腕上、指尖上极小的动作,与鸠山之面部、音调的凶狠,形成强烈反差,反衬出敌人的凶顽,特别是会突显其阴险、毒辣的嘴脸!最重要的是便于衬托又不搅李玉和的戏!

李玉和在念:"哼,我干的这一行,你还不知道吧?我是专去拆你们地狱的!"

"哼,那些个东西我早就领教过啦!"

"宁可筋骨碎,决不把头回!"

这几句都表现了坚强的共产党员无视敌人,无视鸠山的凶顽,面无惧色，始终只有蔑视的眼神，如猫戏鼠般半戏谑式地反唇相讥，表达出共产党员视死如归的钢铁意志！

其实，鸠山的这些小动作仍还是传统的程式，全凭借用和化用。食指向左、向右、再向左横摆三下，是《定军山》中黄忠唱"归营号"时一字一摆手，化小而来；三手个指一捻，是哭头常用的手势；左手拢右袖，右臂用肘左旋，右手食指指向地下的动作，就是将《穆桂英挂帅》中穆桂英唱"番邦小丑何足论"时的动作搬了过来。

其他的手上动作，如着急时犹如医生洗手般的搓手及常用手帕擦手，这些都因鸠山是外科医生而选用的。当王连举变节供出联络人，鸠山念出"扳道夫，李玉和"，右手摘眼镜，左手掏手绢，边擦眼镜边思索——这个"李玉和"耳熟，见过没有？见过！是他吗？原来是他！吸——倒吸一口凉气，幕落。这段表演其后的潜台词、内涵，留给观众去考虑、去猜想啦！

在排演《红灯记》的过程中，对鸠山人物定位后对其表演的设计，品味出演现代人物必须探求将传统京剧程式动作、表演技巧，从生活出发，从人物的思想性格出发，如何熟练自如、巧妙地溶解到生活化的表演中去。

巧妙意味着是要适度轻化或抹去表演程式中夸张的痕迹，与所需的而又必需的舞台节奏自然而贴切地交汇、交融。

这就是借鉴生活，吸收话剧、电影等表演现代人物的方法时要保持京剧艺术中的节奏夸张、动作夸张，并注意夸张幅度，同样也要与舞台所需的节奏自然交融。这样在艺术上才能演得像京剧。

在实用过程中的继承，千万不能保守地认为传统万能，一定要革新后再使用；革新，不离开传统去创造是使用得当与否的标志；继承、革新、使用都是为了更好地表现人物，而又不能脱离京剧本剧种的艺术特点。

这两点也可算是排演京剧现代戏的心得吧。当然也涵盖着对黄世仁、刘勋苍、柯陆亚德、老支书以及所见过的，成功的、可以的、甚至有缺憾的各类型现代人物的实践、反思与回味的总结。

《红灯记》前五场，快速在四月中旬排出。还有几天，现代戏观摩大会就该开幕了，时间太紧张。为了对此剧能更好地把握，在会演中取得好成绩得慎重，也为江青要来审查此剧，决定在人民剧场先彩排前五场，立起来看看效果，广泛吸取意见，以利再战。特约请中宣部、文化部各级领导以及各界人士观摩。

出乎意料，又在预计目标之中！《红灯记》一鸣惊人！

无数观众在李奶奶痛说革命家史时泪流不止！李玉和以沉稳、镇定，视死如归的共产党员钢铁意志智斗鸠山的动人之举，使观众的掌声频起和持久，反映了观众激动的心声！

尽管只排了五场，尽管还没有精加工，每个人物也尚不完整，凡看过这半场戏的观众无不誉此戏是最优秀的京剧现代戏！大家肯定了京剧是完全能够反映现代生活，能够演好现代戏的，誉《红灯记》是真正完整的京剧现代戏。

有人问，我穿日本和服、木屐，走路的感觉怎么那么像日本人？我回答，演员必须要有生活！当年，日寇侵略中国八年，有他们穿和服走路的印象，但不深。

感受颇深的是一九五六年参加中国京剧代表团随梅兰芳先生出访日本，受到日本人民的热烈欢迎，无论是大庭广众，还是家宴上，都会见到穿着和服的日本朋友，这是近距离接触。何况我们和日本歌舞伎的同行艺友们互学、互教，是更进一步的零距离接触了。他们向我们学演京剧《三岔口》，我们向日本朋友学习了歌舞，能穿着和服表演。在《红灯记》中演小伍长的茹木春，从日本回国后在人民剧场曾做过汇报。他跳的日本舞频获掌声，深受在场观众的欢迎！我在日的访问演出活动较多，不能集中时间学，那也票了一些，穿木屐走路的能力倒还可胜任。

何况我接受的日本朋友们赠送的礼品中也有几件和服，曾试穿与家人嬉戏。

京剧现代戏观摩演出大会于一九六四年六月五日正式开幕，彭真市长在开幕式上做了讲话。琳琅满目的现代京剧，开始走上舞台大展风采。

《红灯记》剧组的同志们抓紧排后半部，也抓时间先后观摩了许多兄弟剧团的演出。看了哈尔滨市京剧团以云燕铭、梁益鸣主演的与《红灯记》是同一题材的京剧《革命自有后来人》，受益匪浅，从中也得到很多启发。

这批现代京剧剧目具有较强的思想性，使人们看了耳目一新；在运用京剧传统程式表现现代生活和当代英雄人物的思想感情方面，也取得了较好的效果。

转眼间，第一、二轮会演剧目都已前后上演。

《红灯记》于一九六四年七月二日、六日人民剧场卖票公演，三、四、日即是参加现代戏观摩会演的最后一轮。

首演阵容：李少春饰李玉和；刘长瑜饰李铁梅；高玉倩饰李奶奶；冯玉亭饰交通员；夏美珍饰刘桂兰；谷春章饰磨刀人；钮凤华饰周师傅；张雯英饰刘大娘；刘元汉饰游击队长；我饰鸠山；孙洪勋饰王连举；曹韵清饰侯队长；茹木春饰小伍长；张盛利饰特务甲；罗世保饰特务乙；周元伯饰特务丙；孙盛武饰皮匠。

《红灯记》成绩突出，受到各级领导、同行们的好评，取得了轰动社会的效益！

我在这段时间很振奋，这不仅仅是所演鸠山博得好评，而是我大开眼界，开阔思路，找到了许多全新的感觉！

近年来，许多京剧团已面临上座率下降的趋势，现在找到了这一样一条宽广的路子，能不高兴、不激动?！不光是我高兴，瞧瞧同行们，哪个都是喜气洋洋、春风满面的。谁都会耳闻北京的观众，特别是涌现出大量的青年观众，他们激情地评论着京剧现代戏看得懂，太感人、太好看了，兴奋地讨论、歌颂、赞扬京剧舞台上的新气象。谁都会看到售票处门前排队买票的可喜景象。

京剧现代戏使古老的京剧焕发出了青春光彩，增强了京剧的生命力和生存力。可喜的是得到了观众的认可，这么受工农兵大众的欢迎，说明京剧现代戏是能够为社会主义服务的。我和京剧人无不从内心透出喜气洋洋！

再有，我们对"百花齐放，推陈出新"的重要意义，有了进一步的认识。社会主义的戏曲舞台上只展览历史的花朵，算不得春天；它应该也能全面地反映革命的斗争现实、英雄人物形象，那才是万紫千红的艳阳天哪！有了这一深层的明了意识，京剧的发展将驰骋在更宽、更广的道路上，大家能不从内心迸发出百倍信心，干劲十足、兴高采烈地往前奔吗?！

我呢，更关键、更重要、更深层的一个感受是看到了京剧花脸有着广阔的前途！在演现代戏新题材、新内容的广阔天地里，花脸这一行也随着得到了飞速的发展。尽管自己只演了日本军阀，但从花脸行饰演的角色来看，多么丰富多彩：《奇袭白虎团》中志愿军的团长，《延安军民》中的连长，《六号门》中的搬运工人胡二，《红岩》中的革命者成岗，《千万不要忘记》中的丁海宽，《耕耘初记》中的开阳大爷、老校工，《箭杆河边》中的地主佟善田，《芦荡火种》中的胡司令，《红岩》中的反动处长徐鹏飞，《黛诺》中的山官。

这些人物都是由花脸行扮演，其表演幅度更是宽绰多了。大量的、成功的角色都说明了一点，花脸行，无论是铜锤还是架子在现代戏表演艺术中都具有大有可为、广阔的表演空间！

我仍在想，等有了机会，一定试试架子花脸表演李玉和，或者别的正面人物，这些"梨子"的滋味都尝尝！因为有责任、有信心发展架子花脸的表演，把京剧建设得更有生命力、更加美好，更好地演出现代戏，为社会主义服务，为工农兵服务。

这种由衷的喜悦心情，绝不是一句两句可以言表的。

中国京剧院一团《红灯记》剧组接到江青的指示，编、导、主要演员由阿甲带队到上海，再次向上海爱华沪剧团观摩、座谈、学习。这次的再学习只五天，收获却甚大。回京后，剧组从剧本到表演、音乐、舞美设计，大幅度修改《红灯记》。

爱华沪剧团演出的《红灯记》的最大特色是生活气息非常浓郁，尤其演铁梅的演员，别看在台下是位小胖姑娘，在台上却觉得非常到位。李奶奶讲述红灯的故事时，她活泼地跪在椅上听，而后，托腮看红灯，挑亮油灯思考奶奶所讲的话，这些自然舒展的表演真令人陶醉！长瑜将这些都虚心学来，非常贴切地用在自己的表演中。

编导们在此加了一段"听罢奶奶说红灯"的唱段，衔接几天来，交通员的死，和所进行的紧张斗争、父亲和奶奶的英勇行为、奶奶所讲的红灯的故事……点点滴滴、一步一步引导着她对人生目的的领悟，和对自己责任的认知，决定替爹爹分担八百斤！铁梅，由一个初懂世事的孩子，步上革命接班人的道路，成长有了思想变化的层次和依据，人物更加完整、可爱了。

好！还是那句老生常谈，要想前进，虚心向各剧种学习是非常必要的！

这个阶段，《红灯记》《芦荡火种》的修改都是较大的，那时被称为两团会改。这是一个阶段性的修改。

我以为艺术处理是难求众人一致，各人有各人的看法是允许的。艺术本就没有统一标准，仁者见仁，智者见智嘛。对于江青的一些指示是要慎重考虑。有些，我挺佩服。如她提倡增加脚灯，可使观众更清晰地看到演员的面部表演；铁梅穿的红花布衣服得用蜡染的，看上去鲜亮。还有铁梅用来结辫子的红头绳，到大栅栏一家老字号商店去买，那里的红头绳特别好。难得她想得这么细致。再如《刑场》，李玉和上场唱的【新水令】，改为大段【二黄导板·碰板·原板】。我觉得这样更使革命者能尽情抒发胸中的革命情怀，以表达对革命的忠诚和表现革命的大无畏英雄气概。待慷慨就义、步上刑场，换用《国际歌》曲调更增强了革命者临危不惧、悲壮气氛的渲染力度等，但减掉了三代人之间生活中的琐事，像李玉和背着李奶奶偷酒喝、李奶奶在赴刑场前为李玉和补衣服等性格化的表演和反映母子情深的情节。我认为这都是最有戏的地方，尤其对于他们不是真正的亲母子就更重要了；加了《国际歌》，京剧乐队仅有的几大件，很难奏出效果，增加些西乐，中国京剧院岂有能力？另外，为增加李玉和的革命行动，粥棚改为明场戏，大家就看法更不一了。

粥棚是李玉和带着密电码要交与北山游击队派来的联络员——磨刀人时，遇到鬼子严密搜查，他急中生智，将急买来的粥倒入饭盒，密电码得以安然无恙。这段险情原是李玉和脱险回家后，向李奶奶唱着倒叙出来的。表演手法很洗练，而且，表现了李奶奶与李玉和是并肩战斗的地下工作者。特别是，少春别具匠心地在描述粥棚与磨刀师傅见面遇险时，唱到"他吆喝一声'磨剪子嘞，锵菜刀'"时绝了，俨然是现实生活中街头巷尾磨剪子人的吆喝声，又俨然是京剧！那么好地已经通过艺术手段将这段事，将李玉和的机智表现出来了。如改成明场，预示着这唱段将被取消，实难割舍，而且还要增加卖粥的、喝粥的好几个只露一面的演员。当然，最后还是改了，而且大动脑筋，将这原唱段中的经典之句，巧妙地让磨刀人来吆喝着唱了。排成后，确是刻意表现出了李玉和长期从事地下工作的那种镇定、勇敢和机智！这居于改前有顾虑，改后也很好。一切都很正常。

十月一日，国庆期间，《红灯记》尚未改完，未曾公演。我见缝插针和钱浩梁在人民剧场又演了一场《野猪林》。

直到十月中旬连续上演《红灯记》到十二月初，这才是在参加全国京剧现代戏观摩演出大会后的正式公演。观众异常欢迎，所有演出是一水儿的满堂。

这期间，毛主席、刘少奇主席和邓小平同志在十一月七日到天桥剧场观看中国京剧院演出的京剧现代戏《红灯记》并同演员们合影留念。照这张相片之前，对这么重大的事情、这么难得的机会，已由一团剧务们都按人员安排好所站位置，不料临要拍照时，在场的爱华沪剧团的同志们上台给冲乱了，连江青都被挤到最边上去了。

这张由新华社记者钱嗣杰同志拍摄的照片也是历尽沧桑。因为我是"三反分子"，不能与毛主席相挨着照相。在我扮演的鸠山与毛主席的中间撕

一九六四年十一月七日，毛泽东观看《红灯记》后与演职人员合影

开，现留存的是后来合成翻拍，再修版去中间的白色裂纹才成的。

时隔不久，一九六五年一月三十日毛主席和刘少奇主席又一同观看《红灯记》，也照了照片，我没有得到。

春节前，中国京剧院启程赴广州演出《红灯记》。是文化部统一安排的京剧现代戏观摩会后的巡演，以宣传这次全国京剧现代戏观摩演出大会的成功，否则京剧团是不会轻易来闯流行粤语的广州——这座"威虎山"的！

谁都知道，广东人爱看粤剧，红线女才是广东人心中喜爱的名角儿！别看舞台下我和红线女屡屡在北京见面，彼此关系很好，去春，她到北京演出还专程到我家中看望。别看《红灯记》在北京演得那么受观众欢迎，来到这京剧团少到的广州，语言不甚通的地界，心里十分没底！何况又是演现代戏，真担心上座率难以理想。

中国京剧院一团的演出安排在东乐戏院，一个没有副台的小剧场。这只可意会无法言传的内涵、意图可是给我们出了个不小的难题！

剧场不仅没副台，连乐队都没找到地方。您想，现代戏的音乐，此时虽未上西乐，但也不再是京胡、二胡、月琴三大件，已增加了大阮、中阮、低胡等许多民乐，再加上武场，这大队人马往哪儿安排呀！再者，传统戏几桌、几椅布景简单。现代戏《红灯记》布景片子多之又多，且灯光复杂，这下子真急坏了剧务、乐队、舞美队长。

情急中，他们发现了舞台上放挂幕吊杆的两侧小楼，只好研究着利用利用。愣是大胆地将乐队"束之高阁"！而阁楼之小，难以同时安置文武场，只得将文场乐队放在舞台左侧下场门的小阁楼上，武场打击乐放在舞台右侧上场门的小阁楼上，两队人马隔台相望。

真可谓是开创京剧演出时，乐队位置奇特、文武场被舞台分隔而坐之先河。

布景片的问题全靠打"群众战争"得到解决，剧务组的严密策划，布景道具都落实到每一场、每一景、每个人、每个地方；谁先上，走哪条线；谁后撤，走哪条线；摆在后台哪个地方，极为周密细致。

演出中，照样在紧凑的幕间曲中，既按时又静而无声地完成换景。大幕一拉开，您猜怎么着，观众居然先就给换景来了个碰头好！可以说，舞台幕后的这些个事，全部都打了一次漂亮的、感人的胜利战役。

不是吹牛，这也开创了京剧演出中观众为换景鼓掌叫好的历史先河！

还有一件事要介绍，在这里演出，凡抽烟者，每人必须备好一个铁盒才成。为什么？存放烟头！因为后台堵满了木头和布做的布景片，必须严禁吸烟！抽烟者一律到指定地点，自存烟头，以做好特殊的防火要求！同样，也是后台前所未有过的趣闻！

至于演出中的热烈情景，就更可想而知了！难中取胜的演出，使全剧组激情满怀、信心百倍地转到深圳演出。

深圳仅一条街,街外就是鱼塘,平时人很少,剧场也很小,但住在香港的各影、剧、歌明星们全过来观摩《红灯记》。他们更是拍手称赞!我们赢得观众们的热情欢迎、盛赞是我们排练前的最高追求目标:"《红灯记》没失掉京剧的风格!"这也是各报纸上大登特登的主要内容。着实让我们大喜过望!

春节前,中国京剧院一团又回到广州。与前次大不同的是,演出被广州文化部门安排在容纳三千多观众的大剧场——广州中山纪念堂。演五场,又是场场爆满!现代京剧对广大观众的魅力如此之大是连我们自己都始料不及的!真使每个演职员振奋无比,决心还要再多排几出更好的现代京剧!

《红灯记》的演出盛况不用说是报上登、口碑传。广东省委书记陶铸同志也被吸引来看戏,给予我们十二分的鼓励。盛情地安排全体同志到丛化的疗养胜地休息,那里不但是蓝天碧水、郁郁葱葱,而且在房间里就可泡温泉,其惬意可想而知!

一九六五年年三十,大家穿着单汗衫逛广州久负盛名的花市,从小就受母亲的影响,喜爱种花养草的我看到这百花盛开的景象欣喜无比,尤其是对象征金玉满堂、吉祥如意的大小橘树,几乎是目不转睛,爱不释手、移不动步!我精心计算启程回京日期,下决心买两盆小橘树带回北京摆到客厅,母亲一定会是合不拢嘴地欣喜,也给正月添喜兴。

空政歌剧团的《江姐》也同时轰动广州,文化部门又组织我们一起开座谈会,畅谈演现代戏的感想。

在广州文化部门的要求下,召开了一个排现代戏《红灯记》的专题报告会,团里你推我、我选你的,最后,把我推上讲台。我饰鸠山的戏并不重,但对《红灯记》排练的全过程我是积极参与,献计献策。要我在会上详细地讲些亲历排练过程中将传统的唱、念、做表演,如何在现代戏中应用的心得。嘿,您猜怎么着,那话像水一般止不住地往外流,也没讲稿,想到就说,一口气做了三个多小时的发言。而且是一人兼多角色,谈到李铁梅的唱，仅就以"我家的表叔数不清"几个字为例，学旦角把铁梅初时的唱法和改后的唱法全学唱出来。三代人，统统如此。大家说真是又实际又形象，特别喜欢我语言的幽默，不时博得同行听众们的阵阵笑声、掌声……夸我讲话和演出一样格外有风采……夸，其中有很大夸张的成分。实际上我讲话，好绕弯儿。年轻时能绕回来，老了哪，往往绕不回喽！哈哈！

一九六五年第六期《戏剧报》刊登了我在这个座谈会上的部分讲话，题名为《谈谈京剧〈红灯记〉唱念的一些问题》。

这个讲话，在又跨越半个世纪的今天看来，对京剧排演现代戏来讲，还算有可借鉴的东西吧。

陶铸同志当时对京剧现代戏的支持，对《红灯记》的鼓励，对我的鞭策是记忆犹新的。就在我回到北京的这一年，陶铸同志还写了一篇《一定要演好革命现代戏》的文章，先在报上发表，后转载在一九六五年第五期的《戏剧报》上。文中提到："《红灯记》的剧本确实很好，情节很离奇，而又能一浪高一浪，一环扣一环；变化不少，又合逻辑不是生搬硬套的变化。戏里不是把三代人都枪毙掉，而是留下小姑娘，这是绞尽脑汁的。《红灯记》不但剧本好，唱得好，演员也演得好。……当然，《红灯记》也不是没有缺点的，但是我看唱的方面还可以多一些，京剧的味道还可以加浓一些。我对袁世海同志的唱就不够满足。当然他那种唱腔是为了表现鸠山的阴险、狡猾，但是能不能多唱一点呢？袁世海同志塑造的鸠山很成功，鸠山不是豆腐，很狡猾，很厉害。在这敌人面前，正面人物能够战胜他，才能使正面人物的形象真正树立起来，显得高大而有力量。如果几句话就把敌人压倒了，那就没有什么好看了。袁世海同志的表演为塑造反面人物提供了经验。"

可惜，陶铸同志对我表演鸠山的期望，在那个逐渐走上追求高、大、全的年代里不光无法实现，而且后来把我饰演鸠山的演唱一而再，再而三地大大砍掉，表演大大压缩。就算我表演的鸠山再好，也不可能不被批判！

说来也巧，《红灯记》的演出感染了正在广州休养的上海市委书记柯庆施同志,他说这样的好戏要到上海演。他责成上海市委宣传部向中国京剧院一团发出正式邀请。这时团里的所有人员都沉醉在胜利的喜悦中,作为一个演员,有什么能比自己所演的剧目倍受观众欢迎而兴奋呢!团里士气之高、干劲之足,甚至春节未回家团聚的思乡之情,也全被冲击得荡然无存!大家情愿一气呵成,乘胜前进。一致同意从广州顺路去上海,再回北京的决定。

上海的演出在天蟾舞台,开放了一般不开的三楼,共三千个座位。结果是连演四十场,场场爆满!最可喜的是三代人这么连续演出,精力、体力、嗓子都够累的,可是大家越唱越精神,充满艺术活力!此时高玉倩年将四十,钱浩梁三十岁将过,刘长瑜年仅二十四,就连我老"鸠山"也还未到五十岁!恰都是艺术青春春无限的好时候呀!

谈到这里,迈进耄耋高龄的我忍不住激动、感慨万端地说:"唱了一辈子戏,能在上海三千人的天蟾舞台连唱四十场,四十场大满堂的,只有两出戏,一出是我们的《红灯记》!再一出就是一九四九年春天,我和少春在这儿唱的《野猪林》!

"要不,《红灯记》怎么说也应是少春为主,钱浩梁需要过程。江青愣

一九六四年,排演《红灯记》,钱浩梁(左一)、高玉倩(左二)、我(左四)、阿甲(左五)

是把少春压下去,一下换上了钱浩梁,好劲!当时阿老(导演阿甲)为了抠式他,费了多大劲儿!总算坐在那儿比木……算了,这话是当时。这要是换

了少春,肯定更好!这一下子就把少春的命要了,他当时才四十六岁。多好的时候,多可惜的岁数,多难得的一个能文能武的全才!一句话,就把少春的艺术生命勒死啦!剩下熬过来的那十年,那是少春的躯壳,是没有魂儿的少春啦!"

随着话语,手中的茶杯被我愤愤用力地蹾在了桌子上,茶水全溅了出来。

"我几十年的演出经历,只有演这两出戏,天蟾舞台才是连三楼的票卖光,是地地道道的大满堂!算算,足有十二万人来看了戏,称得上是盛况空前!……空前,我敢说!绝后,我不敢说,也怕说,我更不愿意听人家说!京剧的后来人一定要长志气,紧跟时代,超越前人!这也只能说是我的美好愿望与期待吧!"待擦干水迹,我才长叹一声慢慢缓过神儿来,接着说。

演出中,三月二十四日,林彪等在上海观看《红灯记》并与演员合影留念。

这次在上海的演出,我记得最清楚的有三件事:刚在上海演一个多星期的时候,在街头就有人哼唱:"我家的表叔数不清。"这消息在后台传开,大家无不笑开了怀!再一件,有人买了一本《红旗》杂志,能在这种权威性的党的宣传期刊上面刊登《红灯记》剧本,太少见!大家纷纷传阅,更是开怀!

另一个是后台传出小趣闻:天蟾舞台对面小饭铺的饭菜又便宜又好,一菜一汤,米饭白吃,管够。大家都去吃,当时演出,每人每天只有一元二角的补助,工资也大都只五六十元。能有这样白吃饭的地方,岂不正好消费。咱们"北山游击队的队员们",个个"英勇"非常,小店人气大增,大见兴隆。可仅仅不到一周,小店标明改成了"一菜一汤一碗米饭"。明摆着是把老板吃"寒"了,哈哈!

这时,江青来了指示:太累了,不要再演了。于是收兵回转老营北京。

壹肆零　革命戏　做革命人

五月初的早晨，春风和煦。北房前两株六月鲜桃树已结出累累的青果。东房下高出房檐几米高的柿子树、旁边的沙果树、相对西房前煤池子旁的梨树都已是绿树成荫，在春风中婆娑起舞了。

院子里、房间里，到处飘荡着播放我在广州现代戏座谈会上谈排演《红灯记》体会的录音。这是团里专管录音工作的张复，特地复制了一套给我的。

"……创《红灯记》，从唱的方面讲，主要就是如何运用传统的腔调经过革新变化后，为现代英雄人物服务，抒发人物在特定情境中的思想感情。这里面有很多问题，首先就是传统的曲调、板式和某些旋律、节奏、唱法，不能适应表现现代人物思想感情的需要。我们感到了这个问题，就对传统曲调进行了革新。第一场，李铁梅下场。李玉和瞧着铁梅的背影，说一声'好闺女'：叫起板来唱【西皮原板】转【快板】。按传统的唱法，【原板】尾子必须经过【转板】，才能转成【快板】，最后两句应该这样唱：'早当家！栽什么树苗结什么果，撒什么种子开什……'"

我一条腿放在北屋的窗台上，双手压着膝盖大腿，身子一下下前倾，用头去够脑门儿。这是在压腿。年轻的时候，用嘴够到脑门儿易如反掌，现在差多了。旁边还放着一个小闹钟看时间，一条腿要压二十分钟。我一边压腿，一边伸着脖子、张着嘴，眼珠一动不动专注地还在听录音。

"……这样唱出来以后，导演和同志们都觉得不合适。在这个规定情景里，李玉和看到铁梅的成长，心里固然很兴奋，但，当时李玉和是来车站接关系。他所处的环境和所担重任，使他不能那么轻松。当然，作为一个做地下工作的共产党员，李玉和是很老练沉着的，但也有紧张的一面。如果这么唱，转板时唱得慢慢腾腾的，就显得李玉和心情很悠闲，甚而还有点儿迈四方步的味道。这不仅与人物不相符合，而且这么唱，后面一系列的紧张气氛就接不起来了。这个地方必须改。……"

门铃响了，我没听见。走进来的二位老者是和母亲一起逛劳动文化宫的老年朋友朱老伯、穆老太。他们向我打招呼，我听得专注也没看见，他们就去南屋找母亲了。

"我们经过了几番考虑，改成只用一个胡琴垫头直接转到【快板】，这种唱法就比以前紧凑多了，比较能够适合人物当时的思想感情。又如在第六场斗鸠山的时候，当鸠山把叛徒亮出来后，李玉和马上改变了战术，他愤怒地揭露了敌人的阴谋，和敌人面对面地展开针锋相对的斗争……"

"瑞麟，瑞麟！"母亲同他们一起走出南屋，站在通往大门的台阶上叫我。

我这才回头一看："哟，穆老太太、朱先生来了，一块儿去文化宫，好好，谢谢您老二位，回来喝杯茶，我有工夫，一块儿聊会儿天！"

"好，好！先忙你的，有我们保着大驾，放心吧！回来见！"

我对他们说"谢谢"是心里话。多年来母亲早晨遛弯儿的习惯始终坚持着。搬到南池子箭厂胡同五号，出门往北一走是故宫，穿过筒子河就是中山公园，闲时去转转，易如反掌！往南走几步路就是劳动人民文化宫东门，遛早儿更方便。靠文化宫东门不远，有个电影院，看电影也方便。刚搬过家来时，福瑗就给母亲买了一张公园通用年票。母亲甭提多高兴了，这儿转转、那儿看看，尤其对故宫更情有独钟，终日喜上眉梢。不料，就在那年冬日，母亲遛弯儿回家，在文化宫门口外踩到了柿子皮，摔坏了膝盖的髌骨。取出髌骨后，腿回弯不能小于九十度。好在家中是冲水马桶，生活上无大障碍，拐杖虽有，母亲有时拄，有时不拄。只是再独立外出，不免有些担心，恰好有这几位好心的老者，包"接送"，怎不给人道道谢。

不过，母亲从他们那儿听到了"此房不好，左青龙、右白虎……"的说法，"青龙、白虎已让自己摔腿，有合适的房，还是考虑搬……"由此对住这座新房的情绪一落千丈……

"爸爸！"小蓉、小妹一人手提马鞭、藤棍，一人拿着宝剑，进门来了。她们已去文化宫练功喊嗓回来了。

我没说话，只向她们摆摆手，示意好好来听听录音中的讲话。两人听话地坐在北屋廊前的台阶上倾耳细听。

"……这两个例子都是说明怎样在批判地继承传统的基础上进行革新，目的是为了表达人物的思想感情。传统唱腔表现的是旧时代、旧人物、旧的思想感情，它那悠闲潇洒、低回婉转的旋律，是为旧人物服务的，与旧的思想感情结合得很好。今天，时代变了，生活变了，人物的思想感情也变了。如果传统唱腔原封不动地用来表现革命的新人物、新的思想感情，就会感到很别扭。但是，在革新的时候，又不能离开传统，全部重新谱曲。这就要根据人物思想感情的需要，在传统中寻找恰当的唱腔，进行再创造，使之既适合人物的思想感情，又有着京剧的色彩。"

我在廊子上踢腿。

"有时，本行当原有的唱腔不能满足表现人物的需要，我们就适当地借用其他行当的唱腔，吸收其他乐种，包括革命歌曲的旋律，糅合在人物的唱腔中,以更好地表现人物的思想感情。这里,我也举一些例子。

"第二场幕一拉开,老奶奶唱了四句【西皮散板】转【原板】。这段唱的最后一句,按一般【原板】的唱……"

福瑗出来叫孩子们吃早点,二人刚站起身,我摆手:"吃饭忙什么?她们都干这个,得好好听听!"

"好好好!"福瑗回屋了。

孩子们又坐下来。

一会儿,福瑗拿了两块面包,分递给二人,边吃边听。

"你妈真是,老是疼爱有余,听这么一会儿,就能饿坏了?饿晕喽?岂不知,不专心致志,则不得也!"我已踢完腿,蹲在廊下休息,不满意地说。

"……这样唱法,调子低沉,表现不出唱词昂扬的格调,也表现不出李奶奶当时的激越感情,像一个普通的家庭妇女,显示不出革命母亲的英雄性格。特别是'革命的火焰'几个字,是思想的重点,唱腔却采用低沉的旋律,不仅唱不出革命必胜的信念,反而给人一种信心不足的感觉;李奶奶斗志昂扬,信心百倍,要在这几句唱中表现出英雄母亲的革命豪情来,必须寻找更强烈的唱腔。后来受到花脸唱腔的启发,传统戏《锁五龙》里有一句'不由得豪杰笑开怀',气势很雄壮,完全是一种昂扬开阔向上的调子。单雄信这个人物和老奶奶的思想与性格自然是完全不同的,但是这是昂扬开阔的调子,对表现老奶奶此时此地的思想感情却是比较合适的。当然,照搬这段腔也是不行的,必须经过融化。又经设计者在老旦唱腔的基础上,根据此时人物的思想感情,适当地把花脸的唱腔糅进来,改为这样唱:'革命的火焰一定要大放光芒。'

"这样一改,'革'字高起,'火焰'又是高唱的长腔,从音乐上就给人一种火焰熊熊向上燃起的形象感觉,'一定'的音符也改高,到'光芒'二字势必要加大音量,奔放而出,显示出光芒四射的情景。这样整个乐句昂扬高亢,把李奶奶的革命豪情和革命必胜的信念表现得更为突出了。

"因此，我体会到，某一唱腔的成功，绝不仅是因为旋律好，而是在于与人物思想感情是否吻合。有时候在这里是好腔，换个地方也许就不是好腔了，所以绝不能拿来就用。"

"小蓉，把录音机关了，就听到这儿吧，我该遛虎跳了。后边是讲现代戏中的念白问题。抓工夫，你们好好再听！对你们太有用了，尤其是小蓉，你在部队，演现代戏为主，更得多学学！"

"好，吃完饭我接着听。"小蓉跑着去关录音机了。

自从一九六三年学校毕业前夕，她们回到北京后，小妹年龄尚小，插班到北京市戏曲学校继续学习。考虑到小蓉年龄已大，先去北京戏曲学校实验剧团实习，演了《女起解》等戏，感到她的嗓音非常好，有一定的培养前景，也请贾世珍教她《贵妃醉酒》等梅派戏深造。

现代戏大潮一来，各部队文工团纷纷成立京剧团，北京军区空军政治部文工团成立京剧队。在北京京剧院二团的中和戏院考试，小蓉演唱了《黛诺》剧中的"山风吹来一阵阵"，嗓音高亮味正。当时接到北京京剧院二团的条子希望他去二团，文化局也给我通了信息，小蓉也就去二团上了班。

这时北京军区空军政治部文工团也打来电话通知小蓉录取的信息。小蓉愿意参军，说："当一名文艺战士是我的向往。"

我为此事，也仔细地想、反复地想。我清楚地知道，部队文工团中新成立的京剧队，不会十分正规，也不会稳定的。如果到北京京剧院二团，艺术上会比在文工团发展得好。何况小蓉有一副天生的好嗓子，北京京剧院二团挺重视她，已听到对她的培养还有点儿具体想法。转念又想，全国都大学解放军，小蓉能到解放军这所大学校里受教育，不会走弯路，会终身受益。她是家里最大的孩子，弟妹们会自然跟她学着走正路。这也是人生的关键一步！要培养又红又专的接班人。现在剧团里都提倡演革命戏，先做革命人了。还是先考虑红的问题。小蓉去了文工团后，也让小毛子、田文善去看过，回来赞不绝口：团长如何好，某大尉如何待人亲切！甚至连他们也想去参军，我也就放心了。

我打完飞脚，拉了一出《芦花荡》，收工。洗脸，吃早点。

饭桌上，我问福瑗："听了吧，觉得怎样？"

"好！出乎我的意料。"

"是出乎我的意料！难得夫人给这么高的评价，说吧，一二三四五……"

"又来打破砂锅问到底了！第一，你演鸠山，事儿不重，可你不光是排鸠山演鸠山，难得你把三代人的戏都给品足了。怎样不成、怎样才成，说得出子丑寅卯，不易。"

"帮助加工剧本，帮助大家排演好每个角色，这是我几十年都一贯的，应该的。众人搭台唱好戏，只一个角色好，不是好戏，非得满台角色生辉。这不算什么，往下说！"

"可贵的是，最后还都上升到表演理论。"

"上升理论……说心里话，是党多年培养教育的结果。"

"总之，不简单，当年我爷爷给你的话，对着呢！你算是个有心人！"

"怎么说呢，排现代戏是趋势。我也看出来了，京剧演现代戏是必须！怎么演是难题，得闯闯路！

"所以说，京剧革命的伟大而光荣的任务落在你们身上！"福瑗狡黠地学着我的腔调半开玩笑地说。

我十分认真地说："所以说，这一年多，围绕《红灯记》左改右改我都全神贯注，一块儿想办法，毫无厌烦之感！路，哪儿有那么好找的！应该说，鸠山只是我目前必须要演好的一个角色，不是我的着眼点……"

"明白你的心思，你不就想试着演李玉和嘛，戏都熟到这份儿上了，还不说上就上，索性让小五（叶盛长）给你配鸠山。正好，还是老生对花脸……"

"错！我要演李玉和，说上就上？哪儿能！所有的唱腔全得变，变成架子花脸的。万不可等闲视之！让小五演鸠山倒正好，省得他白下功夫。更重要的岂止是要演李玉和，我还要演张玉和、王……王玉和，甚至王子荣……发愣？你没听懂！我是说，关键在于要找到京剧演现代戏的路！京剧必须得能演现代戏，说术语：才能做好'两个为'：为人民服务、为社会主义服务。说自家话，喜欢现代戏的观众太多了！否则，跟不上趟……对不？"

"对！我不懂的是说王玉和可以，怎么又蹦出个王子荣？谁？杨子荣？你也……"

"误会。这里有段缘由，现代戏会演完了，我们一团向上海京剧院学《智取威虎山》，当时看了李仲林演的杨子荣，认为唱、做、念都有潜力可挖。回团参加团剧务会讨论分配角色，我就提出能否让我尝试用花脸来演杨子荣。小钮（钮凤华）、老苏（苏维明）全说不合适！我又想到李勇奇，戏不多，也有潜力可挖……大伙儿齐说反面人物力量应当强，还是决定我演座山雕……"

"座山雕的那套椅子上技巧？"

"我哪儿有那么好的技巧，只能变！好再，一下还没落实，又安排下来《平原游击队》，这戏不提了。"

"你那么想演正面人物，演老勤爷总算过一回瘾。"

"瘾没过完，勾起更大的馋虫！会演时观摩了许多花脸演正面人物的戏，《六号门》《延安军民》都挺好！就总想试，我想能更多地发挥作用。拐弯儿了，接着说，还有什么高见？"

"有的地方说话啰唆……"

"又没准备，又没讲稿，临时给'逼上梁山'的，难免。还有什么？中国剧协也准备让我去讲讲，好再提高提高。"不久，我先后到中国剧协、北京大学、师范学院等去介绍，得到好评。

"讲的中间，还有地方露出你的结巴……"

"我？还结巴！"

福瑗没来得及解释，母亲已遛弯儿回来，进了饭厅，笑着接过福瑗的话茝儿："可不算是结巴，我在屋里也听了点儿，跟她穆奶奶还说了半天呢！他小时候结巴的甭提有多厉害，半天说不出来，他四大爷常说：'说不出来，唱出来。'这会子也就算是有点儿小磕巴吧。"

"娘，瞧我们，净顾说话，您进门都没听见。茶沏好了，我给您端来！"

这是母亲的习惯，吃过早点去遛弯儿，回来喝口淡茶水，休息。福瑗沏好了备着。

"那俩孩子呢，我去，她们正好回来……"

"我让她们听我的讲话录音呢。"

"是该好好学学。……我听她穆奶奶说文艺界要降薪，真有这事？外头都嚷嚷遍了，我怎么一点儿都不知……"

我想，怪不得母亲每天遛完弯儿，都回她的屋里洗洗手，今儿个怎么直奔这儿来了呢？这事儿压根儿就不想告诉她。

自从前不久母亲腿伤之后，明显地发现她衰老多了，还时常头晕，到公安医院多次检查只说是血管硬化，给点儿药吃。那时也没有什么好的医疗办法。我和福瑗商量好，多报喜，不能报忧了。要母亲为家里事，少担点儿心，尤其这类敏感的事。看来这下不说是不行了。

"不是文艺界降薪，是我们学习了九评……"

"小玲？"

"不是小玲，是毛主席、党中央九次评苏联赫鲁晓夫，提出高薪是修正主义的根子！我们也认识到自己要演革命戏，先做革命人，是自己主动向领导要求的……"

"自己要求降薪？"

"不是降薪，是要求减去当年周总理给的附加工资，不单是我，马先生、谭先生、盛戎、君秋、少春……凡有附加工资的，都要求了。领导还没批下来。"

"得降多少？"

"降……减少不多……"我没敢说减多一半。

"我什么不知道？附加工资比工资高小两倍，降了那么多。这么一大摊子，能够？你咬牙跟我说吧！唉，早知道咱们不搬家呀。这房子又修又改，把这十年来好不容易攒得点儿积蓄又全扔进去了！"

"您一百个放心吧，甭着急。妈，现在跟当年大不一样了。那时孩子们都小，现在，哥哥独立了，小毛子工作几年了，小蓉参军了，那两个孩子在戏校也全是国家管，有两年都毕业了。就剩小玲和咱们娘儿四个，再支援二姐、哥哥点儿，过日子足足够用！"

福瑗把水端来了："您先喝点儿茶吧，正好！"

"先搁这儿，我上个厕所，洗洗手去，再喝。唉！她穆奶奶的话没说到后头，说给你们，你们就是听不进去，光图房子样式好，看看，'左青龙、右白虎'，说着，还真就来了，还不信？由不得你不信……"母亲念叨着走出去。

我笑着摇摇头，对福瑗说："全归到'左青龙、右白虎'了……这事儿瞒不住了，你抓工夫跟妈再说说清楚，千万别让妈心里不痛快！咱们也真得把往后的日子好好盘算盘算！"

"算之再算了！这房子一年的税，做饭、取暖烧的煤钱，都是准数。车到山前必有路……"

一九六四年现代戏会演成功后，尤其后来学习了九评修正主义，认识到"高薪是修正主义的根子"，要演革命戏，先做革命人的道理，愿意继续改造名利思想。北京京剧院饰演《芦荡火种》中阿庆嫂的赵燕侠同志首先提出愿自动减去附加工资，以表决心。于是大家纷纷响应表了决心。但当时部里很关心主要演员的生活，在文化部领导、艺术局再三动员后，大家决心很坚定，于是才公布取消附加工资，但每月补贴一百元过渡一年到两年。这比我原来的计划宽裕了，很感谢领导的关怀。

"还有一件事，心里有一种说不出的滋味……"

"待会儿再说吧,我先给娘把茶端过去。"

晚上,我向福瑗说了这件传闻。院里一位同志曾因犯有错误,留党查看了多年,但因排演《红灯记》很成功,准备考虑恢复党组织生活。我不由得想起自己的组织问题被延迟了几年未批的状况,自己对这些太概括的理由似解非解。

十年前,自从出访印度回国后递交了第一份入党申请书以来,一直都在积极努力要求进步,接受党组织的考验。终于在一九六二年经讨论,党小组通过,一团党支部通过,院党委也通过,上报中央组织部,但至今没下文。那么眼下这位同志可以考虑恢复组织生活,自己的组织问题将何时才能解决呢?一番思想斗争后,我又再次向组织递交了一份思想汇报。

八月初,为艾地主席和由他率领的印度尼西亚共产党代表团做招待演出一场《红灯记》。彭真、康生、杨尚昆等同志陪同他们观看,演出结束后都上台和演员合影。

之后中国京剧院一团即去杨村一带慰问驻军。先在空军杨村露天舞台演过几场后,转到陆军驻地演。

我听说北京军区空军政治部文工团将在那里接演《红嫂》,可能就是小蓉他们团吧,他们六月初就下部队演出至今了。当地解放军首长一听,马上就拨通了杨村机场的军线,不一会儿就把小蓉找来接了电话。不用说,我们父女俩能在异地演出相遇有多高兴了,可惜,那几天的天气白天老下大雨,好不容易有一天中午雨停了,解放军驻地首长派了一辆车,经过雨后十分泥泞的路来到机场。

文工团的队长和团员们都在等候着。

大家热情,我更高兴了,略略讲了《红灯记》演出的盛况,也讲了感谢文工团、队对女儿的培养,也要求女儿听组织的话,争取进步,特别提示女儿不要乱花钱,要节约。

嘱咐"要节约"，小蓉能够明白，是我的工资减了，家里在压缩开支。在家时就已经多次嘱咐了，她已经每月将除去上交伙食费和五元零用钱所余下的工资都交给福瑗来家用。眼下母亲又得长时间住院治疗，更该注意节约。

小蓉的战友们不明白，听说我走后，说"要节约"时那种低音调，又略带韵味的特有腔调，一时成了他们学说的笑谈。

临别时，小蓉拿出一包巧克力给我："您给我奶奶吧，我奶奶最爱吃巧克力，您那回从天津起士林买回的'老寿星'巧克力，我奶奶特别想吃没舍得，非让我娘摆在北屋客厅的百宝阁里。我们从北戴河到天津待一天，我跑到起士林，整个小白楼都找了，都没有'老寿星'……只好……买了巧克力块糖，是起士林的！"

我张了张嘴，要说"你奶奶已经吃不了糖了"的话，没有说出来。我定了定神，只点点头，说："好吧！"就迅速转身出门上车了。

一路上，我心头一阵酸楚，母亲用心血又带大了接辈人。小蓉长大了，一身军装英姿飒爽，母亲却没得享她的福，连她买的几块巧克力都无法吃。小蓉长大了，不是当年要洋铁桶的时候了……

解放初，上海二姐的来信中夹有小蓉的一封信，这封信在诸多烦心事中唯一可以从中取得些慰藉。小蓉上学早，由于三个孩子凑到一起看不过来，她又是男孩子性格太淘气，去宣武门大街幼儿园要过马路不放心。正巧，梁家园小学离家不远，二姐的孩子小毛子也在那上学，可以带着她去，于是就捐了一套桌椅的钱，提前让她上了学。她已经上二年级了，按二年级学生的要求，字写得一般，除问候我和福瑗外，还让我们给她买些铅笔、橡皮、本子、洋铁桶等。做父母的第一次能收到孩子的来信，无不感到极其欣慰。

晚上，我已入睡，蒙眬中感觉灯亮了，睁眼一看，福瑗又在反复看小蓉的来信。

"睡吧，还琢磨洋铁桶哪？"难怪，这几年福瑗为小蓉付出了不少的辛苦，对这封信爱不释手就加个"更"字了。

福媛一笑将信放在枕边说："睡了，没睡着，我还是想不明白，你说，她写信要洋铁桶？要洋铁桶干什么呢？还说要'一本洋铁桶'，不一定是洋铁桶吧？"

"孩子想的事儿，很难解释清楚，瞎用词儿，常事！'洋铁桶'三个字没错，她要就给她买吧，回家再问她吧。"

"买大的还是买小的？"

"只能买小的，大洋铁桶她也拿不动啊！"

福媛关了床头灯，边躺下边感叹地说："那年小蓉到上海来，夜里哭着不睡觉，抱着她在地上走遛。照相嘛，非得吐着舌头。唉，如今都会写信了，多快呀！我怎么不老哇！"

"净瞎说！哪有刚二十出头就老的！"

为让母亲高兴，我和福媛按惯例，赶紧把给大家买的东西拿出来。

小蓉见了自己要的笔呀、本子呀，高兴极了。

"还有一样好东西，等晚上没事了，我拿给你看。"

"什么好东西？"

"晚上你就知道了！别走，还有你要的这个，洋铁桶！"

小蓉接过洋铁桶，小嘴一下子就噘了起来。

"娘，为什么要给我买铁桶呢？只能铲土、盛土！男生才玩它……"

"你不是写信要我们买洋铁桶吗？我和你爸爸还纳闷儿呢。猜了半天没猜着你要怎么玩，可你爸爸还是给你买了。"福媛笑着说。

"嗐，我要的是一本小人书，叫《洋铁桶的故事》。洋铁桶是一个抗日英雄，同学他们都说这本书好看，我也想看，得排队……我才写信要……"小蓉说。

"你先甭噘嘴，先看看你自己个儿是怎么写的信吧！福媛，把信给她，你给我大声念完信！指不定谁埋怨谁！"我说。

福媛把信从手包中拿出来交给小蓉。

小蓉接过信理直气壮地大声念:"您再给我买一本洋铁桶……同学都有我没……"她念的声音越来越小,到此停下来吐了吐舌头,自己忍不住哈哈大笑起来。

"甭拿笑遮疆,说明白,怎么回事。"我追问。

"我忘了写'的故事'了!"她边说边不好意思地忙一手拿着铅笔、橡皮,用胳膊夹着一摞本子,另一只手提着她的洋铁桶,往门外跑。

全家人不禁被这一本书变成了一个洋铁桶,逗得大笑。

就在小蓉所在文工团的演出即将结束时,小毛子所在的中国京剧院四团也到杨村机场接演《红色娘子军》(饰老地主)。

这件在外地杨村演出时,父、女、表哥相见的事,成为小蓉心中一件特别甜美而有趣的事情。那时,小蓉动不动就说:"娘,您瞧,多巧!我爸爸先在杨村机场演几场《红灯记》,紧接我在那里演了几场《红嫂》(饰红嫂),我还没有走,京剧院四团我哥哥(小毛子)他们就到了,又演《红色娘子军》,咱家的人去演出全带'红'字,三出都是'红'……"

我未肯对女儿说出口的是:母亲失去意识了。自从小蓉去北戴河以后没几天,母亲早晨到劳动人民文化宫遛弯儿,那天穆老太太和朱先生都有事,母亲自己去的。她遛弯儿回家,已走出东门,该到南池子了,一不留神,脚踩到地上的香蕉皮被滑倒。当她一看到压在身下边的腿,是摘去髌骨的那条坏腿,十分着急!母亲始终怕自己老来瘫痪在床上。她拍着腿大叫:"怎么又摔了这条坏腿!"路边的好心人,给母亲雇了辆三轮车送回家中,母亲仍在焦急地反复地说:"瞧,又摔了坏腿,可怎么好!"

到医院检查是腿骨骨折,打了石膏,成天躺在床上不能动。母亲这一急非同小可,本来就脑血管硬化的病情迅速加重了。

开始母亲只是黑白天颠倒,随之就是越来越糊涂,不再认人。家中对此病的护理不懂，福瑗只知尽心照顾母亲吃喝，让母亲的折骨早日恢复，不懂得要多翻身，七月又是北京炎热季节，结果并发了褥疮、发烧，赶紧送进了同仁医院。

最让全家人伤心的是母亲的腿治好了，褥疮治好了，可母亲的意识再没有清醒过来。这一切，我无法对外出巡演已经几个月了的女儿讲——在我家，不管是谁，也不得对在外工作的人报忧，只许报喜讯。

小蓉外出归家已经八月中，她去同仁看奶奶，奶奶已经辨认不出小蓉是自己所想念的孙女。小蓉却说，奶奶认识她！在她到奶奶病床前叫奶奶时，奶奶的眼珠一下子就看着她闪亮光了，这就是认出来了！可惜只是瞬间，这亮光即消失了。

可以理解的是小蓉从小基本上是跟奶奶长大的。我母亲在孙辈中最疼爱的也是她。

不久母亲出院回家养护。每天除给母亲三次喂水、三次喂饭，视情换尿垫之外，还要给母亲早起、午饭后、晚饭前、睡觉前四次温水擦身，按摩身上着力之处再翻身四次。每二天还要清理一次大便……

这一套事由，不是轻称的活儿。福瑗从不让保姆来做，怕她们手上轻重难分，怕她们擦洗不净……全靠她和大嫂来做了。

大嫂和大哥都住在大嫂娘家。大嫂除非自家有事外，每天或上午或下午都会来，她是母亲贤惠的儿媳，是值得我们尊敬、称颂的贤惠的好大嫂！一九七六年地震后文林大哥因病去世，我每月仍然给大嫂生活费，并让五个孩子每月也存固定钱数以便给大嫂养老送终。直到九十年代大嫂遇到知己，往前走了一步。可是几十年的情分难忘，大嫂仍回家来看看。

刚刚三十八岁，尚年富力强的福瑗练就了看护母亲的本领，如何手往母亲髋骨下垫好，将身子往后一撤，母亲身体就会向左、向右侧过身去。已是靠巧劲，不是开始时使傻力了。

母亲卧床近两年，再没有生过褥疮。甭管春夏秋冬，母亲居住的房间无一点儿异味。尽管母亲只食人间烟火，不问世事、不识人情，但她懂得自己有贤孝之至、尽力之至的这两位儿媳的精心照料，还有儿子关心询问吃喝各种情况。

每日，甭管我高兴还是失意，早晨起床的第一件事，仍是到母亲居住的南屋，看望母亲。母亲准还会听到我亲切的、一如既往的叫"妈"之声。因为这唤母之声，有时母亲也会"动情"地回给我纯真的微笑，或者有时会一闪一闪地向我眨眼睛。有时还会对我说几句我听不懂的话，兴许就是过去常说的"回来啦，累不累呀？上座怎么样呀……"母亲心里准是认识我这个儿子、儿媳们的。

晚上，甭管演出回来有多晚，甭管母亲是睡着了还是醒着，我也常凝站在母亲床前，或给母亲掖被子，或给扇扇子，或听母亲唱儿歌……

所以每当母亲吃饱了、被伺候得身上舒舒服服的了，就会踏踏实实地睡上个大觉，睡醒了还会哼唱一些小曲儿、儿歌什么的。

当然，唱曲儿、唱儿歌，这是二姐给诠释的，她说小时候听过母亲唱，还有点儿印象。歌词是什么，二姐记不清也极顺理成章。

大家也都猜说，母亲心里可能全明白，只是难以表达罢了。每人每天都尽职尽责。

壹肆壹　老勤爷　塑造成功

一九六六年一月开始，人民日报批判《海瑞罢官》一剧，一篇又一篇。

我十分担忧着曾演海瑞的周信芳、马连良二位前辈，尤其看到吴晗同志也屡登报做自我批评，更担心这二位前辈千万别因此而受牵连。我知道马先生精心地刻画了这个清官的舞台形象，《海瑞罢官》演出后深受好评。这也是马先生积极地愿为京剧事业多做贡献的前提下他努力争取来的！

近年来的学习，使演员们对文艺要为政治服务的道理的认识都在不断地明晰，观念也在不断增强。正因如此，马连良先生在报上看到许多赞海瑞精神的文章。海瑞是传统剧目中早就有的形象。于是，马先生就请通文博古的吴晗副市长帮他写一个描写海瑞的剧本，在马先生的几次催促下，吴晗同志将《海瑞罢官》剧本写成了。海瑞成为马先生晚年刻画的一个崭新的艺术形象。他非常欣慰，老来还能为京剧做点儿事！在刚批《海瑞罢官》时，我向同行们了解到，只是让他们参与批判学习，才把心略略放下。

紧接着二月十二日《解放日报》发表了《〈海瑞上疏〉为谁效劳》一

文,接着,各大报转载。

我闹不明白了,当初排《海瑞上疏》是宣传部副部长周扬同志建议周信芳编演一本以海瑞为主角的京剧的。还得到上海市委宣传部的支持,全力以赴把这出戏作为向国庆十周年献礼的重点剧目。这个剧本围绕海瑞冒死上书一事,戏剧冲突十分尖锐,剧情发展跌宕起伏,人物感情波澜翻滚,具有扣人心弦的艺术魅力。我之所以知道些,是这出戏与北京梅兰芳先生排演的《穆桂英挂帅》是经常相提并论的。《海瑞上疏》正式公演后,立即引起了广大观众的强烈反响和评论界的普遍关注。

《戏剧报》一文中曾指出:"著名表演艺术家周信芳同志的新作《海瑞上疏》力图根据历史唯物主义观点,对历史人物作了评价,描写了历史上先进人物与人民之间的联系,人民的愿望和斗争行为给他们的强烈影响,真实地表现了他们的民主主义的精神,使这些历史上的先进人物栩栩如生地再现在舞台上。"

就在一九六三年冬纪念周信芳先生艺术生活六十周年时这个戏在北京演出,陈毅、周扬等领导同志观看了演出,都给予了肯定。

我记得清清楚楚不久前十二月的报上还刊登着文艺界赞周先生为了编写《海瑞上疏》,仔细阅读史料,用新的观点处理历史题材,使剧中人物闪耀着人民性的光辉。田汉老用"六十年磨一剑,精光真使石金开",来赞美周信芳先生用新观点和现代技巧将生活与艺术结合、现实主义与程式化结合。老舍先生说周先生:"一眼看着社会,一眼看舞台,极重技巧,而不迷信技巧,关心政治而不以化装讲演代替戏剧,由后台把戏带出来,由心灵深处把词念出来,全身是戏,全力演戏。"

这些都是我亲耳所闻、目睹的经过,怎么会,怎么居然会这么快,有了这么大的反差?一出被众口称道的好戏,忽然间就变成如此恶毒的反动剧目?我深深为周信芳先生捏了把汗,他自始至终参与了剧本的创作,又是这出戏的导演和主演呀!

"南麒北马"不约而同地排演了海瑞戏,被人们誉为舞台上的两位"活海瑞"。谁承想,竟然,就是因为这两出戏,两位京剧大师在迅雷不及掩耳之势汹涌的"文化大革命"中,同遭厄运,同成为举国皆批的京剧史上的大冤案!

没隔多少天,我在吃早点时顺便打开了《人民日报》,醒目的大标题一下子让我瞠目结舌。刚端起的牛奶碗,未送到口边就给蹾在了饭桌上,牛奶溅出了许多。

"什么新闻让你这样?!整个成刘备闻雷了!"说着,福瑗赶快站起身从送菜的窗台上拿了抹布擦桌子上的奶。

我大声惊说:"《谢瑶环》也是大毒草啦!"

《谢瑶环》是大毒草的新闻,对我来讲是个惊雷,让福瑗也够震惊的!福瑗顾不得去擦桌子上的奶,探过身子去拿报纸。

正在这时,在廊子上正穿着厚底靴练小生台步的小蓉也开屋门探头问:"《谢瑶环》怎么啦?我听见音,没听清字儿。"去年八月中旬她演出回京,没几天的工夫,接着全团就去怀柔人民公社、渤海所大队搞"四清"工作,春节回家过年,还有几天才归队。

我指着报纸标题大声念:"《田汉的〈谢瑶环〉是一株大毒草》。"

"田汉会写出大毒草?!"小蓉满面惊讶不相信,窜进来趴在桌子上看了报,将信将疑,"多好的戏呀!是大毒草?得,我也甭瞎练了,毒草了,甭想再演了!"说着去脱厚底靴。

福瑗擦干净桌子上的奶,抬头一看,小蓉把脱下来的一只厚底靴又穿上了:"怎么又穿上啦!"

"还有《梁祝》《花木兰》好多女扮男装的戏!'按计划执行'!(鸠山的戏词)"小蓉学着鸠山的神气将手指一扬,说着出门到北屋廊上接着去走她的小生台步了。

我如此震惊,是因这《谢瑶环》是中国京剧院一团的主打戏呀!这出戏又是老革命、老领导田汉老改编的呀！我太门儿清了，田汉同志从解放军一进城，他就是戏改局的负责人，难道北京市长出错了，这些老革命、老领导全错啦？！怎么能相信呢？！我简直不敢相信自己的眼睛和耳朵。

这出戏原是碗碗腔《女巡按》的改编本。田汉同志看了这个戏，认为非常好，给碗碗腔提出建议，碗碗腔认为无能力，请田汉老修改，于是田汉老进行改编时将原来老本是女巡按受到迫害与心爱的江湖义士阮华抗拒追兵逃入太湖的喜剧结尾，改编为谢瑶环被赋予悲剧的英雄色彩。广泛深刻地揭示了武则天时代的面貌、政治上的锐进和不可克服的矛盾，构成了沸腾的戏剧情节，是一出优秀的历史悲剧。

杜近芳听说田汉老写了这个本子时，已经怀孕，她找到田汉老要求无论如何把这个本子给她留着。近芳在艺术上要强努力、追求完美之心是令我钦佩的。五十年代初，她为排《柳荫记》适应祝英台女扮男装的表演，她向叶盛兰学习小生的台步、表演。随之要排全本《白蛇传》，她又苦练前桥、踢出手，只要不掉枪，脚踢破、腿踢破，全不在话下。观众四起的掌声，一切的疼、一切的苦，全化为甜！这次为了演好《谢瑶环》，迫不及待地在月子里就精心地研究、琢磨谢瑶环的人物造型、唱腔、表演，把折儿叠好。产假休完，上班就排演了《谢瑶环》。近芳演女装时端庄秀丽，才识出众；花园定情时的妩媚文雅，风情万种；男装女巡按时风流倜傥，正义凛然，就义前义正词严，激昂壮志地演唱大段高拨子一气呵成，动人肺腑！一出演即轰动内外行，已称其为近芳的代表作！每每巡演时，常是我演一场《九江口》，她演一场《谢瑶环》，无一场不是卖满堂。

报是看了几遍，我还搞不明白《谢瑶环》这么一出艺术性强、思想性好，又十分受观众欢迎的戏，即使有些艺术处理值得探讨，怎么说也不能忽然变成大毒草！

唉，我在艺术舞台上对观众的反应十分敏感，会认真去思考，甚至去找专家求证，但对政治舞台上的风云变幻却偏偏太迟钝。当时，团里虽组织批判《谢瑶环》，终还是以学习社论、自我提高认识为主。就没想一想，再这样批下去会怎样？！

实际上，我已经一头扎在《平原游击队》的创作中了。

一九六六年新春伊始，《平原游击队》剧本已交付排练。我一心要完成好这个继《红灯记》之后的重要剧目。

实际上，《平原游击队》已是江青三易其稿后的定选剧目。

一九六四年十月，修改完《红灯记》，江青最早布置给中国京剧院的是要求改编江苏省锡剧团的锡剧《红色种子》，准备参加第二届京剧现代戏会演。院里仍公推阿甲导演，翁偶虹和陈延龄编剧。十一月间编导、作曲就与近芳、少春、我等人去南京观摩了锡剧《红色种子》，访问了该团编剧。刘吉典、郑亦秋、翁偶虹等人已至去扬州查访了当年地下斗争的情况。

在中国京剧院一团从广州到上海演出时，也在上海的江青准备将锡剧团调到上海，让全体演员观摩他们演出的《红色种子》。很快，锡剧团调来上海，江青又让当时中国京剧院院长张东川同看了他们所演的《红色种子》。

可是，当《红色种子》剧本的提纲将已写成时，江青感到该剧写地下党假扮夫妻比较难处理，决定放弃此戏，又提出根据电影剧本改编《渡江侦察记》。

中国京剧院马上放弃《红色种子》转入《渡江侦察记》。

翁先生的剧本还出得真快，十天就将《渡江侦察记》初稿完成。

江青又发现电影《渡江侦察记》的编剧曾被打成过右派，为此又推翻这个计划，最后才选定《平原游击队》。

我如愿地在剧中扮演村中老书记老勤爷。继续探索京剧如何表演好现代剧目，架子花脸这一功是如何适应现代战争中的人物刻画是应尽之责。开始大忙了，我把所有的精力全放在《平原游击队》以及其中老勤爷这个人物的创作上了。

老勤爷戏不多，他在乡亲们遭受鬼子包围清洗时挺身而出，引走敌人，用手榴弹炸死许多日军及队长岗次郎的戏确实感人。

自从上演《社长的女儿》以来，我对这类农村老汉型的人物很留心，甭管是演出到农村，还是为排《平原游击队》到保定、定县一带访问著名的抗日英雄：甄凤山、郝庆山、杨荫山的"三山"英勇事迹，还是到焦庄户参观地道战，他们的气质和鲜明性格、习惯动作，我不但牢牢记在心里，还准备要活生生地通过老勤爷这位李庄一名普通老百姓的爱国情怀、气壮山河的事迹把他们有血有肉，栩栩如生地展现给观众。

紧紧张张，在一九六六年三月十五日才排好《平原游击队》前半出戏。彩排时，就在《老勤爷智赚日本鬼牺牲》的这场戏里，鬼子"扫荡"李庄，老勤爷挺身而出，让鬼子放走乡亲后，下决心要让找藏粮的鬼子多带锹镐跟他走，以调开鬼子让乡亲离险境。我在这里安排老勤爷唱了一段情真意切表现其内心独白的唱段：

【二黄散板】乡亲们彼此对眼望，翠屏她、她、她为我着了慌。

老勤岂做糊涂事，在敌前不摇晃，两脚站稳如铁桩。为的是调开乡亲离险境。

【回龙】凭此身斗群狼，就在此辟战场。

敢将此身化烈火，烧死这群，烧死这群吃人的恶狼！

【三眼】七十年在李庄我根生土长，受贫困受欺压饱经风霜。

打鬼子闹革命从不退让，老骨头从未留半点肮脏。

望眼看黑油油无边土垠，共产党领导好建天堂。

建天堂要经历千辛万苦，七十岁老勤我要添土一筐。

想到此热腾腾心雄胆壮，偶怎知咱李庄到处存公粮。

小孙孙你是我好榜样，这就是咱李庄给你的公粮！

你要的粮食就是它，我给的粮食也是它！

你们日夜想着它，千方百计要找它！

今日叫你们吃了它，看你们想它不想它！

开唱时老勤爷边思考，边领着鬼子上路，安排了【二黄散板】，接着是【回龙】转【二黄三眼】转【原板】再转【散板】的一大段新编的从情出发、为情而唱的架子花脸铜锤唱，最后是边唱边走，越走越快，越唱越快，直把敌人带到枪杀爱孙小宝子的高坡上，猛然将手榴弹扔出去，开了花，在前面的日本鬼子和队长岗次郎都死了，老勤爷壮烈牺牲了……荡气回肠！

观众们纷纷为之落泪……

演员们、观众们共同发自肺腑的心声：剧本写得好，唱词曲编得好！夸我饰演的老勤爷唱得好、演得好！

中宣部副部长看了彩排，称道这场戏可以和《红灯记》中的《痛说革命家史》相等，虽未排成全出，就已被内行们评为继《红灯记》之后的未完成的杰作。

戏的最大问题是时间过长、剧情过长，仅半出《平原游击队》已用了两小时三十分钟，而且暴露出戏的头绪太多。这在电影中镜头一闪解决了，在舞台上许多情节难以伸展、交代清楚，需进行大幅度裁剪。成绩、问题，由院长张东川和导演阿甲给江青写信汇报，请江青一周后再来审查全剧。

三月下旬全剧赶排出来了，所存的问题也已基本解决。

林默涵同志看过后非常兴奋地说："我没有想到你们这个戏排得这么好，深受感动，有的地方都使我掉泪了。"

周巍峙和文化部其他领导及院里同志们赞扬的同时，也给提了修改意见，据东川同志说已打报告并将最后修改的剧本呈送江青，但始终未见回音。

我全神贯注地排戏，尤其又身为创作成员之一，不光是自己的角色要演好，还要心系全剧的排练。

四月中旬，优秀电影《兵临城下》也成了宣扬投降主义、阶级调和论的被批判的对象……

报纸上批判的锣鼓声声紧催，一浪高过一浪，一潮高过一潮，已上升至这样的地步：从建国以来文化战线上存在着尖锐的阶级斗争，而且文艺界也存在着一条与毛泽东思想相对立的反党反社会主义的黑线……

我尽管排演了《红灯记》受到从中央到地方到观众的一致好评，报上也已将江青介入排演的几个戏都列入自一九六二年八届十中全会以来，毛泽东向全党全民发出千万不要忘记阶级斗争以来，文化战线方面兴无灭资斗争，社会主义文化大革命出现的新形势、最突出的代表。

而且，报上明确指出：参与其中的文化工作者在党中央和毛主席领导下以马克思列宁主义、毛泽东思想为武器向封建阶级、资产阶级、修正主义的文艺展开了英勇顽强的进攻，锋芒所向，使京剧这个最顽固的堡垒，从思想内容，到艺术形式都来了个极大的革命，并且带动着文艺界发生着革命性的变化……

我更不理解了，众所周知，建国十七年来文艺界取得辉煌成绩，也是毛主席党中央一直肯定的。黑线在哪儿？谁是黑线？能和党中央对抗十七年？一定不是人，是戏？演封、资、修的戏？可历史的、传统剧目都已经"推陈出新""古为今用"了啊！党是肯定的，观众是肯定的，报纸上是肯定的，毛主席也是肯定的！难道……

转瞬，五一节将至，我接到四月三十日到大会堂小宴会厅演出《红灯记》中《斗鸠山》一场，并与其他剧目合演一个晚会的通知。

这一年我收到了五月一日登上天安门观礼台看烟花晚会的请柬，可惜我仍有演出。小蓉兴高采烈地要去，我不同意。小蓉骄傲地说，我是军人，没问题。回来后，她兴奋得总是说，太壮观啦，太漂亮啦，太伟大啦！竟然激动得几乎一宿没睡着觉！

我记得很清楚，就在五月十日《红灯记》为欢迎阿尔巴尼亚党政代表团谢胡和卡博凯·莱齐等同志演出再次受到周总理、陈毅、李先念副总理接见留影的这一天，批判吴晗已升级到批黑三家村！《前线》《北京日报》《北京晚报》都成了他们的反党工具，不禁让我越加发蒙！

几个月来未收到江青来审查《平原游击队》的回音，《平原游击队》也因此暂停前进，实际上只能小修而已，令我颇感遗憾。然而我心中的重点一直仍是在《平原游击队》的老勤爷身上，每日哼着老勤爷的唱腔在修改，在穿衣镜前不时地做着动作……一旦中国京剧院里安排演出时，或是首长来看时，能拿出一个更令人爱看的老勤爷！

四月，上海芭蕾舞剧《白毛女》成功上演，我才理解，可能江青正忙于此。

期间，家里的房子问题也着实让我动了一番脑筋。

这房本来是仍住在后院的老杨夫妇的，他们也是因老两口人口太单，小儿子小强在北京外语学校住宿读小学，周末、寒暑假才回来，女儿结婚单住，于是才将前院卖给我们，自己搬到后院居住。后院院落窄小，有两间相通的北房，套修了卫生间，还有一小单间北房，共三间。几年来邻里相处融洽，他们常来前院闲坐聊天。逢年节，我们家几个孩子回来也会被他们邀至后院做客吃饭。尤其他们都喜爱京戏，我经常请他们去看演出，征求他们的意见。他们看了《西门豹》彩排后对涉及剧情细节的夸张描述、对西门豹急躁时摸到老师所赠的玉以做戒躁提示时的反应等的一口一个好，及至听到停演的愤愤不平，真让我记在心头。可惜呀，他们看上了单元房，有暖气、有煤气，干净方便，将后院卖给了我们。老杨夫妇酝酿单元房的初期阶段多次讲其优越性，可以不用烧火炉，房间里如何之暖……多次感染下，我也曾经很是动心。这四合院的房，什么条件都好，但在当时的社会条件下，解决冬天取暖是逾越不了的难题。住西草场的时候，安了暖气和锅炉，看着先进，实际也够受罪！工作性质的不同，我直到后半夜才睡觉，做饭师傅晚上睡觉前不可能将锅炉的火封住，反而要加煤，待等演出归来的我，热夜宵要挑开灶火，我睡前要封锅炉火，就全靠福瑗去拿着火筷子搅火，拿大铁铲添煤封住，这是不小的体力劳动。搬南池子，再不想安锅炉了，饭厅先选用了火墙解决不了防寒，所以全改烧火炉。福瑗又愿意屋里干净些，几间北房只在客厅安装了一米高的大炉子，火烧得再旺，睡觉的两间里屋也可想而知地发冷。我抓时间也看了一处建国门永安里的房子，去时，一进门热气扑脸，又没有煤灰，一水儿的暖气统一供暖。做饭靠一根洋火点煤气，就可以了。这有多方便，我真动心了。人家一听要用南池子内的房换非常欢迎，答应给几个单元的优越条件。我回家征求大家的意见，母亲尽管不满意南池子的房，但对单元房更反对，二姐也反对！理由充分，第一憋屈，没院子；第二楼房接不上地气；第三是母亲劝告我千万别再折腾了，挣了一辈子钱，没存下什么。全折腾给房子了，搬到南池子，又修又弄花了血本，才消停两三年还再折腾？我觉得母亲的话不无道理，只得放弃了这个念头。如今，后院老杨终于下定决心要搬，这后院买还是不买呢？

犹豫到最后，我考虑五个孩子都大了，男女孩子混住越显不便。二姐的房子小，小毛子曾住西屋，后来一直住在母亲的南屋。小蓉已经住在北屋客厅里临时支的床。我和福瑗都想免去北屋客厅的单人床，让她住后院。索性不如把后院买了，三个女儿统归后院也好。

后院房子买了，最高兴的是小蓉。我们先还有点儿担心小蓉一人独住会害怕，小妹在戏校，一星期才回来一天。不料小蓉只字未提，欢天喜地地搬了过去。说来也真是，事事全爱往一块凑！减薪的事也来了。虽说全家必须大幅度压缩开支，我仍舍不得把这么好的房子一分为二，准备扛到扛不动这房子的开销时再说。

五月下旬，巴基斯坦文化代表团副团长阿兹奇夫人盛赞《红灯记》，说在经受过纽约和其他西方戏剧的腐朽难闻的气息之后，看《红灯记》像是呼吸了一口新鲜空气。

我仍在不停地绞尽脑汁筹划分割方案，直到策划出留下后院，前院将三间南房并以南花坛为界也留下，剩下的，小于三分之一的院子和南房割出，中间重建二道门，定下两家全然隔开的方案时才下了卖的决心。方案倒是个好方案，很快还就有人买，互相看中的不光是房，还有家庭状况。难得是一拍即合，买房人家也交了定金，到房管局登了记。还没等到房管局办完过户手续，房管局说房产已全部冻结，暂不受理。

不料，就在这当口，摸不着头脑的事儿，一股脑儿地全来了！

这阵子我总念叨着："怎么回事？老没赶上趟儿！"先是针对排戏而言，从一九六二年以来，排一出被否一出。事过再回头，其实，生活上，岂不也是如此！如果一九六一年不搬家，十年来所存积蓄，不多吧，总还有。搬了家，按自家要求装修了房，家底又倾囊而出；本来应付减去付加工资就有困难，偏偏在这关键的前夕，又将这两年的积蓄用来买了后院。想卖前院一部分，总舍不得，好容易想明白了，摊儿支得大，与收入不符。舍得也得卖，不舍得也得卖，下决心卖房收拢现钱时，房产已冻结！又晚了一步，终是没赶上趟儿！真是一步倒不过，步步没入辙！我和福瑷深怪自己总看不透形势。事儿做完，才领悟。

五月下旬，我收到了一份通知：六月一日早八时到中央党校参加社会主义文化革命集训班。

太好了！真得集中学习学习，把这些不太明白的事都可以搞清楚了。

离集训还有几天的时间，心中不停地测算着，说不定集训班的周末还会演场《红灯记》。京剧院参加集训班的十八个人，都是头头脑脑的，部、局其他文化单位的参加人员也是如此。如果能演一场《平原游击队》就更好了，大家都没看过，更有新鲜感！说不定江青也能与会，正好是没时间审查的审查，文化界的领导们又都住在一起，兴许能多争求得一些改进意见。

多么良好而又单纯的愿望！岂不知招待巴基斯坦文化代表团演出的《红灯记》，已是我一生中一个历史进程的句号了！

我怎会想到，再想登上舞台，再演所饰的、得到观众盛誉的鸠山，那是要经过一番翻天覆地、痛彻心扉的磨砺？！